D1859775

रिवोल्यूशन हाइवे

[उपन्यास]

रिवोल्यूशन हाइवे

दिलीप सिमियन

अनुवाद
प्रकाश दीक्षित

संपादन
सुमन केशरी

राजकमल प्रकाशन
नयी दिल्ली पटना इलाहाबाद कोलकाता

ISBN : 978-81-267-2573-1

मूल्य : ₹ 600

© दिलीप सिमियन
हिन्दी अनुवाद © राजकमल प्रकाशन प्रा.लि.

पहला संस्करण : 2014

प्रकाशक : राजकमल प्रकाशन प्रा.लि.
1-बी, नेताजी सुभाष मार्ग, दरियागंज
नई दिल्ली-110 002

शाखाएँ : अशोक राजपथ, साइंस कॉलेज के सामने, पटना-800 006
पहली मंज़िल, दरबारी बिल्डिंग, महात्मा गांधी मार्ग, इलाहाबाद-211 001
36 ए, शेक्सपियर सरणी, कोलकाता-700 017

वेबसाइट : www.rajkamalprakashan.com
ई-मेल : info@rajkamalprakashan.com

मुद्रक : बी.के. ऑफसेट
नवीन शाहदरा, दिल्ली-110 032

REVOLUTION HIGHWAY
Novel by Dilip Simeon

इस पुस्तक के सर्वाधिकार सुरक्षित हैं। प्रकाशक की लिखित अनुमति के बिना इसके किसी भी अंश की, फोटोकॉपी एवं रिकॉर्डिंग सहित इलेक्ट्रॉनिक अथवा मशीनी, किसी भी माध्यम से अथवा ज्ञान के संग्रहण एवं पुनर्प्रयोग की प्रणाली द्वारा, किसी भी रूप में, पुनरुत्पादित अथवा संचारित-प्रसारित नहीं किया जा सकता।

बिशन और चमेली के लिए

पीड़ा मनुष्य को सोचना सिखाती है। विचार मनुष्य को बुद्धिमान बनाता है। बुद्धि जीवन को सहनीयता देती है।

जॉन पेट्रिक के नाटक *द टी हाउस ऑफ दि ऑगस्ट मून* में साकिनी

कृशकाय महिला आइनिस मैगरेथ के पास क्रोध की असीम क्षमता थी। वह उन थोड़े-से लोगों में से नहीं थी जो क्रोध का झंझावात गुजर जाने के बाद निर्मल और शान्तचित्त हो जाते हैं। वह उन कन्दराओं में क्रोध का संग्रह कर सकती थी जो प्रत्येक आत्मा में होता है और जो तब तक क्रोध और हिंसा से भरी रहती है जब तक वह समय नहीं आ जाता जब उन कन्दराओं में प्रज्ञा और प्रेम का संचय हो जाए। क्योंकि जीवन-सृष्टि के आरम्भ में प्रेम है और अन्त में भी वही बचा रह जाता है।

जेम्स स्टीफेंस, *दि क्रॉक ऑफ गोल्ड* (1912)

पुनरपि

हिन्दी में *रिवोल्यूशन हाईवे*—यह देखकर मुझे जैसी खुशी हो रही है, उसका बयान शब्दों में नहीं किया जा सकता, इसलिए नहीं कि किताब को लिखने में बीस साल लग गए, बल्कि इसलिए कि इसे मुख्यत: हिन्दुस्तानियों के लिए और साथ ही पाकिस्तान तथा बांग्लादेश समेत पूरे दक्षिण एशिया के लोगों के लिए लिखा गया था। यह है तो कथा ही किन्तु यह एक पूरी पीढ़ी के तमाम लोगों की मानसिकता और उनके समय को अभिव्यक्त करती कहानी भी है, जिसमें सरहदों की बनावटी रेखाएँ मिट गई थीं। इसीलिए मेरे लिए यह बहुत जरूरी था कि यह मेरे ज्यादा से ज्यादा देशवासियों तक पहुँचे। कृतज्ञ हूँ मैं अनुवाद करने के लिए श्री प्रकाश दीक्षित का तथा अपने प्रकाशक श्री अशोक महेश्वरी का, जिन्होंने इसे सम्भव कर दिखाया। मैं खासतौर से कृतज्ञ हूँ अपनी दोस्त सुमन केशरी का, जिन्होंने पाठ को सुधारने के लिए अपना खासा समय दिया। इसे उनका प्रेमोपहार ही कहना चाहिए। इन थोड़े से शब्दों के साथ मैं एक बार फिर अपने तमाम कॉमरेडों को सलाम कहता हूँ और इस उपन्यास को भारत के उन मेहनतकश गरीबों को समर्पित करता हूँ जिनका निस्सीम धैर्य और जीवन के प्रति प्रेम (मेरी दृष्टि में) विश्व भर के तमाम क्रान्तिकारियों के लिए महत्त्वपूर्ण सीख है।

आभार

श्रेष्ठ सम्पादकीय परामर्श के लिए मैं मधु, रुकुन, पुरुषोत्तम, रवि सिंह, रंजना सेन गुप्ता और अनुपमा के प्रति अपना आभार व्यक्त करता हूँ। अपने शोधकार्य में मुझे कविता, राजश्री, सुमन और कृष्णा से बहुमूल्य सहायता मिली। इसी तरह मेरे चाचा आइवो। मुकुल केशवन इसके लिए वर्षों मेरे पीछे पड़े रहे।

'आसमानी तूफानों' के आशय में मुझे केवल निजी मित्रों और परिचितों का ही आभार नहीं व्यक्त करना चाहिए, बल्कि एक पूरी पीढ़ी या दो पीढ़ियों के प्रति भी कृतज्ञ हूँ। चे ग्वेरा, चेयरमैन माओ और अंकल हो का उल्लेख ही काफी नहीं। वह अनावश्यक होगा क्योंकि कृतज्ञता तब बेमानी हो जाती है जब वह राग के स्वीकार रूप में व्यक्त की जाए। इसके बाद भी मैं बबलू, राणा और अरविन्द से यही कहना चाहूँगा–कितना दुखद है कि तुम फिसलकर दूर चले गए, मेरे दोस्तो, जब तुम यहाँ थे तब की प्रखर चमक के लिए तुम्हें शुक्रिया। राणा ने तमाम याद रखने लायक बातें कही थीं, पर उसकी कही एक बात भुलाए नहीं भूलती कि 'मानवता अदमनीय है।'

इस पुस्तक पर मेरे स्वर्गवासी माता–पिता, जीन और एरिक सीमियन का भारी ऋण है। मुझे उनकी अनुपस्थिति सालती है। अच्छे और बुरे समय में मधु मेरा सहारा रही है, वह चिनगारी जो आग दहकाती है।

अनुक्रम

रफ्तार भागमभाग 15

यही वह दिन है! 30

दुश्वारियाँ 44

पिता 58

टकराव 65

नियति का एक सवाल 77

हमें तो जाना है डिस्को 89

फायर-आर्म 101

सुनहरा भविष्य 112

क्या करें? 125

छितराव 133

कॉमरेड 153

अजनबी 168

आन्तरिक मामले 181

दिव्या 197

तलाश 208

एक कम्युनिस्ट की आकस्मिक मृत्यु 224

इतिहास का फरिश्ता 240

अश्वत्थामा 255

चटकता हुआ दर्पण 265

मिनर्वा का उल्लू 275

ओके टाटा 294

उपसंहार 309

1

रफ्तार भागमभाग

इस गोली की आवाज कुछ अलग थी। आम तौर पर ट्रक ड्राइवर को गोली चलने की आवाज चौंकाती नहीं थी क्योंकि उसके कुछ दिन फौज में गुजरे थे। बन्दूक से दागी गई हरेक गोली का अपना स्वयंभू इतिहास होता है, घटनाओं का अपना सिलसिला जो उसकी निष्क्रियता से विलोपन तक की त्वरित यात्रा को तय करता है। पृष्ठभूमि, समय और स्थान से हर बात निर्धारित होती है। कई गोलियाँ किसी निशाने पर ही नहीं दागी जातीं, और कई ऐसी होती हैं जो (दुर्भाग्य से) उन निशानों पर जा टकराती हैं, जिन्हें वहाँ होना ही नहीं चाहिए था। लेकिन ड्राइवर के लिए उस इकलौती गोली की आवाज निर्ममता, अचूकता और तैयारी की द्योतक थी। यह अलग थी। यह चीजों को बदलने के लिए थी।

अमीरों की जिन्दगी बिस्कुट और केक
ड्राइवर की जिन्दगी स्टीयरिंग और ब्रेक

हरदीप सिंह ने अपने ट्रक पर लिखी हुई इस इबारत पर एक उचटती हुई निगाह डाली, ट्रक की दूसरी तरफ पेट्रोल पम्प का कर्मचारी टंकी में पचास लिटर डीजल भर रहा था। इस बीच हरदीप खुले नल के नीचे नहाकर तुरत-फुरत अपना भूरा सूती पायजामा पहन चुका था और उसने अपने बाल सूखने के लिए खुले छोड़ दिए थे। ठंडे पानी के असर से यह हुआ कि वह अब फिर से अपने हालात पर ध्यान दे सकता था। ऐसा नहीं था कि उसे उससे ज्यादा इन पर सोचने की जरूरत थी, जितना वह सोच चुका था। यह एक बेचैनी भरा दिन रहा था। कलकत्ता की व्यस्त मुख्य सड़क पर शाम के ट्रेफिक की गहमा-गहमी का शोर उसकी बेचैनी को कम नहीं कर पा रहा था। उसने अपनी घड़ी पर नजर दौड़ाई, दाढ़ी को सहलाना छोड़कर वह केबिन में चढ़ा। वह मन-ही-मन लड़के को कोस रहा था, जो काम के डर से गायब हो गया था। वह उसे क्या कहता?

यह 1971 के दिसम्बर का दूसरा सप्ताह था। भारत और पाकिस्तान का युद्ध जारी

था। अगली सुबह ही उसे पता चला कि भारतीय फौज युद्ध क्षेत्र में गोला- बारूद ले जाने के लिए ट्रकों की तलाश कर रही है। यह ऊपरवाले की मेहरबानी ही थी कि जब उसका ट्रक खाली हो रहा था, तभी उसने कुछ दूर पर एक फौजी जीप की एक झलक देख ली। पूरी तरह से लदे ट्रक को रास्तों के बीच से ले जा पाना सम्भव नहीं होता। उसने लौटने का निश्चय किया। लेकिन बिना किसी भाड़े के वापसी से उसकी नौकरी खतरे में पड़ सकती थी। इस गड़बड़ माहौल में ग्राहक खोजने और शहर से वापस निकलने के लिए उसे कम-से-कम दो दिन लगने थे। उसने अचानक फैसला किया। आम तौर पर वह अपना ट्रक बड़ा बाजार में ट्रांसपोर्टरों के दफ्तरों के पास खड़ा करता रहा था, लेकिन इस बार वह उसे चितरंजन एवेन्यू के पास बसी हुई सघन लालबत्ती बस्ती सोनागाछी में ले गया, जहाँ फुर्सत मिलने पर वह आता जाता रहा था। एक गंधाती हुई गली के पास पेट्रोल पम्प था, जहाँ वह अपनी महिला मित्रों से मिलने के लिए जाते समय अपने ट्रक को सुविधा के साथ खड़ा छोड़ सकता था। उसने प्रताप से पीछे का बायाँ पहिया जेक पर चढ़ाकर ईंटों से टिकाने को कहा था। यह इसलिए कि कोई पूछताछ न हो और इसके बाद उसने अपने क्लीनर को दूसरे दिन शाम तक वापस आने का आदेश दे दिया था।

क्लीनर को गायब हुए आज चौथा दिन था। शाम के छह बज चुके थे और हरदीप बहुत चिन्तित था। पहले के दो दिन आसानी से बीत गए। सड़कों पर सैनिकों और पुलिसवालों की कठोर गतिविधियों से वह और उसका खामोशी से खड़ा वाहन सुरक्षित बना रहा। कलारियों और कोठों में जाकर उसने कुछ ड्राइवरों और ढाबेवालों से परिस्थितियों के बारे में पूछताछ की। जल्दी ही वह समझ गया कि दिल्ली के लिए लदान मिलना इस समय आसान नहीं होगा। इसे छोड़कर उसको बर्दवान या आसनसोल जाने के लिए भाड़े की तलाश आगे-पीछे करना ही है। इतना समझ में आ जाने के बाद उसे क्लीनर की गैरमौजूदगी खलने लगी। आज तो उसका धीरज जवाब दे चुका था। वह हरामी कहाँ गया, अँधेरा होने जा रहा था। उसने पीछे के एक्सल के नीचे जेक को रखकर लोहे की एक लम्बी छड़ को डालकर ट्रक को ईंटों से हटाया और नीचे किया। यह काम मुश्किल नहीं था। लेकिन अकेले कलकत्ता से बाहर निकलने, बत्तियों से गुजरने, मुड़ने, गश्ती दलों से बचने और ट्रेफिक के बारे में सोच पाना ही भयावह था। शहर की सड़कों पर एक अनुभवी ड्राइवर को भी एक सहायक की जरूरत होती है। डीजल का भुगतान करने के लिए नोटों को गिनते समय उसकी बदमिजाजी जाहिर हो रही थी। आनेवाली परेशानियों को लेकर उसका दिमाग तप रहा था।

बन्दूक की गोली की आवाज आसपास के माहौल को चीरती हुई निकल गई। हरदीप के दिमाग में इसका विस्फोट कुछ इस तरह से हुआ कि तमाम सम्बन्ध-सूत्र उसी तरह से सक्रिय हो गए जैसे उसके ट्रक के कल-पुर्जे घूमते हैं। इसके बाद वह

खुद भी एक मशीन बन गया, ठीक-ठीक वह समझ रहा था कि उसे क्या करना है, आसपास क्या हो रहा है, और आगे क्या हो सकता है।

सड़क को दहलाते हुए तीन और धमाके हुए और उसकी चेतना में गुस्सा और असमंजस की एक लहर दौड़ गई। यह शक्तिशाली पटाखों के फूटने जैसी आवाजें थीं। उस दीवार के उस पार तेज रोशनियाँ नाचीं, जिसके पास उसका ट्रक आधा घंटा पहले खड़ा हुआ था। गली के उस पार की लाल बत्ती इन रोशनियों में डूब गई। कोठों वाली गली अब उसके बाएँ थी।

'साहब को गोली लग गई। मादरचोद नक्सली!'

'किधर से?'

'उधर, दीवार के पीछे! गोली चलाओ! फायर!'

'कंट्रोल रूम! एम्बुलेंस! सोनागाछी पेट्रोल पम्प! अभी फौरन!'

'एसीपी साब मारे गए!'

ड्राइवर ने आसपास खड़े भयभीत लोगों पर नजर डाली जो वहाँ रुकना भी चाहते थे और वहाँ से भागना भी। आँखों के सामने अपने एक अधिकारी को मरता हुआ देखकर पुलिसवाले बौखला गए। उन्होंने अपनी बन्दूकें निकाल लीं, जो अब बेतहाशा गोलियाँ उगल रही थीं। ट्रक के पास पम्प के लोहे के खम्बों से टकराकर गोलियाँ लौटती थीं, एक गोली तो बोनेट को छूकर भी निकल गई। ड्राइवर ने रुपयों को अपनी कमीज की जेब में घुसेड़ लिया, पम्प का कर्मचारी बदहवास हो गया था, वहाँ पैसा लेने के लिए कोई नहीं था। अचानक बगल का दरवाजा खुला और गायब हुआ क्लीनर हाँफता हुआ ट्रक के केबिन में प्रवेश कर गया।

'माइयाव्वे' हरदीप ने गुस्से से कहा–'बुंड मरान लौटया तू?'

'उस्ताद जल्दी करो, ट्रक को भगाओ।'

कहने-सुनने के लिए वक्त नहीं था। भगदड़ के बीच चीखते हुए हॉर्न के साथ ट्रक चल रहा था। बाहर निकलने के रास्ते पर हवा के पम्प के पास दो ट्रकों ने रास्ता घेर रखा था, वहाँ से निकल पाना कठिन था। उसे उल्टे घूमकर प्रवेश करनेवाले रास्ते से निकलना पड़ेगा। प्रताप ने तेजी से दरवाजे को खोला और पीछे देखते हुए चिल्लाना शुरू कर दिया। सड़क के दूसरी तरफ जाते हुए राहगीर धीमे हो गए। कुछ ने खतरा महसूस किया और भागने लगे। कुछ सवारियाँ झटके के साथ रुक गईं, अन्य तेजी से आगे बढ़ीं, कुछ सेकंडों में ही वहाँ जाम लगने लगा। क्लीनर बाहर कूदा और हटते हुए ट्रक के पीछे आ गया। चारों तरफ होते हुए शोर के बीच दो धमाके और हुए।

'किधर है साला बहनचोद!'

'देखते क्या हो, मारो साले को!'

चारदीवारी पर लगे काँटों के तार से हथियारबन्द सिपाहियों का बढ़ना रुक गया।

'बोका चोदा! सामने से घुसो!' उनका बड़ा अधिकारी चीखा।

'आन-दे, आन-दे, चल, चल, चलो' क्लीनर चिल्ला रहा था, इस तरह ड्राइवर ट्रक को सड़क के बीच तक ले आया और आता हुआ ट्रैफिक बाधित हुआ। क्लीनर एक बार फिर केबिन में कूदकर चढ़ गया। हरदीप ने आगे बढ़ने के लिए गीयर बदला। उसके कन्धों तक आते हुए गीले बाल, उनके साथ उसकी खुली हुई दाढ़ी और चेहरे पर आशंका से युक्त दृढ़ता के कारण वह भयानक दिखाई दे रहा था। आगे के ट्रैफिक में शामिल होने से पहले इंजिन एक बार फिर चीखा, स्टीयरिंग पर उसके हाथ यों चल रहे थे जैसे वह उसके साथ कुश्ती लड़ रहा हो। यहाँ सड़क काफी चौड़ी थी, एक कुशल ड्राइवर के लिए इतनी कि वह उस जगह से आगे निकल सके, जिसे पीछे छोड़ने के लिए वह बेचैन था।

एक सायरन की आवाज सुनाई दी। उनके कानों में आंतक और हत्या की ध्वनियाँ गूँज रही थीं। ट्रक लगभग रेंग रहा था और उसके पीछे ट्रैफिक जमा होता जा रहा था। लेकिन वह खतरे के इलाके से बाहर निकल रहे थे। वह अकस्मात् चल पड़े थे और शायद यही वजह रही कि वह यहाँ तक पहुँच सके, जहाँ वह है। क्या किसी मृत्यु-बोध ने ड्राइवर को धकेल दिया था? उसने अपने क्लीनर की तरफ देखा जिसका चेहरा भी उसके अपने चेहरे की तरह पसीने से भीगा हुआ था।

'परताप रे? वह गोली किसने चलाई? क्या तेरा कोई यार था? किसी मामे नूं वध दित्ता?'

'मैं क्या कह सकता हूँ, उस्ताद? मुझे कुछ भी पता नहीं है—मुझसे मत पूछो।' ड्राइवर खामोश हो गया। ट्रैफिक की अस्त-व्यस्तता, स्टीयरिंग, क्लच और ब्रेक।

जातस्य हि ध्रुवो मृत्युर, ध्रुवं जन्म मृतस्य च
तस्माद अपरिहर्येर्थ, न त्वम् सोचितम् अर्हसि।

(जो जन्म लेता है, उसकी मृत्यु निश्चित है और जो मर चुका है उसका जन्म भी निश्चित है, इसलिए जो अपरिहार्य है, उस पर तुम्हें चिन्ता नहीं करनी चाहिए।)

वह 1990 की गर्मियों में दोपहर बाद का चमकदार समय था। हम एक सोवियत यात्री जहाज पर थे, जिसका नामकरण बोलशेविको की खुफिया पुलिस के संस्थापक फेलिक्स जर्झिनस्की के नाम पर किया गया था। यह फिनलैंड की खाड़ी में टेलिन से हेलसिंकी की ओर जा रहा था। योरोप के परमाणु निरस्त्रीकरण अभियान के वार्षिक सम्मेलन में तीन दिनों तक तीखे बहस-मुबाहिसे के बाद चौदह सौ प्रतिनिधि वापस लौट रहे थे। हवाएँ तेज और ठंडी थीं और समुद्र गहरा नीला और प्रशान्त। यह एक उत्तेजक अनुभव था जो समकालीन राजनीति के अत्यधिक प्रखर मस्तिष्कों के संग-साथ में

हुआ—इनमें सोवियत सुधारवादी, जर्मन पर्यावरणवादी, ग्रीनहम कामन से आई हुई अंग्रेज महिलाएँ, स्पेन के गांधीवादी, इजराइल के शान्ति कार्यकर्ता, फिलस्तीन के साहित्यकार, और दक्षिण अफ्रीका के रंगभेद विरोधी आन्दोलनकारी शामिल थे। प्रतिष्ठित अंग्रेज इतिहासकार ई.पी. थॉम्पसन ने वहाँ कहा था कि परमाणु शस्त्रों का विश्वव्यापी प्रतिरोध तब भी आवश्यक होगा जब कि सोवियत शिविर का विघटन अवश्यम्भावी रूप से हो चुका होगा।

मैं आगे की डेक पर धूप में खड़ा हुआ था और हाल ही में दोस्त बने दो प्रतिनिधियों के साथ फिलस्तीन में शान्ति की सम्भावनाओं पर ऊँची आवाज में चर्चा कर रहा था। नीचे कुछ दूरी पर पाल के नीचे खड़ा हुआ वह आदमी मुश्किल ही से दिखाई दे रहा था। उसने सिर हिलाया और अपनी आँखों में पहचान के एक भाव के साथ मेरी ओर देखा, यह वही भाव था जो केवल किसी अजनबी से आपको मिल सकता है। जब मैंने उसकी ओर देखा तो उसने तीन शब्द कहे, ऐसे शब्द जिनमें पूरे जीवन का अर्थ समाहित था।

'उन्नीस सौ अड़सठ?'

उसके स्वर की जिज्ञासा मौन हो गई थी, क्योंकि वह इस प्रश्न का उत्तर पहले से ही जानता था।

हवाओं पे लिख दो, हवाओं के नाम
हम अनजान परदेसियों का सलाम।

मोहन के जीवन में आए निर्णायक परिवर्तन के उस क्षण को निश्चित कर पाना कठिन है जब उसकी पहचानी दुनिया विखंडित होकर ऐसे रणक्षेत्र में बदल गई जिसमें कोई निष्कर्ष छिपा हुआ था। जब यह घटित हुआ, तब मानो उसके सामने कोई पहेली खुल सी गई। कई सालों से कुछ बिखरा-बिखरा सा था। अक्सर उसके मध्यमवर्गीय कैशोर्य की निर्धारित और संरक्षित यात्रा के बीच में यथार्थ का कोई झोंका आकर व्यवधान उत्पन्न कर देता था। किन्तु ऐसा कुछ नहीं था जिसने उसे छोटा नागपुर पठार में भुखमरी के दृश्यों का साक्षी बनने के लिए पहले से तैयार किया हो।

यह 1967 की फरवरी की बात है। भारत में आम चुनाव हो रहे थे और बिहार के राज्य में अकाल पड़ा था। नरसिंहपुर पथरा की एक वीरान स्कूली इमारत के बाहर एक लकड़ी की मेज के सामने सफेद बुशर्ट और खाकी पैंट पहने एक दुबला-पतला नौजवान खड़ा था। उसके सामने आम का पेड़ था जिसकी उलझी हुई टहनियों से छनकर आती हुई दोपहर की चमकीली धूप को वह देख रहा था। इससे दो सौ गज की दूरी पर एक जीप को देखा जा सकता था जो गाँव के बाहरी कच्चे रास्ते पर हिचकोले खाती

हुई आ रही थी और धूल के बादल में लिपटी हुई थी। इस जीप पर कई तिरंगे झंडे लटके हुए थे। काली स्याही से छपे पोस्टरों से वह ढकी हुई थी, जिन पर बैलजोड़ी के निशान थे, यह कांग्रेस पार्टी का चुनाव-चिह्न था। कोई दूसरा समय होता तो तमाम छोटे-छोटे बच्चे इसे घेरे होते और इसके पीछे-पीछे आवेशित कुत्ते दौड़ लगा रहे होते, लेकिन अभी ऐसा नहीं था। जीप की छत के नंगे ढाँचे के साथ एक लाउडस्पीकर बँधा हुआ था, ड्राइवर की सीट के पड़ोस में माइक्रोफोन के साथ एक स्वयंसेवक बैठा था जो एक लोकप्रिय फिल्मी गाने की धुन पर पार्टी के प्रचार में गा रहा था :

किसानों भूल मत जाना
यह बैलवा छाप तुम्हारा है
यह बैलवा छाऽऽप तुम्हाऽऽरा है

जब वह परेशान नहीं होता तब बालों की एक लट उसके गालों पर झूल जाती है। युवक ने इसे हटाया और एक प्रकार की नैतिक वेदना का अनुभव किया। अधनंगे बच्चों की भीड़ में मग से उबला हुआ दलिया बाँटते हुए वह सोच रहा था–'आखिर ऐसा क्यों है ?' गन्दी और टूटी हुई मेज पर छिटके हुए दलिए के छींटों पर भिनभिनाती हुई मक्खियों पर जब उसकी नजर जाती थी तो उसकी मांसपेशियों में तनाव आ जाता था। मौसम में तपिश थी और धूल भरी हवाएँ चल रही थीं। वह अपने दोस्त प्रणव के साथ दो दिन पहले यहाँ पहुँचा था। दोनों ही दिल्ली के मिशन कॉलेज की समाज-सेवा के स्वयंसेवक थे। बिहार के इस कुख्यात अकाल में लोग भुखमरी से बचने के लिए आम की सूखी गुठलियाँ और पेड़ों की छाल खाकर किसी तरह से जी रहे थे। पलामू के जिलाधीश ने इन दो उत्साही स्वयंसेवकों को इलाके में जाकर वस्तुस्थिति की जानकारी जुटाने का काम सौंपा था। एक जर्जर जीप में जिला मुख्यालय डाल्टनगंज से तीस किलोमीटर दूर नरसिंहपुर तक पहुँचने में उन्हें तीन घंटे का वक्त लगा था। देहाती इलाका ऊबड़-खाबड़ और शुष्क था। घास और कँटीले बबूल किसी तरह से जी रहे थे। जहाँ सड़क समतल थी, वहाँ दूर कहीं मृगमरीचिका का जल अपनी झलक दिखा देता था। सड़क का डामर पिघल कर चिपचिपाने लगा था और अच्छा तो यह होता कि इन इलाकों में सड़क बनाई ही नहीं जाती।

नरसिंहपुर पथरा में उसे बच्चों ने घेर लिया, कुछ एक दूसरे को कुहनियों से धकेल रहे थे। कुछ अब भी रो रहे थे, कुछ के चेहरों पर हल्की-सी मुस्कान थी, और कुछ दूर खड़े हुए थे। उनके पास अल्यूमीनियम के कटोरों को आगे बढ़ाने की भी ताकत नहीं थी। बच्चों के शरीर गन्दे थे, उनमें से कुछ की नाक बह रही थी। उनमें से अधिकांश के पेट अस्वाभाविक रूप से फूले हुए थे। मोहन ने सोचना बन्द कर दिया। पन्द्रह मिनटों में दलिए की दो बाल्टियाँ खाली हो गईं। बच्चे जा चुके थे, एक छोटे और कृशकाय बच्चे को छोड़कर जिसके आगे के दो दाँत टूटे हुए थे और जिसे शायद यह पूरा-पूरा

यकीन था कि मेज के पास खड़े हुए उस अजनबी के पास कोई जादुई शक्ति है जिससे वह शून्य में से भोजन पैदा कर सकता है। जिन्दगी में कहीं कोई पेंच तो है। उसने बाद में प्रणव से पूछा–'यह इस तरह क्यों होना चाहिए था?' वह अपनी बेचैनी को शब्द दे रहा था। वे मिट्टी की जर्जर झोंपड़ी में एक चारपाई पर बैठे हुए थे, यह झोंपड़ी गाँव के बीमारों के लिए थी। शाम हो चुकी थी और अँधेरा तेजी से फैलता जा रहा था। वे भूखे थे और उन्होंने पनीली दाल, कच्चा प्याज, हरी मिर्च और रोटियों पर टूट पड़ने में देर नहीं की। यह भोजन उनके लिए वह उदास कम्पाउंडर लाया था जो शासकीय तंत्र का इस दूरस्थ इलाके में आखिरी प्रतिनिधि था। वह सर्वनाश के इस वातावरण में खोया हुआ और निस्पृह दिखाई देता था।

'कुछ लोगों के पास जरूरत से ज्यादा है और कुछ लोग भूख से मर रहे हैं, ऐसा क्यों है? और क्यों ये खूँखार राजनेता इस सब के बीच यहाँ से वहाँ तक घूम रहे हैं?' यह प्रश्न नहीं था, बल्कि इसमें एक आरोप भी ध्वनित हो रहा था। अपने मित्र के विचार-प्रवाह में शामिल होने से पहले प्रणव ने बचे हुए भोजन को उदरस्थ किया, और पानी का गिलास मुँह में लगाते हुए कहा–'बिरजू ने कहा था कि स्थिति बहुत खराब है, लेकिन मैंने यह नहीं सोचा था कि यह इतनी बदतर होगी...' वह उस शिक्षक का उल्लेख कर रहा था जिसने उन्हें बिहार के अकाल में जाकर काम करने की प्रेरणा दी थी। 'ये सब बेकार की बातें हैं। हमारे मेस में जितनी जूठन बच रहती है उससे हम यहाँ के सारे बच्चों का पेट भर सकते हैं।'

कोने में रखी हुई एक हरिकेन लालटेन झोंपड़ी के आँगन में टिमटिमा रही थी। पतंगे यहाँ-वहाँ उड़ रहे थे और उनकी छाया गारे की कमजोर भित्तियों पर नाच रही थी। झींगुरों की लगातार आती हुई खनकती आवाज, मच्छरों की भिनभिनाहट की गूँज और यदा-कदा दीवार पर रेंगती हुई छिपकली की किलकारी के अलावा पूरे गाँव में सन्नाटा था। आसमान में चाँदनी का उजाला फैला हुआ था। प्रणव का चेहरा अँधेरे-उजाले में था। उसने गम्भीर मुद्रा के साथ कहा–'मुझे लगता है कि यही हमारी व्यवस्था है।'

'तुम कहना चाहते हो कि यही रीति है, ईश्वर की इच्छा है, वगैरह-वगैरह, वह सब जो बेल्जियम की ननें कल हमें सिखा रही थीं?' एक मच्छर को अचानक दोनों हाथों की ताली से मारते हुए प्रणव ने कहा–'ईश्वर की इच्छा नहीं। सत्तावर्ग का तरीका।' उसने स्कूल में अपने साथियों से मार्क्सवाद की चर्चा सुनी थी। उसकी आवाज में असमंजस जैसा कुछ था, मानो पानी में उतरने से पहले उसकी गहराई टटोलना चाहता हो। 'यही शोषण है। समाज वर्ग-विभेद में बँटा हुआ है। कुछ को इसलिए भूखा रहना पड़ता है ताकि दूसरे धनाढ्य हो सकें। उन्हें खाना मुहैया करवाकर वास्तव में हम जनता में सुधारवादी भ्रमों को ही फैला रहे हैं।'

'सुधारवादी भ्रम ?'

'आज भले उनका पेट भर जाए, लेकिन कल वे फिर से भूखे होंगे। कामगार और किसान शोषित वर्ग हैं, और समूची अभिशप्त संरचना उन्हें इसी स्थिति में बनाए रखने पर टिकी हुई है।'

'उनका शोषण कौन करता है ?'

'जमींदार, पूँजीपति और उनके प्रतिनिधि। तुमने राजनीतिक दलों के तौर-तरीकों को देखा है। भूख से मरती हुई जनता से वे वोट माँगते हैं। वे सारे-के-सारे भेड़ियों के लिए काम करते हैं। वे यहाँ-वहाँ डोलते हैं और ऐसे खेल खेलते हैं जिनसे इस या उस सत्ताधीश वर्ग के हित सधते हों। वे सुधारों के वायदे करते हैं, लेकिन उनसे कुछ होना-जाना नहीं है।'

'तो फिर ?'

'व्यवस्था को सुधारा नहीं जा सकता। जो कोई भी यह कहता है कि व्यवस्था सुधर जाएगी, वह झूठ बोल रहा है। भारत में रूस और चीन की तरह एक क्रान्ति की जरूरत है। एक दिन गरीब उठ खड़े होंगे और सारे-के-सारे शोषकों को इतिहास के कूड़ेदान में फेंक देंगे। शोषण की समाप्ति के लिए यही एक रास्ता है।'

जितने दिन वे वहाँ थे, यह बहस यों ही चलती रही। इसके बाद मोहन जब भी खाना खाने को बैठता था, एक अपराध भावना उसके पेट में घुमड़ने लगती थी।

भारत के देहाती जीवन की पहली झलक मोहन और प्रणव ने जब देखी, उसके दो हफ्ते बाद ही पश्चिम बंगाल में 2 मार्च, 1967 को राज्य सरकार ने शपथ ग्रहण की जिसमें पहली बार कम्युनिस्टों का वर्चस्व था। संयुक्त मोर्चा सरकार में भारत की कम्युनिस्ट पार्टी (मार्क्सवादी) की प्रमुखता थी, जिसकी स्थापना भारतीय साम्यवादियों के बीच एक विवाद के परिणामस्वरूप 1964 में हुई थी। इस विवाद को प्रखर बनाने के पीछे वे सैद्धान्तिक मतभेद थे जो वैश्विक साम्यवादी रणनीति और नवजात स्वतंत्र भारत संघ के चरित्र को लेकर चीन और सोवियत संघ के बीच उत्पन्न हो गए थे। क्या भारत एक प्रगतिशील राष्ट्र है, या फिर यह आंग्ल-अमेरिकी साम्राज्यवाद का पिट्ठू है ? भारत और चीनी गणराज्य के आरम्भिक मैत्रीपूर्ण सम्बन्ध पचास के दशक में होनेवाली सीमा पर झड़पों और 1959 में तिब्बत पर चीन की सैन्य कार्रवाई के कारण मद्धिम पड़ने लगे। जब दलाई लामा और उनके साथ हजारों-हजार तिब्बतियों ने भारत में शरण ली तो तनाव ने आक्रामकता का रूप ले लिया। तब चीनी अखबारों ने जवाहरलाल नेहरू को साम्राज्यवादियों का पालतू 'कुत्ता' कहना शुरू किया। 1962 के सितम्बर-अक्टूबर में जब क्यूबा में प्रक्षेपास्त्र संकट उत्पन्न हुआ, तभी भारत-चीन युद्ध भड़क उठा और

तब तक चला जब तक अमेरिका और सोवियत रूस के बीच की तनातनी खत्म नहीं हो गई। ये घटनाएँ भारत के कम्युनिस्टों की नाजुक एकजुटता के लिए आखिरी तिनका साबित हुई। अब उनमें विभाजन हो गया, एक तरफ वे थे जो चीन के क्षेत्रीय उल्लंघन की आलोचना करते थे और दूसरी तरफ वे जो या तो तटस्थ थे या फिर अन्तर्राष्ट्रीय कम्युनिस्ट एकजुटता के नाम पर चीन का समर्थन कर रहे थे। अन्ततः 1964 में औपचारिक अलगाव हो गया, जब वाममार्गी भारतीय कम्युनिस्टों ने मार्क्सवादी कम्युनिस्ट पार्टी की स्थापना कर ली, जिसमें माओवादी भी शामिल थे।

कम्युनिस्ट पार्टी सोवियत कम्युनिस्ट पार्टी के प्रति निष्ठावान बनी रही, लेकिन मार्क्सवादी कम्युनिस्ट पार्टी सोवियत और चीनी कम्युनिस्ट पार्टियों से समान दूरी बनाकर रखती थी। किन्तु इसमें कई अति वामपन्थी भी थे जो तत्काल ही क्रान्तिकारी कार्रवाई चाहते थे। यह साम्यवादी आन्दोलन में उस उग्र धारा के वंशज थे, जो चालीस के दशक के उत्तरार्द्ध से चली आ रही थी। पश्चिम बंगाल में 1967 की संयुक्त मोर्चा सरकार में मार्क्सवादी कम्युनिस्ट पार्टी, भारत की कम्युनिस्ट पार्टी जिससे वह निकली थी, कई छोटी वामपन्थी पार्टियाँ और कांग्रेस से निकलकर आए वे लोग शामिल थे जो बांग्ला कांग्रेस का नाम ग्रहण कर चुके थे। नई सरकार बनने के कुछ समय बाद औद्योगिक श्रमिकों ने हड़तालों और कारखाना प्रबन्धकों के घेराव का सिलसिला शुरू कर दिया। देहातों में अशान्ति फैल गई। इसका एक कारण तो यह था कि गरीबों की नई सरकार से बड़ी-बड़ी आशाएँ थीं, और दूसरा कारण यह था कि भूस्वामी भद्रजन इस आशंका से कि नौकरशाही उनका उत्पीड़न करनेवाली है, नई आक्रामकता के साथ अपनी सम्पत्तियों को बचाने में जुट गए। दार्जिलिंग के उत्तरी जिले में चाय के बागान थे और उनके भूस्वामी वहाँ नहीं रहते थे, यहाँ के अनियमित श्रमिकों और बँटाईदार आदिवासियों को चारु मजूमदार जो मार्क्सवादी कम्युनिस्ट पार्टी की जिला इकाई के एक अधेड़ सदस्य थे और जिनके समर्थक उन्हें 'सीएम' के नाम से सम्बोधित करते थे, के नेतृत्व में यूनियन के रूप में संगठित किया गया। चारु को माओत्से तुंग के जनयुद्ध सिद्धान्त का भारी प्रशंसक माना जाता था। इस सिद्धान्त में छोटे पैमाने पर छापामार कार्रवाइयों की नीति के द्वारा क्रमशः देहाती इलाकों में क्रान्तिकारी किसानों की एक सेना संगठित करने की कल्पना की गई थी। कालान्तर में यह जनसेना शहरों को घेर लेगी और शोषक वर्गों के शासकीय संघ को छिन्न-भिन्न करके राज्य पर अपना अधिकार स्थापित कर लेगी।

अप्रैल 1967 में दार्जिलिंग जिले का सिलीगुड़ी इलाका बहुत अशान्त था। पुलिस के अनुसार वहाँ कानून का राज नहीं था और शान्ति को भंग किया जा रहा था। धनाढ्य जमींदारों के घरों पर हमलों के अतिरिक्त जमीनों पर कब्जे और अनाज भंडारों को लूटने की घटनाएँ आम थीं। अपने अति वामपन्थी कॉमरेडों को नियंत्रित करने के लिए जिला

प्रशासन ने नई सरकार के भू-राजस्व मंत्री और वरिष्ठ कम्युनिस्ट नेता हरे कृष्ण कोनार को क्षेत्र का दौरा करने का आमंत्रण दिया। उनके प्रयासों को सफलता नहीं मिली। चौबीस मई को ग्यारह पुलिसवालों के एक दस्ते पर सैकड़ों किसानों ने हमला कर दिया। इस हुजूम में औरतें भी थीं। पुलिसवालों को तीरों से निशाना बनाया गया। जिस गाँव में यह घटना हुई वह नक्सलबाड़ी पुलिस थाने के क्षेत्र में आता था। इंस्पेक्टर सोनम वांग्दी के शरीर में दो तीर घुस गए थे और रात में उसकी मृत्यु हो गई। वह तिब्बती नामधारी भारतीय पुलिसवाला था। 1967 के नक्सलवादी विद्रोह का वह पहला सरकारी शहीद था। चीन के प्रचार माध्यमों में इस घटना को 'स्प्रिंग थंडर' कहकर इसका स्वागत किया गया। पच्चीस मई को इसी तरह की एक और घटना हुई। निकट के खोरीबाड़ी पुलिस थाना के इलाके में आक्रामक भीड़ पर पुलिस ने गोली चला दी, जिसमें दस लोग मारे गए, जिनमें अधिकांश औरतें और बच्चे थे। नक्सलवादी आन्दोलन शुरू हो चुका था।

स्प्रिंग थंडर के पैंतीस साल बाद कलकत्ता में एक दूसरे के विरोधी रह चुके दो लोग मिले। बालीगंज के निकट अपनी दूसरी मंजिल के फ्लैट में ड्रेसिंग गाउन पहने हुए एक वयोवृद्ध सज्जन ने एक आगन्तुक का स्वागत किया। 'हलो,' उन्होंने कहा, 'मैं तुम्हें जानता हूँ, भीतर आ जाओ।' उन्होंने एक निजी अध्ययन कक्ष में प्रवेश किया जहाँ दो आराम कुर्सियाँ, कुछ छोटी मेजें पड़ी थीं, किताबों की अलमारियों के बीच इधर-उधर कागज फैले हुए थे। ऐसा लगता था कि वह काम में आनेवाली जगह थी। अतिथि को दूसरी कुर्सी पर बैठाने के बाद वयोवृद्ध जिस आरामकुर्सी की ओर बढ़े, उसके पीछे की दीवार पर ऊपर एक व्यक्तिचित्र टँगा हुआ था जिसमें चुस्त वर्दीधारी एक पुलिस अधिकारी दिखाई दे रहा था। यह तस्वीर उन दिनों की आतंक उत्पन्न करनेवाली शक्ति की याद दिलाती थी जो बीत चुके हैं। जब वे उसके नीचे बैठे तो वे कमजोर लग रहे थे। 'कुछ पियोगे' उन्होंने पूछा और उत्तर की अपेक्षा किए बिना ही अपने सहायक को पेग ढालने का संकेत किया। व्हिस्की का साथ देने के लिए पास की दूसरी मेज पर आलू के कटलेट आ चुके थे।

बैठ जाने के बाद उन्होंने पूछा—'हाँ तो मैं तुम्हारे लिए क्या कर सकता हूँ?'

'हाँ सर...यह एक विचित्र अनुरोध भी लग सकता है, लेकिन मैं सत्तर के दशक के पूर्वार्ध में नक्सलवादियों के विद्रोह के विरुद्ध आपके अनुभवों के विषय में जानना चाहता हूँ।' कुछ झिझक के साथ उसने आगे कहा—'मैं भी इसका एक हिस्सा था और मैं हमेशा यह सोचता रहा हूँ कि दूसरी तरफ क्या हो रहा था।'

'मैं तुम्हारे पिता को जानता था। वे एक भले आदमी थे। मैंने उनसे निश्चित रूप

से तुम्हें खबरदार रहने को कहा था।'

आगन्तुक ने सोचा, निश्चित रूप से तुमने उनसे कहा था कि यदि मैं कभी कलकत्ता में दिखा तो तुम मुझे गोली से उड़ा दोगे। उस समय तुम वैसे ही थे, लेकिन यह समय कुछ और है।

वृद्ध कह रहे थे–'यह अच्छी बात है। तुम ठीक-ठीक क्या जानना चाहते हो?'

'उन दिनों पुलिस की नृशंसता की कुछ कहानियाँ चल पड़ी थीं। उत्पीड़न, झूठी मुठभेड़ों में हत्या। इन कृत्यों को अंजाम देनेवाले व्यक्तियों के मानस में क्या चल रहा था?'

'तुम जानते तो हो कि कहानियाँ तो कहानियाँ ही होती हैं। कई दशकों से मेरी भर्त्सना की जाती रही है। हमारे सामने एक खतरनाक परिस्थिति थी और कुछ दुर्भाग्यपूर्ण घटनाएँ हुई होंगी। लेकिन मुझे पिशाच बना दिया गया। मेरा सदा से विश्वास रहा है कि उग्रवाद की जड़ें सामाजिक-आर्थिक होती हैं और इसका निदान राजनैतिक होना चाहिए। पुलिस की कार्रवाई हिंसा को नियंत्रित करने के लिए थी, ताकि जनता की बेहतरी के उपाय किए जा सकें।'

'यस सर। लेकिन वे दुर्भाग्यपूर्ण घटनाएँ कौन सी थीं? मैं उन क्रान्तिकारियों को जानता हूँ जिन्होंने निर्दयता से कुछ काम किए। लेकिन मुठभेड़ों और उत्पीड़न की कहानियाँ व्यापक रूप से प्रचलित थीं। क्या यह सब नीति का ही हिस्सा था?'

'न तो यह नीति ही थी, और न मेरे आदेश। खुफिया पुलिस के कुछ लोगों ने यह सब बिना अधिकार के किया। रॉय, नियोगी और कुछ दूसरे अक्सर गैर-जिम्मेदारी के साथ काम करते थे और मुझे पता ही नहीं होता था कि वे क्या कर रहे हैं।'

'1971 में एक वरिष्ठ नेता सरोज दत्त मारे गए और उनका शव मैदान में फेंक दिया गया, क्या यह झूठी मुठभेड़ नहीं थी?'

'हाँ, यह बहुत बुरा हुआ। जिस आदमी ने यह किया, मैं उसे जानता हूँ। मेरे पास इसकी पूर्व सूचना नहीं थी। मैंने इसका ध्यान रखा कि पुलिस बल में उसे आगे कोई तरक्की न मिल सके।'

आगन्तुक को यह लगने लगा था कि वृद्ध एक काल्पनिक कठघरे में खड़े होकर किसी काल्पनिक वकील को जवाब दे रहे हैं। आगन्तुक तो चाहता था कि वे अपनी बातें सहज ढंग से कहें। गोया बात को बदलने के लिए उसने पूछा–'आप क्या सोचते हैं कि ये बर्बरताएँ और कानूनविरोधी घटनाएँ क्यों हुईं?'

'तुम पुलिस की बर्बरताओं की बात तो कर रहे हो। मुझे यकीन है कि तुम्हें ट्रैफिक पुलिस के सिपाहियों पर उन दिनों हो रहे चाकुओं के हमलों के विषय में भी जानकारी होगी ही। क्या उनके परिवार और बाल-बच्चे नहीं थे? मेरा ख्याल है कि तुम्हें जाधवपुर विश्वविद्यालय के उपकुलपति गोपाल सेन की हत्या भी याद होगी? तुम भारत की

राष्ट्रीय सेना–आईएनए–के पूर्व अधिकारी गोरखचंद सान्याल के विषय में भी जानते होगे, जिनका सिर दिन-दहाड़े बड़ानगर में काट लिया गया था ? डॉक्टरों से धमकी देकर वसूली ? हर रोज शिक्षकों को अपमानित करना। इन सब बेहूदा हरकतों के लिए सरोज दत्त जैसे लोगों द्वारा जनता को भड़काना ? लेकिन हमने कोई भी कदम बदले की भावना से नहीं उठाया, न ही कोई गैरकानूनी हरकत की।'

'आप कहना क्या चाहते हैं ?'

'मेरे कुछ लोग नक्सलियों के परिवारों के विरुद्ध कार्रवाई करना चाहते थे। रोज रोज निकलनेवाले पुलिस कर्मियों की शवयात्राएँ बहुत विस्फोटक हो गई थीं। इनमें बदला लेने के नारे लगाए जाते थे। मैंने इसकी इजाजत नहीं दी। ऐसी बातें दुधारी-तलवार होती हैं। 1971 तक यह उनके और हमारे बीच पूरी तरह हिंसा-प्रतिहिंसा का मामला बन चुका था। मैं तब भी यह मानता था कि इसे लड़ाकुओं तक ही सीमित रहना चाहिए। यदि परिवारों को इन मुठभेड़ों में घसीटा गया तो पुलिस के लिए उसकी प्रतिक्रिया बहुत महँगी पड़ेगी।'

'क्या यह किसी भी तरह आपकी जानकारी के बिना सम्भव था ? अर्थात् लोग निजी तौर पर प्रतिशोध ले रहे हों।'

'इसकी जानकारी मुझे नहीं है...यदि मुझे पता होता तो मैंने बहुत कठोर कार्रवाई की होती।'

'मैं समझता हूँ सर, कि आपको इतना तो ज्ञात होगा ही कि अस्सी के दशक में पंजाब के विद्रोह को दबाने के लिए हुई पुलिस कार्रवाई में इस तरह के तरीके अपनाए गए थे। विद्रोहियों के हाथों बन्धक बनाए गए लोगों को छुड़वाने के लिए खालिस्तानियों के परिवारजनों को हिरासत में ले लिया गया था।'

'हाँ, मैंने यह सुना था। मैंने यह सब नहीं होने दिया। राज्य कभी गैर कानूनी तरीकों को नहीं अपना सकता। तुम जानते हो कि मैं भी द्वन्द्वात्मक भौतिकवाद में आस्था रखता हूँ। मानवीय प्रगति इतिहास का आवश्यक अंग है। किन्तु सर्वहारा की तानाशाही से मैं सहमत नहीं हूँ। पर दुर्भाग्य से कभी-कभी कठोर उपाय जरूरी हो जाते हैं।' ऐसा लगता था मानो वे बड़बड़ा-से रहे हों। 'एक बार मैंने सेना की सहायता से तलाशी-अभियान का आदेश दिया था। यह कानून के दायरे से बाहर था, और मेरी भूल थी।'

'और तथाकथित असामाजिक तत्त्व ? वे सारे-के-सारे नक्सली तो नहीं थे, क्या थे?'

'नहीं, लेकिन सूचनाएँ जुटाने के लिए हमने उनका इस्तेमाल किया।'

'कामरेडों की गैरकानूनी हत्याओं के लिए कभी नहीं ?'

'तुम जानते ही हो कि एक बार प्रतिशोध शुरू हो जाने के बाद उसे काबू करना आसान नहीं। और लोगे ?'

'नहीं, धन्यवाद सर, काफी है। चारु मजुमदार की गिरफ्तारी के बाद क्या हुआ था? बारह दिनों में ही उनकी मृत्यु कैसे हो गई? क्या यह हिरासत में मौत का मामला नहीं था?'

'मैं चारु को गिरफ्तार नहीं करना चाहता था। वह अपने अनुयायियों को गुमराह कर रहा था और यह हमारे लिए अच्छा ही था। उसकी गिरफ्तारी से ज्यादा फायदेमन्द। उसकी गिरफ्तारी एक संयोग से हुई। सूचना मिलने पर देवी ने कहीं छापा मारा था और वह उससे टकरा गया। उसकी गिरफ्तारी का किस्सा यह है।'

'लेकिन गिरफ्तारी के कुछ ही दिनों में उनकी मृत्यु हो गई। हमने सुना था कि उनका आक्सीजन सिलेंडर काट दिया गया था।'

'यह सही नहीं है। उसकी देखभाल कर रहे डॉक्टर ने गलती से उसे पेथीडीन की अपर्याप्त खुराक दे दी थी।'

आगन्तुक सोच रहा था कि उसने तो कोई और ही बात सुनी थी। चारु मजुमदार को जानने वालों से हमने सुना था कि हिरासत में उन्हें बुरी तरह से पीटा गया था। उनकी पत्नी ने उनका बुरी तरह घायल चेहरा देखा था। उसने एक बार फिर बातचीत का रुख बदलना चाहा।

'सर, आप प्रतिष्ठान का हिस्सा हैं। आपने कई दशकों तक सम्पूर्ण निष्ठा के साथ उसकी सेवा की है। इन दिनों संविधान को उखाड़ फेंकने के लिए खुद प्रतिष्ठान हिंसक उपायों का सहारा ले रहा है। अभी हाल ही में गुजरात में हुए साम्प्रदायिक नरसंहार को देखें, 1984 में दिल्ली में जो हुआ। इन वक्तों पर पुलिस कहाँ गायब हो जाती है? क्या यह सच्चाई नहीं है कि साम्प्रदायिक हिंसा में कुछ राजनेताओं और पुलिस की मिलीभगत होती है? आप क्रान्तिकारियों पर तो कठोर कार्रवाई करते हैं, लेकिन फासिस्टों को दंड देने में हमेशा चूक जाते हैं?'

'सवाल यह भी तो हो सकता है कि क्रान्तिकारी फासिस्टों को दंड क्यों नहीं देते। हाँ, जो हो रहा है, निश्चय ही दुखद है। मेरे पास उसका कोई समाधान नहीं है। पाकिस्तान आतंकवाद की सहायता कर रहा है, लेकिन सिर्फ इसलिए भारत के मुसलमानों को निशाना नहीं बनाना चाहिए। जहाँ तक आतंकवाद-विरोधी गतिविधियों का प्रश्न है—इन दिनों तुम जानते हो कि बेहतर तरीके उपलब्ध हैं। कश्मीर में घुसपैठ का मामला लें। अफगानों और पठानों के शरीर से एक खास तरह की गन्ध आती है। सूँघनेवाले कुत्ते उन्हें आसानी से पहचान सकते हैं। इस समय शीर्ष पर बैठे हुए लोगों के पास कल्पनाशीलता नहीं है। मैं स्वीकार करता हूँ कि यह साम्प्रदायिक हिंसा बहुत दुखद है। लेकिन तुम्हीं बताओ कि इसमें मैं क्या कर सकता हूँ।'

दरवाजे की घंटी बजी। बाहर एक मित्र खड़ी थी जो आगन्तुक को ले जाने के लिए आई थी।

'आपने मुझे समय दिया, उसके लिए मैं आभारी हूँ। धन्यवाद। मैं आपका दृष्टिकोण समझने के लिए बहुत उत्सुक था। अब मुझे इजाजत दीजिए।'

'मुझे नई पीढ़ी से चर्चा करने में हमेशा खुशी होती है।' वह अपनी आरामकुर्सी से उठकर सीधे खड़े हो गए, और मेहमान के साथ बाहर को चले। सामने एक महिला थी जो जिज्ञासु मेहमान को उनके पास लाई थी। शिकायत के लहजे में उससे उन्होंने कहा–'तुम कभी सम्पर्क में नहीं रहती।' वह क्षमा भाव से हँसी और उसने कहा अब से ऐसा नहीं होगा। अपने अतिथि को अलविदा कहने के लिए वे उसकी दिशा में घूमे, और तब उनकी दृष्टि उसके कन्धों से ऊपर कहीं दूर जाकर ठहर गई। उनकी आँखें थकी हुई थीं, और उनके स्वर ऐसे जैसे कि वे शून्य में कहीं अपने किसी रहस्यमय साथी से चर्चा कर रहे हों।

'पर ऐसा तो बार-बार होगा' उन्हें बाहर पहुँचाते हुए उन्होंने कहा और दरवाजा बन्द हो गया।

बंगाल पुलिस फाइल 209/32, सीरियल नं. 11, दिनांक 22 जनवरी, 1932।

स्थान : पॅथीलाल रेलवे स्टेशन के पास हावड़ा

जुर्म : बम विस्फोट

टीप : 22 जनवरी, 1932 को सुबह लगभग साढ़े नौ बजे भयंकर आवाज के साथ फूटने वाला एक बम डिस्ट्रिक्ट मजिस्ट्रेट श्री क्विंटन, आई.सी.एस. के सेलून पर फेंका गया। यह घटना हावड़ा के पॅथीलाल रेलवे स्टेशन के पास हावड़ा-आमटा लाइट रेलवे में हुई। डिब्बे के भीतर कपड़े और कागज के कुछ टुकड़े, बन्दूक भरने में इस्तेमाल होनेवाली गोलियों के आकार के चार सीसे के गोले, काँच के दो टुकड़े और लगभग डेढ़ इंच लम्बी कीलें (इन सब पर आर्सेनिक सल्फाइड और पौटेशियम क्लोराइड के निशान पाए गए) मिलीं, डिब्बे की लकड़ी को नुकसान पहुँचा था। विस्फोटक पदार्थ कानून की धारा 3 और भारतीय दंड संहिता की धारा 307 तथा रेलवे कानून की धारा 127 के अन्तर्गत मामला दर्ज किया गया।

℘

अब इन नारों को हर सम्भव तरीके से फैलाना है।

(पर्चे, घोषणाएँ, व्यंग्यचित्र, गीत, दीवारों पर लेखन, गुब्बारे, फिल्मों के दौरान या उनका प्रदर्शन रोककर, गलियों में लगे इश्तिहार, प्यार करने से पहले और उसके बाद, शराबखाने में जब भी तुम जाम उठाते हो)

कारखानों पर कब्जा करो, श्रमिक परिषदों को अधिकार सौंपो
वर्ग समाज को नष्ट करो
दिखावटी जिन्सों की अर्थव्यवस्था का नाश हो
भेदभाव का नाश हो
दुनिया तब तक सुखी नहीं होगी जब तक आखिरी पूँजीपति के कंकाल के साथ अन्तिम नौकरशाह को फाँसी पर नहीं लटका दिया जाता।
पुलिस कर्मियों को मौत दो

उन चार लोगों को मुक्त करो जो 6 मई के दंगों में लूटपाट के लिए सजा भुगत रहे हैं।

(स्वशासी और जन विश्वविद्यालय की सोरबॉन आक्यूपेशन कमेटी द्वारा जारी, 16 मई, 1968, सात बजे शाम)

2

यही वह दिन है!

पलामू के उजाड़ देहातों से लौटने के बाद के महीनों में प्रणव और मोहन में तेजी से भावनात्मक और बौद्धिक बदलाव हुए। मिशन कॉलेज प्रतिष्ठान का एक स्तम्भ था। लाल ईंटों की इमारतें, प्रशान्त गलियारे और कक्षाओं के कमरे, सुथरी झाड़ियों और सघन पेड़ों के बीच से गुजरते हुए रास्ते, प्रतिष्ठित अंग्रेज शिक्षण संस्थाओं के वास्तुशिल्प की याद दिलाते थे। इसकी समाजसेवा समिति एक दर्पण के मानिन्द सदाशयी दीप्ति को प्रतिबिम्बित करती थी, जिसमें सहृदय छात्र अपने आपको देखते थे। अब इस दर्पण का रंग बदल गया था और उन्हें उसमें हरेक चीज एक अलग और अजनबी पहलू से दिखने लगी थी। भारतीय राष्ट्रीयता के फिर से उभार के उस प्रारम्भिक काल में साठ के दशक के उत्तरार्ध में मिशन कॉलेज अनपेक्षित रूप से आमूल परिवर्तनवाद का मंच बन गया था। ज्यों-ज्यों इस विचारधारा में गति आई, इसने उग्र बहसों को जन्म दिया और उन बहसों को ताकत मिली स्टीरियो टाइप बातों से।

प्रणव बागची, बंगाल कैडर के एक पुलिस अधिकारी के दो बेटों में से छोटा बेटा था। वह कलकत्ता के एक स्कूल में पढ़ा था, जहाँ से उसके माता-पिता ने सोचा कि उसे किसी और जगह भेजना बेहतर होगा। वह लम्बा था और उसका सफाचट चेहरा आकर्षक था, उसके सिर पर घने काले बाल थे, जिन्हें उत्तेजित होने पर वह एक तरफ झटक देता था, उसकी मुखाकृति पर प्रायः एक व्यग्र भाव रहता था। लेकिन जब भी वह राजनैतिक बहसों और विमर्श में डूबा हुआ होता था, तब उसमें पूरी तरह बदलाव आ जाता था, और यह अक्सर होता था। कॉलेज में उसका पहला घनिष्ठ मित्र मोहन सहाय था, जो उससे एक साल पीछे था। वह समाचार-पत्रों के एक वरिष्ठ स्तम्भ-लेखक का पुत्र था। नए छात्र के रूप में उसकी रगड़ाई को वह देख चुका था। इकहरा और सुगठित वह नौजवान, जिसके मुँह पर दाढ़ी का एक गुच्छा था, गोया वह किसी दूसरी दुनिया में बना था, उस अपमानजनक स्थिति में जैसे वहाँ था ही नहीं। ऐसा नहीं था कि वह भावना-शून्य हो। वह या तो संलग्न होता था या फिर अन्यमनस्क, उसके मित्रों को जल्दी ही समझ में आ गया कि वह प्रायः दूसरी अवस्था में होता है। यह

पलामू की यात्रा से पहले की बात है।

प्रणव ने जब विश्वविद्यालय में प्रवेश किया, वह अपने सीनियर स्कूल की चर्चाओं से, वामपन्थी विचारों से परिचित हो चुका था। अपने ताजा अनुभवों के साथ वे जब उत्साहित होकर कॉलेज में लौटे, तब उन्होंने विश्वविद्यालय में ऐसे लोगों की तलाश शुरू कर दी जो उनकी तरह सोचते हों, और जल्दी ही उन्हें 'कौमी जोड़े' के नाम से जाना जाने लगा। वे मित्रों को यह समझाने के लिए तर्क करते थे कि अलग तरह से सोचने की जरूरत है। अपने से अधिक जानकारी रखनेवाले व्यक्तियों की बात वे ध्यान लगाकर सुनते थे। ऐसा एक व्यक्ति वरिष्ठ कॉमरेड सौरभ था जो कैम्पस में मार्क्सवादी सिद्धान्त का विशेषज्ञ था। वे एक अनियमित संगठन में भी शामिल हो गए जो क्रान्तिकारी छात्र संघ के नाम से कार्य करता था। इसके माध्यम से उन्हें अन्य कॉलेजों के छात्रों से मेलजोल और आमूल परिवर्तनवादी वामपक्षी साहित्य पढ़ने का अवसर मिला। 1967 के मिस्र-इजराइल युद्ध से उन्हें फिलस्तीन के सम्बन्ध में बहस करने की प्रेरणा मिली। वे वियतनाम युद्ध की प्रगति को भी ध्यान से देख रहे थे और उनकी सहानुभूति राष्ट्रीय मुक्ति मोर्चे के प्रति होने लगी।

और तभी 1968 का विस्फोट हुआ। उस साल बर्कले के एक छात्र-उद्घोषक ने अपने श्रोताओं को यह विख्यात परामर्श दिया था–'यदि तुम्हें खबरें पसन्द नहीं हैं तो बाहर निकलो और अपनी कुछ खबरें खुद बनाओ।' सर्वत्र जनता, विशेष रूप से युवक, यही करने निकल पड़े थे। हरेक महाद्वीप में विप्लवकारी घटनाओं का सिलसिला चल पड़ा। माई लाई के गाँव में अमेरिकी सैनिक दस्ते द्वारा ग्रामीणों की हत्या से एक युद्ध-विरोधी आन्दोलन छिड़ गया। फरवरी में राष्ट्रीय मुक्ति मोर्चे ने एक आक्रमण की शुरुआत की जिसे 'टेट' कहा गया। कम्युनिस्ट छापामारों ने दक्षिण वियतनाम के महत्त्वपूर्ण शहरों पर अधिकार कर लिया, जिससे अमेरिका की विजय के वाग्जाल को गहरा धक्का लगा। माओत्से तुंग के आह्वान 'मुख्यालय को उड़ा दो' के प्रत्युत्तर में चीन की सांस्कृतिक क्रान्ति के दौरान लाखों चीनी छात्रों को अपने राष्ट्रीय नेताओं पर हमला करते हुए देखा गया। चेकोस्लावाकिया में 'प्राग के बसन्त' से समाजवाद को मानवीय चेहरा मिलने का मार्ग प्रशस्त हुआ। जापान में हेलमेट लगाकर छात्रों ने इस्पात की जंजीरों और मोलोतोव काकटेल से सशस्त्र पुलिस का सामना किया। अप्रैल में जब अमेरिकी नेता रेवरेन्ड मार्टिन लूथर किंग की हत्या एक गोरे कट्टरवादी द्वारा कर दी गई तो चालीस अमेरिकी शहरों में नस्ली दंगे भड़क गए। आमूल परिवर्तनवादी नेता स्टाकली कारमाइकल ने जब घोषणा की कि 'अहिंसा के बकवास का अन्त हो गया है', तो न्यूयार्क के हजार पुलिसवालों को बुलाया गया ताकि कोलम्बिया विश्वविद्यालय को उस पर अधिकार किए छात्रों से फिर छुड़ाया जा सके।

मई के महीने में दिल्ली विश्वविद्यालय में गर्मियों की छुट्टियाँ हो चुकी थीं।

फरीदाबाद और कलकत्ता में अपने-अपने घरों में बैठे मोहन और प्रणव ने पेरिस के छात्रों के युद्धविरोधी प्रदर्शनों पर उत्सुकता से निगाह रखी। 1930 के दशक के बाद यूरोप में हुईं सबसे बड़ी हड़तालें उनकी आँखों के सामने घट रही थीं। एक दूसरे को लिखे गए उनके पत्र इन सामयिक घटनाओं के उल्लेख से भरे होते थे।

प्रणव ने मोहन को लिखा–'फ्रांस के एक करोड़ मजदूर हड़ताल पर हैं यार! क्या तुम कल्पना कर सकते हो, एक करोड़? यह हो रहा है। इस पूँजीवादी व्यवस्था में सेंध लग चुकी है! यह उस कबाड़े के अन्त का प्रारम्भ है।' दोनों मित्र पेरिस और बर्लिन की सड़कों पर संग्राम की खबरें इकट्ठा करते थे और एक दूसरे को भेजते थे। मोहन को इन घटनाओं का महत्त्व समझने में देर लगी, उसने प्रणव से अचानक पूछा कि 'क्या सचमुच छात्र व्यवस्था को उखाड़कर फेंक सकते हैं।'

'ये सिर्फ छात्र नहीं हैं–क्या तुम्हें दिखाई नहीं देता? यह साम्राज्यवाद के खिलाफ पूरी दुनिया का संयुक्त मोर्चा है!' प्रणव ने उत्तर दिया–'संसदीय मूर्खों को उनके जवाब मिल रहे हैं।'

आमूल परिवर्तन की माँग करनेवाले प्रतिरोधों के प्रति विश्वव्यापी उत्साह ने जल्दी ही मोहन के संशयों को समाप्त कर दिया। वह अखबारों को छानने लगा और सूचनाओं के लिए रेडियो प्रसारणों को ध्यान से सुनने लगा। वह छात्रों के बीच प्रचलित सोरबोन विश्वविद्यालय के इस लोकप्रिय नारे से प्रभावित था–'यथार्थवादी बनो, असम्भव की माँग करो!' यह कितना विचित्र और उचित लगता था! फुटबाल खिलाड़ी और पुलिसकर्मी तक हड़ताल पर चले गए थे। इटली से कारखानों पर कब्जों की खबरें आ रही थीं। योरोपीय जनगण से पूँजीवाद की रक्षा करने के लिए नार्थ एटलांटिक ट्रीटी आर्गेनाइजेशन के सैनिक तैयार किए जा रहे थे। राष्ट्रपति चार्ल्स डी' गाल ने आन्दोलनकारियों को 'गू का ढेर' घोषित किया था, लेकिन उसका भविष्य समाप्त हो चुका था। फ्रांस के युवा क्रान्तिकारी जिन पोस्टरों के साथ चलते थे, उन पर लिखा होता था–'गू का ढेर तो तुम हो। जिसे जल्दी-से-जल्दी साफ करना है।' सभी जगह अधिकारियों पर बम फेंके जा रहे थे। कम्युनिस्ट शिविर भी इससे नहीं बचा था। सिचुएशनिस्ट इंटरनेशनल ने सोवियत और चीनी कम्युनिस्टों को एक जैसा तार भेजा : 'नौकरशाहो, तैयार हो जाओ! मानवता उस समय तक खुश नहीं होगी, जब तक आखिरी पूँजीपति को आखिरी नौकरशाह के अवशेषों के साथ सूली पर नहीं लटका दिया जाता!' न्यूयार्क में मिस अमेरिका प्रतियोगिता के बाहर नारीवादियों ने स्त्री-मुक्ति की घोषणा करनेवाले बैनर लहराए। उसी साल के अन्त में अक्टूबर-ओलिम्पिक के दौरान मैक्सिको की पुलिस को अमेरिका-विरोधी सैकड़ों छात्रों पर गोलियाँ चलानी पड़ीं और पुरस्कार वितरण समारोह में पदक विजेता अमेरिकी खिलाड़ी मंच से अश्वेत शक्ति को सलाम करते देखे गए। हर कहीं चे ग्वेरा और ब्लेक पेंथर चर्चा का विषय

थे। सर्वत्र आकर्षक नामों के साथ आमूल परिवर्तनवादी संगठन सामने आ रहे थे– अमेरिकी वेदरमेन, जापानी जेंगाकुरेन, आयरिश प्रोवोस, यूरेग्वे के टूपामारोस।

छुट्टियों के बाद जब छात्र कॉलेज लौटे, तो हवाओं में क्रान्ति तैर रही थी। चर्चाओं में उन्मादी तीखापन आ गया था। 'कॉमरेड, युद्ध शुरू हो गया है!' प्रणव ने मोहन और रथिन से कहा, जो उनका कॉफी हाउस का संजीदा साथी था, 'यही एक रास्ता है, साम्राज्यवाद का अन्त अपने आप नहीं होगा। खून चूसने वाले शान्तिपूर्ण संवाद से अपना तरीका बदलने वाले नहीं हैं। एलड्रिज क्लीवर ने कहा है कि यदि तुम समाधान का हिस्सा नहीं हो तो तुम एक समस्या हो।' मोहन की स्वाभाविक सपनीली आँखों में एक चमक कौंधी। अनमने भाव से रथिन ने अपनी बिना फिल्टर की चारमीनार सिगरेट का कश खींचा।

उन दिनों रथिन बहुत कम बोलता था। वह नीत्शे को पढ़ रहा था।

और फिर वे दिन संगीत के दिन भी थे। डिस्कोथिक नामधारी एक आश्चर्यजनक और उत्तेजक संघटना सामने आ गई थी। डिस्को में ऐसी धड़कती हुई धुनों की अनुगूँज होती थी जो रक्तप्रवाह को उत्तेजित कर देती थी। राजनीति जो भी रही हो, युवकों के हृदय में बीटलों, रोलिंग स्टोन, डोर्स, जेनिस जोपलिन, जिमी हेनड्रिक्स, पिंक फ्लायड, और जेथरो टल ने अपनी जगहें बना ली थीं। सभी जगह *स्ट्रीट फाइटिंग मैन* को महिमामंडित किया जा रहा था। संगीत में स्वाद था और उत्कंठा भी। कामोत्तेजना की अति का उत्सव मनाते हुए मिक 'दि प्रिक' जेगर का संगीत गूँजता था। 'आई कांट गेट नो...सेऽ टि स ऽ ऽ फे ऽ क्शन'। उसने शैतान के प्रति अपने लगाव को भी जताया। जब भी कॉमरेड प्रणव और मोहन इन कौतुक केन्द्रों में जाते थे तो वहाँ हो रहे कार्यकलाप उन्हें अपनी ओर खींचते थे। यह पतनशील साम्राज्यवादी संस्कृति भले हो, किन्तु जलती-बुझती रोशनियाँ, धड़कती हुई ध्वनियाँ और जोशीले स्त्री-पुरुषों का संग-साथ बहुत अच्छा लगता था।

हड़तालों, घेराव, कारखानों पर कब्जा, किसान जागृति और कोलाहल से भरे हुए कैम्पस का जो तूफान चल पड़ा था, उसने कॉमरेडों को अपने कल्पनालोक के आसपास पहुँचा दिया। जो भी बातें आवश्यक थीं, वे अब रूपायित हो रही थीं। काल कयामत की ओर भाग रहा था, इतिहास से यौन और बारूद की महक आ रही थी। अच्छाई और बुराई परिभाषित हो चुके थे। जिन्होंने भी इस आवेशित कॉकटेल का स्वाद लिया था, उनके लिए वास्तविकता ने रहस्यमय पुनर्जन्म ले लिया था। अब कुछ भी ऐसा नहीं था जो इहलौकिक हो, कुछ भी ऐसा नहीं था जो अलभ्य हो। वे नौजवान जो कभी मिशन कॉलेज के सिंहद्वार में प्रवेश करके अपने को विशिष्ट समझते थे अचानक यह अनुभव करने लगे कि वे किसी ऐसी अनगढ़ और स्पर्शसुलभ वस्तु के साथ हैं जो उन्हें समूची सृष्टि से जोड़ती है। वे असम्भव विचारों पर सोचने लगे और ऐसे लोगों से मिलने

लगे जो उनके लिए कभी भी अस्तित्व में नहीं थे। साल बीतते-बीतते दुनिया ने चन्द्रमा के क्षितिज से पृथ्वी की उभरती तस्वीरें देखीं। इससे कोई फर्क नहीं पड़ा कि ये तस्वीरें अमेरिकी अन्तरिक्ष यात्रियों द्वारा ली गई थीं। निश्चित रूप से दुनिया एक थी।

शुरू में सबकुछ मनोरंजक था। विशेष रूप से धुन के पक्के उन लोगों की वजह से जो लाल सूरज के उजाले में प्रकट हुए थे। मोहन और प्रणव की मित्रता पर जब राजनीति का रंग चढ़ने लगा, तब सहानुभूति रखनेवाले, पाला बदलनेवाले, संशोधनवादी, प्रतिक्रियावादी, रेडगार्ड, सुअर, पिछलग्गू कुत्ते, और कागजी शेर जैसे शब्द उनकी बातचीत में शामिल हो गए। इसी तरह रोमांटिक तत्त्व, पेटी-बुर्जुआ भड़ुए और फासिस्ट फफूँद जैसे विशेषण भी। इन तमाम कोटियों की परिभाषाएँ गोया उनके चारित्रिक गुणों का बखान थीं। क्रान्तिकारी वे थे जो जनता में घुलते-मिलते थे, सत्तावर्गों के षड्यंत्रों का पर्दाफाश करते थे और चेयरमैन माओ की लम्बी उम्र की दुआ करते थे। संशोधनवादी और उनके कुलेखक क्रान्ति के साथ विश्वासघात करनेवाले हैं और जनता के लिए मगरमच्छ के आँसू बहाते हैं। साम्राज्यवाद और इसके चाटुकारों ने घृणित योजनाएँ बनाई थीं और अब वे अपने अपरिहार्य अन्त की दिशा में भाग रहे हैं। इत्यादि।

और फिर कार्यक्रम। भविष्य के सुन्दर और प्रेममय समाज के सपनों को कार्यों में बदलना होगा। यदि तुम्हें वैकल्पिक संसार चाहिए तो बहादुरी के काम भी करने होंगे। जैसा कि नारे में कहा गया था—सम्भ्रमों को उतार फेंको और संघर्ष में जुट जाओ। एक छोटी-सी चिनगारी भी दावानल को भड़का सकती है। राज्य के तंत्र को ध्वस्त करने के लिए तुम्हें अपना यांत्रिक ढाँचा खड़ा करना होगा। यह शोषित जनों का शस्त्र होगा। चीजें उलझती जा रही थीं। कॉमरेड जब एक सिद्धान्त के आसपास जमा होते थे, तब उनके परिवर्तनवादी विचार युवकोचित भावुकता और क्रोध से गड्डमड्ड हो जाते थे। वे उन लोगों की तरफ खिंचते गए जो जानते थे कि उन्हें क्या करना है।

दिल्ली के कैम्पस-क्रान्तिकारी रोचक लोग थे। कुछ दूसरों की तुलना में अधिक गम्भीर रहते थे, लेकिन अधिकांश को बहुत हँसी आती थी। आनेवाले हर नए समूह में दो-चार अप्रासंगिक और सनकी युवक होते थे जो कुछ समय के लिए परिवर्तनवादी राजनीति के प्रति खिंच आते थे। बिहार की यात्रा प्रणव और मोहन के जीवन की बपतिस्मा की यात्राा थी। इस यात्राा के एक साल बाद उनके ग्रुप में एक नया रंगरूट शामिल हुआ। इसके अलग-अलग नाम थे। चीप चैप (जो उसकी प्रिय गाली थी) या सिन टॉ, जिस लहजे में वह अपना नाम बताता था। उसके चरित्र को छोड़कर, उसकी हर बात औसत थी। उसकी चाल में एक आश्वस्ति थी, और उसके गालों की हड्डियाँ कुछ उभरी हुई थीं। वह अपनी मूँछ के साथ प्रयोग करता रहता था और इसलिए कुछ-

कुछ सनकी दिखाई देता था। उसके दोस्तों ने उसे मूल अहोमिया पगला का नाम दे दिया था। महत्त्वपूर्ण चर्चाओं के आसपास वह चेहरे पर भोलेपन का भाव लेकर मँडराता रहता था और लगता था कि वह हर बात को अन्तर्दृष्टि के साथ अपने मस्तिष्क में जमा कर रहा है, लेकिन वह इन्हें तब उगल देता था जब उससे इसकी कोई अपेक्षा ही नहीं की जाती थी। उन सारे क्रान्तिकारी वर्षों में वह अपनी ही गतिविधियों को अविश्वास की नजरों से देखता रहा, और अपनी समझ को उन जोखिमों से धार देता रहा जो यथार्थ की उसकी शरारती समझ को सही ठहराती थी। यह वही था जिसे विश्वविद्यालय के पुस्तकालय के खगोल विज्ञान के सेक्शन में एडगर स्नो की पुस्तक 'रेड स्टार ओवर चाइना' मिल गई थी।

क्रान्तिकारी छात्रसंघ का सेक्रेटरी कॉमरेड मनदीप सिंह था। उसके दाढ़ी थी और वह अपनी उम्र से बहुत अधिक प्रौढ़ दिखाई देता था। शक्तिनगर से माल रोड तक उसकी एक झलक मात्र वर्गशत्रुओं का दिल दहलाने के लिए काफी थी। एक दिन अखबारों में उसकी तस्वीर छपी। होमसाइन्स कॉलेज के स्थापना दिवस पर जब प्रधानमंत्री इन्दिरा गांधी भाषण दे रही थीं तो वह फर्नीचर तोड़ रहा था और चिल्ला रहा था–'डिग्री नहीं, नौकरी चाहिए।' उसके बाद उसके साथी कॉमरेडों ने उसके नाम के साथ एक विशिष्ट नाम और जोड़ दिया : बातें कम, काम ज्यादा। वस्तुतः मनदीप एक भला आदमी था और अपने उद्देश्य के प्रति समर्पित था। मार्क्स की उक्ति 'धर्म जनता के लिए अफीम है' से कई महीनों तक जूझने के बाद उसने अपने केश कटा लिए और सिख पगड़ी को अलविदा कह दिया। उसने सुन रखा था कि मानवीय बालों से विग बनाए जाते हैं। पुरातनपन्थियों को आघात पहुँचाने के लिए उससे अच्छा और क्या होता कि वह अपने बालों को बेच दे और इससे जो भी रकम मिले उसे क्रान्ति के काम में दे डाले? उसने सोचा : 'एक झटके में लाल सलाम!' एक शाम वह अस्त-व्यस्त दशा में कॉमरेड मोहन के होस्टल के कमरे में पहुँचा। उसके हाथों में बादामी कागज के थैले में उसके उत्सर्ग की सामग्री थी। उसने यशवन्त प्लेस, जहाँ विग की कई दुकानें थीं, तत्काल ही चलने का आग्रह किया। यशवन्त प्लेस के दुकानदार ने थैले में रखे चीकट बालों के गुच्छे पर निगाह डाली और उन्हें उनके मालिक के साथ बाहर फेंक दिया। मोहन बाहर के बरामदे में इस घटनाक्रम के दौरान टहलता रहा। उसे अपने इस मित्र के साथ काम में शामिल होने में शर्म आ रही थी, क्योंकि वह जानता था कि इस कॉमेडी का परदा इसी तरह गिरेगा। कॉमरेड सेक्रेटरी को विग की दुकान के मालिकों के विश्वासघाती वर्गचरित्र को लेकर कतई सन्देह नहीं था। वह बुदबुदाया : 'उसे कैम्पस तो आने दो, फिर हम देखेंगे कि वह मेरे बाल खरीदता है या नहीं।'

1968 की उत्तेजना कुछ महीनों तक बनी रही। मोहन के दोस्तों और अन्य परिवर्तनवादियों के लिए विज्ञान संकाय का कॉफी हाउस (संक्षेप में सीएच) फलने-

फूलने और खुराक लेने का अड्डा था। जहाँ वे वियतनाम, विश्वक्रान्ति और भारत के राज्य को उखाड़ फेंकने की रणनीति जैसी समस्याओं पर गहन विचार-विमर्श के लिए जमा होते थे। वे जो दूसरे काम वहाँ करते थे, उनमें शामिल था, गप्पें लड़ाना, क्रीम के साथ कॉफी जेली खाना (यह तब होता था जब माचिस और पानी के गिलास के खेल में किसी के हारने पर उसे बिल का भुगतान करना पड़ता था) और पास के महिला कॉलेज से आनेवाली लड़कियों को घूरना। जब सादा कपड़ों में कोई पुलिसवाला वहाँ आ जाता था तो उसे चिढ़ाना शुरू कर दिया जाता था। उसे उन्होंने टट-कॉप नाम दे रखा था क्योंकि उसकी नीली-हरी या लाल रंग की बहुत चुस्त पतलून से उसके अंग विशेष का उभार साफ दिखाई देता था।

दिल्ली विश्वविद्यालय में जब उसके अपने परिवर्तनवादियों का घेरा बन गया तो वे लोग भी रात-बिरात आने लगे, जिनके पास मंत्रमुग्ध करनेवाली कहानियाँ और सिद्धान्त के नाजुक पक्षों की जानकारियाँ होती थीं। भोले को भोला मिले। एक दिन मोहन और प्रणव अपनी प्रिय पनाहगाह में कॉफी हाउस के दरवाजे के बाहर इमली के पेड़ के नीचे बैठे थे। भीतर का शोरगुल सुनाई दे रहा था, तमाम छात्र, शिक्षक और शैक्षणिक लोग बहस कर रहे थे और ठहाके लगा रहे थे। इसमें वेटरों द्वारा लाई-हटाई जाती क्रॉकरी की ध्वनियाँ घुली-मिली थीं। वे किसी नए व्यक्ति से बात कर रहे थे, यह जॉयोदिप 'मिलिट्री घोष' या एमजी था, जो कलकत्ता की पुलिस से बचकर (कम-से-कम उसका यही कहना था) आया था, और उसकी परिवर्तनवादी प्रतिबद्धताएँ प्रखर कल्पनाशीलता के साथ ग्रहण की जा रही थीं।

'कुछ लोगों को एमजी से महात्मा गांधी का भ्रम हो जाता है।' उसने कहा और उसके ऊपरी ओठ का बायाँ हिस्सा क्रान्तिकारी दर्प से सिकुड़ गया—'मैं कोई महात्मा नहीं हूँ, मैं सैनिक घोष हूँ।' उसने यह घोषणा भी की कि ऑरनाल्ड टॉयनबी एक मार्क्सवादी इतिहासकार था। मोहन प्रभावित हुआ। अपनी पाँतों में बड़े बुद्धिजीवियों का होना अच्छा ही था, और क्रान्तिकारी जुझारुओं का भी। कॉमरेड एमजी ने गम्भीरता के साथ कॉमरेड सुहास के कौशल का बखान किया, (जिसे कई वर्षों बाद लन्दन के एक बांग्लादेशी भोजनालय में कबाब बेचते हुए देखा गया था)—वह कैसे अपना तेज चाकू युवक कांग्रेसियों के खिलाफ इस्तेमाल करता था और प्रतिक्रियावादियों की रक्तवाहिनी नसों को कैसे अपने रेजर ब्लेड से चीर देता था! सुहास दुबला-पतला और नाटा था किन्तु वर्ग शत्रुओं के लिए वह जहर था। एमजी को प्रेसीडेन्सी कॉलेज के अपने कॉमरेडों की याद आ रही थी, जो पोर्च में इकट्ठे होकर घंटों 'चेयरमैन माओ जुग-जुग जियो' का अनवरत मंत्रपाठ करते थे। उसने उन लोगों को बताया कि जब कोई प्रोफ़ेसर इस क्रान्तिकारी नारे को दुहराने से इनकार कर देता था तो उसकी कैसे फजीहत की जाती थी।

वह रणनीति को लेकर भी बहुत उत्साह में था। उसने कहा–'पार्टी के पास अद्‌भुत योजना है', उसने हवा में लहराती हुई अपनी मुट्ठियों को भींचते हुए कहा–'पहले हम आन्ध्र और पंजाब, बंगाल और केरल में क्रान्ति के आधार बनाएँगे और फिर भारतीय राज्य को इस तरह मसल देंगे।' उसने मुट्ठियों में दबी हुई हवा को मसला। चमकती हुई निगाहों के बीच उसने देसी बम को बनाने का तरीका बताया, जो प्रतिक्रियावादियों और पुलिस के मन में आतंक पैदा करनेवाला था। इसका रसायनशास्त्र बंगाल के क्रान्तिकारियों को मोलोतोव कॉकटेल के आगमन से पहले ही ज्ञात था। आपको केवल ठीक-ठीक मात्रा में लाल (आर्सेनिक सल्फाइड) और सादा (पोटेशियम क्लोरेट) को मिलाकर पत्थरों और कीलों के साथ कागज में भरकर धागे से लपेट देना चाहिए। यह सूखे पाउडर संघातक होते हैं इसलिए इन्हें मिट्टी के तेल से गीला कर लेने की सावधानी बरतना जरूरी है। तत्काल हथियारों की जरूरत होने पर कुछ कामरेडों ने उसमें जल्दबाजी की और, नकली गम्भीरता और आँखों की एक चमक के साथ एमजी ने बताया कि खतरनाक विस्फोट हुआ, जिसमें उनके हाथ-पाँव उड़ गए, खून बह उठा और कुछ साथियों से हमें हाथ धोना पड़ा। यह सब उसकी आँखों के सामने हुआ था। मिशन कॉलेज के क्रान्तिकारियों पर प्रभाव पड़ रहा था। मिलिट्री घोष जैसे लड़ाके जब हमारे साथ हैं तो सत्तावर्गों का अन्त होना ही है।

सोवियत पोलित ब्यूरो के कट्टर सदस्य मिखाइल सुस्लोव से मिलकर अभी-अभी कॉमरेड योगेन्द्र मास्को से लौटा था, यह एक दिन प्रणव ने मोहन और सिन-टॉ पगले को धीरे से बताया। इसकी खबर गैरों को नहीं होनी थी, अभी भी उन्हें सोवियत रूस से उम्मीदें थीं।

कार्रवाई के लिए आह्वान का असर कॉमरेडों की व्यस्तता पर पड़ा। स्टडी सर्कलों का गठन किया गया जिनमें कम्युनिस्ट आन्दोलन के विवादों को ध्यान से देखा जाता था। इनमें कॉमरेड बिमल भट्टाचार्य जैसे नेताओं से सहायता ली जाती थी, यह एक और व्यक्ति था जिसके लिए बताया जाता था कि कलकत्ता की पुलिस उसकी तलाश में है। बिमल सच्चे मार्क्सवाद-लेनिनवाद को समझता था और इसीलिए उसे टी-एम-एल भट्टाचार्य के नाम से जाना गया। उसकी बातचीत विषयानुरूप और प्रेरणादायक होती थी। वह कहता 'भारत की जनता महान है' और 'केवल जनता ने ही विश्व का इतिहास बनाया है' तथा 'शानदार भविष्य हमारा इन्तजार कर रहा है।' वह सहज ही क्रान्ति का प्रशिक्षक था।

एक शाम प्रणव के छात्रावास के कमरे में जमा कुछ बन्धुओं के सामने उसने घोषणा की–'कामरेडो! कृपया ध्यान दो, हमें सिर्फ लेनिन ही नहीं कहना चाहिए। उन्हें लेनिन

महान कहकर पुकारा जाना चाहिए। अब बताएँ कि आधुनिक संशोधनवाद के लक्षण क्या हैं?'

'वर्ग सहयोग, कॉमरेड!' बुलू ने कहा। वह पगले के ही क्लास में था और बहुत बोलता था। विचारधारा के प्रति उसकी अडिग निष्ठा थी और यह सिनटॉ की असमय निरर्थक सवाल करने की खिजाने वाली आदत के बिल्कुल उलट थी। 'नहीं! यह है उनका शान्तिपूर्ण तरीकों में विश्वास। मार्क्स ने वर्तमान परिस्थितियों को हिंसा से बदलने का निर्देश किया है। महान लेनिन ने भी इस पहलू पर जोर दिया है। जो इससे सहमत नहीं हैं वे सर्वहारा के शत्रु हैं! सच्चे मार्क्सवाद-लेनिनवाद के लिए सशस्त्र संघर्ष के लिए तत्काल तैयार होना चाहिए। सही विचार कहाँ से आते हैं?'

पगले ने हिम्मत की-'फ्रांस?'

'नहीं। तुम्हें माओत्से तुंग का 'ऑन प्रैक्टिस' पढ़ना चाहिए। उस निबन्ध में उन्होंने इसी प्रश्न से शुरुआत की है और अत्यन्त प्रज्ञापूर्ण उत्तर दिए हैं। मार्क्सवाद-लेनिनवाद और मार्क्सोलॉजी में क्या फर्क है?'

'मार्क्सवादी-लेनिनवादी क्रान्तिकारी हैं और मार्क्सोलॉजिस्ट दिमागी मैथुन करने वाला।' पगले ने इस प्रश्न का उत्तर दिया।

'हाँ। तुम्हारे लड़के अभी भी उपनिवेशों की भाषा बोलते हैं। सच्चे मार्क्सवाद को दुनिया की सिर्फ व्याख्या ही नहीं करना, उसे बदलना है। हमें अर्द्ध-सामन्ती संस्कृति का नाश करना होगा। जैसा कि मार्क्स ने कहा था अतीत की परम्पराएँ जीवितों के मानस का दु:स्वप्न होती हैं...' और इसी तरह की बातें।

क्रान्तिकारी राजनीति की बढ़ती हुई जानकारी से कॉमरेडों के परिचय ने उन्हें प्रेरणा दी और उन्होंने अपने विश्वासों को जहाँ जगह मिली लाल रंग से रँग दिया। विश्वविद्यालय की इमारत प्रेरक घोषणाओं से जीवन्त हो उठी :

यांकी साम्राज्यवादियों और उनके पिछलग्गू कुत्तो
–वियतनाम से बाहर निकलो
कॉमरेड चे ग्वेरा–लाल सलाम
फिलस्तीनी जनता के मुक्ति-संघर्ष
का समर्थन करो।

कभी-कभी कॉमरेडों के नारे मनोरंजक हो जाते थे, विशेष रूप से तब जब उन्हें अपने राजनैतिक विरोधियों को हाजिरजवाब प्रत्युत्तर देना होता था। उनके विरोधियों में एक धार्मिक उन्मादियों का संगठन शामिल था, जिसका नाम भा.वि.प. था और एक प्राउटिस्ट (जिसे प्रोग्रेसिव यूटीलाइजेशन थियरी से यह नाम मिला था) नाम का संदिग्ध दक्षिणपन्थी गुट था। इनके बीच के वाग्युद्ध हर दिन लिखे जानेवाले नारों के माध्यम से लड़े जाते थे :

जब व्यवस्था अन्यायी हो तो अव्यवस्था ही
न्याय है—क्रां. छा. सं.
हम अव्यवस्था सहन नहीं करेंगे—भा. वि. प.
पूँजीवाद मनुष्य को भिखारी बनाता है
साम्यवाद भिखारी को पशु बना देता है—प्रा. उ. ट.
प्रा.उ.ट. पशु को सुन्दरी बना देता है—क्रां. छा. सं.।

अपने अति उत्साह में कॉमरेडों ने मुक्तक्षेत्र की दीवारों को इतने बड़े-बड़े लाल नारों से पोत डाला कि लगने लगा अब क्रान्ति आ पहुँची है। आशावाद के इस विज्ञापन में पगले की भूमिका विशेष रही जिसने लाल रंग से एक विशाल क्षेत्र रँग दिया था जिसमें असम की लोशाई पहाड़ियों को दिखाया गया था। कभी-कभी उनसे सैद्धान्तिक चूक भी हो जाती थी :

पूँजीपति तुम्हारे दिन अब गिने-चुने रह गए हैं
कामगार वर्ग को समूची सत्ता मिलेगी

इसकी प्रतिक्रिया सैद्धान्तिक आलोचना के रूप में हुई। एक सुबह कॉफी पीते हुए वरिष्ठ कॉमरेड सौरभ ने टिप्पणी की—'च् च्, यह एक संकीर्ण नारा है।' सौरभ कैम्पस में सबसे ज्यादा पढ़ा-लिखा मार्क्सवादी था और उसने अपने स्नातकोत्तर छात्रावास ग्वायर हॉल से सीएच आते हुए इस नारे को पढ़ा था। वहाँ वह अपने उन कनिष्ठ कॉमरेडों से जा टकराया जो अपने नवीनतम नारे अभियान की डींगें हाँक रहे थे। 'तुम क्रान्तिकारी शक्तियों को गुमराह कर रहे हो!' उसने उन्हें चेतावनी दी, 'नई लोकतांत्रिक क्रान्ति कामगार वर्ग को सत्ता नहीं सौपेंगी कॉमरेड! इसका नेतृत्व अवश्य ही कम्युनिस्ट करेंगे लेकिन संयुक्त साम्राज्यवादी मोर्चे में पूँजीपतियों का प्रतिनिधित्व भी होगा। हमें यह कहकर कि तुम्हारे दिन गिने-चुने रह गए हैं, उन्हें भयभीत नहीं करना चाहिए!' बात को शब्दशः समझने वाला बुलू इस बात से भ्रमित हुआ, उसने पूछा—'अगर पूँजीपतियों ने पार्टी कार्यक्रम पढ़कर यह जान लिया कि क्रान्ति के बाद हम किसी भी तरह उन्हें खत्म कर देनेवाले हैं, तब क्या होगा?'

कॉमरेड मार्क्सवादी पांडित्य के उच्च शिखर पर अपनी जगह से विचलन के लिए तैयार नहीं था। 'मूर्खो! इतिहास की चाल ऐसी नहीं होती, जो भी हो तुम्हें अपने प्रोपेगंडा पर कभी विश्वास नहीं करना चाहिए। जब राजनैतिक परिवर्तन के लिए परिस्थितियाँ बन गई हों तो कितनी ही किताबें और कार्यक्रम वर्गीय गठबन्धन को बनने से रोक नहीं सकते। क्या तुम नहीं जानते कि क्रान्ति एक ऐतिहासिक अनिवार्यता है?'

जूनियर कॉमरेड ऐतिहासिक अनिवार्यता पर सवाल उठाने की स्थिति में नहीं थे। कैम्पस के सिद्धान्तकारों की यह जिम्मेदारी थी कि वे सही लाइन का प्रसार करें। पढ़ने के लिए कुछ पुस्तकों का पास में होना अनिवार्य था। 'कम्युनिस्ट मेनीफेस्टो', लेनिन

की 'क्या करें ?' और एमाइल बर्न्स की 'मार्क्सवाद क्या है' कनाट प्लेस के पीपुल्स पब्लिशिंग हाउस उर्फ पीपीएच से खरीदी जा सकती थीं, यह दुकान सोवियत संघ के पिछलग्गू कुत्तों द्वारा चलाई जाती थी। स्टालिन की 'द्वन्द्वात्मक और ऐतिहासिक भौतिकवाद' और माओ की 'सही विचार कहाँ से आते हैं' उन किताबों की दुकानों में मिलती थीं जिनका संचालन मार्क्सवादी कम्युनिस्ट पार्टी द्वारा किया जाता था, वहाँ इजराइल एपस्टीन की 'अफीम युद्ध से मुक्ति तक' और चेयरमैन माओ के 'चुने हुए उद्धरण' और 'लिबरेशन' भी। नई माओवादी पार्टी की मुख्यपत्रिका केवल भूमिगत स्रोतों से ही उपलब्ध थी। जोन राबिन्सन की 'चीन की सांस्कृतिक क्रान्ति' और फ्रांज फेनन की 'रेचिड ऑफ द अर्थ' जैसे पंथीय शीर्षकों के लिए पेंग्युइन किताबों पर भरोसा किया जा सकता था।

एक दिन कॉफी की मेजों पर टीएमएल भट्टाचार्य ने जूनियर कॉमरेडों को एक टाइप किए हुए दस्तावेज, 'क्रान्तिकारी के लिए प्रश्नोत्तरी' की कार्बन कापी उपलब्ध कराई। उन्नीसवीं सदी के भयावह अराजकतावादी सर्गेई नेचायेव द्वारा लिखित यह घोषणापत्र किन जोखिम भरे रास्तों से होता हुआ विज्ञान संकाय के कॉफी हाउस की मेजों तक पहुँचा होगा, इसकी कल्पना ही की जा सकती है। इसके लेखक ने 1881 में जार एलेक्जेंडर की हत्या की योजना में शिरकत की थी, बावजूद इसके कि वह पीटर पाल किले के सबसे गहरे तहखाने में जंजीरों से बँधा हुआ बन्दी था। कहानी यह बताती है कि उसने अपने अभियान के लिए जेलरों को पटा लिया था और उनका इस्तेमाल वह नेरोद्नाया बोल्या आतंकवादी गुट से अपने सम्पर्क के लिए करता था। उनमें से एक ने बताया था कि उससे नजरें मिलाना और उसकी बात को न मानना असम्भव होता था। दोस्तोएवस्की की कृति 'अभिभूत' में दुष्ट वर्कोवेन्स्की के चरित्र के रूप में नेचायेव अमर हो गया है। प्रश्नोत्तरी का पाठ बेचैन करता है। जब मोहन ने आतंकित आश्चर्य के साथ इसे पढ़ना शुरू किया तो टीएमएल मुस्कुरा रहा था। 'क्रान्तिकारी नश्वर होता है, उसे जनमत की परवाह नहीं करनी चाहिए।'

'वह राज्य और विशेषाधिकारी शिक्षित वर्ग की समूची व्यवस्था के प्रति निर्मम होता है।'

'क्रान्तिकारी को किसी भी समय मरने के लिए तैयार रहना चाहिए, और उसे उत्पीड़न सहने के लिए प्रशिक्षित करना चाहिए।'

'रिश्तेदारी, मित्रता, प्रेम, कृतज्ञता, यहाँ तक कि सम्मान जैसे कोमल, कमजोर करनेवाले सभी भावों को निकाल फेंककर उसे केवल क्रान्ति के प्रति समर्पित हो जाना चाहिए। उसके लिए सबसे खराब बात यह है कि वह रिश्तेदारी, प्रेम या मित्रता के सम्बन्ध रखे, वह तब क्रान्तिकारी नहीं रह जाता जब उसके लिए ये बन्धन बन जाते हैं।'

बुलू परेशान था। उसने जानना चाहा, 'यह किसने लिखा है, माओत्से तुंग ने?'

'नहीं, यह सर्गेई नेचायेव का लिखा हुआ है।'

'किन्तु इसमें लेनिन और माओ का कोई उल्लेख नहीं है।'

'स्वाभाविक रूप से, उसने यह उन्नीसवीं सदी के उत्तरार्ध में लिखा था।'

'वह मार्क्स का नाम क्यों नहीं लेता?'

'नेचायेव ने कम्युनिस्ट मेनीफेस्टो का अनुवाद किया था, लेकिन वह मार्क्सवादी सिद्धान्त से अनजान था। लेकिन वह साफ तौर पर जानता है कि इस युग में क्रान्तिकारियों में किन प्रतिबद्धताओं का होना आवश्यक है।'

पगले ने सन्तों की भाँति सिर हिलाया–'निश्चित रूप से हाँ, वर्तमान युग में।'

लेकिन बुलू की चिन्ता खत्म नहीं हुई, 'सुनो! क्या महिला मित्रों की भी इजाजत नहीं है?'

'ठीक-ठीक ऐसा नहीं है', टीएमएल ने उत्तर दिया–'वह कहता है कि क्रान्तिकारियों को उन स्त्रियों को सहेजकर रखना चाहिए जो हमारे उद्देश्य के लिए सहमत हो चुकी हैं।'

यह बेहतर है, कॉमरेडों ने सोचा। निश्चय ही वह अपनी महिला कॉमरेडों को सहेजकर रखेंगे। लेकिन केवल तभी जब कैम्पस की स्त्रियाँ मोटर साइकिल वाले अराजनैतिक और धनी लोगों के मोहजाल से निकल आएँ।

स्वप्निल आँखोंवाले छात्रों के साथ क्रान्ति का समर्थन करनेवाली जमातों में प्रोफेसर, हुड़दंगी और ट्रेड यूनियन के कार्यकर्ता भी शामिल थे। शहादत के भव्य बिम्ब से वह चमत्कृत थे, और उन्होंने जिस उद्धत तथा विवादप्रिय नूतन व्यक्तित्व को ग्रहण किया था, उनका विकास मतिभ्रम से लेकर मनोन्माद तक विभिन्न दिशाओं में हुआ। जिसे लेकर उनके माता-पिता, पुलिसकर्मी, नौकरशाह, अवाँगार्दे कलाकार, और समाजवादी अल्बानिया के साथ मैत्री संघों के आयोजकों में तरह-तरह की भावनाएँ पनप रही थीं, जैसे सराहना, घृणा और दुश्चिन्ता आदि। कैम्पस की नाट्यशाला अब विश्व रंगमंच की ओर प्रस्थान कर रही थी।

८

सिन टॉ माने मौलिक अहोमी पगला, टैगोर पार्क के एक गैरेज में मूँज की चारपाई पर पसरकर लेटा हुआ था, जहाँ वह अपने दो पुराने कॉमरेडों के साथ रहता था। 1968 को पाँच वर्ष बीत चुके थे। भूमिगत जीवन से बाहर आए उन्हें अठारह महीने गुजर चुके थे और वे अपने आपको उस जीवनशैली में ढालने की कोशिश कर रहे थे, जिसे वे आम जिन्दगी कहते थे। मोहन, सनकी जीनियस के व्यक्तिगत चीजों को सँभालने में व्यस्त था। चारपाई की मूँजें ढीली होकर फर्श तक पहुँच चुकी थीं, क्योंकि उन्हें

कसने की किसी को चिन्ता न थी। मोहन गन्दे कपड़ों के ढेर के पास खड़ा ऊँची आवाज में बड़बड़ा रहा था कि उनमें से कौन से धुलने के लायक हैं। सिन टॉ ने झूलती हुई चारपाई की मूँज पर अपने नितम्बों को पलटते हुए फेफड़ों में भरा हुआ बीड़ी का गन्धायमान धुआँ गैरेज की नीची छत की तरफ उगला। उसने मोहन की तरफ देखते हुए लाल प्लास्टिक कवर में एक जर्जरावस्था वाली माओ की लाल किताब बेहूदा तरीके से हिलाई। वह इस महा अभियान के सम्बन्ध में कोई सूक्ति कहने वाला था।

अपनी तीखी और ऊँची आवाज में, जो उसकी विशेषता थी, उसने मोहन का ध्यान आकर्षित किया–'अरे बेवकूफ!'

'अब क्या है?'

'मार्क्स की लाइन वैज्ञानिक समाजवाद थी। नहीं थी क्या?'

'हाँ।'

'जो काल्पनिक समाजवाद से भिन्न थी।'

'हाँ।'

'और वह पेटी-बुर्जुआ, कुलीन और सामन्ती समाजवाद से अलग थी।'

'अरे चीप चैप तुम चुप रहो।'

'वर्तमान युग में वैज्ञानिक समाजवाद की सेक्स पर क्या लाइन है।'

'शट्अप। तुम्हें और रथिन को सिर्फ सेक्स ही सूझता है।'

'क्या सचमुच! तुम लेनिन के पानी के गिलास सिद्धान्त से सहमत हो।'

'मुझे कभी भी यह जानकारी नहीं थी कि लेनिन के पास सेक्स का कोई सिद्धान्त भी था।'

'हमारे सन्त एडमन्ड के पास एक ज्यादा वैज्ञानिक सिद्धान्त है। क्या तुम दोलन के कोण के विषय में जानते हो?'

'भाड़ में जाओ तुम, क्या तुमने इतने गन्दे अंडरवीयर कहीं देखे हैं?'

'यह दोलन अंग विशेष, जानते हो न क्या होता है, तो अंग विशेष की गर्मी में भाग लगाओ पिछवाड़े के वज़न से तो जो निकलेगा, उसके उलटे क्रम में समानुपातिक होती है।'

'तुम्हारे चूतड़ों पर तो छड़ी लगनी चाहिए। बहरहाल अगर इसे गन्दा ही पहनना है तो इसको धोने से क्या फायदा?'

'अरे यह बहुत अक्लमंद है! उसने इन्हें उस दिन के लिए सहेजकर रखा है जब इस शानदार बंगले में कोई प्यारी सी औरत आएगी और उसके पतलून में घुस जाएगी। लेकिन क्या तुम्हें याद है कि हम कौन सी समस्या को सुलझा रहे थे?'

'कौन सी?'

'समस्या यह थी कि मार्क्स ने विचार किया, लेनिन ने विचार किया, माओ ने भी

विचार किया, पर हम कभी विचार नहीं करते। हम सिर्फ उनसे सहमत होते रहे। उन मूर्खों की योजनाएँ कॉफी हाउस आनेवाली लड़कियों की तरह थी–दूर से बहुत अच्छी, लेकिन अच्छाई से बहुत दूर।'

'तुम चूतिया ही रहोगे सिन टॉ। पर अच्छाई से बहुत दूर से तुम्हारा मतलब क्या है? उनमें से कई तो सचमुच सुन्दर थीं। अगर हम उन्हें पटा पाते तो जाने क्या-क्या न होता।'

'मतलब यह कि तुम मानते हो वर्तमान युग में भी सेक्स की एक भूमिका है।'

पगला हमेशा ही कुछ ऐसी बात करता था मानो वह किसी उपन्यास के पन्नों से निकलकर बाहर आ रहा हो।

3

दुश्वारियाँ

कॉमरेडों के संग-साथ में हर कोई मार्क्सवादी बुद्धिजीवी नहीं था। रथिन को विचार और तर्क पसन्द थे लेकिन वह मार्क्सवादी नहीं था। पटना के जेसुइट-विद्यालय में अध्ययन करते समय उसका लगाव अपने ऐसे शिक्षकों के साथ रहा था जो सर्वाधिक अध्ययनशील थे। जब बन्धु पेट्रिक मेकग्वायर भूगोल नहीं पढ़ा रहे होते थे तो उन्हें धर्म और इतिहास की पुस्तकों को पलटते देखा जा सकता था। संन्यासी को धर्म सम्बन्धी विवादों से आनन्द मिलता था। घनी भौंहों के बीच चिन्तनमग्न काली आँखों से अपने अध्ययनकक्ष की बिखरी हुई किताबों के बीच किसी स्टूल को घूरते हुए वे नुकीली नाक वाले रथिन से कहते–'रथिन, पॉल वैलेरी के उन शब्दों को हमेशा याद रखना, 'किसी विचार का खंडन करने के लिए सबसे पहले यह जरूरी है कि ऐसा करने वाले के पास इस विचार के योग्यतम समर्थक से अधिक जानकारी हो। केवल अधकचरे लोग ही बहस में एक-दूसरे को अपमानित करते हैं। तुम्हें सन्त एक्विनस को अपना आदर्श बनाना चाहिए जिन्होंने ऑगस्टाइन का पक्ष रखने के लिए अरिस्टोटल का गम्भीर अध्ययन कर डाला था।'

मेकग्वायर क्या कह रहे हैं उसका अर्द्धांश भी रथिन के पल्ले नहीं पड़ रहा था, लेकिन वह अभिभूत होकर जानता था कि यह कोई महत्त्वपूर्ण बात है। आगे के वर्षों में उसके पथ-प्रदर्शक ने अपने पुस्तकालय से उसे किताबें लाने-ले जाने की अनुमति दे दी और अब सप्ताह में एक बार उनसे विमर्श के लिए वह जा सकता था। नवजागरण से पहले के विचारों, सन्त बर्नार्ड के आसपास उत्पन्न विवादों, दूसरे क्रूसेड की शुरुआत और पोप द्वारा प्रतिबन्धित पीटर अबेलार्ड, जो मानवीय मनीषा की क्षमताओं की शिक्षा देता था, की बातों ने उसे चमत्कृत कर दिया था। धर्म और भौतिकी पर बात करते हुए उसने मेकग्वायर को सुना था, जो अपने अधपके सिर को झटका देकर कहते थे, 'एक्विनस बुद्धि के पक्षधर थे। वे लूथर जैसे नहीं थे। काश वे चार सदी बाद हुये होते तो बात ही कुछ और होती। ब्रूनो को भयानक दुर्भाग्य का सामना नहीं करना पड़ा होता।' रथिन को अभिशाप, धर्मद्रोह, ईश-निन्दा जैसे शब्दों के अर्थ समझ में आने लगे। वह

मार्को पोलो और ह्वेन सांग की कहानियाँ खोज-खोजकर पढ़ने लगा और सोचने लगा कि 1941 में कोपनहागन में हाइजनबर्ग और बोअर के बीच क्या हुआ था। वह नालन्दा के प्राचीन खंडहरों को देखने गया, और उसने उन विद्वानों-तीर्थयात्रियों के विषय में सोचा जो हजारों मील दूर से वहाँ सत्य का ज्ञान प्राप्त करने के लिए पहुँचे थे। जब स्कूल छोड़ने का वक्त आया तब तक रथिन की पहचान एक ऐसे व्यक्ति के रूप में हो चुकी थी जो विषय को उसकी तार्किक परिणति तक ले जाता था और कभी भी किसी दावे को चुनौती दिए बिना नहीं छोड़ता था।

जब वह मिशन कॉलेज में पहुँचा तो तरह-तरह के लोगों से उसका सम्पर्क हुआ, उनमें कॉमरेड भी थे। समकालीन काल-चेतना को ग्रहण करने के लिए अपने ही रचे हुए चक्रव्यूह से वह दार्शनिक अन्दाज में जूझ रहा था। 1968 की हलचलों का प्रभाव उस पर भी हुआ था, लेकिन वह उसके मित्रों पर हुए प्रभाव जितना तनावग्रस्त नहीं था। वह न तो माओ के विचारों से और न ही चे के दुस्साहस से प्रभावित हुआ था। नीत्शे, गिन्सवर्ग, और जिम मारीसन की धृष्टताएँ उसे तरंगित करती थीं। वियतनाम या लड़कियों के विषय में मित्रों की बातचीत के बीच में धमकता हुआ वह कहता था— 'तुम ईश्वर से प्रार्थना के द्वारा याचना नहीं कर सकते।' इससे सिन टॉ को छोड़कर सभी तुनक जाते, सिर्फ वही खुश होता। अपने अस्थिर सौन्दर्य बोध के कारण केवल पगला ही रथिन को समझ पाता था।

रथिन और मोहन के स्वभाव में परिहास-प्रियता की समानता थी। सारी रात चलनेवाले ब्रिज के खेल में, कॉफी हाउस की अलसाई सुबहों में, आध्यात्मिक कवियों को पढ़ते हुए, गाँजा पीकर नशे में झूमते हुए वह और मोहन बेमतलब गद्य गढ़ते रहते थे, जिसके शीर्षक होते थे—*महान ओनोडोंडू का जीवन और समय, आइ.ए.एस. का ओम मार्ग,* और *नत्था सिंह एंड प्रेम सिंह वन ऐंड द सेम थिंग*। ये साहित्यिक कृतियाँ इनके रचयिताओं को छोड़कर किसी के लिए भी मनोरंजक नहीं होती थीं। लेकिन इनके लेखक इन्हें लिखते हुए ठहाके लगाते रहते थे। उन्होंने 'निरर्थक कचरे के लिए लेम्यूएल गेनगुलफस पुरस्कार' नामक एक प्रतियोगिता भी शुरू की थी, जो चल नहीं पाई क्योंकि सभी यह मानते थे कि आयोजकों के अलावा कोई और इसे जीत नहीं पाएगा।

गम्भीर उद्देश्यों के लिए हास-परिहास सदा ही एक शत्रु रहा है। मोहन मजाक और बुद्धिमत्ता को हमेशा अलग-अलग खानों में रखता था। लेकिन रथिन की प्रखरता प्राय: क्रान्ति को निशाने पर ले लेती थी। वह कहता, 'कान्सेप्ट इज़ नॉट अ टूल! भौतिकवाद बकवास है! कम्युनिस्ट सत्य को प्रचार से छुपाते हैं।' और इससे बहस तीखी हो जाती। एक दिन उसके छात्रावास के कमरे में, लापरवाही से यहाँ-वहाँ फेंके गए कपड़ों, अस्त-व्यस्त बिस्तर और खुली हुए कापी-किताबों के बीच बातचीत का रुख मार्क्सवाद के सिद्धान्तों की ओर मुड़ गया। जबरदस्ती घुस आया सिन टॉ वहाँ

मौजूद था। जब पहली बार उसने यह गुस्ताखी की थी तो रथिन की आपत्ति को पगले ने इस घोषणा से खामोश कर दिया था कि वह (सिन टॉ) उसका (रथिन का) पिछलग्गू कुत्ता है और इसलिए उसे किसी न्यौते के बिना भी कमरे में आने का अधिकार है।

मोहन ने कहा–'सर्वहारा की मुक्ति आवश्यक भी है और अपरिहार्य भी क्योंकि श्रम ही मनुष्य का सारतत्त्व है। वह कामगार वर्ग की ऐतिहासिक भूमिका का प्रतिपादन कर रहा था। 'मनुष्य का सारतत्त्व आलू है।' अपने दाहिने हाथ को ऊपर उठाकर अँगुलियों को गोलाकार आलू की शक्ल में घुमाते हुए रथिन ने उत्तर दिया। सिन टॉ ने आसमान की तरफ आँखें उठाकर खामोशी से हँसने के अन्दाज में ओठों को फैलाया।

मोहन ने इस अस्फुट हास्य की अनदेखी की। 'तुम इससे इनकार नहीं कर सकते कि मनुष्य मूल रूप से औजार बनाने और औजारों का इस्तेमाल करनेवाला प्राणी है। उदाहरण के लिए तर्जनी और अँगूठे की पारस्परिक स्थिति औजारों के उपयोग को सम्भव बनाती है और...'

'और मध्यमा की स्थिति से यह सम्भव होता है कि मनुष्य अपने नितम्बों को खुजला सके।'

सिन टॉ ने एक मोटे से औजारों के उपयोग का उदाहरण दिया। उसकी तरफ किसी ने ध्यान नहीं दिया।

'शडप यार,' मोहन ने टोका–'तुम हमेशा मुद्दे से बचते हो।'

'तुम हमेशा फालतू बातें करते हो। मनुष्य में विशेष है संगीत, काव्य और कथा-कहानी। और क्या मुझे यह कहने की जरूरत है? सेक्स से जुड़ा प्रेम।'

'यह सब तभी होता है जब आदमी का पेट भरा हो।'

'अक्लमंद बालक! हाँ तुम केवल तभी जी सकते हो जब तुम जीवित रहो। हमारी चर्चा का विषय है कि मानवीय जीवन में कौन सी चीज है जो उसे विशिष्ट बनाती है।'

'ठीक है। लेकिन क्या तुम यह स्वीकार नहीं करते कि पदार्थ प्राथमिक है और चेतना बाद में।'

रथिन मूर्खता को आसानी से पचा नहीं पाता था। उसकी आँखें हिकारत से दहकने लगीं, और उसके ओठ उस अविश्वास के साथ सिकुड़ गए कि कोई इतना मूर्ख भी हो सकता है। 'तुम न तो पढ़ते हो और न लिखते, तुम सिर्फ पादते रहते हो। दर्शन की धुँधली-सी समझ के बिना तुम यहाँ बैठकर मानवीय अस्तित्व के विकास पर बकवास कर रहे हो। तुम्हारी मोटी खोपड़ी में यह धँसता नहीं कि अन्ततः पदार्थ भी केवल एक प्रत्यय माने आइडिया ही है।' मोहन ने आहत और अपमानित अनुभव किया, उसका चेहरा लटक गया।

'क्या बंगालियों का अस्तित्व है?' सिन टॉ ने पूछा।

मोहन गरिमा के साथ लाल झंडे को ऊँचा उठाए रखने की कोशिश कर रहा था, 'शब्द किसी वस्तु का प्रतिनिधित्व तो करते हैं।'

'वाह! यह बातचीत मार्क्सवदियों की मूढ़ता के अलावा किसी वस्तु का प्रतिनिधित्व नहीं करती। मुझे बताओ, कि पदार्थ क्या है? कुछ ऐसा जिसे तुम पकड़ सको, कुछ ऐसा जिसे तुम तोड़ सको? हवा? यह टट्टी भी हो सकता है?'

मोहन ने जवाब देने की तैयारी की–'पत्थर!'

'क्या?'

'पत्थर!'

'पत्थर, तुम कहना क्या चाहते हो?'

'जिन्हें तुम जैसे प्रतिक्रियावादी आवारा एक बार क्रान्ति के आ जाने के बाद तोड़ते हुए दिखाई देंगे। पत्थर।'

पगले ने पाला बदलते हुए बताया–'सड़कों का निर्माण।' रथिन ने उस पर एक उचटती निगाह डाली। गालियों का आदान-प्रदान शुरू हुआ। और गत्यावरोध स्थिति में पूर्व की ओर प्रयाण का निर्णय किया गया।

'चलो, सीएच चलते हैं।'

'यही ठीक है, चलो।'

'दोपहर के भोजन के वक्त वहाँ विज्ञान के विद्यार्थी आते हैं, तुम्हें क्या लगता है वह अब भी वहाँ होंगे?'

'आशा पर आकाश टिका है!'

कभी-कभी रथिन मामूली जीवों से सैद्धान्तिक चर्चा भी कर लेता था। एक दिन उसने मोहन और प्रणव से कहा, 'कम्युनिज्म सभी धर्मों में आखिरी तो है, पर सर्वाधिक आकर्षक नहीं।' वह रात को भोजन कक्ष से बाहर आए थे और गलियारे की धुँधली रोशनी में अपने कमरे की तरफ जा रहे थे। 'वह मध्यकालीन ईसाइयत की उपज है।' प्रणव ने उग्र प्रतिक्रिया की, 'क्या बेहूदापन है! कम्युनिस्ट अनीश्वरवादी होते हैं। मार्क्स ने धर्म को जनता के लिए अफीम कहा है। क्या तुमने ईसाइयों की भेड़ जैसी प्रकृति के सम्बन्ध में उनकी टिप्पणियाँ नहीं पढ़ी हैं?'

'यदि उन्होंने चीन के कृषक वर्ग का अध्ययन किया होता तो उनका निष्कर्ष यह हो सकता था कि अफीम जनता का धर्म है। और यदि उन्होंने तुम्हारे जैसे लोगों के कौतुकीय आचरण को देखा होता तो उन्हें पता चल जाता कि तुम्हारी प्रवृत्तियाँ भेड़ों जैसी हैं। बुरी बात है! लेकिन चार्ली और फ्रेड मर चुके हैं और गुजर चुके हैं, उन्होंने अपने विश्वासों की एक फेहरिस्त पीछे छोड़ी थी जो कैथोलिकों के परलोकवाद जैसी ही है।'

'परलोकवाद साला क्या होता है? जार्गन मत मारो' मोहन ने कहा। रथिन अपने

दरवाजे का ताला खोल रहा था। वे सब उसके कमरे में आ गए। प्रणव बिस्तर पर फैल गया। कुछ किताबें सरकाकर मोहन ने अपने लिए सन्दूक पर जगह बना ली। रथिन पढ़ने की मेज के पास से कुर्सी खींचकर उस पर बैठ गया और उसने एक चारमीनार सुलगा ली। बालों में हाथ फेरते हुए उसने फेफड़ों में भरा हुआ धुआँ छोड़ा और शरारत से मुस्कुराया।

'तुम लोग ये गालियाँ कहाँ से सीखते हो ? परलोकवाद एक सैद्धान्तिक प्रणाली है जिसका सम्बन्ध शुभ-अशुभ, स्वर्ग-नर्क इत्यादि से है। ध्यान से देखो।' उसने भारी आवाज में कहा। एक कागज खींचकर उस पर वह साफ बड़े अक्षरों में लिखने लगा। ज्यों-ज्यों शब्द उभरने लगे वे दोनों पीछे से उन्हें देख रहे थे :

परमात्मा	–	इतिहास
बाइबिल	–	दास केपिटल
जेसुइट	–	पार्टी कैडर
चुने हुए लोग	–	सर्वहारा, कृषकजन अथवा उत्पीड़ित राष्ट्र इत्यादि
पुनरागमन	–	क्रान्ति
मोक्ष	–	कम्युनिज्म
मुक्ति	–	आत्मनिर्णय
नरक	–	इतिहास का कूड़ादान
काफिर	–	वर्गशत्रु
आत्मस्वीकृति	–	आत्मालोचन
पोप	–	महासचिव (या स्टालिन या चेयरमैन माओ)
पवित्र समादेश	–	पार्टी लाइन
पोपीय प्राज्ञप्ति	–	पार्टी आदेश
धर्मद्रोह	–	संशोधनवाद
प्रचार	–	प्रचार

इस शाब्दिक आक्रमण के बाद वहाँ क्षुब्ध सन्नाटा फैल गया। अपनी कलम रखते हुए रथिन की गहरी आँखों में चमक थी। 'एंजिल्स ने कहा था दास केपिटल कामगार वर्ग की बाइबिल है। तुम लोग पवित्र ग्रन्थों पर विमर्श करते हो!' प्रणव ने प्रतिक्रिया की, 'यह तुलना भ्रामक है। वर्ग समाज कामगारों को ज्ञान से वंचित रखता है। उसमें कोई अजूबा नहीं है कि कम्युनिस्टों ने अपनी बात समझाने के लिए धार्मिक ध्वनियोंवाली भाषा का इस्तेमाल किया।

'इसका मतलब यह हुआ कि कम्युनिस्टों के पास दुनिया की एक बेहतर समझ है, लेकिन वह इसे जनता तक पहुँचाने के लिए इसमें अफीम की एक बड़ी मात्रा मिला देते हैं, क्या इसे तुम युक्तिसंगत मानते हो ?'

'एक फर्क है। धर्म यथास्थिति का एक पक्ष है। वे सभी आकाश में पुरस्कृत किए जाने का वायदा करते हैं...'

'तुम भी वही करते हो।'

'मुझे अपनी बात पूरी करने दो। सभी धर्म सत्तावर्गों और राज्य का सहयोग करते हुए स्वर्ग प्रदान करने का वचन देते हैं। राज्य की समाप्ति की दिशा में समाजवाद पहला चरण है।'

'कम्युनिस्टों की शासन व्यवस्था के तरीकों को देखकर ऐसा लगता तो नहीं। राज्य खत्म होगा या नहीं यह अलग बात है, पर तुम्हारी मानसिक क्षमताओं का ह्रास मुनाफे की गति की तुलना में ज्यादा तेजी से हो रहा है।' उसने उनकी ओर मुँह बिचकाकर गाना शुरू कर दिया–*ओब्लादी, ओब्लादा*।

अपमान की अनदेखी करते हुए प्रणव ने अपना सर झटका, 'तुम संशोधनवादी खेमे की बात कर रहे हो। सोवियत यूनियन में पूँजीवाद के पाँव जम रहे हैं। वह एक साम्राज्यवादी शक्ति के रूप में व्यवहार करता है। इसीलिए उसे हम सामाजिक साम्राज्यवाद कहते हैं। चीन में महान सर्वहारा सांस्कृतिक क्रान्ति के द्वारा वहाँ की कम्युनिस्ट पार्टी नौकरशाहों और स्वार्थों की सफाई कर रही है।'

'अधकचरे उद्धरणों से भरी हुई लाल किताब को लेकर दनदनाते हुए रेड गार्ड्स क्या कामगारों का अधिनायकत्व स्थापित कर पाएँगे, वह धर्मयोद्धाओं जैसे नजर आते हैं जो धर्मद्रोहियों का शिकार करने निकल पड़े हैं। यह समाजवाद है या फिर स्पेन का इनक्विजिशन?'

'बुर्जुआ व्यक्तिवादियों को जनता की सामूहिक हलचल खतरनाक लगती है। सच्चाई तो यह है कि सांस्कृतिक क्रान्ति उन छोटे-छोटे तानाशाहों का प्रतिरोध करने के लिए है जो पार्टी के भीतर पनप रहे हैं।'

'सचमुच! या फिर यह सब उस महान अधिनायक को सुरक्षित रखने के लिए है जिसे अपनी सत्ता खोने का खतरा पैदा हो गया है।'

मोहन कमरे में इधर से उधर टहल रहा था। उसे आश्चर्य इस बात से होता था कि रोजाना उत्पन्न होनेवाली इस तरह की परिस्थितियों में तीखी बहस के बाद भी वे एक दूसरे के प्रति अपना लगाव किस तरह बनाए रखते हैं। सैद्धान्तिक विषयों में यद्यपि वह प्रणव से सामान्यतः सहमत रहता था, लेकिन अब उसने यहाँ हस्तक्षेप की कोशिश की। 'संक्रमण की अवस्था में जब समाजवाद होता है, उसमें बेचैनियाँ स्वाभाविक हैं। चीन की क्रान्ति अभी युवा है। चीन अगर नहीं होता तो याँकियों ने उत्तरी वियतनाम पर हमला कर दिया होता। तुम सिर्फ इसलिए कम्युनिज्म की भर्त्सना नहीं कर सकते कि तुम्हें रेडगार्ड पसन्द नहीं हैं।'

'वे कम्युनिस्ट कम और देशभक्त ज्यादा हैं। क्या उन्होंने उसूरी नदी पर सोवियतों

के साथ लड़ाइयाँ नहीं लड़ी थीं ? तुम लोग चीन के क्षेत्रीय दावों के समर्थन में सोवियत संस्कृति केन्द्र पर प्रदर्शन कर रहे थे! यदि कोई भी पिछलग्गू कुत्ता कहा जा सकता है तो वह तुम हो! चेयरमैन माओ के पीछे चलनेवाले कुत्ते! देखते हैं वे कब तक अमेरिका का सामना कर पाते हैं।'

संवाद अब कड़ुवाहट की हद तक पहुँच गया था। यह अक्सर होता था, जब कॉमरेडों को लगता कि वे पीछे हट रहे हैं। प्रणव ने तनिक उग्रता के साथ कहा–'इतिहास की राह टेढ़ी-मेढ़ी होती है। जो चीजें तुम्हारी समझ से बाहर हैं उन्हें तुम अस्वीकार कर देते हो, अपनी स्नातकीय बुद्धि के अलावा तुम्हारा विश्वास किसी भी बात में नहीं है। उत्पीड़ित जनगण के पास दार्शनिक विलास में पड़ने का वक्त नहीं है।'

'निश्चय ही नहीं है। उन बेचारों को तो तुम्हारे नासमझ समर्पण की कीमत चुकानी है।' रथिन ने कहा और अपने विशेष अन्दाज में–'माफ़ करना, जब तक मैं आसमान को चूम लूँ जरा!'

क्रान्ति से उसका परिचय होने के कुछ महीनों बाद मोहन के वैचारिक चिन्तन और दिवास्वप्नों में एक महिला की उपस्थिति से व्यवधान पड़ा। मिरांडा हाउस के इंग्लिश-आनर्स द्वितीय वर्ष की छात्रा दिव्या हाल ही में प्रणव की मित्र बनी थी। ऊँचे कद की और उत्फुल्ल, उसके बाल कटे हुए थे और चाल में आत्मविश्वास था। उसका व्यवहार खुला लेकिन संयत था। वह चटख रंगों के कपड़े पहनती थी और कभी लिपस्टिक और परफ्यूम का इस्तेमाल कर लेती थी। प्रणव विचलित था। विपरीत सेक्स के साथ मैत्री अब तक मात्र एक कल्पना ही रही थी, और क्या अब यह कहा जा सकता था कि प्रणव की भी एक महिला-मित्र है ? मोहन को जलन हुई। उन दोनों की भेंट एक वाद-विवाद में हुई थी जहाँ प्रणव प्रस्ताव के विरोध में बोला था–'छात्रों को राजनीति में भाग नहीं लेना चाहिए।' दिव्या इसे सुनने आई थी। प्रणव ने दूसरा पुरस्कार जीता था और वाद-विवाद के बाद वे सीएच चले गए थे।

दिव्या इस बात से प्रभावित थी कि प्रतिष्ठान के पूर्वाग्रहों के बावजूद प्रणव ने पुरस्कार को हासिल कर लिया था। उसने कहा–'तुमने ठीक कहा। प्रस्ताव के समर्थन में बोलने वाले घमंडी निर्णायकों के दुराग्रह का फायदा उठा रहे थे।' चेहरे पर प्रसन्नता का भाव लिये प्रणव बोला–'हिन्दू कॉलेज का निर्णायक अन्य दो निर्णायकों जितना प्रतिक्रियावादी नहीं था।' और उसने अपने चहेते वेटर को तलाश करने के लिए आस-पास निगाह दौड़ाई ताकि वह काफी मँगवा सके। वक्त का तकाजा ही था कि आज उसने इस्त्री किया हुआ कलफ लगा सूती पतलून और कमीज पहन रखी थी, लेकिन अब उनका कड़कपन कुछ कम हो गया था। जब दिव्या कुर्सी से उठकर अपना गलती

से नीचे दब गया दुपट्टा ठीक करने को आगे झुकी तो मोहन ने देखा कि प्रणव ने चोर निगाहों से उसके वक्षस्थल को देखा और तुरन्त अपनी आँखें हटा लीं। वह बैठ गई थी और कह रही थी–'हम वयस्क हैं, यदि हम वोट देने के योग्य हैं तो हम राजनीति में भाग क्यों नहीं ले सकते हैं? यह भी कोई बात हुई।' मोहन बीच में पड़ा–'दरअसल उनका कहना है कि छात्रों को तब तक इन्तजार करना चाहिए जब तक उनकी पढ़ाई पूरी नहीं हो जाती। हालाँकि वे गलत हैं... ?' प्रणव ने जोड़ा, 'यह सब कितना अजीब है, अपनी पढ़ाई पर ध्यान दो, क्या कहने! नौकरियाँ विशेषाधिकार वर्ग की सन्तानों के लिए सुरक्षित हैं। चतुर नौजवान आई.ए.एस. परीक्षा में बैठते हैं, जो घामड़ हैं वे चाय बागानों में या अपने पिता के सम्पर्कों के आधार पर किन्हीं मामूली नौकरियों में चले जाते हैं। फिर किसी कान्वेंट में पढ़ी लड़की से तयशुदा शादी और जीवनभर सामाजिक सीढ़ी पर ऊपर चढ़ते जाना।'

दिव्या चिढ़ गई। दिव्या में राजनीति की समझ थी। लेकिन वह अपनी बात कहना भी जानती थी। 'डिग्रियाँ पूरी तरह बेमानी नहीं हैं। आखिरकार हमें कुछ सीखने को तो मिलता है। फिर कई अच्छे शिक्षक भी हैं। संयोग से मेरी पढ़ाई भी कान्वेंट में हुई है, लेकिन अरेंज्ड मैरिज करने का मेरा कोई इरादा नहीं है।' प्रणव का चेहरा लाल हो गया। 'तुम अलग हो। तुम्हारे जैसी कितनी हैं? बहरहाल कुछ शिक्षक अच्छे हो सकते हैं लेकिन शिक्षा में वर्गीय पूर्वाग्रह है। यह भी व्यवस्था का एक हिस्सा है।'

दिव्या ने होस्टल और शैक्षणिक गलियारों में कॉमरेडों के वार्तालाप पहले से सुन रखे थे। प्रणव से उसकी मुलाकात वियतनाम पर आयोजित एक संगोष्ठी में हुई थी। उसने उसे एक अमेरिकी राजनयिक से तर्क करते हुए देखा था और वह उसके आदर्शवाद से प्रभावित हुई थी। बाद में उसकी भेंट उसके कुछ मित्रों से हुई। लेकिन वह उस समय सहज नहीं रह पाती थी जब वे अपनी मूर्तिभंजकता के प्रति आश्वस्त होने लगते थे और उनका परिहास कटु व्यंग्य में बदल जाता था। उनके लिए एक्शन का मतलब था हिंसा। पर इसके बावजूद, उनकी सारी नियंत्रित निर्ममता में एक वासनात्मक आवेग था, एक अनकहा वायदा उस उज्ज्वल भविष्य का जो वे मानवता के लिए चाहते थे। वह शायद ही इसको खुद से भी स्वीकार कर पाती, इसके विषय में बात करना तो दूर की बात थी।

क्रान्तिकारी छात्र संघ का अध्यक्ष अरुण 'टक्कर' त्यागी कैम्पस की गलियों में जूझने वाला व्यक्ति था। मिशन कॉलेज की वामपन्थी बिरादरी, जो हाल ही में उसके सम्पर्क में आई थी, से उसकी बहुत कम समानता थी। उसे कैम्पस के बाहर के एक कॉलेज में पास कोर्स में दाखिला तब मिला जब उसने छात्रसंघ के एक पदाधिकारी को उसकी

खोपड़ी चटका देने की धमकी दी और पदाधिकारी ने मारे डर के इसके लिए किसी अधिकारी पर दबाव डाला। कॉमरेड त्यागी का शगल था रास्ते में आनेवालों को धकियाना। उसे ऊँचा माथा और मजबूत खोपड़ी मिली थी और यह उसका सर्वज्ञात हथियार था। ऐसे हर हंगामे में, जिसे उसने छेड़ा हो, या जिसके पास से वह गुजर रहा हो, वह अपना सिर आगे बढ़ाता था, अपने शत्रुओं के चेहरे पर माथे से प्रहार करता था, और जो सीधे-सीधे सामने होते थे उन्हें हतप्रभ कर देता था, बाकी के सब भाग जाते थे।

प्रतिदिन घर वापस लौटते हुए अरुण अपने मित्र रमेश चोपड़ा से भेंट करने जरूर पहुँचता था, जो कमला नगर की एक गली में अपनी सँकरी दुकान में चोलियाँ सिलता था। एक टिमटिमाते हुए बल्ब और एक टेबलफैन के अलावा दुकान की तीन दीवारों पर अलमारियों की कतारें थीं जिनमें कपड़ों और पुट्ठे के बक्सों में तैयार माल के ढेर रखे रहते थे। बातचीज का ढर्रा हमेशा एक-सा ही रहता था, शोर करती हुई सिलाई मशीन पर दर्जी अपने पाँव ऊपर नीचे चलाता हुआ सावधान हाथों से धागे को चोली के उभारों और फीतों पर बैठाता रहता।

एक मुलाकात में अरुण ने आँखों में शरारत के साथ कहा–'रमेशऽऽ! बाई गॉड यार! मापन वास्ते या पूटन वास्ते!' रमेश सड़क-बहादुर की लम्पटता पर दयाभाव से मुस्कुराया–'हमारे ग्राहक शरीर का माप देने के लिए यहाँ नहीं आते। हम इन चोलियों को स्टैंडर्ड साइज में बनाते हैं।'

'जब तुम्हें हर रोज छातियों को मसकने का मौका नहीं मिलता तो तुम चोलियाँ क्यों बनाते हो?'

'अपनी रोजी कमाने के लिए।' रमेश सदा से ही एक शरीफ आदमी था। पंजाबी शरणार्थियों में से रमेश के कुछ चचेरे भाई कम्युनिस्ट हो गए थे। इनमें सबसे बड़ा पवन क्रान्तिकारी छात्र संघ का मार्गदर्शक और वास्तविक नेता था। जो गुट इस पर नियंत्रण रखता था, उसमें पवन का अनुयायी जितेन्दर और क्रांछासं का सेक्रेटरी मनदीप सिंह जैसे कॉमरेड शामिल थे। कई बार दोपहर में उनका छोटा-सा समूह चोलियों की दुकान पर जमा होता था और (जब पवन वहाँ नहीं होता था, क्योंकि उसे हलकट बातें पसन्द नहीं थीं) वे महिलाओं के, भीतरी कपड़ों और सैकड़ों 'मम्माओ' के सम्बन्ध में अभद्र टिप्पणियों में अपना वक्त काटते थे, जिनका भविष्य रमेश के हाथों से गुजरता था। इसके बाद वे अपनी पसन्दीदा मिठाई की दुकान में फिर मिलते थे। कॉमरेड दी हट्टी जो रोशनआरा रोड पर ट्रांसपोर्टरों के ऑफिसों के बीच और सब्जी मंडी के पास थी। यह एक अवकाशप्राप्त पंजाबी कम्युनिस्ट की मिल्कियत थी, जिसका भतीजा जितेन्दर अपने चाचा के विचारों से बहुत प्रभावित था। चाचाजी का सम्बन्ध एंटी-47 नामक एक कम्युनिस्ट गुट से रहा था, जिसका आदर्श था संयुक्त समाजवादी पंजाब। वहाँ

ये लोग तले हुए पकवान खाते और उबली हुई चाय से उन्हें पेट में उतारते। इसके अतिरिक्त वे नए सदस्यों की भर्ती या इस अथवा उस छात्र संगठन पर कब्जा करने की योजनाओं पर चर्चा भी करते थे।

अरुण शरणार्थी वामपंथियों की इस दूसरी पीढ़ी के समूह से जुड़ गया था। उसके दोस्तों ने उसे शोषण, पूँजीवाद इत्यादि के सम्बन्ध में दो-चार बातें बताई थीं। लेकिन किसी सिद्धान्त को समझ पाने की बुद्धि उसके पास नहीं थी। सशस्त्र संघर्ष का विचार ही काफी था। चूँकि उसके पास पहले से ही अपनी खोपड़ी का हथियार था, इसलिए उसे शस्त्र जुटाने की चिन्ता भी नहीं थी।

विश्वविद्यालय के क्रान्तिकारियों के सम्मोहित दायरे में उसे विस्मयाकुल भाव से देखा जाता था क्योंकि वह वर्गशत्रु के स्थानीय कारिन्दों को आसानी से तितर-बितर करने की क्षमता रखता था।

मिशन कॉलेज के वामपंथियों ने अरुण को कार्रवाई करते हुए एक सार्वजनिक सभा में देखा था। यह सभा सांसदों के आवास कान्स्टीट्यूशन क्लब दिल्ली में 1969 के फरवरी महीने में हुई थी। यह सभा पश्चिम बंगाल की संयुक्त मोर्चा सरकार का अभिनन्दन करने के लिए बुलाई गई थी, जो नवम्बर 1967 में बरख्वास्त किए जाने के बाद फिर से चुनकर आई थी। उस संयुक्त मोर्चे में एक बार फिर मार्क्सवादी कम्युनिस्ट पार्टी की प्रमुखता थी। पिछली सरकार ने कॉमरेड कानू सान्याल को जेल में डाला था, जो 1967 के नक्सलवादी किसान आन्दोलन में शामिल रहने के कारण चर्चित हुए थे। संयुक्त मोर्चा सरकार के आते ही कानू की रिहाई की माँग जोर पकड़ने लगी। माँग पूरी भी हो गई, किन्तु विश्वविद्यालय के माओवादी अपना संघर्ष रोकने के लिए फिर भी तैयार नहीं थे। अपनी जेबों में लाल झंडे छुपाए हुए माओवादी छोटे-छोटे समूहों में सभास्थल पर पहुँचकर भीड़ में मिल गए, पूरा मैदान लाल झंडों से सजा हुआ था। मुख्यमंत्री अजय मुखर्जी ने अपना भाषण खत्म किया था और उनके बाद मंच से उपमुख्यमंत्री ज्योति बसु को बोलना था। हवा में 'शेरे बंगाल' और 'ज्योति दा जिन्दाबाद' के नारे गूँज रहे थे। विजय की मुद्रा में वह महान व्यक्ति उठकर खड़े हुए, भीड़ की प्रशंसा को स्वीकार करते हुए उन्होंने अपने हाथ जोड़ दिए। लाल किनारी की सफेद साड़ियों में लिपटी युवतियों ने वामपन्थी गीत गाना शुरू ही किया था कि इन मृदुलताओं को चीरते हुए अरुण का पूरे गले से चीखता हुआ स्वर सुनाई दिया।

'गीदड़े-बंगाल!' उसने घोषणा की और नेता का अवमूल्यन करते हुए उसे पशुजगत की एक निम्न प्रजाति के दर्जे तक पहुँचा दिया। भीड़ में सनसनी की एक लहर दौड़ गई, जो तत्काल मर्यादा उल्लंघन के इस कृत्य के प्रति उग्र आक्रोश में बदल गई। लोगों ने इसके स्रोत की तलाश की और इससे भगदड़ और धक्का-मुक्की होने लगी। वह अपनी पर आ गया था और अपने सिर से लोगों पर यहाँ-वहाँ प्रहार कर

रहा था। जैसे हवा में नारे गूँजे, राजनीतिक तापमान चढ़ने लगा।

कान्स्टीट्यूशन क्लब का एक अधिकारी चिल्लाया–'दुष्ट नक्सली! उन्हें पकड़ो।'

'साला नक्सली! शुरेर बाचा! मार!' पार्टी की दिल्ली राज्य समिति के एक सदस्य ने ललकारा।

'पुलिस एजेंट! पकड़ो!' जनता में से कोई चीखा।

'ओ ज्योति-प्रमोद! आमी मारबो तोदेर...' कॉमरेड बुलू चिल्लाया।

एक पुलिस अधिकारी अपने सिपाहियों से चीखकर कह रहा था–'देखते क्या हो, मारो कुत्तों को।'

'नक्सलबाड़ी लाल सलाम! कॉमरेड कानू को रिहा करो!' क्रान्तिकारी छात्र संगठन के सदस्य नारे लगा रहे थे।

'बंगाली शाविनिज्म मुर्दाबाद!' अहोमी पगले ने भी नारा लगाया।

भीड़ में बिखरे हुए कॉमरेडों ने कानू सान्याल की रिहाई की माँग के नारे लगाना शुरू कर दिया। ज्योति दा ने ऊँची आवाज में बताया कि कानू को रिहा कर दिया गया है, किन्तु व्यर्थ, कोई सुन ही नहीं रहा था। मंच पर से आयोजक अपने कार्यकर्ताओं से अपराधियों को पकड़ने की गुहार लगा रहे थे। कॉमरेड प्रणव ने आगे बढ़कर एक वामपन्थी प्रोफेसर पर अपने लाल झंडे से प्रहार किया। ड्यूटी पर तैनात पुलिसवाले व्यस्त हो गए थे। क्रान्तिकारी पकड़ लिए जाते, यदि पवन चोपड़ा और जितेन्दर कोनों से निकलकर वहाँ पहुँचे नहीं होते। श्रोताओं के आक्रोशित सदस्यों के कन्धों पर होते हुए वे दोनों वहाँ पहुँचे और अपने कॉमरेडों को घसीटते हुए सभास्थल के बाहर ले गए। वे दौड़ते हुए निकटतम बस स्टॉप पर पहुँचे और निकल भागे। इस बीच अरुण पीछे लड़ाई में मशगूल था और अपनी खोपड़ी का इस्तेमाल करते हुए दुश्मनों को दूर रख रहा था। शोरगुल और गुस्सा पीछे छूट गया। अगली सुबह इस घटना का समाचार इन सुर्खियों के साथ प्रकाशित हुआ–'नक्सलवादियों ने दिल्ली में दस्तक दी।' इस घटना के कुछ दिनों बाद तक कॉमरेड अकड़ के साथ चलते दिखाई पड़े।

1968 की सर्दियों में मोहन और प्रणव की भेंट शम्भू से हुई जो एक कम्युनिस्ट कामगार था। वह और उसकी पत्नी गोधूली शान्तिनगर में चाय की एक दुकान चलाते थे। यह गन्दी बस्ती कैम्पस के पश्चिम में दो मील की दूरी पर स्थित थी। उनके तीन बच्चे थे, नौ वर्ष का लड़का राजिन्दर, सात वर्ष की लड़की तूसी और गोद की बच्ची कान्ता। उनकी गली के नुक्कड़ पर करकट के बीच एक सायबान था जिसे वह 'सेंट हाउस' कहता था। यहाँ एक मंजिला मकान थे। उनकी दुकान इसके बाहर किराए पर ली गई एक ऐसी जगह पर चलती थी, जिसके लिए बिल्डिंग कहना शायद अतिशयोक्ति होगी।

मुल्तान से एक बच्चा शरणार्थी के रूप में आकर पंजाब के उस हिस्से में, जिसे अब हरियाणा कहा जाता है, बस गया। शम्भू एक से अधिक मर्तबा अपने पिता मामचन्द के साथ सीमा के उस पार पाकिस्तान के अपने गाँव में अवैध रूप से हो आया था, जहाँ वह अपने सम्बन्धियों से मिला था और अपनी उन सम्पत्तियों को देखा जो अब उसकी नहीं थीं। लड़कपन में देखे साम्प्रदायिक दंगों और अपने गाँव के चौक में हत्या का शिकार हुए स्त्री-पुरुषों के संस्मरण वह अनासक्त भाव से यथातथ्य सुनाता था।

पचास के दशक में गाँव के सरकारी कर्मचारियों की एक हड़ताल के दौरान शम्भू में कम्युनिस्ट पार्टी के प्रति झुकाव की शुरुआत हुई। उसके बाद उसने कपड़े की मशीनों को चलाना सीखा, और कुछ दिन पुरानी दिल्ली के कमला नगर की बिड़ला काटन मिल में प्रशिक्षण लिया। वहाँ की गेट मीटिंगों में वह यूनियन वालों के सम्पर्क में आया और लाल झंडा यूनियन का सदस्य बन गया। जिन दिनों उसकी मुलाकात मिशन कॉलेज के लड़कों से हुई, तब तक वह गेट मीटिंगों में यूनियन नेताओं के भाषणों को सुन-सुनकर अस्पष्ट रूप से वामपन्थी विचारों से परिचित हो चुका था। ये युवक सीधे तौर पर व्यवस्था से किसी भी आशा को न रखने की बात कहते थे। उनकी शब्दावली तो समझ में नहीं आती थी, लेकिन उनका उत्साह प्रभाव डालता था। अपने साथियों के साथ जब उसके संवाद इन लोगों से होने लगे वह भी नक्सलवादियों के साथ यूनियन नेताओं और पार्टियों से हिकारत करने लगा जो कामगार वर्ग के नेतृत्व का दम भरती थीं। पेशेवर नेताओं की पोल खोलती तमाम अग्निमुखी तकरीरें उसने गेट मीटिंगों में सुन रखी थीं और कई बार श्रमिकों के पीठ पीछे होनेवाली अचानक सुलह को भी देखा था। ऐसे नेताओं के प्रति कोई सम्मान नहीं बचा था। शम्भू में धूर्तता नहीं थी। वह ऐसे डाँवाँडोल आन्दोलनकारियों से घृणा करने लगा जो तनाव के दौरान प्रकट होते थे, उससे और उसके मित्रों से सभाओं और प्रदर्शनों का आयोजन करने के लिए कहते थे, आपस में इस बात पर झगड़ा करते थे कि मजदूरों का हित सबसे ज्यादा कौन जानता है, और हर बार समझौता हो जाने के बाद गायब हो जाते थे। वह सोचता कि इस सबका मतलब क्या है। कुछ भी तो बदल नहीं रहा है, एक आन्दोलन के बाद दूसरा, लेकिन जीवन हर महीने और भी कठिन, और अधिक तकलीफदेह होता जाता है।

साठ के दशक में ट्रेड यूनियनों में आक्रामकता आ गई। जब तक कि उनकी माँगें पूरी नहीं हो जातीं तब तक बंगाल के मजदूरों ने फैक्ट्रियों और दफ्तरों में मैनेजरों को बन्धक बनाए रखने के सिलसिले की शुरुआत की। घेराव आन्दोलन ने भारत के औद्योगिक सम्बन्धों को आमूल परिवर्तनवादी दिशा दे दी। मैनेजरों के खिलाफ सीधी कार्रवाई करनेवाले जुझारू श्रमिकों ने एक दूसरे के साथ सम्पर्क बढ़ाना शुरू किया। जुझारू कार्यकर्ताओं का एक तंत्र सामने आ रहा था। शम्भू क्रान्तिकारी पंक्तियों में शामिल हो गया और इसके नतीजों को सहने के लिए तैयार था। बिड़ला काटन मिल

में छह सप्ताह की हड़ताल से पस्त हो गए मजदूरों को जब यह पता चला कि उनकी यूनियन के नेताओं ने हड़ताल–समिति से सलाह किए बिना ही समझौता कर लिया है, तो उन्होंने प्रतिशोध लेने का निर्णय लिया। भारत की कम्युनिस्ट पार्टी के एक वरिष्ठ नेता कॉमरेड मुंशी को, जो कई ट्रेड यूनियनों का अध्यक्ष भी था एक क्रुद्ध जुलूस ने कई किलोमीटर तक खदेड़ा, और अन्त में उसने एक आफिस के शौचालय की शरण ली और अपने आप को भीतर बन्द कर लिया। ऐसी कार्रवाइयों के लिए दबाव डालने वालों में शम्भू भी था। पुलिस की जवाबी कार्रवाइयों में उस जैसे लोग भी शामिल थे। उसे अपना काम छोड़ना पड़ा और आनन्दपुर कॉलोनी के अपने मकान को खाली करना पड़ा। तब उसने शास्त्रीनगर में चाय की यह दुकान खोली। कॉलोनी में रहनेवाले मजदूरों, छोटे व्यापारियों और दिहाड़ी पर काम करनेवालों, जो काम पर जाने से पहले और लौटते हुए कड़ी मेहनत के बाद थोड़ी–सी मीठी और कड़क पेय पीना चाहते थे, चाय बेचने से मामूली–सी आमदनी हो जाती थी। कई महीने बाद उसकी बरख्वास्तगी वापस ली गई और शम्भू काम पर लौटा। लेकिन चाय की दुकान चलती रही, अब इससे गोधूली को अपनी अलग से आमदनी हो रही थी और बच्चों को भी भट्टी दहकाने, दूध उबालने और कोने तक ग्राहकों को चाय पहुँचाने जैसे कुछ काम मिल गए थे।

बंगाल के क्रान्तिकारियों की गतिविधियों के सम्बन्ध में बंगाल की खुफिया शाखा की रिपोर्ट–1 सितम्बर से 31 मार्च 1925 तक

प्रकरण धीरेन्द्र प्रॅसाद रे और चीनी तस्कर :

राऊतबॉग, ढाका का धीरेन्द्र प्रॅसाद रे अनुशीलन का एक पुराना और सक्रिय कार्यकर्ता है और जनवरी 1925 में वह एक सिख भोला सिंह, एक पेशावरी सैयद गुलाम, एक एंग्लो इंडियन रॉबिन्सन तथा तीन चीनियों–आह यूआंग, आह लू और आह यूआन के माध्यम से हथियारों की खरीद के लिए बातचीत कर रहा था। वह वास्तव में दो या तीन रिवाल्वर खरीद चुका था और एक हजार रु. में आठ ऑटोमैटिक पिस्तौलें और आठ सौ कारतूसों का सौदा कर रहा था। तीन चीनियों, धीरेन्द्र रे और उनके एक साथी निर्मल डे जो अनुशीलन का सदस्य था, पर आर्म्स एक्ट के अन्तर्गत जुर्माना किया गया और सजा दी गई। इन चीनियों में से एक ने बताया कि ये हथियार एस.एस. पाडुआ, जो एंटवर्प और जिब्राल्टर सहित कुछ बन्दरगाहों के बीच चलता है, के एक चीनी बढ़ई की मदद से भारत लाए जा रहे थे। जैसा कि इस सूचना से पता चलता है, तस्करी के इस तरीके का यह अपनी तरह का मामला है, जो नशीली चीजों की तस्करी के साथ-साथ चलता है। भारत के बन्दरगाहों पर चोरी-छुपे पहुँचने वाले हथियारों की बिक्री से आकर्षक मुनाफा होता है।

4

पिता

राजनीति के सम्बन्ध में मोहन को जानकारियाँ अपने पिता जोकि नित्यप्रति 'भीतर की खबर' लाते थे, की बातें सुनकर प्राप्त हुई थीं। हरीश सहाय ने पत्रकारिता का पेशा इसलिए चुना था कि वे दुनिया को अपने विचारों से अवगत करा सकें। वे यह काम उन स्तम्भों के माध्यम से करते थे जो व्यापक रूप से पढ़े जाते थे। उस पीढ़ी के तमाम लोगों की तरह उनका भी मानना था कि राष्ट्रनिर्माण के लिए शारीरिक और नैतिक दोनों ही दृष्टियों से सुदृढ़ होना चाहिए। उनका विश्वास था कि विभाजन, भारत का पारमाणविक संकोच और 1962 में चीनियों के सामने से सेनाओं की वापसी, इन सबके लिए एक ही कारण था कि हम देशभक्ति की भावना विकसित नहीं कर पाए। उनकी दृष्टि से भारतीय राजनीति में इस लचरपन के जिम्मेदार महात्मा गांधी थे। इस तरह के विश्वासों के साथ वे एक उदार व्यक्ति थे और अपनी पत्नी करुणा के साथ शान्तिपूर्वक जीवन-यापन करते थे। वह एक विनम्र भाग्यवादी थी और 'गांधी जी' के प्रति अगाध श्रद्धा रखते हुए किसी राजनैतिक बहस में नहीं पड़ती थी। उसका विश्वास था यदि सबके सब अहिंसा का निस्वार्थ भाव से पालन करने लगे तो समस्याएँ अपने आप सुलझ जाएँगी। दूसरी तरफ हरीश, भगत सिंह और 1930 के चटगाँव शस्त्रागार विद्रोह के नायकों के प्रशंसक थे। साम्राज्यवाद को केवल सशस्त्र संघर्ष से ही समाप्त किया जा सकता था। 1948 में महात्मा गांधी की हत्या से उन्हें सदमा लगा था, लेकिन इस प्रारम्भिक धक्के के बाद वे फिर अपने पुराने क्रान्तिकारी विश्वासों पर लौट गए। ब्रिटिश साम्राज्य की सैन्यशक्ति घट जाने, नेताजी की इंडियन नेशनल आर्मी और 1946 के नौसेना विद्रोह के बाद स्वतंत्रता का आगमन हो चुका था। इसके लिए मुसलमानों और साम्राज्यवादियों के प्रति गांधी की मीठी-मीठी तार्किकता जिम्मेदार नहीं थी।

स्वतंत्रता के प्रारम्भिक वर्षों में सहाय दुचित्तेपन के शिकार हो गए थे। वे संयुक्त राज्य अमेरिका के विरुद्ध खड़े होने के लिए सोवियत संघ की प्रशंसा करते थे, क्योंकि अमेरिका ब्रिटिश राज का उत्तराधिकारी था और दक्षिणपन्थी हिन्दू राष्ट्रवादियों का निरन्तर कम्युनिस्ट-विरोध उन्हें पसन्द नहीं था। दूसरी तरफ जब 1962 में चीनियों ने उत्तर-

पूर्व की सीमाओं के साथ छेड़छाड़ की तो उनकी गहन देशभक्ति की भावनाएँ उद्दीप्त हो उठीं। तब कुछ समय के लिए सोवियत संघ ने मित्रता के स्थान पर बन्धुत्व को चुना था। जब भारत सरकार ने अर्से से कलकत्ता में बसे हुए चीनियों को पकड़-पकड़ कर राजस्थान के निरोध-शिविरों में भेजना शुरू किया, तो वे खामोश बने रहे। यह चीनी भारत के नागरिक तो थे, लेकिन क्या उन पर विश्वास किया जा सकता था ? और 1965 के भारत-पाक युद्ध के बाद मुस्लिमों के प्रति उनके मन में परेशान करनेवाली भावनाएँ उत्पन्न होने लगीं। उनकी राजनीतिक दृष्टि विकसित होने का मूल कारण यह था कि वह साम्राज्यवाद से नफरत करते थे। अब उन्हें लगता था कि वे भावनाओं के प्रवाह में बह जाते हैं। क्या मुस्लिम लीग अंग्रेजों के लिए काम नहीं करती थी ? क्या अमेरिका का यू-2 विमान जिसे 1960 में सोवियत यूनियन ने मार गिराया था, पेशावर से नहीं उड़ा था ? उत्तरी प्रान्त में अपने बचपन की उन्हें याद थी, जब 1931 में भगत सिंह को फाँसी दिए जाने के बाद कानपुर के मुस्लिम दुकानदारों ने हड़ताल करने से मना कर दिया था और इस बात की चर्चा रही थी। उन्होंने 1946 में हत्याकांड की शुरुआत कलकत्ता में मुस्लिम लीग द्वारा किए जाने की कहानियाँ सुनी थीं और यह भी सुना था कि 1947 की गर्मियों में लाहौर के पुलिसवालों ने हिन्दुओं और सिखों पर हमले किए। अब जब वे जो चाहते थे उन्हें मिल गया है, उन्होंने कश्मीर को हथियाने के लिए कच्छ पर छद्म आक्रमण कर दिया है। क्या कभी मुस्लिम आक्रामकता का अन्त हो भी पाएगा ? नहीं, जरूरत है एक अन्तिम समाधान की, आँख के बदले आँख। पाकिस्तान को कुचल देना चाहिए और भारत के मुसलमानों को सबक सिखाने की जरूरत है। उन्हें कभी यह सन्देह नहीं रहा कि ये एक दूसरे के हित साधक हैं। 'कार्रवाई' वह अपने बेटे से समय-समय पर होनेवाली राजनीतिक चर्चाओं में कहते—'कठोर कार्रवाई की आवश्यकता तब भी थी और आज भी है। हमारे यहाँ हमेशा से 'कर्मयोगी' रहे हैं, किन्तु वे अपनी स्वार्थहीनता के कारण कभी सत्ता प्राप्त नहीं कर पाए। 1947 के बाद अवसरवादियों ने उसे झपट लिया, और हम यहाँ हैं—लीगियों द्वारा विभाजित, चीनियों द्वारा अपमानित और पाक हमलों के शिकार। काश, नेताजी लौट आए होते! काश कम्युनिस्ट समर्थक जवाहरलाल की जगह सरदार पटेल होते! हमें अपने लिए ऐसा नेता चाहिए जो मजबूत और दृढ़निश्चयी हो।' और यही सब।

मोहन अपने पिता के राजनीतिक विचारों के विरुद्ध तो हो गया था लेकिन साहस और कार्रवाई के साथ मर्दानगी जोड़ देने की बात गहरे में पैठ चुकी थी।

दूसरे पुलिस अधिकारियों की निगाह में रणबीर बागची किताबी कीड़ा था। 1940 में पुलिसवालों की जिस पीढ़ी की भरती हुई थी वह राष्ट्रीयता, समाजवाद और फासीविरोधी

संघर्ष से प्रभावित थी। बागची अधिकारियों के जिस स्तर से आता था वह पेशे की उस नैतिकता के प्रति वफादार था जिसने सबसे ज्यादा खतरनाक समय में ब्रिटिश राज के शासन तंत्र को अक्षुण्ण बनाए रखा था। औपनिवेशिक समाप्ति के बाद जब अव्यवस्था फैल गई थी तब भी नई सरकार उनके ही प्रयत्नों से टिकी रही। बागची की पत्नी मंजु एक व्यावसायिक पंजाबी परिवार से थी जो कलकत्ता आकर बस गया था। उनका बड़ा बेटा रणेश इंजीनियरिंग की पढ़ाई पूरी कर चुका था। प्रणव उससे उम्र में चार साल छोटा था। वह ऐसे दौर में बड़ा हो रहा था जब उसका पिता नौकरी के कठिन दायित्वों का निर्वहन कर रहा था और इस सिलसिले में अक्सर उसके तबादले होते रहते थे। उसके पुत्र का पालन-पोषण का भार मंजु पर था, जो परम्परा और आत्मप्रबोधन के बीच टँगी हुई थी। उसने अपने बेटे को सीखने के प्रेम का संस्कार तो दिया लेकिन वह पिता की अनुपस्थिति से खाली हुए स्थान की भरपाई नहीं कर सकती थी। स्कूल के आखिरी दिनों में वह विद्रोही हो गया। माता-पिता उसके लिए जिस सम्मानपूर्ण कैरियर की अपेक्षा रखते थे, उससे विमुख होकर उसने साम्यवाद का दार्शनिक मार्ग अपने लिए चुना।

सांसारिक चिन्ताओं के सामने समर्पण से पहले के दिनों में तपन मुखर्जी की अच्छी बातचीत कलात्मक रुचियों वाले रणबीर बागची के साथ होती थी। वह खुद तो टेनिस का प्रेमी था पर वह जब तब आयोजित होनेवाले फुटबाल के मैचों में अपने जवानों के साथ खेल में शामिल हो जाता था। तपन बुद्धिहीन नहीं था और अपने साथियों के साथ बातचीत में अपने पक्ष पर कायम रहता था। 1968 में कलकत्ता के लालबाग मुख्यालय में नियुक्ति के बाद से वे दोनों प्रतिदिन ही ऑफिस कैंटीन में साथ-साथ चाय पीते थे। नौकरी में आने से पहले ब्रिटिश राज के आखिरी दिनों में छात्र के रूप में ऐतिहासिक घटनाओं को उन्होंने देखा था। 1946 में कलकत्ता में हुई हिंसा ने दोनों के मन पर गहरी छाप छोड़ी थी। उन्होंने अंग्रेज अधिकारियों को यह कहते हुए सुना था कि बंगाल को जीतने में जितनी कीमत लगी थी, उससे ज्यादा कीमत अब हस्तान्तरित करने में चुकानी पड़ रही है। उन्होंने यह भी सुना था कि इस हत्याकांड में पलासी की लड़ाई से कहीं ज्यादा जानें गई हैं। युवा रणबीर अक्सर यह सोचता था कि क्या राजनीति अनिवार्यत: मृत्यु का बहीखाता है।

बागची गांधी का प्रशंसक था, जब कि मुखर्जी को नेताजी सुभाष चन्द्र बोस की सैन्य भंगिमाएँ प्रिय थीं। 1947 के सितम्बर महीने में उन्होंने अंग्रेज और एंग्लो इंडियन पुलिस अधिकारियों को काली पट्टी बाँधे देखा था। यह अभूतपूर्व दृश्य इसलिए था क्योंकि वे साम्प्रदायिक सद्भावना के गांधी के उपवास के प्रति सहानुभूति व्यक्त कर रहे थे। यह नाटक 14 अगस्त, 1947 तक चला जब कलकत्ता मैदान में हिन्दुओं और मुसलमानों ने साथ-साथ ईद मनाई। त्रासदी और विजय के इस सम्मिश्र के द्वारा शायद

ईश्वर यह याद दिलाना चाहता था कि मनुष्य जिसे प्रगति कहता है उसका हरेक अंश भयावह मूल्य चुकाने के बाद ही प्राप्त होता है। वे उस मशीन का हिस्सा थे जिसे उखाड़ फेंका गया और उस मशीन का भी जिसने उसकी जगह ली है, इसलिए वे इतिहास के कच्चे, बनते हुए स्वरूप के विशिष्ट साक्षी थे, जिसे उन्होंने प्रिज्म के दोनों पहलुओं से देखा था। बागची ने इसके अधिकतम निष्कर्ष ग्रहण किए थे। औपनिवेशिक लोक सेवा के सम्बन्ध में शानदार रिपोर्टों से उन्हें स्वयं के सम्पन्न बंगाली भद्रलोक का उत्तराधिकारी होने की पृष्ठभूमि की जानकारी मिली थी। वर्षों वे इसमें लगे रहे थे, पुलिस संग्रहालय से एक या दो जिल्दें लाकर वे अपने खाली समय में उनके पन्ने उलटते और अपनी डायरी में नोट्स उतारते। बिहार, उड़ीसा के इंस्पेक्टर जनरल द्वारा 1928 में सायमन कमीशन को भेजी रिपोर्ट को पढ़कर उन पर मिली-जुली प्रतिक्रिया हुई। इस रिपोर्ट के अनुसार निन्यानवे प्रतिशत कॉन्स्टेबल, पचहतर प्रतिशत सब-इन्स्पेक्टर और पचास प्रतिशत इन्स्पेक्टर भ्रष्ट थे, जिसका कारण उन्हें मिलने वाली कम तनख्वाहें और गिरे हुए नैतिकता के प्रतिमान थे। भारतीयों की नैतिकता पर टिप्पणी करने का अंग्रेजों को क्या अधिकार है ? उन्हें क्रोध आ गया, क्या उन्हें अपने पुरखों के कृत्यों की याद नहीं है, जिनके द्वारा मानवनिर्मित अकालों में लाखों भारतवासियों की मौतें हुई थीं ?

साठ के दशक के आखिरी सालों में उनकी रुचि में दुश्चिन्ता की भावना भी जुड़ गई। फरवरी 1968 में उनकी निगाह अनुशीलन समिति की खुफिया रिपोर्ट पर पड़ी जिसे 1908 में विशेष मजिस्ट्रेट साकेल्ड ने लिखा था। जब उन्होंने शहादत के पंथ, पवित्र युद्ध की तैयारी और हत्या की संहिताओं के विषय में पढ़ा तो उनकी जिज्ञासा बढ़ती गई। तपन ही एक मात्र ऐसे व्यक्ति थे जिनके साथ वे औपनिवेशिक पुलिस प्रणाली के सम्बन्ध में अपने विचारों की स्पष्टता प्राप्त कर सकते थे। रणबीर अपनी खोज के विषय में बात करने के लिए उत्सुक थे। उन्होंने ऑफिसर्स मेस में अपना दोपहर का भोजन पूरा किया था और चाय का इन्तजार कर रहे थे। 'क्या तुम्हें पता है कि स्वदेशी क्रान्तिकारियों की भर्ती किए गए लोगों के प्रशिक्षण की एक संहिता थी ?' रणबीर ने पूछा–'मैंने एक सूची देखी है जिसमें छुरे के हमले के लिए सत्तर तकनीकी नाम दिए गए हैं। मैंने उनमें से कुछ उतार लिए हैं, सुनो।' एक कापी से उन्होंने सस्वर पढ़ना शुरू किया–'कंठा—गले की नस को काटना, कलाप—छाती के बाएँ निप्पल से दो अंगुल बाएँ से फेफड़े और जिगर को नीचे की ओर फाड़ना, चश्म—आँखें फोड़ना, चाकी—सिर की बाईं ओर से नाक तक चीर देना...'

'यह भयानक है!'

'छुरे और तलवार चलाने के निर्देश भी दिए गए हैं, जैसे अपने विरोधी पर चीते की तरह टूट पड़ो, इत्यादि।'

'लेकिन तुम कहना क्या चाहते हो ?'

'अनुशीलन, युवकों को अपने साथ आने के लिए आमंत्रित करता था, ऐसे युवक जो हीरो की तरह मरना चाहते थे, जो खुद को आर्य मानते थे और सामाजिक संवेदनाओं से घृणा करते थे। यदि वे शहीद हुए तो अपने आपको स्वर्ग के बगीचे में पाएँगे जहाँ कुमारियाँ फूलों के हारों से उनका स्वागत करेंगी। यह कुरान की जन्नत जैसा ही कुछ है। 1910 में अठारह वर्ष के शैलेन नामक युवक ने स्वीकार किया था कि उसने शिवाजी और काली की तस्वीरों के सामने एक हाथ में तलवार और दूसरे में गीता लेकर संस्कृत में शपथ ली थी। अनुशीलन का सम्मान सभी करते थे, हममें से वे लोग भी जो अंग्रेजों की नौकरी में थे।'

'तुम क्या कहना चाहते हो, यह अब भी मैं नहीं समझ पा रहा।'

'नक्सलबाड़ी से प्रेरित छात्र एक पुराने रास्ते पर ही चल रहे हैं। जो इतना ही पुराना है जितनी पिछली सदी।'

'भगवान के लिए!'

'जब अपने विचार की श्रेष्ठता के प्रति आश्वस्त बुद्धिजीवी का सामना एक सर्वसत्तावादी राज्य से होता है, तो एक हिंसक मुठभेड़ का रंगमंच तैयार हो जाता है। कई राष्ट्रवादी आन्दोलनों का विस्फोट इसी तरह हुआ है।'

'स्वाधीन भारत एक सर्वसत्तावादी राज्य बिल्कुल नहीं है। तुम्हारी कल्पनाशीलता ने इतनी ऊँची उड़ान पहले कभी नहीं भरी थी?'

'मैं यह नहीं कह रहा कि यह है, लेकिन कॉमरेडों को इसका यकीन है! वे मानते हैं कि राष्ट्रीय आन्दोलन असफल था और भारत की व्यवस्था अर्द्ध औपनिवेशिक है। नवीनतम क्रान्तिकारी षड्यंत्र शुरू करने के लिए यही उनका विश्वास होना चाहिए। युवा मस्तिष्कों पर आतंकवादी आन्दोलनों का गहरा प्रभाव पड़ता है। ये छोकरे समझते हैं कि बाघ जतिन, बीना दास और मास्टर दा ने उनके रूप में फिर से जन्म लिया है! यह स्पष्ट है।'

तपन चुप हो गए। फिर उन्होंने कहा–'तुम यही मानते हो। मुझे कुछ मालूम नहीं।'

'इसके अलावा कुछ और भी है।'

'क्या?'

'बीस साल पहले जब कम्युनिस्टों ने स्वतंत्रता के ठीक बाद तेलंगाना आन्दोलन को सशस्त्र क्रान्ति में बदला था, तब भी यही मानसिकता काम कर रही थी।'

तपन इन प्रवृत्तियों की बारीकियों को नजरंदाज कर उन्हें शब्दशः रखता हुआ बोला, 'तुम्हारे दिमाग में कम्युनिस्ट घर कर गए हैं। अनुशीलन और जुगान्तर वाले अति राष्ट्रवादी थे। उनकी सन्तानें महासभा और राष्ट्रीय स्वयंसेवक संघ हैं।'

'मैं यह नहीं मानता। उग्रवादी अंग्रेजों पर हमला करते थे और महासभाई और आरएसएस वाले अंग्रेजों का साथ देते थे। जो भी हो, वामपन्थियों और नेताजी का

भी दावा था कि वह क्रान्तिकारी राष्ट्रवाद की परम्परा है। तुम्हें याद होगा कि हिन्दू राष्ट्रवादी हो जाने से पहले बंकिमचन्द्र ने क्राइस्ट और बुद्ध की प्रशंसा की है। तपन, क्रान्ति एक गुब्बारा है जिसमें हर तरह की गरम हवा भरी जा सकती है। राष्ट्रभक्ति एक दुष्टात्मा के लिए अन्तिम शरणस्थल हो सकता है, लेकिन इसका अर्थ यह नहीं है कि केवल दुष्ट ही राष्ट्रभक्त होते हैं। भगत सिंह के साथी हिन्दुस्तानी *सोशलिस्ट* रिपब्लिकन एसोसिएशन के नाम से काम करते थे। हमारे नक्सली भारत के सत्तावर्ग को विदेशी एजेंट बताते हैं। वे राष्ट्रवादी हैं। केवल यह कि वे एक अलग मुहावरा इस्तेमाल करते हैं।'

'दोस्त, तुम गलत पेशे में आ गए। खैर इससे फर्क क्या पड़ता है? सभी वाद उस दशा में मर जाएँगे, यदि वे अपने साथ कुछ उन्मत्त मतान्धों को इकट्ठा नहीं कर लेते। जहाँ तक इस पीढ़ी का सम्बन्ध है, हो सकता है ये छोकरे ऊँचे आदर्शों को लेकर चल रहे हों। अपनी जवानी में हम सभी वाममार्गी थे। लेकिन वे गुंडागर्दी पर उतर आए हैं और हमें उनसे निबटना है।'

बागची ने महसूस किया कि उम्र के बढ़ने के साथ जो सनकीपन व्यक्ति में आता है वह ऐसे लोगों में अधिक तीखा हो जाता है जो पहले आदर्शवाद से प्रभावित रहे हों और बाद में जिन्होंने इसे छोड़ दिया हो। यह उनके व्यवहार में एक गजब जुनून पैदा करता है और वे अच्छाई की अपनी तलाश को भूल जाने के लिए यह मान लेना चाहते हैं कि सर्वत्र बुराई ही व्याप्त है। यदि श्रेष्ठ सक्रियता के मूल में निर्ममता है, यदि श्रेष्ठ क्रान्तिकारियों का इस्तेमाल भ्रमित बुड्ढे कर रहे हों तो क्या इससे कोई ज्यादा फर्क पड़ेगा अगर उन्हें कुचल दिया जाए? व्यक्ति को इन मामलों में व्यावहारिक होना चाहिए। बागची मुखर्जी के द्वेषभाव से इतने परेशान नहीं थे, जितने एक अन्तर्दृष्टि से। क्या परिवर्तनवादी विचार अपनी प्रकृति से ही फिसलन भरे होते हैं? राष्ट्रवाद की आशावादी चेतना अन्ततः त्रासदी में फलित क्यों हुई? उनके पुत्र की राजनीति ने उन्हें भारत विभाजन के इतिहास पर सोचने के लिए विवश कर दिया था, जो अपने आप में विभिन्न अतिवादी विचारधाराओं का परिणाम था, यद्यपि इन विचारधाराओं के रंग अलग-अलग थे। ऐसा क्या है जो अतिवाद को इतना लोकप्रिय और शक्तिशाली बनाता है? या फिर प्रणव के मामले में, क्या यह सीधी-सादी बात है? क्या इसका सम्बन्ध इस सत्य से है कि उसका पिता एक पुलिस अधिकारी है?

हार्वर्ड में मानद प्राध्यापक डॉ. लुई फिशर (1899–1977) को कैंसर के रासायनिक कारणों की उनकी खोज के लिए कई राष्ट्रीय पुरस्कारों से सम्मानित किया था...फिशर ने प्रयोगशाला में विटामिन के उत्पादन और मलेरियारोधक औषधियों की खोज के क्षेत्र में भी अग्रणी प्रतिष्ठा प्राप्त की थी। मानवता की सेवा में उनके इस उल्लेखनीय योगदान के बावजूद उन्हें हाल ही में अनेक आक्रोश भरे पत्र मिल रहे थे। इसका कारण था कि बहुत पहले 1943 में फिशर ने नापाम की खोज की थी...अपने शोध के दौरान उन्हें इस उत्पाद का एक पूरी तरह लाभदायक नागरिक उपयोग भी मिला था। इससे एक अच्छा क्रेब-ग्रास नाशक बनाया जा सकता था, जिससे दूषित बीज जल जाते थे और स्वस्थ जड़ों को कोई नुकसान नहीं पहुँचता था। द्वितीय विश्व युद्ध के दौरान और उसके बाद उन्हें अनेक पत्र मिले थे जिनमें इस खोज के लिए धन्यवाद दिया गया था...वियतनाम से पहले तक नापाम के प्रयोग को लेकर किसी ने उनसे शिकायत नहीं की थी। जिन वैज्ञानिकों ने एटम बम बनाने में सहायता दी थी, उनके विपरीत फिशर के मन में आधुनिक युद्ध प्रणाली के सर्वाधिक भयकारी शस्त्र के उत्पादन में अपनी भूमिका को लेकर कोई नैतिक पछतावा नहीं था। 'मुझे नापाम की नैतिकता का निर्णय करने का अधिकार नहीं था, मात्र इसलिए कि मैंने इसकी खोज की है।' और न ही उन्होंने नापाम का उत्पादन करनेवाली डो केमिकल कम्पनी को इसके लिए दोषी ठहराया...फिशर वियतनाम युद्ध पर वाद-विवाद में भी नहीं पड़ना चाहते, क्योंकि 'मुझे वहाँ की परिस्थितियों की ज्यादा जानकारी नहीं है।' वे कहते हैं, एक खोजकर्ता इसके लिए उत्तरदायी नहीं हो सकता कि उसके आविष्कार का अन्य लोगों ने किस तरह इस्तेमाल किया। वे कहते हैं, 'तुम्हें पता नहीं होता कि क्या मिलनेवाला है, मैं एक तकनीकी समस्या पर काम कर रहा था जो आवश्यक लगती थी। मुझे यदि कहा गया तो देश की सुरक्षा के लिए फिर यही करूँगा।'

—टाइम, 5 जनवरी, 1968

'नापाम उन पीड़ाओं में सबसे ज्यादा भयानक है जिन्हें तुम जानते हो।' किम फुक ने कहा था, जो वियतनाम युद्ध के अत्यन्त चर्चित फोटोग्राफ के लिए जानी जाती है। यह फोटोग्राफ 8 जून, 1972 को प्रकाशित हुआ था जिसमें नापाम हमले के बाद ट्रांग बांग शहर के निकट सड़क पर एक छोटी लड़की नंगी दौड़ रही थी। पानी में सौ डिग्री सेल्सियस पर उबाल आ जाता है। नापाम से निकलनेवाला ताप आठ सौ से बारह सौ डिग्री सेल्सियस तक होता है।

फुक के आधे शरीर पर तृतीय कोटि के जलने से हुए धाव थे और उसके जीवित रहने की कोई आशा नहीं थी। लेकिन दक्षिण वियतनाम के फोटोग्राफर निक उट की सहायता मिलने, और सत्रह ऑपरेशनों तथा चौदह महीने अस्पताल में रहने के बाद वह एक मुखर शान्ति आन्दोलनकारी बन गई।

5

टकराव

1969 की गर्मी की छुट्टियों में प्रणव कलकत्ता में अपने पैतृक घर पर था। एक सुबह उससे कहा गया कि वह अपनी स्कूल के दिनों की पुरानी मित्र शिप्रा के साथ उसके चाचा-चाची के हाजरा रोड स्थित घर तक चला जाए। यह तीस के दशक में निर्मित दुमंजिला बँगले की बीच की मंजिल पर बना हुआ छोटा सा फ्लैट था, जिसका फर्श चमकीला लाल, दीवारें हाथीदाँत से ज्यादा पीली और खिड़की-दरवाजे बदरंग होते हुए हलके हरे रंग के थे।

जब उन्होंने अध्ययन-कक्ष में प्रवेश किया तो शिप्रा के चाचा अबनि चक्रवर्ती उसे देखकर मुस्कुराए, प्रणव के अभिवादन का उत्तर दिया और एक आरामकुर्सी पर बैठने का इशारा दिया जिसके पास एक जूट का मूढ़ा पड़ा था। कमरे की दीवारों पर अलमारियाँ किताबों से ठूँस-ठूँसकर भरी हुई थीं। जब शिप्रा छोटी-सी लड़की थी तब वे बताते थे कि "यह अलमारियाँ बरमा टीक की हैं जो संसार की सबसे अच्छी लकड़ी है, लोहे की तरह मजबूत!" अलमारियों में विश्व साहित्य के क्लासिक, टैगोर और गांधी की कृतियाँ और भारत तथा विश्व के इतिहास की पुस्तकें थीं। अधिकृत साम्यवादी देवमाला के ग्रन्थों के अतिरिक्त उनमें कॉडवेल, ट्रॉटस्की, कामू और फैनन की रचनाएँ भी थीं। राजनैतिक दस्तावेजों और पैम्फलेटों का संग्रह फाइलों में रखा गया था। उनके काम करने की मेज के साथ सीधी पीठ वाली लकड़ी की एक काली कुर्सी रखी थी, मेज पर एक रंगीन कपड़ा था। वहाँ एक नोटपैड, एक कलम और स्याहीदान, सोख्ता, पेंसिलें, कटर और इरेजर भी थे। कमरा फिनायल, नेफ्थलीन और पुराने कागजों से गंधायमान था। शिप्रा के लिए वह कमरा शान्ति और ज्ञान का मूर्त रूप था। अध्ययन कक्ष में अबनि काका की वाणी उसके लिए देववाणी थी। बैठते-बैठते शिप्रा को याद हो आया कि एक बार उसने बरट्रेंड रसल की 'वियतनाम में युद्ध अपराध' काका की मेज से उठा ली थी और उस पर उसका कितना गहरा प्रभाव पड़ा था।

अबनि चक्रवती ऐसे बौद्धिक थे जिनके साहसिक संस्मरण न तो धूमिल हुए थे

और न ही अन्यमनस्कता से खो पाए थे। जीवन और पत्नी के प्रति उनमें अगाध प्रेम था। उनकी पत्नी माया के चेहरे पर सदा एक बंकिम मुस्कुराहट रहती थी, उनके व्यवहार में अपनापन था और वह भी अपने पति की तरह राजनीति में सचेत अभिरुचि रखती थीं। उन दोनों की मुलाकात स्नातक वर्षों में हुई थी और उनके बीच जो तर्क-वितर्क का रिश्ता बना था वह गुजरते हुए वर्षों के साथ प्रगाढ़ होता गया। अबनि को डरावनी भविष्यवाणियाँ करने वाले मसीहाओं के लेखन से भी वैसा ही आनन्द आता था जैसा कि उन्हें कभी-कभार वुडहाउस के उपन्यासों को पढ़ने में आता था। तीस के दशक में उनकी संलग्नता आतंकवादी समूहों के साथ कुछ समय तक रही, फिर कुछ दिनों उनका वास्ता सुभाष बोस के सैन्यीकृत राष्ट्रवाद से रहा, और फिर वे कम्युनिस्ट आन्दोलन से जुड़ गए। इस तरह अपने समय की अस्थिर मानसिकता के प्रति उनमें सजगता आ गई। एक युवक के रूप में उन्होंने 1928 की कलकत्ता कांग्रेस को देखा था, जब सुभाष बोस ने अपने आपको 'जनरल ऑफिसर कमांडिंग ऑफ केलकटा' के रूप में प्रस्तुत किया था। तब कलकत्ता के स्वयंसेवकों ने सैनिक गणवेश में सड़कों पर मार्च किया था। गांधी ने इस प्रदर्शन की तुलना बेरट्रम मिल के सर्कस के साथ की थी। अबनि माया को यह बताते रहते थे कि सुभाष अपने सैन्य व्यक्तित्व पर गांधी के परिहास को जीवनभर भुला नहीं पाए। शायद यही कारण था कि वह स्वयं को भारत का सेनाध्यक्ष साबित करने में जुटे रहे। भारत की स्वतंत्रता प्राप्ति के बाद जल्दी ही अबनि राजनैतिक गतिविधियों से विरत हो गए। कुछ वर्ष एक विज्ञापन संस्था में कार्य करने के बाद, वे स्कूली बच्चों को पढ़ाने लगे। सेवानिवृत्ति के बाद वे और माया अपनी बचत पर निर्भर थे, जिसमें ट्यूशनों और अखबारों में लेखन से होनेवाली आमदनी से सहायता मिलती थी।

कभी-कभी वे सोचते थे कि युवजन हथियारों के रास्ते पर क्यों चल पड़ते हैं? अंग्रेजों के लिए बंगाल आर्मी ने भारत को जीता था। इसके बाद शासक कहने लगे कि बंगाली सुकुमार होते हैं और सिखों, गुरखाओं और पंजाबी मुसलमानों को मार्शल नस्ल मानने लगे। क्या हमने कभी चाहा था कि अंग्रेज हमारा सम्मान योद्धा के रूप में करें? क्या साम्राज्यों ने अपने शासितों में महानता के प्रति कोई ललक उत्पन्न की? क्या टैगोर सही थे जब उन्होंने कहा था कि राष्ट्रवाद अन्ततः स्वार्थ का ही सर्वोच्च रूप है? भारत की कई पीढ़ियाँ माड्जिनी, रूसी अराजकतावाद, जापान के सैन्यवाद, आयरलैंड के गणतंत्रवाद, मुसोलिनी और हिटलर से सम्मोहित रही हैं। और अगर उनमें कोई अन्तर है तो वह सशस्त्र राष्ट्र के आदर्श से आच्छादित है। 1947 में इस विचार के चुक जाने के बाद एक बार फिर यह प्रकट हो रहा है, राख के ढेर से फीनिक्स की तरह। भविष्य के लिए किसी नियोजन की आवश्यकता नहीं थी। आवश्यकता थी केवल

'कार्रवाई' की। राष्ट्र के खोए हुए पौरुष को फिर से प्राप्त करने का सुनिश्चित तरीका केवल हिंसा है।

℘

अबनि की भतीजी शिप्रा दुबली-पतली, संवेदनशील और विनम्र स्वभाव की थी। स्कूल में वह जब पढ़ती थी तभी उसकी माँ का निधन हो गया था और तभी उन्होंने और माया ने उसे अपने संरक्षण में ले लिया था। उसका पिता, यानी कि अबनि का बड़ा भाई इस दुर्घटना की क्षतिपूर्ति के लिए शराब में डूब गया और अपनी पुत्री के लिए भावनात्मक बोझ बन गया। जब भाई और भाभी ने उसकी पुत्री के अभिभावक का भार ग्रहण कर लिया तो उसने मुक्ति महसूस की। शिप्रा हर सप्ताह उनसे भेंट करने के लिए जाती थी, और कभी-कभी रात को उन्हीं के पास रह जाती थी। उसके लिए उनके घर में एक अलग कमरे की व्यवस्था थी। जब वह प्रेसीडेन्सी कॉलेज में इतिहास के डिग्री पाठ्यक्रम में आई तो अबनि उसे उस घटनाक्रम के सम्बन्ध में बताने लगे जिससे वे गुजरे थे। वह 1930 में चिटगाँव शस्त्रागार पर आक्रमण, उत्तर पश्चिम सीमान्त प्रान्त में रेड शर्ट दल के आन्दोलन, बयालीस के जनजागरण और ब्रिटेन तथा स्टालिनगार्ड की लड़ाइयों के विवरण बड़े ध्यान से सुनती थी। उनके एकालाप तभी भंग होते थे जब वह कोई जिज्ञासा व्यक्त करती या चाची वहाँ आ जाती, जो कथ्य में अपने विचार भी जोड़ देती थी। अबनि सदा तीस और चालीस के दशकों को फिर से जीते हुए लगते थे, और सदा जटिलताओं को सुलझाते हुए दिखाई देते थे।

शिप्रा को लेकर उनके मन में हल्की सी चिन्ता यह थी कि उसका आकर्षण अति-वामपन्थ की ओर था, जिसके विवर्त उन दिनों कलकत्ता विश्वविद्यालय के वातावरण में मँडरा रहे थे। वे उसे सावधान करने से झिझकते थे क्योंकि वे युवजनों में सामाजिक चेतना के विकास के पक्षधर थे और उस पर उन्हें गर्व भी था। छुट्टियों में वह अक्सर प्रणव को अपने साथ ले आती थी, जो उसके स्कूल का सहपाठी मित्र था और अब अपनी डिग्री की पढ़ाई के लिए दिल्ली विश्वविद्यालय चला गया था। इस लड़के का रुझान वामपन्थी विचारधारा के प्रति था, क्यों नहीं होता? यदि युवा पीढ़ी में सामाजिक चेतना नहीं होगी तो आखिर भविष्य के लिए क्या आशा की जा सकती है?

℘

अध्ययन कक्ष में उस सुबह अबनि ने प्रणव से दिल्ली विश्वविद्यालय के सम्बन्ध में सवाल किए। बातचीत राजनीति की ओर मुड़ती हुई वियतनाम तक जा पहुँची। अबनि ने उन दोनों को संघर्ष के आरम्भ के बारे बताना शुरू किया। 'दूसरे महायुद्ध के बाद अंग्रेजों ने वियतनाम को फिर से फ्रांस को सौंपने की कोशिश की। उन दिनों इसे हिन्द

चीन कहा जाता था। 1944 में माउंटबेटन ने जापानियों के समर्पण के लिए भारतीय सैनिक भेजे। इसके बाद उन्होंने जापानियों को उनके शस्त्र वापस कर दिए ताकि वे वियतनाम के कम्युनिस्टों पर हमला कर सकें जो युद्ध में लगातार मित्र देशों की तरफ से लड़े थे। यह बेईमानी थी। पहला हिन्द-चीन युद्ध 1954 में डीएन बीएन फू की लड़ाई के साथ खत्म हो गया था। इसमें फ्रांसीसियों की पराजय हुई थी और हम सब में भरपूर उत्साह था। काश तुमने हमारे विजयोत्सव देखे होते! इस युद्ध का कमांडर जनरल जियाप अभी भी प्रतिरोध आन्दोलन चला रहा था। तुम्हें पता होगा कि हो ची मिन्ह कलकत्ता आए थे। उनसे कुछ कॉमरेड 1946 में मिल चुके थे। वे योरोप जा रहे थे। जब फ्रांसीसी वहाँ से हट गए तो अमरीकियों ने दक्षिण वियतनाम में यह व्यवस्था की कि कम्युनिस्टों को चुनाव जीतने से रोका जा सके। आज हम उसी का नतीजा देख रहे हैं।'

वे कुछ रुके और फिर खड़े होकर उन्होंने अलमारी से एक किताब निकाली। यह थी डव्हाइट मेकडोनल्ड की *एक क्रान्तिकारी के संस्मरण*। किताब के पन्ने उलटते हुए वे कह रहे थे, 'युद्ध सदा ही दारुण होते हैं। लेकिन यह आखिरी युद्ध हमें विनाश के कगार तक ले गया। यह लेख मेरी पीढ़ी के एक अमेरिकी पत्रकार द्वारा लिखे गए थे। सुनो वह हिरोशिमा के विषय में क्या कहता है।' और उन्होंने पढ़ना शुरू किया!

'छः अगस्त, 1945 की सुबह सवा नौ बजे एक अमेरिकी विमान ने जापान के शहर हिरोशिमा पर एक बम गिराया। इसने शहर के दो तिहाई हिस्से को, और सम्भवत: वहाँ रहनेवाले 3,43,000 मनुष्यों में से शायद अधिकांश को नष्ट कर दिया। उन्हें कोई चेतावनी नहीं दी गई थी। यह बीभत्स कृत्य 'हमें' जो सभ्यता के रक्षक हैं को 'उनके' अर्थात मैडानेक के जंगली जानवरों के नैतिक स्तर पर पहुँचा देता है।'

'कहाँ के जंगली जानवर?' शिप्रा ने पूछा। उसके चाचा ने अपने चश्मे के पीछे से उसे देखा और उत्तर दिया-'मैडानेक, पोलेंड में नाजियों का एक यातना शिविर था। 1944 में लाल सेना द्वारा मुक्त करवाया गया पहला शिविर था। लाखों यहूदियों और अन्य अल्पसंख्यकों को वहाँ मौत के घाट उतार दिया गया था।' वह मेकडोनल्ड की पुस्तक से आगे पढ़ने लगे-'हमें क्या यह निष्कर्ष नहीं निकाल लेना चाहिए कि राजनैतिक पहलुओं से अलग आज के युद्ध के तकनीकी पक्ष अशुभ हैं। क्या हम कल्पना कर सकते हैं कि वह बम कभी भी एक 'महान उद्देश्य' के लिए प्रयुक्त हो सकता है? जिनके पास ऐसी विनाशक क्षमता है, वे देवता हो सकते हैं, वे नृशंस पशु हो सकते हैं, लेकिन वे मनुष्य नहीं हैं। राष्ट्रीय राज्य द्वारा हमें 'हस्तगत' किया जाए, इससे पहले ही हमें उसे 'हस्तगत' कर लेना चाहिए।'

अबनि ने अपने मेहमानों पर नजर डाली। 'पिछले दिन मैंने माओ का एक उद्धरण पढ़ा। उन्होंने कहा है कि यह परमाणु युद्ध छिड़ भी जाता है तो उसका अन्त समाजवाद

की विजय में होगा। भविष्य की एक रेडियोधर्मी कल्पना! रूस और चीन को दूसरे विश्वयुद्ध में लाखों जिन्दगियों से हाथ धोने पड़े। एक कम्युनिस्ट का इस तरह से बोलना कलंक है।' यहाँ प्रणव को कुछ बेचैनी हुई–'अबनि काका, क्या यह ठीक है कि साम्राज्यवादी अपने एटम बमों के नाम पर दुनिया का भयदोहन करते रहें? चीन को अपने पर संयम क्यों रखना चाहिए?'

'तकनीक तानाशाहों को बचा नहीं सकती।' अबनि ने कहा–'परमाणु हथियारों के बगैर भी वियतनाम के हाथों अमेरिका की पराजय होगी। मेरी चिन्ता जीवन के प्रति इस निर्मम दृष्टिकोण को लेकर है। हमसे भूलें हुईं, लेकिन मेरे कॉमरेडों की राजनीति का आधार मानवीयता के लिए प्रेम था। तुम्हें पता होगा कि दोस्तोएवस्की के *द ब्रदर्स करामाजोव* के एक अध्याय में इवान अपने भाई सन्त अलेक्सी को एक प्रश्न के माध्यम से चुनौती देता है। यदि एक छोटे बच्चे की उत्पीड़न करके हत्या कर देने से समूची मानवता को सुख मिल सके तो क्या यह कृत्य नैतिक रूप से उचित होगा? इसका सिर्फ एक जवाब है, लेकिन हमारे अनेक समकालीनों के लिए यह उतना स्पष्ट नहीं है।'

कमरे में खामोशी फैल गई।

अबनि विषय को आगे बढ़ा रहे थे। 'दोस्तोएवस्की की किताब में 'ग्रैंड इन्क्विजिटर' शीर्षक से एक अन्य अध्याय है, जो आधुनिक साहित्य के सर्वाधिक प्रबोधक अंशों में से एक है। इसमें स्पेन के सेविल नगर में निर्धन ईसाइयों का उल्लेख है जो नब्बे वर्ष की आयु वाले इन्क्विजिटर के आदेश से सौ धर्मद्रोहियों को जीवित जलाकर मार डालने के अगले दिन ईसा के पुनरागमन की प्रतीक्षा कर रहे हैं। एक सुन्दर व्यक्ति आता है जिसके मुख पर करुणा की दीप्ति है। साधारण जन उसे घेर लेते हैं। दोस्तोएवस्की ने उसे कोई नाम नहीं दिया है, उसका वर्णन केवल *वे* और *आप* के सर्वनामों से किया है। जब इन्क्विजिटर उसे देखता है, तो वह उसे गिरफ्तार कर लेता है, और उससे कहता है कि आस्था की माँग उठाकर, जो बिना किसी मूल्य के मिल जाती है, वह मानवता के सन्ताप का कारण है। 'चेतना की स्वतंत्रता से अधिक प्रलोभक कुछ और नहीं है, किन्तु सन्ताप का इससे बड़ा कारण भी अन्य नहीं है।' मनुष्य विद्रोही है और विद्रोही कभी भी सन्तुष्ट नहीं हो सकते। किसी की आराधना उनके लिए आवश्यक है। इन्क्विजिटर उस अनाम व्यक्ति को बताता है कि चर्च ने आनन्द के लिए स्वतंत्रता को निकाल फेंका है, और उसका आगमन इसमें एक बाधा है। वह कहता है, हमने आपकी कृतियों को संशोधित कर दिया है और अब उनका आधार चमत्कार, रहस्य और सत्ता-शक्ति हैं, और तब वह घोषणा करता है–'हमारे काम में बाधा डालने के लिए आने के अपराध में मैं आपको जला दूँगा। हमारे अग्निदहन के लायक यदि कोई हो सकता है तो वे आप हैं।' अबनि एक क्षण के लिए रुके, फिर उन्होंने पूछा–'क्या तुम्हें इस दृष्टान्त-रूपक का आशय समझ में आया।' प्रणव ने कहा, 'यह

केथोलिक चर्च की आलोचना है।' अबनि ने इसमें जोड़ा, 'मैं सोचता हूँ कि यह हमारी उस प्रवृत्ति की ओर संकेत करता है जिसके द्वारा हम स्वतंत्रता की अपनी अभिलाषा को अन्धी आस्था में बदल लेते हैं।'

प्रणव चुप नहीं रहा, 'काका, क्या मैं एक निजी सवाल पूछ सकता हूँ?'

'निश्चय ही।'

'आप अतीत के विषय में इतना सब क्यों पढ़ते हैं? निश्चित रूप से प्रगति के लिए हमें ज्ञान की जरूरत होती है, लेकिन...'

'चेयरमैन माओ ने कहा है तुम जितना ज्यादा पढ़ते हो, उतने ही मूर्ख होते जाते हो। क्या तुम यही सोच रहे हो?'

प्रणव रक्षात्मक हुआ, 'माओ निश्चित रूप से पतनशील मेन्डेरिन संस्कृति की आलोचना कर रहे होंगे।'

'यह ठीक है। हमारे सन्तों और कवियों ने भी किताबी ज्ञान की निन्दा की है। तुम्हारे प्रश्न का उत्तर यह है कि मुझे व्यक्तिगत अनुभव अद्‌भुत लगते हैं। सर्वेंटीज ने पाँच वर्ष गुलाम के तौर पर गुजारे। दोस्तोएवस्की अट्ठाइस साल की वय में चार वर्ष एक कारागार-शिविर में रहे थे। कामू फ्रांस के नाजी अधिग्रहण के प्रतिरोध आन्दोलन में शामिल हो गए थे। 1936 में स्पेनी गणराज्य की रक्षा के लिए अन्तर्राष्ट्रीय सेना में ऑरवेल और कॉडवेल भी थे। ये विशिष्ट लोग थे। हम कम-से-कम इतना तो कर ही सकते हैं कि उनकी कहानियों को सुनें, यह समझने के लिए कि मनुष्यों में कौन-सी चीजें हैं जो बदलती हैं और कौन सी वे जो बदली नहीं जा सकतीं।'

शिप्रा ने कहा—'काका, क्या आपको लगता है कि कम्युनिस्ट आन्दोलन में भी बदलाव की जरूरत है?'

'यह एक बहुत बड़ा प्रश्न है और मेरे पास इसका उत्तर नहीं है।'

शिप्रा ने आग्रह किया—'आप कभी इसका हिस्सा रहे थे। आप इससे अलग क्यों हुए?'

'व्यक्तिगत कारण थे। मैं थक गया था और मेरी पारिवारिक जिम्मेदारियाँ थीं।'

'कुछ और बात भी थी। काका, वह हमें क्यों नहीं बताते?'

अबनि ने उन्हें निगाह भर देखा और मुस्करा दिए। यह मुस्कुराहट उनके संकोच को ज्ञापित कर रही थी।

'चलो ठीक है, मैं तुम्हें तो बता ही सकता हूँ। युवावस्था में ही मुझे विश्वास हो चुका था कि पूँजीवाद में दोष हैं। वह व्यवस्था जो सार्वभौमिक मुनाफे के धर्म पर चलती है, मानवता के लिए हितकारी नहीं हो सकती। यह कहना कि केवल स्वार्थपरकता से अच्छे परिणाम निकलते हैं—एक अनुमान मात्र है। कम्युनिस्ट मनुष्य की भलाई के लिए अन्तर्राष्ट्रीय एकता में विश्वास करते थे। उनके आदर्शों ने करोड़ों श्रमिकों को अनुप्राणित

किया। प्रथम विश्वयुद्ध के बाद, जब रूसी क्रान्ति के लिए बहुत अधिक सहानुभूति थी, तब मैं अक्सर सोचता था कि क्या साम्यवाद एक श्रेष्ठ विचार है या क्या यह श्रमिक वर्ग का वास्तविक आन्दोलन है। यदि यह दोनों ही था तो उनमें सम्बन्ध क्या था? जहाँ कम्युनिस्ट सत्ता में आते हैं वहाँ पार्टी और राज्य एक क्यों हो जाते हैं? मार्क्स चाहते थे कि राज्य की जगह लोकप्रिय संस्थान ले लें, रूस के कम्युनिस्टों ने चुने हुए श्रमिकों की सभाओं–सोवियतों के नाम पर सत्ता छीन ली। यहीं से रूस को सोवियत संघ का नाम मिला। लेकिन सोवियतें कम्युनिस्ट निर्मित नहीं थीं, और जल्दी ही उनका क्षय हो गया। यह दावा करते हुए कि वही श्रमिकों के सही प्रतिनिधि हैं, पार्टी ने सत्ता पर एकाधिकार कर लिया। लेकिन उसने इस दावे का लोकतांत्रिक परीक्षण नहीं होने दिया और सोवियत संघ जल्दी ही एक पार्टी का शासित राज्य बन गया।'

प्रणव ने कहा–'अबनि काका, यह सबकुछ भ्रामक है!'

'हाँ, शायद है, भारत का उदाहरण लें। 1938 में कई प्रान्तों में चुनावों के बाद राष्ट्रवादी मंत्रिमंडल बने थे, उस समय पूरे देश में कामगारों की जागृति हो रही थी। वेतन और राजनीतिक अधिकारों की माँग को लेकर हड़तालें हो रही थीं। इनमें कारखाने, खदानें, छोटे शहर सभी शामिल थे। उस आन्दोलन पर किसी भी पार्टी का नियंत्रण नहीं था। यह कोई क्रान्ति नहीं थी, लेकिन इसका असर हुआ। कामगारों की जरूरतें जनता की जानकारी में आ गईं। नए श्रमिक संगठन गठित हुए। 1948 में स्वाधीनता प्राप्ति के तत्काल बाद कम्युनिस्टों ने एक विद्रोह की शुरुआत की जो 1951 तक जारी रहा, जब स्टालिन ने कम्युनिस्टों के एक भारतीय प्रतिनिधिमंडल को निर्देश दिया कि वह संघर्ष को छोड़कर लोकतंत्र में हिस्सेदारी करें। 1938 और 1948 में यही फर्क है, एक कामगारों का आन्दोलन और एक ऐसा आन्दोलन जो उनके नाम पर छेड़ा गया था। मैं तब से ऐसे दावे करनेवाले पर सन्देह करने लगा था कि वह जनता के किसी एक वर्ग का इकलौता प्रतिनिधि है।'

इतिहास के इस स्वत:स्फूर्त सबक के बाद प्रणव सोच में डूब गया। वे शिप्रा के चाचा से अपने विश्वविद्यालयों के अनुभव, अपने शिक्षकों के विषय में उनकी राय और दिल्ली के और कॉलेज स्ट्रीट में कॉफी हाउस की समानता क्या है आदि की चर्चा करते रहे। लेकिन शिप्रा जानती थी कि प्रणव उससे कहीं अधिक विचलित है, जितना वह स्वीकार करेगा। उसके निकट के मित्र और अबनि के बीच पहला राजनीतिक संवाद बिना किसी परिणाम के पूरा हो गया था। पिछले दिनों में उनकी सहज मित्रता में कुछ तनाव आने लगे थे। वह चाहती थी कि प्रणव से वह अराजनैतिक भाषा में बात कर सके, उसी तरह जैसे वे स्कूल में बतियाते थे। कुछ था जो पीछे छूटता जा रहा था, कुछ था जिसका क्षय हो रहा था, और वह उसे बचाने में सफल नहीं हो रही थी।

1968 की पीढ़ी के लिए रूपान्तरण के लिए आग का प्रयोग शब्दश: और रूपक दोनों तरह से प्रिय था। ये वियतनाम के जंगलों में गिराए गए नापाम हो सकते थे, जिनकी प्रतिक्रिया में युद्ध विरोधी प्रदर्शनों में बदला लेने की इच्छा व्याप्त हुई, या वाट्स के दंगों में जलती हुई इमारतों की स्मृतियाँ, अथवा मोलोतोव काकटेल का रूमान–आगजनी और विद्रोह साथ–साथ सदा ही चलते थे। चारु मजुमदार के लेखों में उद्बोधन भरे पड़े थे–'आग की लपट की तरह फूट पड़ो।' मोहन के घर में कमरे की दीवार पर लगे पोस्टरों में किसी तरह का दुराव–छिपाव नहीं था। जलरंगों से आग की लाल–लाल लपटों के बीच से सुबह के सूरज की तरह उभरते हुए हँसिये–हथौड़े को चित्रित किया गया था और उसके नीचे जेम्स बाल्डविन का उद्धरण था–'ईश्वर ने नोह को इन्द्रधनुष का संकेत दिया। अब और पानी नहीं, अगली बार सिर्फ आग।' चे के पोस्टर पर उनका प्रिय जोसे मार्टी का उद्धरण था, 'अब यह भट्टी का समय है और सिर्फ उजाला ही देखा जाना चाहिए।' हाँ, दुनिया जल रही थी।

अपने माता–पिता की चिन्ताओं का सामना करने में मोहन को विप्लव के प्रतीकों से सहायता मिलती थी। एक शाम वह सप्ताहान्त में अपने घर फरीदाबाद आया हुआ था। वह अपने कमरे में बिस्तरे पर लेटकर ट्रांजिस्टर पर रेडियो पेकिंग सुन रहा था, तभी उसकी माँ वहाँ आई। वह हर शाम इसे सुनता था। इसकी शुरुआत 'पूरब लाल हो रहा है' की गूँज के साथ होती है और इसके बाद यही वाद्यवृन्द की ध्वनियों में दुहराया जाता, जिसके बाद विश्व समाचार आते। विश्व के कोने–कोने से एकजुटता के सन्देश दुहराए जाते, समाचारों के अन्त में चेयरमैन माओ और वाइस चेयरमैन लिन की दीर्घायु की कामना की जाती। श्रोताओं को विश्वास दिलाया जाता कि चीन और वियतनाम का रिश्ता 'ओठ और दाँत' जैसा है और साम्राज्यवादियों ने 'एक चट्टान उठा ली है जिसे वे अपने पाँवों पर मारने वाले हैं।' एक काँपती हुई जनानी आवाज में घोषणाएँ की जा रही थीं कि आज वियतनाम में अमरीकियों और उनके कुत्तों की कितनी जानें गईं, चीन की जनवादी मुक्ति सेना ने उन सोवियत सामाजिक साम्राज्यवादियों को कितना नुकसान पहुँचाया जो चीन की जमीन हथियाने की कोशिश कर रहे थे, और भारत की सरकार के सामने भारतीय क्रान्ति के 'स्प्रिंग थंडर' के कारण कितना भयानक भविष्य आनेवाला है। इन कार्यक्रमों का समापन कम्युनिस्ट गीत 'इन्टरनेशनल' के साथ होता था। मोहन सम्मोहित होकर सुनता रहता, उसे खुशी होती कि कम–से–कम जनता की एक ऐसी जनआवाज है जो उसकी पीढ़ी के आक्रोश को प्रतिध्वनित करती है। बात की कड़वाहट से उसे सन्तोष मिलता।

महीनों पहले करुणा सहाय ने अपने बेटे के भावनात्मक तनाव को अनुभव किया था और उन्होंने इसे शान्तभाव से ग्रहण किया था। उसके बाद उनके बीच भारत की गरीबी और भ्रष्टाचार, सत्तावर्गों की क्रूरता को लेकर बहसें होती रहीं। अब जब वे उसकी

किताबों की अलमारियाँ देखतीं, और उसके कमरे से आती हुई आवाजें, जो किसी ऐसे रेडियो स्टेशन से आती हैं, जिन्हें उन्होंने पहले कभी नहीं सुना तो उन्हें कुछ-कुछ चिन्ता होने लगी है। उनका बेटा क्योंकर उन्मादी होता जा रहा है? सन्तप्त मानवता के प्रति उसकी संवेदना चीन की सरकार के प्रति भक्ति में क्यों बदलती जा रही है? वह उनके द्वारा गांधी के उल्लेख से भड़क क्यों उठता है? वे कमरे में आकर खड़ी हो गई थीं, और प्रश्न करने से खुद को रोक नहीं पाईं–'यह क्या है बेटा? वह ऐसा क्या कहते हैं जो तुम इतने ध्यान से सुनते हो?

'चिन्ता ना करो, मैं तुम्हें बाद में बताऊँगा।'

'तुम क्या सोच रहे हो, मुझे बताओ।' वे उसकी मेज के पास ठहरीं। जिस पर सस्ते कागज पर छपी एक पत्रिका थी जो उलटी रखी थी। उन्होंने जब उसे उलटा तो कुछ पंक्तियों पर उनकी दृष्टि गई।

'गांधी–साम्राज्यवाद की घृणास्पद कठपुतली...'

'उस अधम व्यक्ति का समूचा कलंकित जीवन साम्राज्यवाद की समर्पित सेवा में बीता था...'

'उसने 'अहिंसा' के अपने छद्म सिद्धान्त से भारत के जनगण को निहत्था करने की कोशिश की...'

'...उसकी लम्पटता और यौनक्षुधा को ब्रह्मचर्य का नाम दिया गया...'

'क्रान्तिकारी छात्रों ने उसकी जहरीली किताबों को आग के हवाले कर दिया है...'

करुणा के पेट में खलबली मचने लगी। उन्होंने मोहन से पूछा–'यह सब कौन लिखता है मोहन? एक विनम्र व्यक्ति के लिए वे इतनी गन्दी भाषा का प्रयोग क्यों करते हैं? क्या तुम इस सब पर भरोसा करते हो?'

'तुम नहीं समझोगी, माँ। तुम्हें वह भला आदमी लगता होगा। उसने राष्ट्रीय आन्दोलन को साम्प्रदायिक विनाश तक ले जाकर अंग्रेजों का हित साधन किया। एक क्रान्ति तब हो सकती थी। लेकिन गांधी और कांग्रेस ने अमीरों से धन लेकर देश को बेच दिया। आज हमारी जैसी भी हालत है उसका जिम्मेदार वही है।'

'नहीं बेटा, तुम्हें इस तरह से नहीं सोचना चाहिए। गांधी जी ने देश के लिए अपना सबकुछ दाँव पर लगा दिया। तुम्हारी पीढ़ी इसे आगे ले जा सकती है। तुम जिसे चिन्ताजनक मानते हो, उसका कोई कारण तो होना चाहिए।'

मोहन ने टोका, 'मैं तुम्हारे कारणों को जानता हूँ! भाग्य! कर्म! क्या भूख से मरते हुए बच्चे इसलिए भुगत रहे हैं कि उन्होंने पिछले जन्म में कोई पाप किए थे? तुम्हारा धर्म ऊल-जलूल है, और एक धोखा है। यह सब उनके लिए अच्छा है जिनके पेट भरे हुए हैं! यही गांधी का रामराज्य है?' उसका स्वर काँपने लगा था।

'बेटा, तुम्हें इतना गुस्सा क्यों आता है?' उसकी माँ ने कहा–'तुम्हारे जन्म से पहले

उनका देहावसान हो चुका था। तुम उन्हें हर गलत बात के लिए जिम्मेदार क्यों मानते हो ? मैं ईश्वर को धन्यवाद देती हूँ कि मोहन तुम्हें उन दिनों को झेलना नहीं पड़ा, जब भारतवासी पागल हो गए थे। गांधीजी ने इनसे और सारी दुनिया से समझदारी की बात की। वे जब हिन्दुओं और मुसलमानों के बीच शान्ति स्थापित करने का प्रयत्न कर रहे थे तब मतान्धों ने उनकी हत्या कर दी।'

'यह सब भावुकता की बातें हैं। उसकी हत्या का कारण विभाजन और राष्ट्रीय आन्दोलन की असफलता थी! यदि वह गरीबों के लिए लड़ा होता और अंग्रेजों की खुशामद करने, मारवाड़ियों से मेलमिलाप बढ़ाने, जातिप्रथा को संरक्षण देने, धार्मिक अन्धविश्वासों का प्रचार करने जैसी हरकतों की बजाय उसने समाजवाद को अपनाया होता तो उसे इस तरह से मरना न पड़ता। उसने खुद ऐसे अन्त को बुलावा दिया था, क्या नहीं ? बहरहाल मैं बहस नहीं करना चाहता।' मोहन का चेहरा लाल हो गया था और उसकी आवाज काँप रही थी।

करुणा ने देखा कि उनका बेटा उनके हाथ से निकलता जा रहा है। उसके मन में गायत्री मंत्र कौंधा, और उसने उत्तर देते हुए कहा–'मेरे बेटे, तुम्हारा मन गरीबों के लिए दुखी है। क्योंकि तुम्हें एक अच्छा हृदय मिला है। लेकिन दुख का समाधान किसी भी तरह से क्रोध नहीं है। क्रोध से मिलने वाली राहत क्षणिक होती है।' और पीछे से दरवाजा बन्द करके वे चली गईं।

उस रात जब वे अपने पति के पास लेटी हुई थी, तो जिस बेचैनी का अनुभव कर रही थी, वैसी पहले कभी नहीं हुई थी। उस पत्रिका का क्या नाम था जिसमें गांधी पर टिप्पणियाँ की गई थीं ? लिबरेशन–ये टिप्पणियाँ बहुत परेशान करनेवाली थीं, लेकिन मोहन पर तो जैसे इनका नशा चढ़ा था। इस दुनिया को क्या हो गया है। उसके भारत को क्या हो गया है ? आश्वस्ति की खोज में उन्होंने पति की ओर करवट ली। हालाँकि वे जानती थीं कि इस विषय में वे दुचित्ते ही हैं। जब उन्होंने आज शाम बेटे के साथ हुए अनुभव का ब्यौरा दिया तो हरीश भी चिन्तित दिखे।

'मैं जानता हूँ,' उन्होंने कहा, 'मोहन इधर इस तमाम उग्रवादी साहित्य को पढ़ रहा है। अब वह पहले की तरह हमारे साथ अपने कॉलेज जीवन की बातें भी नहीं करता।'

'वह बहुत मूडी हो गया है और जब भी बात करता है तो उसकी आवाज में घृणा होती है। लेकिन वह और उसके दोस्त भले लड़के हैं। हरीश, वे अपने आसपास की गरीबी और भ्रष्टाचार को देखकर केवल हताश हो गए हैं।'

'यह इतने से कहीं अधिक है। कॉलेज में नौजवानों को पहली-पहली बार व्यापक संसार का अनुभव मिलता है। इन दिनों दुनिया में बहुत कुछ घटित हो रहा है। तुम्हारा ध्यान इन बातों पर नहीं जाता। पश्चिम की राजनीति ने नवयुवकों का गलत तरीके से राजनीतिकरण कर दिया है। कम्युनिस्ट विस्तारवाद को रोकने की जरूरत है, लेकिन

इसमें सावधानी की जरूरत है। आखिर राष्ट्रीयता का सम्मान तो करना ही होगा। वियतनाम के युद्ध ने विश्वव्यापी छात्र आन्दोलन को जन्म दिया है।'

करुणा अपने पति के राजनैतिक आग्रहों से दूरी बनाए रखती थीं। चालीस के दशक के सम्बन्ध में उनका अपना दृष्टिकोण भी था। उन्होंने इस आखिरी कथन पर कोई प्रतिक्रिया व्यक्त नहीं की और एक पल के लिए दूसरी तरफ देखा फिर उनकी निगाह पति के चेहरे की ओर मुड़ी और उन्होंने पूछा–

'हरीश क्या तुम्हें याद है कि 30 जनवरी, 1948 के विषय में अखबारों ने क्या लिखा था?'

'अचानक तुम्हें तीस जनवरी की याद क्यों आ गई?'

'गोली लगने से पहले गांधीजी ने कहा था–तुम्हें आने में देर हो गई। उन्होंने हत्यारे का स्वागत किया!'

'नहीं, नहीं, वे शायद अपनी बात कर रहे थे, जो भी हो हमें कभी पता नहीं चलेगा...तुम यह सब क्यों याद कर रही हो?'

करुणा की आँखें नम थीं–'वे सही थे हरीश' करुणा ने कहा–'नाथूराम गोडसे को देर हो गई थी। यदि उसने बापू की हत्या पहले कर दी होती तो हमारे बच्चे उन्हें इस तरह गालियाँ नहीं दे पाते...'

और एक गहरी साँस लेते हुए उन्होंने करवट बदल ली।

गुरिल्ला इकाई के संगठन का पूरा तरीका षड्यंत्रकारी होना चाहिए। पार्टी की राजनीतिक इकाइयों की बैठकों तक में इस षड्यंत्र की भनक तक नहीं लगनी चाहिए। यह षड्यंत्र निजी स्तर पर और व्यक्ति-व्यक्ति के बीच में रहना चाहिए। जहाँ तक सम्भव हो पेटी-बुर्जुआ बुद्धिजीवी कॉमरेड को उसकी पहल करनी चाहिए। उसे उस विपन्न किसान के पास जाना चाहिए जिसके बारे में वह जानता है कि उसमें सर्वाधिक क्रान्तिकारी क्षमताएँ हैं। जाकर उसके कान में फुसफुसाना चाहिए : 'क्या तुम नहीं सोचते कि ऐसे जोतदारों को खत्म कर देना चाहिए...'। गुरिल्ला कार्रवाई का सबसे ज्यादा महत्त्वपूर्ण कार्य है, सुरक्षित आश्रय-स्थलों की व्यवस्था करना। हरेक गुरिल्ला को अपने लिए किसी अति विश्वसनीय व्यक्ति के घर में सुरक्षित ठिकाने की व्यवस्था करके रखनी चाहिए...इस स्थिति में हमें किसी प्रकार के आग्नेयास्त्रों का इस्तेमाल नहीं करना चाहिए। गुरिल्ला इकाई को खंजर, भाला, बरछी और हँसियों पर ही पूरी तरह निर्भर रहना होगा...यदि हमें कुछ बन्दूकें मिल जाती हैं तो उन्हें भविष्य के लिए छुपाकर रख देना चाहिए और उन्हें अभी व्यर्थ प्रयुक्त करने की हर कोशिश से बचना चाहिए...जहाँ तक सम्भव हो, गुरिल्लाओं को भोले-भाले लोगों की तरह अलग-अलग दिशाओं से आकर पहले से तय जगह पर जमा होकर दुश्मन का इन्तजार करना चाहिए, और सही वक्त पर दुश्मन पर टूटकर उसे मार डालना चाहिए...मध्यम वर्गीय किसान कार्यकर्ताओं और पेटी बुर्जुआ बुद्धिजीवी कॉमरेडों को यदि सम्भव हो तो गुरिल्ला इकाई से हटा देना चाहिए। जब छापामार कार्रवाई अधिक प्रचलित होने लगे तब हम इन स्वैच्छिक लड़ाकों को अपने साथ ले सकते हैं। वास्तव में एक समय ऐसा आएगा, जब हमारा युद्धघोष बनेगा, 'वह जिसके हाथ वर्गशत्रु के खून से भीगे हुए नहीं हैं, उसे कम्युनिस्ट नहीं कहा जा सकता।'

–चारु मजुमदार, 'छापामार कार्रवाई पर कुछ विचार', लिबरेशन, फरवरी, 1970

6

नियति का एक सवाल

ज्यों-ज्यों समय बीता, गलियारों, होस्टल के कमरों और कॉफी हाउस में कॉमरेडों की चर्चाओं में कार्रवाई की समस्या पर बातचीत बढ़ली चली गई। जाहिर था कि केवल नुक्कड़ नाटकों और नारेबाजी से काम चलनेवाला नहीं है। कुछ और भी किया जाना चाहिए। अपनी-अपनी राय व्यक्त करनेवाली उनकी बहसों पर घटित होनेवाली घटनाओं का प्रभाव पड़ रहा था, और अपने को गम्भीरता से लेने की जरूरत ने उन्हें अज्ञात रास्तों पर ढकेल दिया था। मई 1969 में कम्युनिस्ट पार्टी ऑफ इंडिया (मार्क्सवादी-लेनिनवादी) की स्थापना कांग्रेस हो चुकी थी। इसके कुछ दिनों बाद देश के विभिन्न हिस्सों से नक्सली हलचल की खबरें आने लगी थीं। 1970 तक यह स्पष्ट हो चुका था कि विद्रोह की स्थितियाँ बन रही हैं।

मिशन कॉलेज के परिवर्तनवादियों के लिए इसका अर्थ था कि विश्वविद्यालय के अधिकारी और पुलिस दोनों ही अब उनकी गतिविधियों को अपवाद-स्वरूप अपनी मानकर नजरअन्दाज नहीं करेंगे। तनाव बढ़ता जा रहा था। कॉमरेड 'लिबरेशन' की— अपनी प्रतियों की प्रतीक्षा उत्सुकता के साथ करते थे। यह पार्टी का मुखपत्र था जिसका महत्त्व इसलिए और भी बढ़ गया था, क्योंकि उसका वितरण चोरी छुपे किया जाता था। चर्चाएँ उसमें छपी सामग्री पर केन्द्रित रहती थीं, जो मुख्य रूप से सशस्त्र संघर्ष के औचित्य, 'संशोधनवादियों' की तीखी भर्त्सना और पार्टी कार्यकर्ताओं की सशस्त्र कार्रवाई के सम्बन्ध में होती थी। एक साल पहले क्रान्ति एक दूर का स्वप्न थी, लेकिन अब चीजें बदल रही थीं।

एक वर्ष पहले कैम्पस के विद्वान वामपन्थी अपने साथ बात करने वाले अज्ञानियों का उपहास कर सकते थे, वे अपनी नैतिक श्रेष्ठता और ऐतिहासिक नियति का दावा आत्मविश्वास के साथ कर सकते थे। लेकिन जीवन की इन गम्भीर चर्चाओं से निकट के मित्रों को बाहर नहीं रखा जा सकता था। रथिन अपनी विध्वंसकता के बावजूद उनकी गोष्ठियों का हिस्सा था। और अपनी राजनैतिक यात्रा में वे बहुत जल्दी ही यह समझ गए थे कि उससे तर्क करते हुए किया गया परिहास उलटकर उनको भी शिकार बना

सकता है। ऐतिहासिक नियति को रथिन कोई भाव नहीं देता था और उसका मजाक उड़ाता था। उसके साथ किए गए तर्क-वितर्क दार्शनिक मोड़ ले लेते थे। उसके सीधे सवाल उसके मित्रों की दार्शनिक आस्थाओं को झकझोर देते थे, और उन पर उसका गहरा प्रभाव पड़ता था। बावजूद इसके कि किसी भी चीज में वह खुद विश्वास करता हुआ प्रतीत नहीं होता था। मार्क्सवादी उसे अप्रिय थे, तथापि उसे लगता था कि विप्लवकारी हिंसा आधुनिकता को उसकी पतनशीलता से मुक्त कर सकती है। कभी-कभी जब वे पूरी तरह अकेले होते थे, वह इस तरह से बात करता था जैसे उसकी बौद्धिकता कहीं विलुप्त हो गई है। और तब वे सबके सब आत्मचिन्तन में लीन हो जाते।

'क्या तुम समझते हो कि तुम्हारी योजनाएँ कारगर साबित होंगी? तुम एक डिग्री पाना चाहते हो, जिसके बाद तुम गाँवों में भटकने को निकल जाओगे।' एक दिन उसने रोज की तरह दोपहर बाद की कॉफी पीते हुए प्रणव से सवाल किया। वे अभी-अभी विज्ञान संकाय के एसिड गन्ध से गन्धाते गलियारों से निकलकर आए थे।

मिशन कॉलेज के पिछ्वाड़े का लकड़ी का जीर्ण-शीर्ण दरवाजा धकेलते हुए प्रणव ने कहा–'यह सवाल भटकने का नहीं है।'

'चूतिया! तुम लोगों की हर बात से सैद्धान्तिक गहनता की बदबू आती है! राज्य का प्रश्न। कला का प्रश्न। भटकाव का प्रश्न। तुम्हारे पास हर सवाल के जवाब होते हैं। मूर्ख मार्क्सवादियो!'

प्रणव चिल्लाया–'बेवकूफ! एक मिनट के लिए अपनी चतुराई छोड़कर सुनो!'

'चलो ठीक है। देहात में पहुँचने के बाद तुम क्या करोगे।'

'हम यों ही कहीं चले नहीं जाएँगे। पार्टी हमें विशिष्ट क्षेत्रों में काम करने के लिए दायित्व निर्धारित करेगी।'

'किस तरह का दायित्व?'

'मुझे क्या मालूम? जनता में राजनैतिक समझ पैदा करने के लिए असंख्य काम हैं, जिन्हें करना है। पेम्फलेट और साहित्य छापना, हथियार पहुँचाना, कस्बों और गाँवों में कार्रवाई का समायोजन करना...'

'तुम रहोगे कहाँ! पैसे के लिए तुम क्या करोगे।' विनोद और सेक्स के लिए क्या करोगे?'

'तुम सेक्स पीड़ित हो। हो सकता है कि कोई शादी करने के लिए किसान की बेटी को खोज ले, जो कॉमरेड हो। मैं सेक्स के बारे में सोचकर अपना वक्त बर्बाद नहीं करनेवाला।'

'लड़की को खोज ले...क्या बेहूदा बात है। जब क्रान्ति होती है तो क्या जीवन भी चलता रहता है? क्या पार्टी तुम्हें बताएगी कि दिन के चौबीस घंटे किस तरह रहना

है? हमें घंटावार नारों की कल्पना करनी चाहिए। सादा जीवन, उच्च विचार! सादा जीवन कठोर संघर्ष!'

'तुमसे बेहतर! नो नॉलिज विदआउट कॉलेज! नो लाइफ विदआउट वाइफ! पिटी-पिटाई बकवास!'

रथिन चलते-चलते रुक गया, पीले पैकेट से उसने एक चारमीनार निकाली, उसे जलाया, एक गहरा कश खींचकर उसने निगाह ऊपर उठाई। अपने दोस्त की आँखों में सीधे देखते हुए उसने पूछा–'क्या तुम किसी की हत्या कर सकते हो प्रणव दूर से और एक बन्दूक होने पर भी, उसकी, जिसे तुम जानते नहीं, लेकिन सिर्फ इसलिए क्योंकि तुम्हारी पार्टी ने उसे वर्गशत्रु घोषित कर रखा है?' और वह वहाँ से चल दिया।

प्रणव की आँखों में शीशे जैसी चमक थी। 'हाँ, मैं कर सकता हूँ। पार्टी केवल घृणास्पद वर्गशत्रुओं को ही मौत का आदेश देती है, ऐसे अपराधी जिन्होंने गरीबों का शोषण किया है, उनकी स्त्रियों का शीलभंग किया हो, उनके बच्चों से जबरन कड़ी मेहनत करवाई हो...'

'भाषण मत दो। मैंने तुमसे एक सीधा सवाल पूछा है। क्या तुम किसी को अपने हाथों से मार सकते हो? क्या तुम अपने हाथों में यह समझकर एक हथियार उठा सकते हो कि तुम किसी के जीवन का अन्त करनेवाले हो?'

'ईमानदारी से कहूँ तो मैं नहीं जानता। मैं समझता हूँ कि यह परिस्थितियों पर निर्भर होगा।'

'वह परिस्थिति क्या होगी जब तुम ऐसा कर सकोगे?'

'हो सकता है कि उस समय मैं एक दस्ते में शामिल होऊँ।'

'ऐसा तुम मान रहे हो, क्या नहीं? तुम हमेशा आसान निशानों पर ही प्रहार करनेवाले हो। शौर्य के दिन कहीं पीछे छूट चुके हैं!'

'व्यंग्य करने की कोई जरूरत नहीं है।'

'चले चलो। तुम एक जत्थे में शामिल होगे। क्या तुम दूसरों का इन्तजार करोगे कि वह पहला खंजर चलाएँ या तुम्हीं पहला खंजर भोंकोगे?'

'तुम निर्मम हो।'

'उतने नहीं, जितने तुम होना चाहते हो।'

'मैं देखूँगा कि मेरा मन क्या कहता है। यदि मैं यह नहीं कर सका तो मैं क्षमा माँग लूँगा। अन्य तरीकों से सहायता करूँगा।'

'अब हम कहीं पहुँच रहे हैं। अन्य तरीकों से बार-बार सहायता देते हुए क्या अन्ततः तुम एक वर्ग-शत्रु की हत्या कर सकोगे?'

'हो सकता है, शायद।'

'इस बीच अन्य कॉमरेड जो तुम्हारी तुलना में कहीं कम शंकाग्रस्त हैं अपने हाथ

वर्गशत्रुओं के लहू से धो रहे होंगे।'

'फालतू की बातें हैं। विभिन्न कॉमरेड वही करेंगे जो वे कर सकते हैं और जो वे करने के लायक हैं।'

'लेकिन कुछ कॉमरेडों को हत्या का विशेषज्ञ होना पड़ेगा ताकि तुम्हारे जैसे लोग रणनीति, युक्ति इत्यादि सोच सकें ?'

'तुम्हारी तानाकशी की ऐसी-की-तैसी! तुम कहना क्या चाहते हो ?'

'मैं बताऊँगा कि मैं क्या कह रहा हूँ। एक व्यक्ति जो दर्जन भर या इससे ज्यादा संख्या में वर्ग-शत्रुओं की हत्या कर चुका है, उसके बाद तुम उससे क्या करने की अपेक्षा रखते हो। क्या वह पशुओं का दूध दुहेगा ? या फिर मैक्सिम गोर्की को पढ़ेगा ?'

जब वह रथिन के कमरे में पहुँचे, उनके बीच एक आक्रोश भरी खामोशी उत्पन्न हो चुकी थी। कमरा सिगरेट के बासी धुएँ, चरस और अनधुले कपड़ों की गन्ध से भरा हुआ था। उसके बिस्तर के पास ही दीवार पर गिटार के साथ जिमी हेनड्रिक्स का फड़फड़ाता हुआ पोस्टर था जिसमें वह मुँह को विकृत करके भरपूर गले से चीख रहा था। एक अन्य पोस्टर में शैतान जैसा दिखाई देनेवाला जीभ निकाले लाल चेहरा था जिसके नीचे लिखा था—'लाल न्यायकर्ता की अदालत में।' अलमारी में किताबों के बीच से झाँकता छपा हुआ पोस्टकार्ड था जिस पर पॉल क्ले का एक रेखांकन था जिसमें एक फायरिंग स्क्वाड के सामने बड़े-बड़े प्रश्नचिह्न दर्शाए गए थे। मेज पर भरी हुई राखदानी, कापियाँ, बिखरे हुए कागज, कलमों और पेंसिलों का ढेर लगा था। प्रणव बैठ गया और उसने क्ली के पोस्टकार्ड को देखा, उस पर हमेशा ही उसका ध्यान चला जाता था। उसका अपना कमरा इससे ज्यादा व्यवस्थित था। वहाँ की सज्जा में, कपड़े पर छपा चे का एक पोस्टर था, एक चीनी पत्रिका के बीच से निकाली हुई माओ की चिकने कागज पर एक तस्वीर थी, जिसमें वह भक्तिभाव भरे रेडगार्डों की ओर उदारता से हाथ मिला रहे थे और वियतनाम राष्ट्रीय मुक्ति मोर्चे का ध्वज लगा हुआ था। उन्होंने एक दूसरे की ओर देखा, मानो अवांगार्द बनाम वैनगार्द। रथिन अपनी आरामकुर्सी पर पसर गया, उसने एक और कश लिया, और उस कॉफी के डिब्बे की तरफ हाथ बढ़ाया जो उसकी राखदानी के काम में आता था।

धुआँ उसके नथुनों से निकल रहा था, उसने प्रश्न किया—'तुम्हें यह तय करने का अधिकार किसने दिया कि किसे जीवित रहना है और किसे मर जाना चाहिए ? किस प्रक्रिया से तुम यह निश्चित करोगे कि फलाँ-फलाँ एक वर्ग-शत्रु है ?'

'स्थानीय पार्टी कमेटी की जड़ें कृषकवर्गों में होती हैं, और उसे अपने इलाके के चप्पे-चप्पे की जानकारी रहती है। वही इसका फैसला करेगी।'

'अच्छा ऐसा है! लेकिन तुम्हारी पार्टी के दस्तावेजों में कहा गया है कि इन कमेटियों के साथ पेटी-बुर्जुआ सैद्धान्तिकों का जुड़ा होना आवश्यक है। इससे जाहिर है कि निर्णय

करने की प्रक्रिया में क्रान्तिकारी सिद्धान्त को समझनेवाले मध्यमवर्गीय कॉमरेड भी शामिल रहेंगे।'

'हाँ, निश्चित रूप से।'

'और इन लोगों की जड़ें भी भूमिहीन किसान वर्ग में होंगी।'

प्रणव ने माथे पर आ गए बालों को पीछे किया और कहा–'हाँ। हम लोगों के लिए पार्टी की लाइन यह है कि हमें जनता के बीच घुल-मिल जाना चाहिए। उसके साथ रहना, खाना-पीना और काम करना चाहिए।'

'एक किसान की तरह जीना तो अलग, मैं कम-से-कम एक दिन तुम्हें हल चलाते हुए अवश्य देखना चाहूँगा। तुम जैसे लोग अन्तत: एक परजीवी के रूप में उन लोगों के सम्मुख पनपोगे जो तुम्हारे कहे की सच्चाई को तो परख न सकेंगे, पर तुम्हारे किए के कीमतों को चुकाते रहेंगे।' वे कुछ ठहरे, और उन्होंने मोहन को देखा जो दरवाजे को धकियाते हुए भीतर आ गया था। वार्तालाप की आत्मीयता पर उसकी उपस्थिति से कोई फर्क नहीं पड़ा। फर्क तो तब पड़ता जब आगन्तुक रथिन के हिप्पी दोस्तों में से कोई होता। लेकिन मूड काफी बदल गया था। प्रणव ने गहरी साँस लेकर अपनी अँगुलियाँ अपने बालों में घुमाईं, जैसे वह इस अति गम्भीर बातचीत से थक गया हो। फिर वह रथिन की ओर देखते हुए बोला।

'तुम हमारी राजनीति के प्रति दुराग्रही हो। क्या कभी तुमने अपने आप से भी सवाल किए हैं?'

'क्या कहना चाहते हो?'

'जनता में हताशा है। भारत की तथाकथित स्वतंत्रता को ब्रिटिश संसद ने आकार दिया था। हमारी संविधान सभा में जनसंख्या के केवल बारह प्रतिशत का प्रतिनिधित्व था। हमें लोकतंत्र को लेकर किसी भ्रम में नहीं रहना चाहिए। सड़सठ के बिहार में अकाल के बीच एक चुनाव हुआ था। मोहन और मैं वहीं थे। लोग पेड़ों की छाल और सुखाई हुई आम की गुठलियों पर गुजारा कर रहे थे। क्या तुम सोचते हो कि वोटिंग से उन्हें खाना मिल गया? तुम हमेशा हम लोगों का मजाक उड़ाते रहते हो। तुम उस तरह बात करते हो जैसे करोड़ों गूँगे लोगों को उज्ज्वल भविष्य की ओर ले जाने के लिए क्रान्तिकारी सीधे आसमान से उतरे हों। कम्युनिस्ट आन्दोलन की जड़ें इतिहास के भीतर हैं। यह स्पार्टकस के युग से ही दमितों का सपना रहा है। यह ठीक है कि रूस में नौकरशाही का उन्मूलन हो गया है, लेकिन माओ ऐसा चीन में नहीं होने देंगे। चीन और सोवियत रूस के मतभेदों का यही कारण है। जोन रॉबिन्सन की पुस्तक पढ़ो। वे कम्युनिस्ट भी नहीं हैं, लेकिन वे समस्या को समझती हैं।'

'कौन सी समस्या?'

'साम्राज्यवाद एक सच्चाई है। तुम इससे इनकार नहीं कर सकते। साम्राज्यवाद

के विरुद्ध विश्व के प्रतिरोध का नेतृत्व चीन कर रहा है। ख्रुश्चेव के द्वारा शान्तिपूर्ण सहअस्तित्त्व का पक्ष लेने के बाद से रूसी बिक गए हैं। क्या तुम नरभक्षी शेरों के साथ शान्तिपूर्ण सहअस्तित्त्व निभा सकते हो ? क्या तुम्हें लगता है कि दक्षिण अफ्रीकी अश्वेत और वियतनामी, नस्लवादियों और यांकियों को खुली छूट दे दें कि वे उन्हें कुचलकर धूल में मिला सकें ? अमेरिकी सैनिकों ने अभी हाल में माई लाई के पूरे गाँव का संहार कर दिया। वे पीड़ितों की अँगुलियाँ और कान काटकर विजय-चिह्न के तौर पर अपने साथ ले गए। नृशंस और बर्बर! मार्टिन लूथर किंग ने तो अहिंसा का पाठ पढ़ाया था, पर हुआ क्या ? नस्लवादियों ने उनकी हत्या कर दी! हमें उनका मुकाबला करना होगा।'

रथिन ने कहा—'हम ? हमेशा की तरह तुम भारत से छलाँग लगाकर चरम उदाहरणों तक पहुँच गए।'

'हाँ हम! यह एक अन्तर्राष्ट्रीय आन्दोलन है। अमेरिकी साम्राज्यवादी और उनके चमचों ने तीसरी दुनिया को बन्धक बनाया हुआ है। भारत एक नव-उपनिवेश है जिसका सत्तावर्ग बेरहम है। सभी पार्टियों की वर्ण-संरचना एक ही जैसी है। उन्हें भाड़ में जाने दो! बेटलहाइम की आजादी पर लिखी हुई किताब पढ़ो। 1964 में सीपीआई का विभाजन इसलिए हुआ था क्योंकि स्वार्थी नेता भारत की आजादी का छद्‌म चरित्र देखना ही नहीं चाहते थे। सीपीएम उसी पहेली में उलझी हुई है। वह कहती है कि उनकी क्रान्ति के लिए स्थितियाँ परिपक्व नहीं हैं। परिपक्व नहीं हैं ? समाज कब इसके लिए तैयार होगा कि लोगों को दो वक्त की रोटी मिल सके ? इससे निकलने का एक ही रास्ता है—सशस्त्र संघर्ष।

'दो वक्त की रोटी ? सशस्त्र संघर्ष ? तुम्हारे कच्चे दिमाग में ये बड़ी-बड़ी बातें कैसे आती हैं ?'

'यह कोई योजना नहीं है! क्रान्तिकारी रणनीति कई दशकों के अनुभव से विकसित हुई है। इसका एक इतिहास है, कुछ क्रान्तियाँ मुरझा गईं, कुछ पार्टियाँ विस्मृत हो गईं...उनकी जगह दूसरी आ गईं। लेकिन संघर्ष अभी जारी है।'

खामोशी थी। रथिन ने अपनी सिगरेट का कश लिया।

'तुम क्या करनेवाले हो प्रणव ?'

'यह बिल्कुल अलग बात है। मैं वही करूँगा जो मुझे करना है। जो मैं कर सकता हूँ। व्यक्तियों से कोई फर्क नहीं पड़ता।'

इस बहस के एक सप्ताह बाद मोहन और रथिन कॉफी सुड़कते हुए सीएच में बैठे थे। अपने आसपास देखते हुए, भीड़ के प्रति खिन्न और बिना किसी बातचीत के बिना किसी सन्दर्भ के रथिन बुदबुदाया—'यह नियति है।'

'क्या है?'

'अनिश्चितता को हम नियति का नाम देते हैं।'

'यह बकवास है जिसे इसलिए खोजा गया ताकि गरीब अपनी स्थितियों को स्वीकार करते रहें।'

'बकवास की तो सबको जरूरत होती है, अमीरों को भी। फिर बहुतेरी चीजें ऐसी होती हैं, जिनका कोई तर्क नहीं होता।'

'तुम्हें नियति पर क्यों सोचना पड़ा?'

'महाभारत में सर्वाधिक त्रासद चरित्र कर्ण है, जिसे पाँच पांडवों की माँ कुन्ती ने जन्म दिया था। वह उसकी पहली सन्तान था। उसने उसका त्याग कर दिया क्योंकि उसे स्वीकार करने में उसे लज्जा आती थी। गलत पक्ष का साथ देते हुए उसका अन्त हुआ यद्यपि इसमें उसका कोई कसूर नहीं था। यहाँ तक कि इन्द्र तक ने उसे धोखा दिया और उसे उसके दैवी कवच-कुंडलों से वंचित कर दिया ताकि वह अर्जुन से युद्ध करने से पहले निस्तेज हो जाए। अपने ही भाइयों के हाथों मारा जाना उसकी नियति थी।' रथिन के माथे पर बल पड़ गए थे–'तुम लोग समझते हो कि तुम नियति को नचा लोगे। तुम सब भ्रम में हो।'

'तुम बहुत ज्यादा सोचते हो। यथार्थ जीवन के लिए मिथकों का कोई महत्त्व नहीं है। हम क्या करते हैं उस पर सचमुच हमारा नियंत्रण है। भाग्यवाद शोषणकारी सामाजिक व्यवस्था का एक उत्पाद है।'

'मुझे मार्क्सवादी बकधून से बचने दो। मैं जीवन की बात कर रहा हूँ, व्यवस्थाओं की नहीं। क्या हम यह चुन सकते थे कि हमें कब और कहाँ पैदा होना है? हम एक-दूसरे से मिशन कॉलेज में टकराएँगे? क्या अपने समय के आमूल परिवर्तनवाद के लिए हम जिम्मेदार हैं? या फिर हम उस समुद्र में तैर रहे हैं जिसमें हमें फेंक दिया गया है।'

मोहन चुप रहा। एक वैकल्पिक विश्व में छलाँग लगाकर रथिन ने अपने मित्र के विश्वास में सेंध लगा दी थी। अन्य छात्रों के साथ इस तरह के प्रश्नों को तिरस्कार से टाला जा सकता था। रथिन के साथ यह सम्भव नहीं था। उसकी दुराग्रहता उन्हें एक वर्जित प्रदेश में ले आई थी।

'तुमने ऐसा क्यों कहा कि यह आखिरी सामी धर्म है, मेरा मतलब मार्क्सवाद से है।'

'मैंने तुम्हें समझाने की कोशिश की थी। क्या नहीं?'

'मुझे समझ में नहीं आया था। एक दिखावटी समानता से आगे...'

'कुछ भी दिखावटी नहीं है। तुम्हारे पास एक पितृ-व्यक्तित्व है, श्रुत-सत्य हैं, चुने हुए अनुयायी हैं और पूर्व निर्धारित भवितव्य है। यही सब सामी धर्मों के पास भी हैं।'

‘क्रान्ति के विषय में पूर्व निर्धारित क्या है?’

‘क्या तुम लोग यह नहीं कहते कि क्रान्ति अपरिहार्य है।’

‘कहते हैं। लेकिन यह मानवीय योगदान पर निर्भर है। इसीलिए हम संगठन बनाते हैं।’

‘मानवीय योगदान हमें उलझनों में डाल सकता है। बल्कि डाल चुका है। तुम्हें तय करना है, या तो यह अनिवार्य है या फिर यह उस पर निर्भर है जो तुम करते हो। तुम दोनों बातें एक साथ नहीं कह सकते। धर्म भी आस्थावानों के लिए मुक्ति का वायदा करते हैं—क्रान्तिकारी कल्पनालोक का उनका संस्करण।’

‘लेकिन कुल मिलाकर...’

‘कुल मिलाकर! अन्तिम विश्लेषण में! मुझे यह पूर्व निर्धारित नियति की तरह सुनाई देता है।’

‘क्या तुम इससे सहमत नहीं हो कि इतिहास के कुछ नियम, कुछ विन्यास होते हैं जो दर्शाते हैं कि हमारी दिशा क्या है?’

‘विन्यास नियम नहीं होता।’

‘लेकिन मार्क्सवाद और धर्म में समानता क्या है?’

‘कुछ बातें ऐसी हैं जिन्हें पहले से जाना नहीं जा सकता। जैसे आज के पाँच साल बाद क्या होनेवाला है। लेकिन तुम्हारे सिद्धान्तकार हमसे शुद्ध आस्था के आधार पर निर्णय करने को कहते हैं। ऐतिहासिक अनिवार्यता में विश्वास वैसा ही है जैसा ईश्वरीय वचन में आस्था। मैं इस सब को नियति पर छोड़ना चाहूँगा। नीत्शे ने कहा था अपने भाग्य को स्वीकार करो। जिसकी व्याख्या नहीं हो सकती, उसमें उलझने से क्या फायदा?’

‘क्या कर्म के नियम इतिहास के नियमों से ज्यादा महत्त्वपूर्ण हैं?’

‘मैं वैयक्तिक कर्म में विश्वास नहीं करता। वैयक्तिक दायित्व से भाग्य हमेशा ही बड़ा होता है। इसीलिए लोगों ने पुनर्जन्म का विचार खोज निकाला, ताकि अपने दुखों के कारणों को समझ सकें। प्राचीनों को वास्तविक जीवन के अन्याय का कोई समाधान नहीं मिला, जहाँ लोगों को अपने किसी दोष के बिना ही सहन करना पड़ता है। कर्म का सत्य समय के साथ सामूहिक रूप से प्रकट होता है, जो हमारे कामों का कुलजमा प्रभाव होता है। नहीं, मेरे प्रिय चूतिया। कोई दैवी न्यायकर्ता नहीं है, हम चाहते हैं कि कोई तो होता। ‘ईश्वर’ या तुम जिसे ‘इतिहास’ कहते हो, एक रहस्य है जिसे हम व्याख्या मान बैठते हैं।’

मोहन को वह दिन याद आया जब वह और मोहन कॉफी हाउस के इसी कोने में बैठे थे और नेचायेव की ‘क्रान्तिकारी की प्रश्नोत्तरी’ को पढ़ रहे थे। वह वहाँ कैसे पहुँची इसका सन्तोषजनक उत्तर था, फिर भी...क्या तर्क संयोग का अनुचर है? उसने

अपने आसपास देखा, इस शाम कॉफी हाउस में ज्यादा लोग नहीं थे। कोई युवा कॉमरेड दिखाई नहीं दे रहा था। सिन टॉ तक वहाँ नहीं था। मोहन के माथे पर लकीरें थीं। उसने अपने गालों को थपथपाया और अनिश्चय के साथ रथिन को देखा।

रथिन के चेहरे का नुकीलापन अक्सर शब्दों के बिना ही भावों को प्रकट कर देता था। उसके चेहरे पर अब विनोदी स्वीकृति की मुस्कान थी। उसकी भौंहें उठीं और लगभग हँसते हुए उसने कहा–'जाने भी दो यार! तुम लोग अच्छी चीजों के घटित होने में समय की शक्ति में विश्वास रखते हो और इसे 'इतिहास' का नाम देते हो। महाभारत के लेखक ने समय को महान हत्यारे के रूप में देखा था। इन्हें छोड़ो! अनिवार्यता के विरुद्ध संयोग, मुक्त इच्छा के विरुद्ध नियति–यह बड़ी पुरानी पहेलियाँ हैं। इनका हल तीन कॉफियों से नहीं हो सकता। यदि तुम लोग हल्ला-गुल्ला करने जानेवाले हो तो मुझे सोचना पड़ेगा कि मुझे क्या करना है! नियति के प्रति अभी-अभी जागी हुई मेरी दिलचस्पी कई दिशाएँ खोल सकती है।'

मोहन को आश्चर्य हुआ कि क्या अन्ततः रथिन को रास्ता दिखाई देने लगा है? जहाँ तक उसका प्रश्न है उसके कारण गलत होंगे। जब वह ब्रिज नहीं खेल रहा होता या शेक्सपीयर के वार्षिक प्रदर्शनों पर चर्चा नहीं कर रहा होता तो वह जर्मन दार्शनिकों की अपाठ्य पुस्तकों में डूबा रहता है। यह चिन्ताजनक था, क्योंकि उसके प्रति अपने आकर्षण को रोक पाना लगभग असम्भव था। मोहन के मस्तिष्क में बीते कुछ महीनों के तर्क-वितर्क कौंध गए। वहाँ किसी को पता नहीं था कि कौन किसको घिस रहा है।

'तुम हमेशा नीत्शे की बात करते हो। क्या वह एक नाजी नहीं था?'

'मूर्खता की बात मत करो। उनका देहान्त 1900 में हुआ, नाजियों को तो छोड़ो, प्रथम विश्वयुद्ध से बहुत पहले।'

'और सुपरमैन के सम्बन्ध, वह सब।'

'ओवरमेन। अबरमेन्सचेन। माओ और चारु तुम्हारे लिए अतिमानव हैं, नहीं हैं क्या? फिर तुम्हारी पार्टी एक नया मनुष्य बनाने का आह्वान करती है। नीत्शे ने भी राज्य को संगठित अनैतिकता कहा था, वे धार्मिक मानसिकता से घृणा करते थे जो शुभ के पक्ष में मनुष्यता को बर्बाद करना चाहती है।'

'अनैतिकता के लिए राज्य का विरोध और नैतिकता के लिए धर्म का विरोध। यह अतार्किक लगता है।'

'उन्होंने कभी खुद को तर्कों से सीमित नहीं किया। बहरहाल उनकी कम-से-कम एक बात ऐसी है जो तुम्हें प्रभावित करेगी।'

'क्या?'

'निहिलिज्म मजबूत लोगों के लिए है।'

'निहिलिज्म ?'

'नीत्शे ने सभी प्रकार की भावुक नैतिकता, अज्ञात भविष्य में विश्वास का उपदेश देनेवाली तमाम व्यवस्थाओं को—उनकी शब्दावली चाहे धार्मिक हो या फिर राजनैतिक, तोड़कर मुक्त कर दिया।'

'फिर हम हैं कहाँ ?'

'फिकर मत करो। यह सब बहुत जटिल है। मैं भी इस तक पहुँच नहीं पाया हूँ। लेकिन तुम्हारे रास्ते मिलते हैं। मेरे विचार से उन्होंने चारु की लाइन को स्वीकार किया होता। उनका कहना है कि नकार के लिए भी सक्रियता चाहिए। प्रतिमानों के उन्मूलन के साथ-साथ सक्रिय कार्रवाई भी जरूरी है।'

मोहन का मुँह सूख गया–'नहीं। क्या सचमुच उसने यह कहा है ?'

'हाँ, नीत्शे का विश्वास था कि बुर्जुआ योरोप को रोगमुक्त करने और उसके शुद्धीकरण के लिए हिंसा की एक खुराक दी जानी जरूरी है। उन्होंने पूछा कहाँ हैं बीसवी सदी के बर्बर। ताकत की दवा!'

'हमारा बर्बरता में विश्वास नहीं।'

'तुम अपने चुनिन्दा शत्रुओं का सिर उतार लेने के कृत्य को कहाँ रखोगे ? कम-से-कम वे ईमानदार तो थे। तुम एक जनसेना संगठित कर रहे हो, क्या यह तुम्हारी योजना नहीं है। तुम अभी एक लड़ाकू बनने वाले हो। तुम फैसला कर चुके हो कि यह व्यवस्था खराब है, और तुम कार्रवाई करना चाहते हो। मैं तुमसे एक बात कहूँगा। अज्ञात की कड़वी गोलियों को मीठा बनाने के लिए योद्धाओं को ईश्वर की जरूरत होती है। यदि ईश्वर नहीं तो, उज्ज्वल भविष्य में आस्था। सम्मान और निष्ठा तो ठीक है, किन्तु केवल आस्था ही उन्हें रोज-रोज की अनिश्चितता से बाहर निकालती है।' रथिन कह रहा था– 'शायद वे यह जानते हैं कि मृत्यु से ज्यादा खराब केवल एक ही चीज है, वह है अमरता। विशेष रूप से लड़ने वालों के लिए। शायद धर्म और भाग्य और ईश्वर और इतिहास : जीवन कहे जानेवाले जुए के खेल के ही अलग-अलग नाम हैं।'

मोहन चाहता था कि अन्धविश्वास के इस सैलाब को रोके, लेकिन वह चमत्कृत था। उसने पूछा–'इसे जुए का खेल क्यों समझना चाहिए ?'

'यह केवल एक उपमा है जो हमारी असहायता को व्यक्त करती है। महाभारत की शोकान्तिका का प्रारम्भ जुए के खेल से हुआ था। और उसके बाद हर-एक दुर्भाग्यग्रस्त हो गया।'

'अमरत्व के विषय में तुम्हारा दृष्टिकोण इतना निराशाजनक क्यों है ? शाश्वत जीवन की खोज का विचार क्या सभी का प्रिय विषय नहीं रहा है। ईश्वर कालातीत है और मनुष्य भी कालातीत हो जाना चाहता है।'

'ईश्वर को तो समय से परे होना ही चाहिए। लेकिन पृथ्वी पर यह एक अलग

ही कहानी है। मुझे नहीं लगता कि सारे मनुष्य समय को पराजित करना चाहेंगे। आखिर एक सिपाही के लिए इससे बुरी बात क्या होगी कि वह सदा-सर्वदा लड़ता ही रहे। नहीं कॉमरेड। तुम इतिहास के नियमों पर चलो, लेकिन मुझे मेरी किस्मत को स्वीकार करने दो। तुम्हें जल्दी ही समझ में आ जाएगा कि आसमान में बैठे हुए विदूषक का ही एक नाम इतिहास है।' उसने अँगुलियों से मेज को बजाना शुरू किया, जैसे वह कोई काल्पनिक धुन को पकड़ रहा हो और मन-ही-मन गुनगुनाया–'कभी किसी को मुकम्मल जहाँ नहीं मिलता।'

'आखिर यह क्या है? उसे देखो!' मोहन का स्वर तेज हुआ। वह मिशन कॉलेज के नए और जवान फिजिक्स के अध्यापक को दूर से आते हुए देख रहा था, जिसके साथ स्नातकोत्तर अंग्रेजी की एक छात्रा थी, जिसका सौन्दर्य कैम्पस में सभी की लालसा का विषय था। 'चूतिया ग्रूवी गौतम किस तरह सबसे सेक्सी लड़की को पटा लेता है यार! क्या कम्युनिस्टों के आदर्शलोक में भी यही होता रहेगा? यह तो अन्याय है। उसके पास ऐसा क्या है जो हमारे पास नहीं है?' रथिन मन-ही-मन मुस्कुराया, जब उसने देखा कि नवागन्तुकों से कुछ दूरी बनाकर पगला भी पीछे-पीछे चला आ रहा है, वह अपनी खामोश हँसी हँस रहा था और बे आवाज ठुमके दे रहा था। 'यही तो मैं तुमसे कहना चाहता था–*ये न थी हमारी किस्मत*...यह हमारा भाग्य है।'

फाइल 172/32
सीरियल नं : 412, दिनांक 6 फरवरी, 1932
स्थान : सीनेट हाउस, कलकत्ता
अपराध की किस्म : हत्या का प्रयास

टिप्पणी : 6 फरवरी, 1932 को तीसरे पहर बंगाल के गवर्नर हिज एक्सीलेंसी सर स्टेनली जेक्सन की हत्या का प्रयास कलकत्ता विश्वविद्यालय (जिसके वे चांसलर हैं) के दीक्षान्त समारोह के दौरान सीनेट हाउस में मिस बीना दास द्वारा किया गया जो 67/1 इकडालिया रोड कलकत्ता के निवासी बेनी माधव की पुत्री और डायोसियन कॉलेज की छात्रा हैं। आक्रमणकर्ता ने हिज एक्सीलेन्सी पर जल्दी-जल्दी तीन गोलियाँ चलाईं जो चूक गईं और उसे तत्काल गिरफ्तार कर लिया गया। इस प्रयास में प्रयुक्त हथियार बेल्जियम में बना पाँच चेम्बरों और 380 बोर का रिवाल्वर पाया गया। बीना दास के कपड़ों में एक जेब थी जिसमें पोटेशियम सायनाइड मिला। आरोपी ने पुलिस को दिए गए अपने बयान में स्वीकार किया कि वह इसे अपने साथ लाई थी और उसका इरादा घटना के बाद खुद जहर खा लेने का था। तदनुसार बीना दास को इंडियन पीनल कोड की धारा 307 और इंडियन आर्म्स एक्ट की 19 (एफ) के अन्तर्गत मुकद्दमे के लिए भेजा गया और 15 फरवरी, 1932 को उसे नौ वर्ष का सश्रम कारावास दिया गया। इस सम्बन्ध में विसेश्वर मुखर्जी पुत्र जोगेन्द्र मोहन, ग्राम सिन्धापारा, थाना श्रीनगर, जिला ढाका को भी गिरफ्तार किया गया था, लेकिन बाद में उसे छोड़ दिया गया। इस अपराध का दायित्व कलकत्ता की जुगान्तर पार्टी के सदस्यों पर था।

अभिद्रोहों पर जे.सी. निक्सन आई.सी.एस. की टिप्पणी

इंडेक्स फार 1915, सीरियल नं. : 32, 9 अक्टूबर, 1915 / पुलिस के डिप्टी सुपरिंटेंडेंट जतीन्द्र मोहन घोष की हत्या / 9 अक्टूबर, 1915 को सुबह लगभग सात बजे डिप्टी सुपरिंटेंडेंट जतीन्द्र मोहन घोष को मैमन सिंह कस्बे में गोली मार दी गई। उस समय मृतक अपने घर के सामने एक कुर्सी पर अपने बेटे को घुटने पर बैठाए बैठा हुआ था और उसकी पत्नी पास में खड़ी थी। लगभग चार या पाँच युवक दरवाजे पर आए और उन्होंने गोलियाँ चला दीं। वे मृतक के बिल्कुल पास पहुँच गए थे और मृतक को कई गोलियाँ लगीं। तीन साल की छोटी उम्र का बेटा भी मारा गया। माउजर के कारतूसों के कुछ खोल और ऑटोमेटिक कोल्ट की कुछ चली हुई गोलियाँ वहाँ से बरामद हुई हैं। हत्या का कारण यह समझा जाता है कि मैमन सिंह कस्बे में यह अफवाह फैली हुई है कि पुलिस के डिप्टी सुपरिंटेंडेंट को वहाँ किसी षड्यंत्र के लिए भेजा गया था। इन्द्रभूषण चक्रवर्ती ने 23 मार्च, 1917 को यह कहा था कि जतिन घोष की हत्या अनुशीलन समिति के सदस्यों द्वारा की गई जब जिला संगठक आशुतोष काहिली था।

7

हमें तो जाना है डिस्को

1970 की जुलाई का यह पहला सप्ताह था, और यह था कलकत्ता–भारत की लाल राजधानी, लाल झंडों, जुझारू प्रदर्शनों और दीवारों पर मार्क्स, एंजिल्स, स्टालिन, माओ और अन्य किंवदन्ती की हैसियत पा चुके नेताओं की तस्वीरों का शहर! इन तमाम रंगीन उत्तेजनाओं के बावजूद सड़कों पर एक उदास यथार्थ रेंगता हुआ दिखाई देता था। अपनी संस्थापना कांग्रेस के अठारह महीनों में ही सीपीआई (एम.एल.) ने भारतीय राजनीति पर भयंकारी प्रभाव छोड़ा था। कॉमरेडों और पुलिस के बीच आए दिन हो रही मुठभेड़ों से कलकत्ता और उपनगरों में अनगिनत मौतें और दुर्घटनाएँ हो चुकी थीं। नगरों में नक्सलियों की वारदातों में वृद्धि हुई थी। कुछ प्रेक्षक इन्हें मध्यमवर्गीय क्रान्तिकारियों के 'देहातों में संघर्ष' से लौटकर कलकत्ता और शहरों की ओर आने का संकेत मानते थे। मार्च 1970 में 'प्रेम पुजारी' दिखा रहे सिनेमाघरों पर कॉमरेडों ने हल्ला बोल दिया था। उनका कहना था कि यह फिल्म चीन-विरोधी षड्यंत्र का हिस्सा है। बंगाल की सांस्कृतिक विरासत के प्रसिद्ध व्यक्तियों की मूर्तियाँ खंडित की जा चुकी थीं। महात्मा गांधी की प्रतिमा के आसपास सुरक्षा के लिए पहरा बिठा दिया गया था।

कॉलेज स्ट्रीट के प्रेसीडेन्सी ट्राम स्टाप पर प्रणव और मोहन की भेंट शिप्रा से हुई। उन्हें नन्दन से मिलने जाना था, जो प्रेसीडेन्सी कॉलेज का गम्भीर व्यक्तित्व वाला छात्र था, और उनसे जिसका परिचय टीएमएल भट्टाचार्य ने करवाया था। उस युवती से मोहन की यह पहली मुलाकात थी, जिसके बारे में अक्सर प्रणव उल्लेख करता रहता था। शिप्रा की रूपरेखा कोमल थी। उसके लम्बे घने काले बाल एक गुच्छे की तरह सिर के पीछे बँधे हुए थे। वह एक सलेटी साड़ी और नीला ब्लाउज पहिने हुई थी। वह अपने आप में अन्तर्मुखी प्रतीत होती थी, लेकिन उसकी आँखों में बार-बार चमक आ जाती थी जो उसकी उपस्थिति को दर्शाती थी। वह एक साथ ही दुर्बल और आश्वस्त लगती थी। प्रणव ने उनका परिचय करवाया और शिप्रा मोहन की ओर देखकर मुस्काई जिसने अपना हाथ बेहूदे ढंग से आगे बढ़ा दिया था। 'हे ईश्वर, कितनी सुन्दर है, क्या कभी उसने इसे चूमा होगा?' हाथ खींचने से पहले उसने अपलक देखा। नहीं, इस तरह

के विचार तब तक नहीं, जब तक नई भोर नहीं आ जाती। ट्रैफिक के कोलाहल से उसका दिवास्वप्न टूटा और ट्राम की पटरियों के बीच से उन्होंने सड़क पार की। चटक लाल रंगों से लिखे नारे घोषणा कर रहे थे–*चिनेर चेयरमैन आमादेर चेयरमैन, चिनेर पॅथ आमादेर पॅथ।* इनके साथ माओ की तस्वीरों से स्टेंसिल छापे दिखाई दे रहे थे। इनसे जगह की प्रतिस्पर्द्धा करते हुए सैनिक टोपी में नायकीय भाव से चश्मे के भीतर से नेताजी सुभाष बोस ऊपर की ओर देख रहे थे। वहीं शिवदास नामक भारत के सोशलिस्ट यूनिटी सेंटर का एक मामूली नेता भी उनके साथ दीवारों पर छपा था। प्रेसीडेंसी कॉलेज के सामने भीड़ से भरी गली में एक जर्जर और दागों से भरा जीना था जो ऊपर कॉफी हाउस तक पहुँचता था।

कलकत्ता विश्वविद्यालय का कॉफी हाउस वहीं स्थित था जहाँ कभी यूनिवर्सिटी का सीनेट हाउस हुआ करता था। यह दशकों से चरम सपने देखने वालों के मिलने की जगह रही थी। सीनेट वह जगह थी जहाँ 1932 में बीना दास ने गवर्नर स्टेनली जेक्सन पर गोली चलाई थी। शहर के तमाम कॉफी हाउसों में इसकी बड़ी मान्यता थी, जहाँ कलकत्ता के बौद्धिक जीवन में तनिक भी दखल रखनेवाले प्रत्येक व्यक्ति को दिन के कुछ घंटे गुजारने ही पड़ते थे। ऊँची छतवाले हॉल में दाखिल होनेवाला आगन्तुक ठहरकर पहले तो परिचित चेहरों को खोजता हुआ नजर दौड़ाता, फिर बैठने की जगह की तलाश करता। अन्दर धीरे-धीरे घूमते हुए सफेद पंखे, सफेद वर्दी में वेटरों की चुस्त चाल, फोर्मिका से ढकी हुई डगमग लकड़ी की मेजों को घेरकर बैठे हुए विद्वज्जनों के बीच होनेवाली बातचीत के शोर और काफी तथा सिगरेट के धुएँ की महक लेते हुए मोहन को लगा कि वह बहुत से लोगों की बातें एकसाथ एक पल में सुन रहा है। दिल्ली का कॉफी हाउस उसके सामने कुछ भी नहीं था। निश्चित रूप से यहीं किसी टेबल पर महान इतिहासकार सुशोभन सरकार कभी बैठे होंगे! और सत्यजीत रे तथा ऋत्विक घटक भी। तथा विगत दशकों के कई क्रान्तिकारी व्यक्तित्व! इसके विशाल कक्ष काल के कटिबन्ध में ठहरे हुए प्रतीत होते थे जिसमें वे सब अपनी उपस्थिति बनाए हुए थे, जिन्होंने कभी अपनी रचनात्मकता या अपनी आशावादिता से इसे जीवन्तता दी थी। अब एक और उजली भोर यहाँ मौजूद लोगों में से कुछ की आँखों में झूम रही थी। कॉलेज स्ट्रीट का कॉफी हाउस जोखिमों और महान विचारों का केन्द्र था।

वे नन्दन के पास गए जो एक जानेवाले समूह के पास खड़ा था। उसने मुस्कुराते हुए उनका स्वागत किया, खाली की गई मेज पर वे बैठ गए। कॉफी के लिए कहा गया, जो भाप उड़ाते हुए चीनी मिट्टी के कपों की टकराहट के साथ जल्दी ही उनके सामने आ गई। जब वे पहला दौर समाप्त कर रहे थे, तो नन्दन ने आश्चर्य से कहा–'ओए शाला!' वह दरवाजे के भीतर आती हुई एक परछाईं को घूर रहा था। यह मशहूर खोखोन था जो मिदनापुर के संघर्ष क्षेत्र से आ रहा था। ओह, बंगाल के समादृत छात्र क्रान्तिकारी

को कॉफी हाउस में आते हुए देखना कितने बड़े सौभाग्य की बात थी! यह वह जगह थी जहाँ महापुरुष अपनी उपस्थिति मात्र से व्यवस्था को मुँह चिढ़ा सकते थे, और इसकी परवाह नहीं करते थे कि उनके नाम उस सूची में हैं जिनकी पुलिस को सबसे ज्यादा तलाश है।

परछाईं उनकी मेज की तरफ सोद्देश्य चली आ रही थी। वे सिलवटों से भरा कुरता-पायजामा पहने था जो जनता के बीच उसके होने की दृष्टि से उपयुक्त था। उसके बाल बिखरे हुए थे, उसके चेहरे पर किंचित ऐंठन थी और चश्मे के भीतर से उसकी आँखें चमक रही थीं। उसने नन्दन का अभिवादन उदासीन भाव से स्वीकार किया, एक कुर्सी खींची और उस पर बैठ गया।

'लाल सलाम, कॉमरेडो!'

जल्दी-जल्दी परिचय का काम निबटाया गया। भूमिगत क्रान्तिकारी कुछ मिनटों के लिए सार्वजनिक रूप से देखे जा सकते हैं और ज्यादा देर का खतरा उठाना उनके लिए सम्भव नहीं है। खोखोन ने मिदनापुर में संघर्ष के विषय में बताया जहाँ चारु मजुमदार की रणनीति क्रियान्वित की जा रही थी। भूस्वामियों, पुलिस और अर्द्धसैनिक बलों के सफेद आतंक को छापामार किसानों जो वर्गशत्रुओं का खात्मा खेती में काम आनेवाले औजारों से करने में सक्षम है द्वारा चुनौती दी जा रही है। दिल्ली के कॉमरेडों ने भारतीय विश्वविद्यालयों की परिवर्तनवादी राजनीति के सम्बन्ध में बताया। उसने ध्यान से सुना और एक साझेदार के लहजे में उनसे बातचीत की।

'कॉमरेडो! हमें पेशेवर क्रान्तिकारी के सिद्धान्त को समझना होगा। पार्टी को देहातों में सशस्त्र संघर्ष संगठित करने के लिए होल-टाइमर्स की जरूरत है। सीमान्त क्षेत्रीय समिति ने मिदनापुर में एक मुक्त क्षेत्र बनाने का निर्णय किया है। शहरी इलाकों में रहनेवाले कॉमरेडों की जिम्मेदारी है कि जितना जल्दी हो सके क्रान्तिकारी कार्यकर्ताओं का निर्माण करे।'

प्रणव को नेचायेव के समादेशों का स्मरण हो आया, जो एक दूसरे कॉफी हाउस में उसने सुने थे। भूमिगत जीवन के प्रति उसने एक प्रश्न पूछ लिया–'सुरक्षा किस तरह बनाए रखी जाती है कॉमरेड। पेशेवर क्रान्तिकारियों और सहानुभूति रखनेवालों के बीच के सम्बन्ध किस प्रकार के हैं?'

खोखोन के उत्तर मेधावी थे। 'उनकी सुरक्षा क्या हो सकती है जिन्होंने अपने जीवन का बलिदान करने की ठान ली है? हम लोग तो पहले से ही मर चुके हैं! लेकिन हम अपने लक्ष्य के लिए खुद को जीवित रखते हैं। गोपनीय तरीके हमारे लिए आवश्यक हैं। मुखबिरों और साम्राज्यवाद के एजेंटों से हमें सावधान रहना चाहिए। सहानुभूतिकर्ता ईमानदार लोग होते हैं, जो पूरे समय काम तो नहीं कर पाते लेकिन हमारी सहायता करना चाहते हैं। कभी-कभी वे डर जाते हैं। या फिर उन पर कई पारिवारिक जिम्मेदारियाँ

होती हैं। हमें सचेत रहना चाहिए और सहानुभूतिकर्ताओं पर बहुत ज्यादा विश्वास नहीं करना चाहिए।'

एक सारगर्भित अन्तराल आया। मोहन नक्सलवाद से सुस्पष्ट वैश्विक दृष्टिकोण के प्रति आकर्षित हुआ था, प्रश्न करने में उसे संकोच हो रहा था। आतुरता, कायरता का एक लक्षण और पेटी बुर्जुआ विचलन है। खोखोन से अब जल्दी ही उसकी मुलाकात नहीं होनेवाली थी, इसलिए वह फूट पड़ा—'खत्म अभियान का क्या होगा? इसके लिए दस्ते संगठित करने में कठिनाई तो आती होगी।'

क्रान्तिकारी मुस्कुराया, जैसे उसने उस युवक के भय को समझ लिया हो जिसे अभी अन्तिम सीढ़ी चढ़नी है। 'कॉमरेडो! भारत के किसानों के कन्धों पर विश्व साम्राज्यवाद का बोझ है जिसे वे ढो रहे हैं। हमें जनता के बीच जाकर शोषकों के प्रति उनकी सघन वर्गघृणा को समझना होगा। यही हमारी एकमात्र सुरक्षा है। जैसे ही तुम वर्गशत्रु के विरुद्ध कार्रवाई में शामिल होते हो, तुम अपने सारे भ्रमों से छुटकारा पा जाओगे। हमें शहीदों के परचम को ऊँचा रखकर साहस के साथ लाल रास्ते पर आगे बढ़ना है! जैसा कि कॉमरेड चारु ने कहा है—जिसने वर्गशत्रु के लहू में अपनी अँगुलियाँ डुबोई नहीं हैं, उसे शायद ही कम्युनिस्ट कहा जा सके। हम इसे 'रक्त स्नान' कहते हैं। क्रान्ति कोई रात्रिभोज नहीं है।'

प्रणव ने वर्गशत्रु के लहू के सम्बन्ध में यह प्रसिद्ध पंक्तियाँ पहले पढ़ रखी थीं, लेकिन उन्हें किसी ऐसे व्यक्ति से सुनकर जो यह कर चुका हो, उसकी पीठ में एक सिहरन काँप गई। सामने खड़ी कार्रवाइयों को लेकर उसके अन्तर्विरोध सिर उठाने लगे। उसकी परेशानी यह थी कि वह कुछ बातों से खुद भी सहमत नहीं था, हालाँकि अधिकांशत: व्यवस्था के प्रति घृणा के मामले में वह कॉमरेडों के साथ था। वार्तालाप संक्षिप्त था। खोखोन के कुछ मित्र अपने परिचय को प्रसन्नता के साथ दुहराने के लिए उसके पास आए और तत्काल विदा हो गए। अन्य दूर से ही हाथ हिला रहे थे या पहचानते हुए उसे देख रहे थे।

तभी वहाँ एक ऐसा व्यक्ति आया जिसके हावभाव से लगता था कि उसके पास कोई सूचना है। वह छात्र जैसा दिखाई नहीं देता था और ऐसा भी नहीं लगता था कि अभी-अभी देहात से वहाँ पहुँचा हो। उसकी आँखों में न तो पहचान का भाव था और न ही उसने किसी से दुआ-सलाम की। वह सीधा खोखोन के पास पहुँचा, झुका और धीमे से बोला—'मोशाय शहीद हो गया—हमें रात को खबर मिली थी।'

'क्या? वह कब गिरफ्तार हुआ था?'

'सियालदा में दो दिन पहले। शुरेर बाचा तपन मुखर्जी के आदेश पर उसकी बहुत पिटाई की गई।'

'तुम्हें कैसे मालूम?'

'उसकी लाश कल सुबह मैदान में मिली थी, उसके सिर में एक गोली थी और पीठ की चमड़ी उखड़ी हुई थी।'

खोखोन ने कहा–'यह तपन का ही मुठभेड़ का तरीका लगता है। यह उसकी कुख्यात पुलिस छापामारों का काम है।' उसने अपनी कुर्सी खिसकाई और अचानक उठ खड़ा हुआ। ऐसी आवाज में जो शायद ही सुनाई देती थी उसने कहा–'उसकी शहादत का बदला लिया जाएगा। पुलिस को उसकी हत्या की कीमत चुकानी होगी। कॉमरेडो! लाल सलाम। मुझे अब जाना चाहिए।' उसकी दाहिनी बाँह कड़ी हुई और उसने अपनी बँधी हुई मुट्ठी कन्धे की ऊँचाई तक उठाई। उसके बाद वह घूमा, और सीढ़ियों की तरफ तेजी से जाते हुए नाटकीय अज्ञात में कहीं खो गया। मेज पर अब खामोशी थी। अजनबी भी बिना किसी बाधा के वहाँ से जा चुका था। ग्रुप ने एक दूसरे से नजरें मिलाईं जैसे वे जानने की कोशिश कर रहे हों कि उनके दिमाग में क्या चल रहा है। 'क्या ये दोनों व्यक्ति कल भी जीवित रहेंगे?'

प्रणव और मोहन की उत्सुकता चरम पर थी। मोहन ने नन्दन की ओर मुड़कर पूछा–'कॉमरेड क्या हुआ? ये मोशाय कौन थे?'

'राज्य समिति के एक सीनियर सदस्य। क्रान्तिकारी छात्रों के बीच वे बहुत लोकप्रिय थे। मैं कहूँगा वे बहुत लोकप्रिय थे। सोचा भी नहीं जा सकता कि पुलिस उन तक कैसे पहुँच गई। निश्चित रूप से पार्टी का कोई गद्दार इस सबके पीछे होगा।'

'अब क्या होगा?'

'कहा नहीं जा सकता। लेकिन इस हत्या की कीमत पुलिस को चुकानी पड़ेगी। सफेद आतंक का सामना लाल आतंक से ही किया जा सकता है।'

शिप्रा ने शान्त स्वर में हस्तक्षेप किया–'क्या आतंक का प्रत्युत्तर वे नहीं देंगे? क्या तुम उनसे तब तक लड़ सकते हो जब तक वे चुप न हो जाएँ?'

'बेशक हम लड़ते रहेंगे। चेयरमैन ने कहा है साम्राज्यवादी और उनके पिछलग्गू कुत्ते हमेशा परेशानी पैदा करते रहेंगे और कयामत तक असफल होते रहेंगे। वे कभी बुद्ध नहीं बनेंगे। जनगण तब तक संघर्ष करेंगे जब तक क्रान्ति सफल नहीं हो जाती। यह इतिहास का नियम है। ऐतिहासिक दृष्टि से जनगण की जीत सुनिश्चित है।'

वर्गशत्रु! महान जनगण! वीर शहीद! उज्ज्वल भविष्य! लाल रास्ता! सभी के साथ विस्मयादि बोधक चिह्न, क्रान्ति की अपरिहार्यता ने विवाद अथवा सन्देह की कोई गुंजाइश नहीं छोड़ी थी। पलामू के अकालग्रस्त गाँव की यात्रा के बाद से अपनी राजनीतिक चेतना में आई गहराई से स्वयं मोहन और प्रणव अभिभूत थे। उनके जीवन में ऐसी घटनाएँ घट रही हैं, जिन पर उनका कोई वश नहीं है। उनका श्रीगणेश इस सोच के साथ हुआ था कि न्याय की हत्या की जा रही है, और अब उनका विश्वास था कि उनके पास दुनिया की समस्याओं का समाधान है। जल्दी ही कोई फैसला करना

होगा। आहिस्ता-आहिस्ता, लेकिन सुनिश्चित रूप से वे एक दूसरे को आदर्शवाद के प्रतीक रूप में देखने लगे।

8

1970 की गर्मी की छुट्टियों के बाद का सत्र शुरू होने के कुछ दिन बाद दिव्या और उसके मित्रों ने दिल्ली विश्वविद्यालय के कला संकाय के बाहर मिलने का समय तय किया, ताकि एक नुक्कड़ नाटक की तैयारी की जा सके। बरसात शुरू हो चुकी थी और गीली जमीन में मिट्टी, सड़ते हुए पत्तों और कीचड़ की मिली-जुली गन्ध थी।

मानसून की हल्की बूँदाबाँदी में कैम्पस बगीचे की ओर टहलते हुए जा रही दिव्या ने प्रणव से कहा–'जब मैं किसी हाथठेले वाले गरीब को भारी लदान के साथ ठेला ले जाते देखती हूँ तो मुझे बहुत बुरा लगता है। यह बरसात में तो और भी मुश्किल होता होगा। म्युनिसपेलिटी हाथठेलों पर प्रतिबन्ध क्यों नहीं लगा देती?'

'क्यों लगाएगी? बिना मोलभाव के सस्ती मजूरी उपलब्ध जो है?'

'उनकी यूनियन संघर्ष तो कर ही सकती है।'

'शहरी गरीबों के लिए छद्म कम्युनिस्ट कभी यूनियनें नहीं बनाते। इसीलिए तो क्रान्ति जरूरी है।'

'तब क्या होगा?'

'सर्वहारा की तानाशाही होगी।'

'तुम्हारा मतलब है कम्युनिस्ट पार्टी की तानाशाही?' दिव्या ने कहा।

'नहीं। तब आवासीय और काम करने के इलाकों में जनता की समितियाँ होंगी। जैसी चीन में हैं।'

'तुम हमेशा चीन को बीच में खींच लाते हो।'

'हाँ, और इसलिए कि चीन की कम्युनिस्ट पार्टी क्रान्तिकारी अन्तर्राष्ट्रीयतावाद में विश्वास रखती है।'

वे फूलती हुई झाड़ियों के पास पहुँचे, जहाँ कुछ कॉमरेड नाटक का साजो-सामान, तस्वीरों-पोस्टरों और लाल झंडों के साथ जमा थे। दिव्या को लगा कि प्रणव भी अपने एक पोस्टर जैसा होता जा रहा है। सुबह दिव्या की पिता के साथ झड़प हो गई थी। पिता एक नौकरशाह थे जो राष्ट्रभक्ति के अन्दाज में, बिना सोचे-समझे, प्रगति की धीमी रफ्तार की हमेशा शिकायत करते रहते थे। पिछली रात भोजन के समय भी उन्होंने यही किया–'भारत को अच्छे जनसंघियों, अच्छे कम्युनिस्टों और अच्छे सोशलिस्टों की जरूरत है।' दिव्या को लगता था कि वे उसे सदाशयी मूर्ख समझते हैं, जो हर चीज से तब तक सहानुभूति रख सकती है, जब तक कि वह कॉलेज के वाद-विवाद तक सीमित हो। उसे किसी गम्भीर राजनीति में नहीं पड़ना चाहिए। उसके परिवर्तनवादी

मित्र व्यवस्था की बात करते थे। अब तक तो उसे उनकी बातें सही ही लगती थीं पर अब वह उनकी हेकड़ी से आहत होने लगी थी।

'क्या तुम्हारी पार्टी कभी लोकतांत्रिक चुनावों में जीत पाएगी?' उसने पूछा।

'कौन सा लोकतंत्र?' प्रणव ने चिढ़कर कहा–'सारे तमाशे पर गुंडों का कब्जा है। गरीब किसानों को कभी वोट डालने नहीं दिया जाता। लोकतंत्र किसके लिए। आजादी को बीस साल गुजर गए और बदला क्या है?'

'अंग्रेज यहाँ से चले गए।'

'सिर्फ नाम के लिए। कलकत्ता ऐसे भूरे अंग्रेजों से भरा पड़ा है जो अर्थव्यवस्था के अभिकरणों पर नियंत्रण करते हैं। पुलिस और नौकरशाही वैसी ही है, जेल और यंत्रणा के तरीके ज्यों-के-त्यों हैं। हम अनाज तक अमेरिका से आयात करते हैं। वास्तविक स्वायत्तता केवल जनसंघर्ष से ही हासिल हो सकती है, चीन की तरह।'

'लेकिन चीन में इतना ज्यादा रक्तपात हुआ।'

'और कोई रास्ता ही नहीं था। वियतनाम को देखो। अब यांकियों ने कम्बोडिया में एक कठपुतली सरकार बिठा दी है। और फिलस्तीन! सात लाख अरब शरणार्थियों से उनके घर छीन लिए गए। शोषक हमेशा राज्य के आतंकवाद का सहारा लेते हैं। दमित जनगणों को उनसे लड़ना होगा।'

'यदि सामान्य जन हथियार न उठाना चाहें तो उन्हें क्या करना चाहिए। रथिन कहता है कम्युनिस्ट उतने ही सर्वसत्तावादी हैं जितने वे, जिनका यह विरोध करते हैं।'

'सशस्त्र क्रान्ति में भाग लेना हरेक के वश की बात नहीं है। लेकिन कोई अगर चाहे तो कई तरीकों से इसमें सहयोग कर सकता है। जहाँ तक रथिन का सवाल है, वह तो व्यक्तिवादी है।' क्रान्तिकारियों के एक छोटे झुंड तक पहुँचकर वे अचानक ठहर गए। उस रात दिव्या को कई घंटों तक नींद नहीं आई। वह बीते हुए साल और उसमें बने हुए मित्रों के विषय में सोचती रही। उसने लगाव के साथ मोहन के बारे में सोचा। वह पूरी तरह पका न था, बातचीत में कभी शामिल तो कभी अशामिल। कभी बिल्कुल खामोश रहता और कभी सुस्पष्ट और खरे विचारों के साथ। काफी छोटी-छोटी मुलाकातों के बावजूद उसने महसूस किया कि सिन टॉ उतना भोला नहीं है जितना दिखाई देता है। रथिन से वह जब भी मिली थी, वह हमेशा कुछ छात्रों के साथ एक ग्रुप में होता था। उसका मस्तिष्क चिनगारियाँ छोड़ता था, लेकिन दिव्या पर यह प्रभाव पड़ा था कि उसने अपने आपको अपनी बौद्धिकता की ऊँची दीवारों में घेर रखा है। तमाम कॉमरेडों के बीच प्रणव के पास ऐसा कुछ था जिसे वह अपने लिए भी चाहती थी। लेकिन वह कुछ देर के लिए राजनीति पर बोलना बन्द क्यों नहीं करता? वह अपने प्रति उसके आकर्षण का अनुभव करती थी और प्रायः उसे शान्त करने के लिए उसका मुँह छूना चाहती थी। लेकिन वह सम्भ्रमित थी। क्या वह उसके सिद्धान्तों की या उसकी

निष्ठा की प्रशंसक थी ? क्या वह हरेक बात के प्रति निश्चयी था ? क्या उसके साथ सम्बन्ध बनाना सम्भव था ? मुझे अपनी डिग्री प्राप्त कर लेना चाहिए और फिर माता-पिता की सहायता या फिर उनकी सहायता के बिना शादी कर लेनी चाहिए। दूसरों की तरह। लेकिन अखबार उत्तेजक घटनाओं से भरे पड़े हैं। क्या विश्व-क्रान्ति घटित होने जा रही है ? उसने अपनी घड़ी देखी और आल इंडिया रेडियो में 'डेट विद यू' कार्यक्रम लगा दिया। जिम मारीसन 'ब्रेक आन थ्रू द अदर साइड' गा रहा था। उसके सीने में उत्तेजना की एक लहर दौड़ी, जैसे उसकी आत्मा एक महान भविष्य की ओर प्रयाण कर रही हो। उसे इस बात की ग्लानि हुई कि वह पश्चिम की पतनशील संस्कृति की ओर जा रही है। फिर उसने इस भाव को त्याग दिया। एक नया भविष्य यथार्थ में प्रविष्ट हो रहा है। एक बड़ा सामूहिक प्रयत्न हम सबको अधिक न्यायसंगत समाज तक पहुँचा देगा।

अगले दिन उसने बाहर जाकर मौज-मस्ती करने का फैसला कर लिया।

यह पार्टी भी दूसरी पार्टियों जैसी थी। वह प्रसन्नता और प्रत्याशा के साथ सेलर में दाखिल हुई। आज उसके साथ उसकी सहेलियाँ थीं जिनके अपने पुरुष मित्र थे। उसने रंगीन सलवार-कमीज पहन रखी थी और उसके गले में चाँदी का एक पेंडेंट झूल रहा था। कॉमरेड वहाँ नहीं थे और वह इससे खुश थी। उनकी अहंकारी मुद्राओं और राजनैतिक तर्क-वितर्कों का तनाव उनकी मित्रता पर पड़ने लगा था और जब उसे बातचीत में मजा आ रहा होता, तो वे और ज्यादा अहंकारपूर्ण तर्क-वितर्क में लग, उसका सारा मूड खराब कर देते। लेकिन अब वह कनाट प्लेस में थी, दिल्ली के पहले और दीवानगी की हद तक मशहूर रंगीन रोशनियों वाले डिस्कोथेक में, जहाँ के डिस्क-जॉकी नवीनतम पॉप संगीत से वाकिफ थे। उसके छोटे से झुंड ने जब प्रवेश किया, वहाँ बीटलो की 'बैक इन दि यूएसएसआर' की प्रवाहपूर्ण धुन बज रही थी। टेबिलें पूरी तरह भरी हुई थीं, परेशान वेटर कोल्ड ड्रिंक और सनसनाती हुई रकाबियाँ लेकर भाग रहे थे, जो कुछ जले हुए मांस की महक छोड़ रही थीं। कसी हुई पतलून पहने युवक अँधेरे में एक दूसरे के लिए अभिवादन उछालकर उन युवतियों को अपने होने का अहसास कराते थे जो भारी आई-लाइनर लगाए और चमकदार चाँदी के गहनों से सजी थीं। छोटा-सा नाच का फर्श अकेले लोगों और जोड़ों से बुरी तरह घिरा था और वातावरण धुएँ, पसीने, सुगन्ध और कामेच्छा से सराबोर हो रहा था।

यह सब सम्मोहक और उत्तेजक था। दिव्या ने कोक मँगवाया, और वातावरण में रमने की कोशिश कर ही रही थी कि पास के टेबल पर बैठे हुए लम्बे बालों और ढोल जैसी छाती वाले, खादी का कुरता पहने युवक ने उसे टोका।

संगीत रुकने पर उसने कहा-'हे मैन, यह जगह काफी हटकर है। तुम्हारा क्या ख्याल है, अगर मैं गाँजे का एक कश ले लूँ तो मैनेजमेंट को कोई आपत्ति होगी ?' दिव्या

उसकी पहल और उसके लहजे से चिढ़ी, लेकिन फिर भी उसने उसे देखा, उसकी आँखें और उसकी मुस्कुराहट में मैत्री भाव था, ऐसा नहीं लगा कि वह उसे छेड़ रहा हो। दिव्या ने उत्तर दिया :

'मैं मैन नहीं हूँ। शायद तुमने देखा नहीं। अच्छा तो यह होगा कि तुम बाहर जाकर अपना गाँजा पियो। मुझे मालूम है कि जैसे ही बदबू फैलती है, ये लोग चरसियों को उठाकर बाहर फेंक देते हैं।' उसके स्वर में कोई कड़वाहट नहीं थी। संगीत के अल्प अन्तराल के बाद पिंक फ्लॉयड का एक रहस्यमय गीत शुरू हो गया, जो गाँजे के नशे में पागल व्यक्ति के सम्बन्ध में था। दोनों अपने-अपने गिलास से घूँट लेते रहे। कुछ देर तक उन्होंने धैर्यपूर्वक संगीत को सुना। इस बीच नृत्य धीमा हो रहा था और नए जोड़े बन रहे थे।

युवक ने हँसते हुए कहा–'विश्वास करो, मुझे बुरा नहीं लगा। शुक्रिया! मैं कुछ देर रुक जाऊँगा। क्या तुम यहाँ अक्सर आती हो? इस सेलर में, मैं पहली बार आया हूँ। वाओ! कुछ साल पहले जब मैं यहाँ था, तब यह नहीं था।'

वे बातचीत करने लगे। दीवारें शोर से काँप रही थीं और वे जोर-जोर से बोल रहे थे। लड़का हिन्दुस्तानी था और पढ़ाई छोड़ने से पहले उसने डेढ़ साल तक सानफ्रांसिस्को में शिक्षा पाई थी। दिव्या ने व्यंग्य किया–'तुम्हारे बालों का गजरा कहाँ छूट गया?' वह आश्चर्यचकित थी कि कुछ लोग इतनी जल्दी नकसुरे कैसे हो जाते हैं। भारत ('लोग मुझे बॉब कहते हैं') एक वायुसेना अधिकारी का बेटा था। कामनवेल्थ छात्रों के पहले प्रतिनिधिमंडल में–जिसे कामेक्स 1967 कहा गया था–उसे विदेश जाने का मौका मिला। तुम कनाट प्लेस से एक गाड़ी में बैठकर सीधे लन्दन पहुँच सकते हो। वह 'टोरोनो', 'कूवर' और अन्त में 'फ्रिस्को' गया। उससे पहले वह 1969 में वुडस्टाक का अनुभव भी कर चुका था। जिसने उसे सचमुच उन्मुक्त कर दिया था। 'प्यार करो, लड़ने में क्या रखा है। यह बिल्कुल ही नया परिदृश्य था।'

यहाँ से निकल भागने का कोई तो रास्ता होगा
जोकर ने कहा चोर से
यह बहुत सारा असमंजस है
शान्ति नहीं मिलेगी मुझे यहाँ।

'यही हुआ होगा!' दिव्या ने कहा–'यह बहुत जीवन्त प्रतीत होता है, फिर वुडस्टाक को कौन नहीं जानता?'

बॉब ने आवाज ऊँची की, 'लेकिन इस सिलसिले में कहीं, मुझे घर की याद आने लगी, तुम्हें पता है? बीटल्स तक ने ध्यान करना शुरू कर दिया है और वे नेहरू जैकेट, हिन्दू दर्शन पर बातें करने लगे हैं। यहाँ तक कि उनका एक अपना भारतीय गुरु भी है, महेश योगी! सब कुछ भारत से ही शुरू हुआ, मैन!'

'तो ?' उसने पूछा। वह ऐसे हिन्दुस्तानियों को सहन नहीं कर पाती थी जो उत्तर अमेरिका में विस्थापित होने के बाद इंडियामय हो जाते हैं। लगभग तभी उसे शर्मिन्दगी महसूस हुई। बॉब कह रहा था–'किसी भी तरह मैं वापस आ गया, वगैरह-वगैरह, लेकिन जीवन कठिन है। बुड्ढे ने कह दिया कि मुझे अपने भरोसे रहना होगा, मेरा ख्याल है कि वह मुझसे ऊब गया है। उसने कुछ पैसा दिया, लेकिन तुम जानती हो, पैसा खत्म हो जाता है।'

'हाँ वह खत्म होता है।' वे फिर चुप हो रहे।

यहाँ हममें से कई ऐसे हैं
जिन्हें लगता है जिन्दगी एक मजाक है, लेकिन आह
लेकिन तुम और मैं, हम उससे गुजरे हैं
और यह हमारी नियति नहीं है।

शोर कुछ धीमा हुआ। दिव्या ने कहा–'तुम्हारी योजना क्या है, क्या करना चाहते हो ? क्या तुम्हें कोई प्रशिक्षण मिला है ?'

'नहीं जानता। मैं थोड़ा बहुत गिटार बजा लेता हूँ। हमारा एक छोटा-सा ग्रुप है, जिसके पास कुछ अच्छी धुनें हैं, इसीलिए मैं यहाँ आया हूँ। माहौल का जायजा लेने। मैं चक्कर लगा रहा हूँ और इधर-उधर ऐसी जगहें तलाश कर रहा हूँ जहाँ हम गा-बजा सकें।'

'मेरी शुभकामनाएँ तुम्हारे साथ हैं। कैम्पस में कोशिश करो। कुछ कॉलेजों में विंटर फेस्टीवल्स होते हैं, और मैं जानती हूँ कि उन्हें लाइव बैंड की जरूरत होगी।'

'सचमुच ? शुक्रिया।' वह कुछ झिझका, जैसे किसी निश्चय पर पहुँच रहा हो–'कोई और बात भी है, मुझे लगता है कि मैं तुम्हें बता सकता हूँ, तुम एक दोस्त-सी लगती हो...

इसलिए हमें आडम्बर नहीं करना
रात हो रही है,
हे...हे...
वहाँ उस मीनार पर'

हेनड्रिक्स थम गया। दिव्या ने अपने कोक की आखिरी घूँट गले में उतारी, रुकी–'यह क्या है ?'

'मेरे पास बेचने के लिए कुछ है, शायद उससे कुछ पैसा मिल जाए।'

'क्या ?'

'एक पिस्तौल।'

डिस्क जॉकी ने *डिज्जी मिस लिज्जी* लगा दिया था।

नया सत्र शुरू होने के साथ ही स्नातकोत्तर शिक्षण के ढाँचे में सुधार करने की दृष्टि से विश्वविद्यालय ने सेमेस्टर सिस्टम को लागू करने का फैसला किया। प्रस्ताव काफी समय से विचाराधीन था लेकिन उसका क्रियान्वयन अचानक और अनपेक्षित रूप से हुआ। इससे होनेवाली परेशानियों को देखकर छात्रों ने उसे वापिस लेने के लिए आन्दोलन छेड़ दिया। कई दिनों के प्रचार और वार्ताओं का कोई नतीजा नहीं निकला। अधिकारियों का अवहेलनात्मक रुख रोष का कारण बना। वार्ताकारों में एक रथिन भी था, वह अनुभव कर रहा था कि अधिकारी एक तरफ तो संरक्षक जैसी बातें 'लड़कों' से करते हैं और फिर जब भी उनके पास तर्क नहीं बचते तो रुख बदलकर अपने अधिकार क्षेत्र का दावा करने लगते हैं। उसे व्यवस्था से घृणा होने लगी। एक दिन आँखों में विचित्र सी चमक लिये वह प्रणव के कमरे में आया।

'हम लाल अड्डों तक कब जा रहे हैं?'

'कौन से लाल अड्डे?' प्रणव अपने आश्चर्य को छुपा नहीं सका।

'क्या तुम्हीं ने यह नहीं कहा था कि पार्टी ने देहातों में लाल अड्डे स्थापित कर लिए हैं और वह 1975 तक राज्यसत्ता पर कब्जा करनेवाली है।'

'अब तक कोई लाल अड्डा नहीं है। हाँ राज्य सत्ता पर अधिकार तो अन्ततः करना ही है।'

'तो फिर तुम सब यहाँ बैठे-बैठे गैस क्यों छोड़ रहे हो? बन्दूकें कहाँ हैं?'

'हाल-फिलहाल पार्टी बन्दूकें नहीं चाहतीं। सिर्फ ग्रामीण औजारों से ही काम चलाना होगा।' पार्टी लाइन को लेकर प्रणव ने अपने सन्देह को छुपाया–

'तुम भारत के राज्य को हँसिये-हथौड़े से उखाड़ना चाहते हो?'

'सिर्फ हँसिया-हथौड़ा ही नहीं, पँजा और गँड़ासा भी।

'मैं हमेशा से जानता था कि तुम सब बेवकूफ हो।'

'टेक्नोलाजी के प्रति अपने बुर्जुआ आकर्षण को छोड़ने की कोशिश करो। क्या वियतनाम के कॉमरेडों ने याँकियों को धूल नहीं चटा दी?'

'अब तक तो नहीं, जहाँ तक मुझे पता है। जहाँ तक मैं जानता हूँ वे सिर से पैर तक हथियारों से लदे हुए हैं।'

'क्रान्तिकारी उत्साह टेक्नोलॉजी से अधिक ताकतवर होता है। किसानों को हथियारों की कमी से हताश नहीं होना चाहिए। उन्हें क्रान्ति में विश्वास होना चाहिए।'

'ठीक है। फिर हम कब चल रहे हैं?'

'कहाँ चल रहे हैं?'

'किसानों को जाग्रत करने।'

'जब पार्टी हमें आदेश देगी। तुम क्या सोचते हो कि कला संकाय के डीन से अपनी बात मनवा नहीं पाए इसलिए तुम्हें बन्दूक लेकर पागलों की तरह दौड़ पड़ना चाहिए?'

'वाह! विषय मत बदलो। तुम्हीं उन गद्दारों की शिकायत करते रहते हो, जो मानते हैं कि क्रान्ति के लिए अभी समय परिपक्व नहीं है। तुम उन जैसे ही हो। हम कब जा रहे हैं?'

प्रणव ने सन्तुलन खो दिया। 'अभी उस दिन ही तुम यह मान रहे थे कि मार्क्सवाद बकवास है और क्रान्ति शेखचिल्लियों का सपना। तुम्हें क्या हो गया है?'

'यदि विश्वविद्यालय के दो नौकरशाह इतने बन्द दिमाग से सोचते हैं तो मैं कल्पना कर सकता हूँ कि जनता को क्या-क्या भुगतना पड़ता होगा। मूर्खता और परम सत्ता! इससे बुरी कॉकटेल कोई हो ही नहीं सकती। उनके अभिमानी चूतड़ों पर लात मारकर उन्हें होश में लाने की जरूरत है।'

'हमें उनको धन्यवाद देना चाहिए जो तुम्हें अपने आपे में ले आए।'

'बुद्धिमत्ता एक देवी है। जैसा कि पागलों के पागल एक जर्मन ने कहा है। वह केवल लड़नेवालों की सराहना करती है। बुद्धिमत्ता की खोज में मैं युद्ध करूँगा।'

'तुम्हारे लिए यह आसान नहीं होगा।'

'मैं भी उतनी ही कठिनाइयाँ झेल सकता हूँ जितनी तुम।'

'मैं कुछ और सोच रहा हूँ। क्रान्तिकारी आन्दोलन अनुशासित होता है। फिर पार्टी में भी कुछ मूर्ख हो सकते हैं।'

'जब समय आएगा तो हम उनसे भी निबट लेंगे। सामाजिक उथल-पुथल को पार्टी के नेता नियंत्रित नहीं कर सकते। यदि उनका व्यवहार ठीक नहीं है तो आँधी उन्हें भी बहाकर ले जाएगी।'

अपनी ताजा-ताजा प्रतिबद्धताओं के प्रति रथिन उतना ही उग्र था जितना वह कभी सुकराती प्रश्नकर्ता के रूप में रहा था। किन्तु उसका विस्फोटक उतावलापन उसकी आस्था से बढ़कर किसी ज्यादा खतरनाक चीज की ओर संकेत कर रही थी। इस बात ने प्रणव को और चौंकाया। उसे अज्ञात में खो जाने के लिए छोड़ा नहीं जा सकता। यह कॉमरेडों के छोटे से ग्रुप में व्यवधान उत्पन्न करेगा, जो अभी यह नहीं जानते कि उन्हें जाना कहाँ है और वे किस पार्टी यूनिट से जोड़े जाएँगे। लेकिन उसे रोकने का कोई रास्ता नहीं था। घड़ी टिक्-टिक् कर रही थी।

8

फायर-आर्म

शम्भू के मकान में बाहर की तरफ सफेदी से पुता हुआ एक कमरा था जिसमें उसकी चाय की दुकान चलती थी। पिछवाड़े ईंटों से घिरा हुआ एक गन्दा आँगन और एक कमरा था जिसमें वह, गोधूली और बच्चे रहते थे। दुकान के बाहर ग्राहकों के बैठने के लिए एक जर्जर लकड़ी की बेंच पड़ी थी। यह सर्दी भर खुले में पड़ी रहती थी ताकि धूप ली जा सके। गर्मियों में यह छोटे से कमरे में ले आई जाती थी। कमरे में एक ट्रांजिस्टर था जो दिनभर बजता रहता था। हर सुबह गोधूली खुले रास्ते में बाल्टी की शक्ल की एक सिगड़ी जलने के लिए छोड़ देती थी। पहले तो वह रद्दी कागजों और खपच्चियों में आग लगाती और जब लपटें उठने लगतीं तो ऊपर से कोयले रखती। उसका बड़ा बेटा राजिन्दर बड़ा सा बर्तन भरकर दिन की पहली चाय बनाने में उसकी मदद करता। उन्हें गिलासों में भरकर चाय दी जाती और साथ में सूखे हुए मीठे टोस्ट होते। शम्भू अगर वहाँ आ गया होता तो उसे भी चाय मिल जाती। इनका पड़ोसी एक स्वरोजगारी युवक था, नाम था प्रेम दर्जी। वह उनका नियमित ग्राहक था। वह पहाड़ी था, उसे लगता था कि वह पंजाबी लहजा जानता है और इसलिए जान-पहचान वालों का अभिवादन उत्फुल्ल *सत् श्री अकाल!* से करता था। जब भी उसे ताजगी की तलब लगती, अपनी दुकान से गर्दन निकालकर एक गिलास चाय की आवाज लगाता।

बस्ती में शम्भू को जाननेवाले हर शाम वहाँ जमा होते और अपने काम तथा राजनीति को लेकर गप्पबाजी करते। वे सब उसे आदर के साथ बाबूजी कहकर सम्बोधित करते थे। उनमें एक भेंगी आँखोंवाला व्यक्ति था—काना ठेकेदार, जो इलाके में छोटे-मोटे निर्माणों के लिए इमारती सामान सप्लाई करता था, और एक शर्मा था जो म्युनिसिपेलिटी में क्लर्क था। 1970 की सर्दियों में मिल क्षेत्र में सक्रिय श्रमिकों से पूछताछ की जा रही थी और पुलिस यह जाँच-पड़ताल शराफत से नहीं कर रही थी। बात फैल गई थी।

शर्मा ने पहला घूँट भरते हुए कहा—'तो बाबूजी, मिल की पारी के बाद चाय बेचते हो! मुझे ऐसा लगता है कि एक पेट और दो कमाइयाँ।'

'बेकार की बात है,' शम्भू ने कहा—'यह गोधूली का काम है।'

'मिल में हाल ही में कोई हलचल नहीं थी क्या? हड़ताल का क्या हुआ?'

'यह सांकेतिक हड़ताल थी। मैनेजमेंट चतुर है। उसने हमारी माँगों पर विचार करना तब तक के लिए टाल दिया है जब तक हम पर दर्ज मुकद्दमों का फैसला नहीं हो जाता। ये मुकद्दमे तब के हैं जब नेताजी को नंगा किया गया था। मुकद्दमों का फैसला होने में बरसों लग जाते हैं। हम उन्हें याद दिलाना चाहते थे—हम अनन्त काल तक इन्तजार नहीं करेंगे।'

'क्या इस घटना को कई महीने नहीं हो गए?'

'हाँ, गेट मीटिंग के ठीक पहले उन्होंने नेता को खरीद लिया था। हम उस हरामजादे को सब्जी मंडी तक पीटते हुए ले गए थे।'

'लेकिन तुम्हें अब तक कामयाबी नहीं मिली है। मिली क्या?'

'यह तो होता ही है। दबाव बनाए रखना चाहिए था। कभी यह पता नहीं चलता कि तुम्हारी पीठ में कब छुरा भोंक दिया जाएगा, और छुरा कौन भोंकेगा।'

'भेरी गुड, दा माचिस, दा लालटेन' काना ठेकेदार बोला। वह किसी खास व्यक्ति की तरफ आँख नहीं मिचमिचा रहा था, और उन बातों पर अपनी स्वाभाविक प्रतिक्रिया व्यक्त कर रहा था जो उसकी समझ से परे होती थीं।

शम्भू जानता था कि उसके बार-बार आनेवाले ग्राहक दोस्त की तरह हो जाते हैं, लेकिन यह जरूरी नहीं कि उन पर भरोसा भी किया जाए। वह केवल प्रेम दर्जी पर विश्वास करता था। इन दिनों अनेक अजनबियों का आना-जाना था। उनमें कई अंग्रेजी बोलनेवाले विद्यार्थी होते थे जो पूरी तरह से बस्ती के लिए बाहर के लोग थे। जब भी उनमें से कोई कन्धे पर सूती झोला डाले और हाथों में डोरे से बँधा हुआ कागजों का बंडल लेकर पिछवाड़े से चुपचाप निकलकर जाता तो प्रेम कल्पना करता कि ऐसा कुछ चल रहा है जो सामान्य नहीं है। हालाँकि उसने बाबूजी से कभी नहीं पूछा कि यह सब क्या है। चाय के साथ होनेवाली बातचीत से वह समझने लगा था कि जानने से बेहतर अनजान रहा जाए। बाबूजी उस पर विश्वास करते थे। उसे यह अच्छा लगता था और अब वह चाय की दुकानवाले परिवार की रक्षा करना चाहता था, जिसने उन चेहरों की जगह ले ली थी जिन्हें वह पीछे गढ़वाल में छोड़ आया था।

१०

दिव्या ने न चाहते हुए भी सूचना प्रणव तक पहुँचा दी। उसे डर था कि इससे अदृश्य घटनाओं का एक सिलसिला चल पड़ेगा। वह उस जानबूझ कर ओढ़ी हुई निःसंगता के आवरण को भेद देना चाहती थी जो उसने अपने आसपास बुन रखा था। वह गम्भीरता से बोलने लगा था, जैसे उस जैसे सँजीदा लोगों के पास संगीत या रोमांस के लिए कोई

वक्त नहीं है। दिव्या ने सोचा–'फिर ठीक है, तुम हमारे लिए गम्भीर चन्द ही बने रहो!'

'क्या तुम्हें एक पिस्तौल चाहिए। क्योंकि मैं एक ऐसे व्यक्ति को जानती हूँ, जो इससे छुटकारा पाना चाहता है।'

प्रणव की प्रतिक्रिया स्मरणीय थी। उसके चेहरे पर खून की ललाई दौड़ गई और भौंहों में एक गहरी लकीर दिखाई दी।

'पिस्तौल? तुम कैसी बात कर रही हो?'

'मैं अच्छी तरह जानती हूँ कि तुम्हें पता है पिस्तौल क्या होती है?'

'बहुत अच्छे! पिस्तौल से कौन छुटकारा चाहता है और क्यों?' उसकी हँसी में चिन्ता थी।

'उससे तुम्हें मतलब नहीं।'

'तुम मुझे एक बन्दर बनाना चाहती हो। यही ना।' प्रणव फँसा हुआ लग रहा था।

'तुम सीधा जवाब क्यों नहीं देते? तुम्हें चाहिए या नहीं?'

'तुम्हें कहाँ मिली?'

'मुझ जैसी सीधी-सादी मध्यमवर्गीय गैर राजनीतिक लड़की, जो केवल सहानुभूतिकर्ता है, पिस्तौल कहाँ से पा सकती है? यह तो पुरुषों की चीज है, नहीं क्या? भूल जाओ, मैं देख रही हूँ कि सशस्त्र क्रान्ति के प्रति तुम कितने गम्भीर हो।'

उनका हास-परिहास कुछ देर ही रहा। उसने बताया कि सेलर में क्या हुआ था। कॉमरेडों के लिए यह मनोरंजक था। उनकी एक महिला समर्थक एक आग्नेयास्त्र तक जा पहुँची। और वह भी ऐसे समय में जब पार्टी में खत्म अभियान के लिए हथियारों के इस्तेमाल पर बहस छिड़ चुकी थी।

जब उन्होंने शम्भू से इस विषय में बात की, उसे कोई सन्देह नहीं था कि उन्हें क्या करना होगा। 'खरीद लो? बेहूदा बात है! लाल सेना अपने हथियार खरीदती नहीं है।'

पवन चोपड़ा और अरुण त्यागी सामान्य से कुछ ज्यादा ही षड्यंत्रकारी लग रहे थे। उन्होंने केन्द्रीय संगठन समिति (मार्क्सवादी लेनिनवादी) के या सीओसी (एमएल) के सदस्य के दिल्ली आगमन की खबर दी, जिसने एक नई क्रान्तिकारी पार्टी के लिए ढाँचा खड़ा करने की जिम्मेदारी अपना ली थी। उससे मिलनेवाले गुट में मोहन और प्रणव को भी शामिल किया गया था। 'कॉमरेडो! एक महत्त्वपूर्ण संगठन सम्बन्धी क्षेत्रीय मीटिंग दिल्ली में होने जा रही है। कल रात को ग्यारह बजे शीशगंज चाँदनी चौक गुरुद्वारे के सामने फव्वारे पर पहुँचो। जब तुम्हें हममें से एक दिखाई दे तो बिना कुछ बोले, सुरक्षित दूरी रखकर उसका खामोशी से पीछा करो।' इन निर्देशों का पालन करते हुए

मित्रगण आधी रात को पंजाब बैंक की एक शाखा की दूसरी मंजिल पर पहुँचे। मोहन ने साँसों को दबाकर कानाफूसी करते हुए कहा–'क्या तुम्हें लगता है यह जगह उस संयुक्त मोर्चे का एक उदाहरण है जो पार्टी राष्ट्रीय पूँजीपतियों के साथ तैयार कर रही है?'

'चुप रहो!' प्रणव ने अधिकारपूर्ण स्वर में कहा। मीटिंग में आठ लोग थे जो फर्श पर बिछी हुई चटाइयों पर बैठे हुए थे, चटाइयों पर सफेद चादरें थीं। मैनेजर के कार्यालय के साथ लगे हुए अतिथि कक्ष में यह बैठक हो रही थी। उपस्थित लोगों में केवल शम्भू ही श्रमिक वर्ग से था।

परिचय के दौरान सीनियर कॉमरेड प्यारेलाल कश्मीरी के चेहरे पर स्नेहिल मुस्कान खेलती रही। वह गौरवर्ण का, कुछ-कुछ गंजा होता हुआ व्यक्ति था जिसकी नाक तोते जैसी थी, जो जब-तब बल खाती थी। पवन ने कार्रवाई शुरू की और उपस्थित जनों को कॉमरेड कश्मीरी के नेतृत्व में पार्टी की क्षेत्रीय गतिविधियों के सम्बन्ध में बताया। सीओसी क्रान्तिकारी शक्तियों का पाँच सदस्यीय शीर्ष अंग था। इसका संचालन चारु मजुमदार करते थे और कश्मीरी के अलावा उसमें तीन सदस्य और थे। इसके किसी भी सदस्य के आगमन के विशेष महत्त्व को सभी कॉमरेड जानते थे।

नेता ने बोलना शुरू किया। उसके सामने एक डायरी थी जिसमें क्षेत्रीय सम्पर्क सूत्रों के नाम, पते और फोन नम्बर लिखे हुए थे। दाहिने कान पर अटी हुई पेन्सिल समय-समय पर नोट्स लेने के लिए नीचे आती थी। वह मोटा चश्मा लगाए हुए था, जिसे वह जब-तब नाक पर फँसाता था और तब उतार लेता था जब उसे इस छोटी-सी भीड़ से कुछ कहना होता था। सन्देश बिल्कुल स्पष्ट था। अब समय आ गया है जब हमें कामगार वर्ग की अग्रणी पार्टी के गठन की तैयारियाँ चुपचाप शुरू कर देनी चाहिए। यूनियनों और शहरी आन्दोलनों से कुछ होना-जाना नहीं है। हमारा सबसे जरूरी लक्ष्य है लाल सेना का गठन। सत्तर का दशक मुक्ति-दशक था। 1975 में लाल किले पर लाल झंडा फहरा देना है। 'लाल किले पर लाल निशान!' चीन विश्वक्रान्ति का केन्द्र था, विश्वक्रान्ति के नेता चेयरमैन माओ और उनके उत्तराधिकारी वाइस चेयरमैन लिन हैं। महान, शानदार और सही चीनी कम्युनिस्ट पार्टी ने चारु मजुमदार को क्रान्तिकारी अधिकार दिया है। इस नेतृत्व को चुनौती देनेवाले प्रतिक्रान्तिकारी हैं। निर्धन और भूमिहीन किसान क्रान्ति की असल ताकत हैं। देहात शहरों पर घेरा डाल देंगे और जनमुक्ति सेना के छापामार ग्रामीण क्षेत्रों में भूस्वामियों की हत्या कर देंगे। शोषकों से संघर्ष करने में किसानों को प्रोत्साहित करने के लिए खेती के औजारों का इस्तेमाल करना होगा। फायर-आर्म्स का इस्तेमाल बाद में तब किया जाएगा जब हमारे छापामार सरकार के अर्द्धसैनिक बलों से उन्हें छीन चुके होंगे। आदि-आदि।

एक घंटे के भाषण के बाद नेता रुका और लोगों को प्रश्न पूछने की इजाजत मिली।

कॉमरेड अरुण त्यागी ने दार्शनिक चिन्तन में सराबोर होकर पूछा–'कॉमरेड अगर अमेरिका वियतनाम पर हमला करता है तो हमें क्या करना होगा?'

'चेयरमैन पहले ही विश्व जनगण को आगाह कर चुके हैं कि वे तीसरे विश्वयुद्ध के लिए तैयार रहे। कम्युनिस्ट आन्दोलन की सामान्य लाइन को लेकर हुए विवाद के प्रकाशित दस्तावेजों से पता चलता है कि ख्रुश्चेव के नेतृत्व वाली सोवियत पार्टी में साठ के दशक के पूर्वाह्न से ही चर्चा चल रही है। ख्रुश्चेव ने पूँजीवाद और समाजवाद के बीच शान्तिपूर्ण सहअस्तित्व की वकालत की है। मार्क्सवाद हमें सिखाता है कि वर्गसंघर्ष एक ऐतिहासिक सच है और इसका अन्त श्रमिक वर्ग की सम्पूर्ण विजय के साथ ही होगा। साम्राज्यवादी जनता पर हमला करने से पहले ख्रुश्चेव की इजाजत लेनेवाले नहीं हैं। इन सब युद्धों का नतीजा क्रान्ति ही होगी। पहले विश्वयुद्ध का परिणाम बोलशेविक क्रान्ति थी। दूसरे विश्वयुद्ध ने जनवादी चीन, समाजवादी अलबानिया और समाजवादी शिविर के उदय का मार्ग प्रशस्त किया। चेयरमैन ने कहा है तीसरे विश्वयुद्ध में करोड़ों जानें कुर्बान भले ही हो जाएँ लेकिन इससे दुनिया भर के सर्वहारा की विजय होगी। यदि साम्राज्यवादी उसे, जिसे वे उत्तर वियतनाम कहते हैं, पर हमले का दुस्साहस करते हैं तो उन्हें कुचल दिया जाएगा। लेकिन इसके लिए हमें तैयार रहना चाहिए। चेयरमैन माओ ने क्रान्तिकारियों से कहा है कि परमाणु युद्ध से अपनी रक्षा के लिए उन्हें गहरी सुरंगें खोद लेनी चाहिए। आनेवाली मुठभेड़ के लिए शहरों में हमें अपने संसाधनों को बचाकर रखना चाहिए।' नेता को अब पसीना आ रहा था, जैसे उस पर युद्धक्षेत्र का प्रभाव हो रहा हो–'छोटी-से-छोटी चीजें तक, जैसे कि यह पेन्सिल।' उसने यह बताने के लिए कि वह क्या चाहता है, पेन्सिल को कान पर से उतार लिया।

अरुण ने सन्तों की तरह सिर हिलाया। सुरंगें, पेंसिलें और करोड़ों लाशें–क्रान्ति की राह अब स्पष्ट थी। मोहन ने प्रणव पर निगाह डाली, जिसने ध्यान नहीं दिया, वह एकटक सामने देखता रहा। कोई बात नहीं, वह आत्मचिन्तन करने लगा। इसी वक्त महत्त्वपूर्ण प्रश्न उठाए जा सकते हैं। उसने पूछा–'कॉमरेड, पार्टी में महिलाओं की भूमिका क्या है?'

'महिलाएँ मानवता का भाग हैं! उन्हें पार्टी कार्यकर्ता के रूप में काम करने के लिए प्रोत्साहित किया जाना चाहिए। लेकिन परिस्थिति खतरनाक है और अभी भी स्त्रियाँ परम्परा की जकड़बन्दी से आजाद नहीं हो पाई हैं। वे गम्भीर राजनीतिक दायित्वों का बोझ नहीं उठा सकतीं। अभी वे हमारे लिए संवाद लाने-ले जाने, पार्सल पहुँचाने, खुफिया जानकारी इकट्ठा करने, दस्तावेजों को टाइप करने इत्यादि में सहायक हो सकती हैं।' मोहन ने कल्पना की कि दिव्या टाइपराइटर पर बैठने के लिए भूमिगत हो गई है।

पवन ने पार्टी प्रकोष्ठों की संरचना के बारे में जानना चाहा। उत्तर में सीनियर कामरेड ने इस बात पर बल दिया कि गोपनीयता बनाए रखना चाहिए और कम-से-कम सम्पर्क

कॉमरेडों से रखा जाए। अब मोहन बोला–'कॉमरेड जनगणराज्य चीन पाकिस्तान की सैनिक सरकार के इतना निकट क्यों है?' वह कुछ हिचक रहा था क्योंकि चीन के सही या गलत होने पर सवाल करना निश्चित रूप से गलत था। महान, शानदार और सही चीन की कम्युनिस्ट पार्टी की श्रेष्ठता निर्विवाद थी!

कश्मीरी ने इस पर सोचा और तब तक खामोशी रही। उसने कहना शुरू किया, 'सरकार से सरकार के और पार्टी से पार्टी के सम्बन्धों में फर्क होता है। हो सकता है कि चीन यह महसूस करता हो कि पाकिस्तान से उसके सम्बन्ध क्षेत्र के लिए सही रणनीति है, क्योंकि भारत का सत्तावर्ग सोवियतों के समाजी साम्राज्यवाद के जूनियर साथी की तरह सामने आया है।' मोहन को चुप कर दिया गया।

अब प्रणव ने बैटन थामा, 'अभी तक कॉमरेड पाकिस्तान में कोई क्रान्तिकारी पार्टी नहीं है। इसलिए पार्टी से पार्टी के सम्बन्धों का तो सवाल ही नहीं है। किन्तु पूर्वी पाकिस्तान, जहाँ लम्बे अर्से से स्वायत्तता की माँग की जा रही है, के लोकतांत्रिक आन्दोलन में चीन और पाकिस्तान के सम्बन्ध बाधा डाल सकते हैं।'

'यह काल्पनिक प्रश्न है।' कश्मीरी ने कर्कशता से कहा–'पाकिस्तान की क्षेत्रीय अखंडता पर सन्देह करने का हमारे पास कोई कारण नहीं है। जहाँ तक रणनीति के वैज्ञानिक आधार का सम्बन्ध है, मेरी समझ में यह इसलिए है कि यद्यपि भारत के बुर्जुआ का चरित्र दुकानदार जैसा है, इसके विपरीत पाकिस्तान का सत्तावर्ग राष्ट्रीय बुर्जुआ है क्योंकि 1947 में कई उद्योगपति कराची जा बसे थे। यही कारण है कि इसका सहयोग चीन के साथ हुआ। यह मेरा निजी दृष्टिकोण है। पाकिस्तान का वर्ग विश्लेषण करने का हमें समय नहीं मिला। जब इसकी जरूरत होगी सीसीपी इस सम्बन्ध में क्रान्तिकारी शक्तियों को सही-सही मार्गदर्शन देगी।'

सुबह से कुछ पहले तक यह विचार-विमर्श चलता रहा। विदा होने से पहले कश्मीरी ने ग्रुप को आश्वस्त किया कि नेतृत्व उत्तर भारत में क्रान्ति के कार्य को बहुत महत्त्वपूर्ण मानता है। वरिष्ठ नेता दिल्ली और पंजाब आकर भूमिगत पार्टी के संगठन में सहायता करेंगे और कार्यकर्ताओं को प्रेरणा देंगे। परिस्थिति गम्भीर है, उससे कहीं ज्यादा गम्भीर, जितना वे सोचते हैं। राज्य का तंत्र प्रतिशोध में जुटा है और हर रोज कॉमरेड शहीद हो रहे हैं। जानकारी निकालने के लिए यातनाएँ दी जा रही हैं। यह सहानुभूति रखनेवालों के साथ भी होता है, इसलिए उन्हें अनावश्यक जोखिम नहीं उठाना चाहिए। उसने सावधान किया कि उन्हें सम्पर्कों के सम्बन्ध में कुछ भी लिखित नहीं रखना चाहिए। उस पेंसिल, जिसे तीसरा युद्ध शुरू होने से पहले तक बचाकर रखना था से अपनी खोपड़ी को थपथपाते हुए उसने कहा, 'सबकुछ अपनी खोपड़ी में बचाकर रखो।'

घटनाएँ जिस तरह से घट रही थीं, उनसे गोधूली चिन्तित थी। उसने शम्भू को उसके एक मित्र से यह कहते सुन लिया था कि एक पिस्तौल कहीं से हासिल करना है, जिसे खरीदना नहीं। उसने कुछ नहीं कहा। इसके कुछ दिनों बाद ईंटों की छोटी-सी कुटिया, जो उसका घर थी, में दो गम्भीर मीटिंगें हुईं। उसे भविष्य के प्रति आश्वस्त होने की आवश्यकता अनुभव होने लगी। पति की राजनीति के प्रति उसका रवैया सदा से निष्ठा और उदारता का रहा था, जो विभिन्न पृष्ठभूमियों से आए कॉमरेडों के प्रति उसके लगाव में व्यक्त होता था, जो उसके जीवन में आते और जाते रहे थे। वह पार्टी नेताओं, शम्भू के मिल वाले कॉमरेडों, छात्रों और चाय की दुकान पर अपने ग्राहकों की बातचीत को गम्भीरता से सुनती रहती थी। वह कभी हस्तक्षेप नहीं करती थी, लेकिन अपनी तीन सन्तानों को चिल्लाकर वह जब निर्देश देती थी या चाय-नाश्ता देती थी तब यह बातचीत टूट जाती थी। कभी-कभी वह सबसे छोटे को पकड़कर गोद में लिटा लेती और जुएँ बीनने लगती। उसकी चाल में एक आत्मविश्वास था। आखिर यह उसका घर था जहाँ विश्व इतिहास पर प्रभाव डालनेवाले विषयों पर विचार-विमर्श किया जाता था। इतिहास उसका दरवाजा खटखटाने के लिए खुद चला आया था, उसने तो उसे नहीं बुलाया था। शम्भू से विवाह होने के बाद से जो तरह-तरह के लोग उसकी सोहबत में आए थे, वे रोचक थे। लेकिन जब भी वह उससे या उसके कॉमरेडों से उस महान लक्ष्य के विषय में बात करती थी, जिसके लिए तमाम हलचलें थीं, तो यह हमेशा 'तुम्हारी क्रान्ति' होती थी। यह दूसरी प्राथमिकता थी, सबसे पहले तो अपने बच्चों का स्वास्थ्य और शम्भू की शारीरिक सुरक्षा महत्त्वपूर्ण थी। उसके दो बच्चों की मृत्यु शैशवकाल में ही हो गई थी, थोड़ा रो-धोकर जिन्दगी फिर चल पड़ी, उसके दिलासे के लिए एक अच्छे आदमी की मौजूदगी और यह विश्वास कि गेहूँ के हर दाने पर उस आदमी का नाम लिखा हुआ है जो उसे खानेवाला है। दाने-दाने पर लिखा है...वह कभी-कभी बातचीत के बीच में हँसते हुए कहती और कभी मन-ही-मन अपने आप से। गोधूली ने मदर करेज का नाम नहीं सुना था, लेकिन वह उसी का अवतार थी।

इसलिए गोधूली तभी किसी मामले में पड़ती थी जब उस पर सचमुच उसका प्रभाव पड़ा होता था। उसे खतरे का अन्देशा हुआ और एक रात जब कमरे के कोनों में बच्चे सोने जा चुके थे तो उसने शम्भू से पूछा–'यह तमंचेवाली बात क्या थी जो तुम लड़कों से कर रहे थे?' शम्भू ने उसे बताया कि क्रान्ति के काम में ऐसी बातें तो होती ही रहती हैं।

'क्या तुम वास्तव में तमंचा हासिल करना चाहते हो?'

'हाँ, निश्चित रूप से।'

'जब वह इसे पा रहे होंगे तब क्या तुम वहाँ रहोगे?'

'नहीं, उनमें से चार लोग इसकी व्यवस्था करेंगे। मैं यहीं उनका इन्तजार करूँगा।'

'फिर क्या होगा? क्या तुम इससे किसी की हत्या करनेवाले हो?'

'नहीं। हम इसे बाहर भेज देंगे। हमारे कुछ कॉमरेड भूमिगत होने जा रहे हैं, वही इसे अपने साथ ले जाएँगे। यह सबकुछ बहुत तेजी से हो जाएगा।'

'शम्भू' उसने धीरे से कहा, यह विलक्षण था जब वह उसे नाम से पुकार रही थी– 'क्या तुम बिल्कुल ठीक रहोगे? क्या तुम कहीं जानेवाले हो?'

'नहीं। मैं यहीं हूँ गुड्डू।'

'अगर तुम चले गए तो मेरे लिए और बच्चों के लिए मुश्किल होगी।'

'यदि मैं कहीं जाता भी हूँ तो जल्दी ही लौट आऊँगा। तुम्हें मालूम है कि मैं हमेशा वापस आता हूँ।'

'क्या ये लड़के गम्भीर हैं?'

'हाँ। वे अमीर हैं लेकिन सच्चे हैं। सच्चे दिल के हैं।'

'तुम्हारी क्रान्ति कब होगी?'

'मुझे नहीं मालूम, लेकिन होगी जरूर।'

कई वर्ष बाद, किसी और समय और किसी दूसरी जगह, शम्भू उस आस्था को याद करेगा जो उसने सीनियर कॉमरेड के बेहतर ज्ञान के साथ जोड़ी थी। वह खिन्न हास्य के साथ याद करेगा कि कई दशक पहले महान लेनिन ने एक प्रश्न उठाया था– 'क्या करें?' हमारे नेताओं ने वह किया जो उन्हें सिखाया गया था। और अब उनके उत्तराधिकारी एक बार फिर अपने कार्यकर्ताओं से कह रहे हैं कि वही करो जिसे किया जाना चाहिए। अपने जाने-पहचाने राकेटछाप ठर्रे का एक घूँट और मुँह भर नमकीन लेते हुए वह कहेगा–हमें क्रान्ति की जरूरत है और नाटकीय ठहाका लगाएगा। परन्तु क्या करें?

प्रणव और मोहन अन्ततः दिव्या को मनाने में सफल हो ही गए कि वह उन्हें पिस्तौल दिलवाने में सहायता करेगी। उसने शौकिया संगीतकार के उस नम्बर पर सम्पर्क किया जो उसने दिया था, दिव्या ने उसे एक काल्पनिक व्यवसायी के विषय में बताया जो पिस्तौल खरीदना चाहता है, पिस्तौल देखने का सौदा हो सकता है। तत्पश्चात मोहन ने बॉब से बातचीत की। उनमें समय को लेकर सहमति हुई, जब उससे मिलकर निजामुद्दीन में यमुना के नए पुल के उस पार एक सुनसान इलाके में ले जाया जाएगा। कॉमरेड जितेन्द्र एक एम्बेसेडर की व्यवस्था कर सकता था। वह बॉब के ठिकाने पर पहुँचा और सन्देहरहित हिप्पी को उसकी नेहरू जैकेट और पिस्तौल के साथ ले आया। उस समय वह अपने गिटार को टुनटुना रहा था, पोनी टेलवाला एक सिद्धार्थ नामधारी दोस्त उसके साथ था। इन सबको लेकर वह सुनसान जगह में पहुँचा जहाँ मोहन और दूसरे साथी 'प्रदर्शन' की प्रतीक्षा कर रहे थे। मोहन को ग्राहक के रूप में प्रस्तुत किया

गया था। प्रणव और अरुण त्यागी सड़क के किनारे कुछ दूर पर इन्तजार कर रहे थे।

जितेन्द्र ने ब्रेक लगाए, सड़क किनारे कच्चे हिस्से में उतरा और वहाँ इन्तजार कर रहे मोहन से बॉब का परिचय करवाया। 'यह मेरा दोस्त राकेश स्लूजा है।' उसने कहा, मोहन के लिए यह नाम पहले से तय कर दिया गया था। 'राकेश जी, बॉब जी से मिलिए। इनके पास वह चीज है जिसके बारे में हमारी बात हुई थी।'

'हलो बॉब जी, कैसे हैं आप मेरे दोस्त?' मोहन ने एक चटक कमीज, जैकेट और पतलून पहन रखी थी जो वह होस्टल के एक तुनुक मिजाज लड़के से माँगकर लाया था। जितेन्द्र वापस कार में आ गया, ड्राइवर की जगह बैठकर वह किसी भी क्षण चल पड़ने के लिए तैयार था।

'ग्रूवी, धन्यवाद!' बॉब और उसका दोस्त दोनों ही किसी रसायन के नशे की जद में थे। उसने खाली सड़क, और आसपास की झाड़ियों-खेतों को देखा। 'यार, यह जगह वाकई जंगली है! कल्पना के परे! सिड देखो तो!' उसने अपने साथी से कहा जो कार की पिछली सीट पर चेहरे पर ध्यान का भाव लिये बैठा था और *व्हाइल माई गिटार जेंटली वीप्स* की धुन पर सोच रहा था। 'क्या यह विचित्र नहीं है?'

मोहन ने भूचित्र पर एक निर्विकार निगाह डाली और राकेश की भूमिका में बना रहा। 'हाँ प्यारे, यहाँ का दृश्य अच्छा है। ऐसा लगता है सिडजी एक संगीतकार हैं। हमें उन्हें डिस्टर्ब नहीं करना चाहिए। क्या हम तुम्हारी पिस-तौल की जाँच करें?'

'ग्रेट! जरूर मैन। मैं तुम्हें दिखाता हूँ।' बॉब ने चमड़े का एक काला बैग खोला, उससे प्वाइंट टू टू की मटमैली काली नीली आटोमैटिक निकालकर मोहन को दी। 'बहुत अच्छे बॉब जी, यह असल चीज लगती है। प्रियवर इसकी गोलियाँ भी आपके पास होंगी?'

'हाँ मेरे पास कुछ एमो भी है।' उसने अपने थैले से एक छोटा कपड़ा निकाला, जिसका मुँह डोरे से बँधा हुआ था और उसे खोलने लग गया। इस बीच मित्र सिड ने गत्ते का एक डब्बा खोलना शुरू किया जो उसे कार में पीछे की तरफ मिला था। इसमें तमाम चोलियाँ भरी थीं। जितेन्द्र की कार रमेश चोपड़ा का सामान ढोने के काम में आती थी। अपनी खोज से खुश होकर सिड उन्हें निकालकर बॉब की आँखों के सामने अँगुलियों पर झुलाता हुआ बोला—'यह गरमा-गरम मामला है, बॉब, इसे देखो, इसे देखो। आओ!'

कार में क्या चल रहा है, इसकी अनदेखी करते हुए राकेश ने पूछा—'क्या हम परीक्षण करें?'

'हाँ, लाओ, मैं तुम्हें दिखाता हूँ।' बॉब ने कहा।

'गोलियाँ देने की बजाय, बॉब ने पिस्तौल ले ली और उसमें गोलियाँ भरने लगा। योजना यह थी कि राकेश पिस्तौल अपने हाथ में रखेगा और राहगीर बनकर प्रणव और

अरुण त्यागी वहाँ आएँगे। राकेश के पिस्तौल देने से ठीक पहले गड्ढे से निकलकर वे वहाँ पहुँच गए। उन्हें दोस्त के हाथ से पिस्तौल छीन लेनी थी, खतरा उठाने की जरूरत क्या थी? हिप्पी साहस करके उन्हें भगा सकता था। अब उन्हें ही कुछ करना था। इस बीच बॉब ने कुछ कारतूस चेम्बर में डाल दिए थे। वह नहीं जानता था कि उसने नाटकीय पटकथा ही बदल दी है। अरुण वहाँ पहुँचा और उसने यह जताया कि वहाँ कुछ गड़बड़ घोटाला हो रहा है।

अपनी आवाज को कड़ा करते हुए उसने कहा–'यह क्या हो रहा है?' उन लोगों ने इस प्राणी को देखा जो अवांछित गवाह था। अरुण कह रहा था–'बहन के लंड! पिस–तौल!' मोहन उर्फ राकेश ने अनुभव किया कि तत्काल कुछ करने का वक्त आ गया है। पिस्तौल भरी हुई थी। बॉब का पूरा ध्यान अपने खरीददार पर था। दूसरों की तरह उसने भी दो विचित्र से अजनबियों को देखा था जो हरियाणवी में अनाप–शनाप बक रहे थे। लेकिन वह इतना नशे में था कि खतरे को समझ न सका। सिड अब नई सिली हुई चोलियों से ऊब कर *टैम्बूरीन मैन* निकालने में लगा था, अचानक उसने सोचा कि बाहर निकलकर दृश्यावली का आनन्द उठाया जाए। हाथ में गिटार लिये वह पिछले दरवाजे से कूदा लेकिन उसका दाहिना पैर कार के फर्श पर पड़ी हुई एक चोली में उलझ गया, असन्तुलित होकर अपने वाद्ययंत्र के लम्बे सिरे से उसने बॉब की छाती का सहारा लिया। चौंककर बॉब ने पिस्तौल का ट्रिगर दबाया। क्लिक की आवाज के साथ गोली प्रणव के बाएँ कन्धे के पास से निकल गई।

इसके बाद शोर–शराबा मच गया। प्रणव ने आगे की ओर उछलकर बॉब के हाथों से पिस्तौल छीन ली। अरुण खासी गँवारू गालियाँ बरसा रहा था जिनमें जननेन्द्रियाँ, नितम्बों, बाँस, गधे, कुत्ते वगैरह का जगह–जगह उल्लेख था। सिड का गिटार भूशायी हो चुका था और एक पाँव पर खड़े होकर दूसरे पाँव की सेंडिल को छुड़ाने की असफल कोशिश कर रहा था जो चोली के फीते में फँस गई थी। मोहन उर्फ राकेश ने अपना सिर आगे की खिड़की में धँसाकर जितेन्द्र से कार तत्काल चालू करने को कहा। बॉब की चिन्ता अपने गिटार और पिस्तौल के बीच में डाँवाँडोल थी। उसने गिटार चुना और भावुक हो सिड को टोका, साथ–साथ वह गिटार के तारों में लगे घास के तिनके और गोबर भी साफ कर रहा था।

पिस्तौल को सुरक्षित हाथों में देखकर मोहन ने कार्रवाई को बन्द करने का निश्चय किया। उसने चीखकर प्रणव और अरुण को वहाँ से जाने को कहा, पिछला दरवाजा खोलकर जितेन्द्र को जितनी जल्दी हो सके चलने का अनुरोध किया। जब उसके दोनों कॉमरेड खेतों में होकर भागने लगे तो वह हिप्पियों से मुखातिब हुआ, 'गम्भीर स्थिति है बॉब जी! सॉरी तुम्हारी पिस–तौल गुंडे छीन ले गए हैं। हमें यहाँ से चल देना चाहिए।' कार की पिछली सीट पर घबराते हुए वे दोनों बैठ गए और उन्होंने खिड़कियों के शीशे

चढ़ा लिए। बॉब ने सिड से कहा–'यह किस्मत का खेल था।' जितेन्द्र ने एक्सीलेटर पर दबाव डाल दिया।

जितेन्द्र और मोहन ने काँपते हुए हिप्पियों को निजामुद्दीन में उनके ठिकाने पर छोड़ा।

उस शाम कॉमरेड शान्तिनगर में शम्भू की झोंपड़ी पर जमा हुए। उनमें उत्साह था।

प्रणव ने कहा–'यार, वह हिप्पी कैसा चूतिया था?' वह प्रशंसा की दृष्टि से पिस्तौल को उलट-पलट रहा था।

'उसे पता ही नहीं था कि क्या चल रहा है। उसे अनुमान भी नहीं होगा कि वह रेड आर्मी की मदद कर रहा है।' अरुण कह रहा था।

'ज्यादा हँसने की जरूरत नहीं है।' प्रणव को सीधे देखते हुए मोहन ने कहा–'उसने तुम्हारी तो खोपड़ी ही उड़ा दी होती।'

शम्भू को उस पहलू की जानकारी मिली जो अब तक निगाह से ओझल थी। चेहरे पर चिन्ता के भाव के साथ उसने पूछा–'क्या कहना चाहते हो तुम?'

शम्भू को परिस्थितियों की जानकारी देते हुए मोहन ने बताया–'जब कॉमरेड प्रणव ने पिस्तौल छीनी तब यह हिप्पी के हाथ में थी। दूसरा चूतिया एक गिटार के साथ उससे लिपट गया, उससे हड़बड़ाकर उसने घोड़ा दबा दिया। ईश्वर की कृपा से गोली किसी को लगी नहीं। प्रणव के कान के पास से निकल गई। क्या यही नहीं हुआ था कॉमरेड?'

प्रणव चुप रहा। उसका उत्साह इस अहसास से धीमा पड़ चुका था कि यदि स्थितियाँ थोड़ी-सी भी अलग होतीं तो उसकी मौत भी हो सकती थी। बाद में जब वह रात में इस घटना के सम्बन्ध में बात कर रहे थे तो वह यह सोचने से खुद को रोक नहीं पाया कि दिन की घटनाओं को शायद ही एक 'कार्रवाई' का नाम दिया जा सकता है। आखिर उन्होंने इनका समायोजन जिस तरह किया था, उसमें उनके लिए न्यूनतम खतरा था। बावजूद इसके कुछ इंच से...

रथिन कार्रवाई में उपेक्षा भाव से शामिल नहीं हुआ। उसे उत्तर बिहार में पार्टी की होनेवाली क्षेत्रीय बैठक में भाग लेने के लिए जाना था। जब उससे बात की गई तो उसने पिस्तौल अपने साथ ले जाने से इनकार कर दिया। जब उसने घटना का विवरण सुना तो उसने कुछ तीखे सवाल उठाए। पुरानी आदतें आसानी से नहीं जातीं।

'वाह! जनमुक्ति सेना के निर्माण की तुम्हारी आणविक समझ यह है!'

'उसे छोड़ो! एक अवसर आया और हम उसे हाथ से जाने नहीं देना चाहते थे!'

रथिन ने मोहन की आँखों में देखा–'तमंचे वाला आदमी! जीरो बटा जीरो का हीरो!'

मोहन ने कहा–'बकवास बन्द करो!'

9

सुनहरा भविष्य

शम्भू की मामूली-सी झोंपड़ी वह जगह थी जहाँ भारत की क्रान्ति के नेता चारु मजुमदार 1970 में दो दिन और तीन रात के अज्ञातवास में रहे, और उत्तर भारत के चुने हुए कॉमरेडों से विचार-विमर्श करते रहे थे। छरहरे शरीर और गरम मिजाज के मोटे चश्मे वाले सीएम उबली हुई चाय के कई-कई प्याले पीने और ढेर सारा गुड़ खाने के आदी थे। उनके साथ दो बंगाली कॉमरेड थे। एक युवा बाडीगार्ड जिसके पास आक्सीजन सिलेंडर भी रहता था, जो नेता के कार्डियक अस्थमा में राहत पहुँचाने के काम में आता था। दूसरा था कहानियों में चर्चित सरोज दा, जो पत्रकार था और 'खत्म लाइन' के पक्के समर्थक के रूप में और सुलगते हुए युवजनों के बीच अपनी लोकप्रियता के लिए जाना जाता था। इस सारे समय शम्भू अपनी दुकान में व्यस्त रहा, जैसे कि सब कुछ यथावत् और सामान्य हो पर वह सादा कपड़े वाले पुलिसवालों के प्रति सतर्क था। उसकी पत्नी भारत के भविष्य पर चर्चा करनेवाले महत्त्वपूर्ण व्यक्तियों की देखभाल करती थी, जो इस छोटे से कमरे में, जो उसका शयनकश, रसोई और बच्चे पालने की जगह था, इकट्ठा होते थे। शाम के वक्त कॉमरेड सीएम, गोधूली के साथ कुछ समय बिताते थे। उसके बच्चों के या दुकान के विषय में पूछते थे या यह जानने की कोशिश करते कि क्या पुलिस उन्हें परेशान करती है, इत्यादि। गोधूली उनके साथ सहज सम्मान के साथ पेश आती। 'हाँ वह हमें तंग करती है' वह जवाब देती, 'आप सोच भी नहीं सकते कि आपकी क्रान्ति के लिए हमें क्या-क्या सहना पड़ता है? यह कब होगी?' एक तरफ ले जाकर उन्होंने उससे कहा कि वह आशा बनाए रखे और उनके वहाँ होने की बात कभी भी किसी को न बताए।

जब सीएम चले गए तो उसकी अगली रात प्रणव और मोहन शम्भू से मिलने आए। उसकी आँखें थकी हुई थीं, लेकिन उनमें भक्ति की भावना थी। उसने कहा—'लाल सेना बन गई है। आखिर पार्टी ने सरमायादारों की गाँड पर मोहर लगा ही दी।'

उनके शरीरों में उत्तेजना की सनसनी दौड़ गई। अब जल्दी ही उन्हें क्रान्ति के हरावल दस्तों की सहायता करने के लिए बुलाया जानेवाला है। शास्त्रीनगर में उसके घर आने

से पहले वे पुरानी दिल्ली के रेलवे स्टेशन पर जमा हुए थे, और अपने तीन साथियों को उस रेल में बिठाया था जो पूरब के गन्तव्यों की दिशा में जा रही थी। यह एक भावुकतापूर्ण अवसर था, लेकिन थोड़ा बहुत मजाक भी। हुआ यह कि बुलू को कुछ दवाइयाँ और सामान लाने के लिए भेजा गया। एक कॉमरेड को गर्भ निरोधक लाने के लिए अलग से कहा था। बुलू दस के पत्ते की जगह निरोध का पूरा डब्बा लेकर लौटा, और उसे सुनना पड़ा कि क्रान्तिकारी काम का यह एक अतिरिक्त लाभ है।

'क्या सौभाग्य है! हमारे लोगों का प्रशंसनीय आशावाद!'

'क्रान्ति रात्रिभोज नहीं है। लेकिन...'

'मैंने दस माँगे थे और दुकानदार ने दस पत्ते दे दिए! मैंने तो सिर्फ अपना काम किया था!'

'तुम कितने ले जाओगे?'

इंजिन ने दो लम्बी सीटियाँ बजाईं। अचानक वे युद्ध पर जाते हुए जवानों की गरिमा से भर गए। उनकी रगों में खून दौड़ने लगा। उन्होंने आँसुओं पर काबू कर लिया। बँधी हुई मुट्ठी के सलामों का आदान-प्रदान हुआ और डब्बों के दरवाजों में खड़ी हुई आकृतियाँ रेंगने लगीं।

इन्किलाब-जिन्दाबाद!

'तुमसे लाल इलाकों में मिलेंगे!'

लाल किले पर लाल निशान!

नक्सलबाड़ी जिन्दाबाद!

अब प्रणव और मोहन एक साधारण-सी चाय की दुकान में बैठे थे, जब बिरला काटन मिल के एक अज्ञात कामगार ने भारत की लाल सेना के बारे में बताया। यह एक ऐतिहासिक क्षण था, उन्होंने गर्व महसूस किया कि वे इसका हिस्सा हैं। जब शम्भू ने उनको तीन दिनों तक आने से मना किया था, तो वे जानते थे कि कुछ महत्त्वपूर्ण होनेवाला है। उन्होंने अपने अनुमानों को चाय तक सीमित रखा और खामोश रहे, लेकिन अपने चेहरे पर उम्मीद के भावों को छुपा नहीं पाए।

'सारी बातें अभी गोपनीय हैं। पार्टी जल्दी ही इसकी घोषणा करेगी। एक रेडियो स्टेशन स्थापित करने की भी योजना है।'

'क्या तुम जानते हो कि पहली इकाई कहाँ काम करेगी?'

'मेरे ख्याल से यह श्रीकाकुलम और मिदनापुर में होगी। लेकिन विशेष कुछ नहीं बताया गया।'

यह तो स्पष्ट था कि एक वरिष्ठ नेता वहाँ आया था। कुछ देर के लिए वे चुप रहे। फिर शम्भू ने कहा–'वह सचमुच एक डिक्टेटर है। कामगार वर्ग का डिक्टेटर। आगे देखना है कि क्या होता है...'

अगली सुबह मोहन विश्वविद्यालय के कैम्पस में एक बस स्टाप पर खड़ा हुआ था। सर्दी थी। कुछ समय से प्रतिबद्ध कॉमरेडों ने कक्षाओं में जाना बन्द कर दिया था, यद्यपि अभी उन्होंने दिल्ली नहीं छोड़ी थी, लेकिन उनकी हलचलों को लेकर पुलिस को चिन्ता थी। वह मामूली स्वेटर और पतलून पहने हुआ था। वह आश्वस्त था कि उसे कोई पहचान नहीं पाएगा। लेकिन चाहता था कि दिव्या या उसका कोई दोस्त वहाँ से गुजरते हुए उसे देखे। अचानक उसके सामने जाना-पहचाना एक अधेड़ आ गया, जो हर दिन के श्रम से श्लथ, झुर्रियों से भरा और दयालु था। यह गुलजार था, मिशन कॉलेज के छात्रावास का सेवादार। वह एक छोटे बच्चे का हाथ थामे था, जो उसका पुत्र रहा होगा। उसने कॉमरेड को कुछ देर घूरा और फिर गर्मजोशी से उसका अभिवादन किया। कुछ कहने-सुनने की जरूरत नहीं थी–होस्टल के कर्मचारी उन सभी लड़कों को जानते थे जो कुछ-कुछ पागल हैं और लाल झंडे को मानते हैं। विशेष रूप से वे जो हाल ही में गायब हो गए थे जिसके कारण कर्मचारियों से कॉलेज के अधिकारियों और पुलिस ने गहन पूछताछ की थी। उसने कॉमरेड से उसकी कुशलता पूछी। उसने अस्पष्ट-सा उत्तर सुना जिसमें उसके मतलब की बात सिर्फ इतनी सी थी कि सब ठीक है। उसने अचानक बच्चे तक अपना हाथ बढ़ाया जिसके पास एक सन्तरा था। सन्तरा लेकर उसने मोहन को दिया–'इसे ले लें, मेरे पास और कुछ नहीं है।'

मोहन ने बच्चे को देखा, उसे बुरा लगा–'इसकी कोई जरूरत नहीं है गुलजार...' वह सुन ही नहीं रहा था। तभी वहाँ आई एक बस की ओर बढ़ते हुए अपने पुत्र की बाँह पकड़कर वह विदा होने के लिए मुड़ा, 'मुझे आशा है कि तुम्हें सफलता मिलेगी। ईश्वर तुम्हारा भला करे।' और वह बस में चढ़ गया। मोहन की निगाह बच्चे पर गई जो अपने पाँवों को कँपाता हुआ अपने कन्धे से पीछे की तरफ बड़ी-बड़ी आँखों से देख रहा था।

८०

सदियों से गुप्त संगठनों ने भले मस्तिष्कों को अपने शिकंजे में कस रखा है। उन्होंने इस विश्वास को गढ़ा है कि एक सच्ची नैतिक व्यवस्था को निरन्तर षड्यंत्र के सहारे ही रचा जा सकता है। उनके भीतर बन्धुत्व अभिजन बन जाता है, ज्ञान एक विशेषाधिकार और उसके नेता मसीहा की हैसियत ले लेते हैं। गुप्त व्यवहार स्वायत्त गति पकड़ लेते हैं, जिसके चलते सदस्य कई बातें एक-दूसरे से छिपाने लगते हैं। क्रमशः उनके सभी कण एक आवर्त में विलीन हो जाते हैं। पार्थक्य का विरोध करनेवाले योद्धा अन्त में एक दूसरे के लिए ही अजनबी बन जाते हैं।

भूमिगत! गायब हो जाने की लोककथाओं के अतिरिक्त कोई नहीं जानता था कि यह क्या होता है और कॉमरेड वहाँ करते क्या हैं? जिस बात को नकारा नहीं जा सकता

था वह था आध्यात्मिक संक्रमण–प्रवेशकर्ता एक ऐसी स्थिति में जा पहुँचता है जहाँ अभाव मुक्तिकारक होता है। संकल्प सेनानी को प्रेरित करता है कि वह जोखिम की परवाह न करे, और क्रान्तिकारी संकल्प कुछ अलग नहीं है। यह विश्वास कि वे इतिहास का निर्माण कर रहे हैं, दुनिया की असह्य जटिलताओं में राहत देता था। ये बातें परेशान खुफिया महकमे की कल्पना से बाहर थी, जिसके उच्चाधिकारियों को देश का राजनैतिक नेतृत्व समाधान खोजने के लिए लगातार कौंचता रहता था। उनके सामने पहले से कई समस्याएँ थीं–आन्तरिक अस्थिरता, पाकिस्तान का संकट और अतिवादी कम्युनिज्म की बढ़ोतरी।

अब उन्हें विश्वविद्यालयों की अशान्ति का सामना करना था। बंगाल और आन्ध्र के छोटे शहरों में स्थिति बहुत खराब थी। लेकिन मिशन कॉलेज का एक वाचाल नक्सली गुट! छात्रों की पत्रिकाओं में राष्ट्रविरोधी सामग्री! गरम दिमागों वाले ये लोग बचकाना नाटकीयता से ज्यादा कुछ करने में सक्षम नहीं थे, लेकिन नौकरशाही को तंग करने के लिए वे काफी थे। लड़के-लड़कियों को भी इसकी छूत लगती जा रही थी। भोजन की मेजों पर कटु संघर्ष हो रहे थे, भावनात्मक दूरियाँ त्रासद होती जा रही थीं और परिवारों के झगड़े बढ़ रहे थे। अधिकारियों का एक छोटा-सा वर्ग ऐसा था जो इस अशान्ति के गहन कारणों को समझता था, लेकिन अधिकांश यह मानते थे कि यह षड्यंत्र असाध्य बुद्धिजीवियों द्वारा खड़ा किया गया है। इन्टेलीजेन्स ब्यूरो का डिप्टी सुपरिंटेंडेंट मार्तंड सिंह इस दूसरे वर्ग से था।

साफ दाढ़ी और विनम्र व्यवहार वाले प्रोफेसर ओरुण दा भी चिन्तित थे। वे कई वर्षों से अपने विद्यार्थियों में क्रान्तिकारी प्रतिबद्धताओं का संचार करने के लिए प्रयत्नशील रहे थे। नक्सलवाद के उदय की उनमें से कुछ पर प्रतिक्रिया भी हुई। उनका तरीका सैद्धान्तिक नहीं था, वे घुमा-फिराकर अपनी बात कहते थे। विश्वविद्यालय के कला संकाय स्थित अपने छोटे से कक्ष में वे अपने युवा अभ्यागतों का प्रसन्नता के साथ स्वागत करते थे और फिर उनका ध्यान प्रतिदिन के जीवन की हताशा पर आकर्षित करते हुए सामाजिक रूपान्तरण की आवश्यकता प्रतिपादित करते। वे राजनैतिक रूप से सिर्फ इतना ही कहते कि वे चेयरमैन माओ से प्यार करते हैं और जनसेना के बिना जनता कुछ भी हासिल नहीं कर पाएगी। जहाँ तक हिंसा का सवाल है तो यह तो जीवन का हिस्सा है, बच्चे का जन्म तक रक्तपात में ही होता है। जब मिशन कॉलेज के परिवर्तनवादियों ने लक्ष्य को अपना लिया तो उनका काम आसान हो गया। सत्तावर्ग के घृणित मध्यवर्गीय चाकरों को अब अपनी ही सन्तानों से मुठभेड़ का सामना करना पड़ेगा। लेकिन वे सदा ही सावधान रहते थे। षड्यंत्रकारियों के बीच होनेवाली जोड़-तोड़ को वे जानते थे इसलिए उन्होंने खुद को पार्टी से दूर रखा था। और हमेशा अपने युवा प्रशंसकों की भावनात्मक पृष्ठभूमि पर ही अपने आपको केन्द्रित

रखा। अपने आत्मीय व्यवहार को प्रभावित करने की छूट उन्होंने गम्भीरतम घटनाओं तक को नहीं दी। अब भी उनके रवैये में कोई फर्क नहीं पड़ा था। किन्तु पिछले कुछ दिनों ने उन्हें अस्त-व्यस्त कर दिया था। उनसे चार दफे पूछताछ हो चुकी थी। तीन बार एक सब इंस्पेक्टर आ चुका था। और अब एक सीनियर खुफिया अधिकारी जो कैम्पस के पास की लखनऊ रोड पर स्थित उनकी बरसाती में आ पहुँचा। शुरुआती दुआ-सलाम के बाद मार्तंड सिंह बिना पूछे सोफे पर बैठ गया और सीधा मुद्दे पर आया।

'ये तमाम लड़के अपनी पढ़ाई छोड़कर गायब हो रहे हैं। ये जाते कहाँ हैं? क्या वे चरमवादी गतिविधियों के लिए जाते हैं। तुमने उन्हें क्या आश्वासन दिए हैं?'

'मैं तुम्हें विश्वास दिलाता हूँ कि तुम जिन नौजवानों का जिक्र कर रहे हो, वे मेरे निर्देशों पर काम नहीं करते। जो भी हो। संघर्षरत जनता की इच्छाएँ उनका एकमात्र आश्वासन हैं। मैं उन्हें क्या दे सकता हूँ?'

'प्रोफेसर साहब, हमसे खिलवाड़ मत करो। हमें सब पता है कि क्या चल रहा है। तुम प्रसिद्ध नक्सल अध्यापक हो। इन मूर्ख नौजवानों से तुम्हारी दोस्ती कोई रहस्य नहीं है। हमें पार्टी में उनके सम्पर्क के बारे में बताओ।'

'मेरा किसी पार्टी से कोई सम्पर्क नहीं है और मैंने उनसे कुछ भी करने के लिए नहीं कहा।'

ऑफिसर ने रास्ता बदला—'तुम सत्रह वर्षों से अध्यापक रहे हो। स्वाधीनता संघर्ष के बाद से मध्यमवर्ग के युवक इतने सक्रिय कभी नहीं रहे। तुम्हारे विचार से इस परिवर्तन के क्या कारण हैं?'

'मैं सोचता हूँ कि वे मानवता की सेवा करने की इच्छा से प्रेरित हैं। यह भी हो सकता है कि उन पर मार्क्सवाद और विश्व की घटनाओं का प्रभाव पड़ा हो। आखिर योरोप के बच्चे भी तो अमरीकियों से नाराज हैं।'

'तुम्हारी विचारधारा क्या है प्रोफेसर? क्या तुम मार्क्सवादी-लेनिनवादी नहीं हो?'

'मैं अपने विचारों पर कभी लेबल नहीं लगाता, लेकिन मैं सोचता हूँ कि शोषण एक स्थिर सभ्यता का आधार नहीं हो सकता। जनता अवश्य ही इसका प्रतिरोध करेगी। और जब यह प्रतिरोध होगा तो विशेषाधिकार प्राप्त वर्गों के कुछ संवेदनशील युवक भी परिवर्तनवादी विचारधाराओं की ओर आकर्षित होंगे।'

'प्रोफेसर, यह सीधा-सरल परिवर्तनवाद नहीं है। यह हिंसा और राजद्रोह है।'

'यह तुम्हारे दृष्टिकोण पर निर्भर है। दुर्भाग्य की बात यह है कि राज्य गरीबों और संघर्षशील जनों से कठोर व्यवहार करता है। मैं स्वीकार करता हूँ कि हिंसा अवांछनीय है, लेकिन कभी-कभी अन्याय की निराशा से भी चरमतावाद का जन्म होता है।'

'तुम सामाजिक सरोकार रखनेवाले बुद्धिमान व्यक्ति हो। मेरी सलाह है कि तुम्हें इन तमाम वामपंथी सिद्धान्तों के साथ-साथ टैगोर की गीतांजलि को भी पढ़ना चाहिए। क्या वे एक महान बंगाली बुद्धिजीवी नहीं थे?'

'हाँ, और सभी भारतीयों को उन पर गर्व है। मैं पहले उनको पढ़ चुका हूँ। कभी-कभी मैं उपन्यास और कविताएँ भी पढ़ लेता हूँ। हो सकता है मैं तुम्हारी सलाह मान लूँ।'

मार्तंड सिंह ने सामने बैठे हुए निर्विकार व्यक्ति के छुद्र चेहरे को एक ठंडे गुस्से की निगाह से देखा। यही तुम्हारे लिए अच्छा होगा प्रोफेसर! उसने सोचा। सुरक्षित दूरी बनाए रखकर दुनिया का विनाश। यदि हम तुम्हारे साथ वैसा ही व्यवहार करें जैसा के जी बी रूसी असन्तुष्टों के साथ करती है, तो? क्या यह सम्भव है कि मिशन कॉलेज के दर्जन भर युवक गायब हो जाएँ और उनके पास कोई योजना न हो, कोई गन्तव्य न हो, कोई निर्देश न हो? उन्हें कोई खाका किसने दिया होगा, सिवाय उस शिक्षक के जो अपनी चरमतावादी सहानुभूतियों के लिए जाना जाता है? कैम्पस के तमाम खबरियों ने प्रोफेसर की राजनीति और उसके विस्फोटक छात्र प्रशंसकों के सम्बन्ध में सूचनाएँ दी हैं। उसने उसकी पृष्ठभूमि, उसकी राजनीति और उसकी जान-पहचान को खँगालने में घंटों गुजारे थे। उसको प्रभावित करने के लिए उसने मार्क्सवाद, भारत-चीन सम्बन्धों और वियतनाम युद्ध पर अपनी जानकारी का प्रदर्शन भी किया था। अब वह सोचने लगा था कि हरामी बंगाली के चेहरे की मुस्कुराहट को मिटाने के लिए काश वह थर्ड डिग्री का इस्तेमाल कर पाता। एक ही अँगुली जिसे तब तक पीछे झुकाया जाए जब तक वह टूट न जाए। बदकिस्मती से यह अभी सम्भव नहीं था। वह विश्वविद्यालय का शिक्षक था और उसके विरुद्ध कोई प्रमाण नहीं था। उसने पूछताछ बन्द कर दी।

'हम पार्टी लाइन को जानते हैं और यह भी कि तुम हिंसक क्रान्ति के लिए प्रतिबद्ध हो। किसानों को संगठित करना तुम्हारी रणनीति है। और पार्टी का प्रचार करने के लिए छात्रों का तुम इस्तेमाल करते हो। इन छात्रों को तुमने भड़काया और गुमराह किया है, अब जो परिणाम निकलेंगे वे उनके और तुम्हारे लिए खतरनाक होंगे प्रोफेसर। तुम एक चतुर आदमी हो और तुमने अपनी गतिविधियों को अच्छी तरह से छिपाकर रखा है। हमें तुम्हारे घर से कुछ भी संदिग्ध नहीं मिल पाया, लेकिन मैं तुम्हें चेतावनी दे रहा हूँ कि तुम्हें परेशानी होगी।'

'सदियों से लोग परेशान होते रहे हैं। मुझे जिसका सामना करना है, वह परिस्थिति कतई अलग नहीं होगी।'

'अच्छा प्रोफेसर, तुम अपना नाटक जारी रखो,' मार्तंड सिंह जाने के लिए उठ खड़ा हुआ–'जल्दी ही हम फिर मिलेंगे।'

'तुम्हारे आने का शुक्रिया। मैं तुम्हारी सहायता के लिए हमेशा तैयार हूँ।' ओरुण

दा ने बातचीत खत्म की। वे अभ्यागत को दरवाजे तक छोड़ने आए।

पूछताछ का चतुराई से सामना करने के बाद भी ओरुण दा चिन्ताग्रस्त थे। इस तरह की अनेक मुलाकातें वे निबटा सकते थे। लेकिन क्या उनके युवा मित्र भी भूमिगत जीवन की कठिनाइयों को सुलझा सकेंगे? परिस्थिति उस सीमा तक जोखिम भरी होती जा रही थी, जहाँ से लौटने की कोई गुंजाइश ही नहीं बचेगी। उत्साह की बजाय धीरज और ताकत से काम लेना होगा। वे अपने लड़कों की सुरक्षा के विषय में सोचने लगे जिन्हें वे आत्मीय मानते थे। उनके साथ और सलाह के बिना उनका उत्साह अब कैसे बना रह पाएगा?

परिवर्तनवादी छात्र राजनीति के मिथक में सारे कार्यकलाप तीखे रंगों से रँगे जाते हैं, किन्तु यथार्थ वस्तुत: मिथक से बहुत भिन्न होता है। कुछ समय तक दिल्ली के कॉमरेडों की गतिविधियाँ बेपरवाह ढंग से चलती रहीं। उनके जीवन की पहचान यह थी कि वहाँ कोई ढाँचा नहीं था। उत्तर भारत में कभी भी कम्युनिस्ट आन्दोलन शक्तिशाली नहीं रहा। नई पार्टी की शाखाएँ पूर्वी और दक्षिणी भारत में उभरकर आईं। किन्तु अधिकांश अन्य क्षेत्रों में इसके समर्थक अपने आप पर ही निर्भर रहे। परिवर्तनवादियों के विभिन्न छोटे-बड़े समूहों का पार्टी के केन्द्र से सम्पर्क अलग-अलग कम या ज्यादा था। और यद्यपि अनेक सक्रिय लोग खुद को भूमिगत समझते थे, लेकिन अभी भी उनकी गिरफ्तारी के वारंट नहीं थे। क्रान्तिकारी चाहते थे कि उन्होंने जो आत्मछवि बना रखी है उसे उस व्यवस्था का प्रमाणपत्र भी मिल जाए जिसे वे उखाड़ फेंकना चाहते हैं। उनमें से कई ऐसे थे जिन्हें वांटेड फरारी का दर्जा नहीं मिल पाया था। उस समय छात्र आन्दोलन की अनिश्चितता के कारण कॉमरेड गिरफ्तारी से बचे रहे।

कॉमरेड बुलू और हिन्दू कॉलेज में एम.ए. के एक छात्र तरुण ने दिल्ली विश्वविद्यालय के पास एक छोटा मकान किराए पर ले रखा था। यह विजय नगर नामक एक शरणार्थियों की कॉलोनी में था। यह विश्वविद्यालय के क्रान्तिकारी उत्साहियों के लिए पसन्दीदा मिलनस्थल बन गया। दिव्या अपनी साइकल से वहाँ पहुँचती थी। उसने अपना घर छोड़ दिया था और पास की एक कॉलोनी में दो लड़कियों के साथ रह रही थी। प्रणव अब मिशन कॉलेज के कैम्पस में नहीं मिलता था और यही वह जगह थी जहाँ वह उससे भेंट कर सकती थी। वातावरण कोलाहलपूर्ण रहता था। कार्यनीति को लेकर उग्र बहस या प्रतिबन्धित पाठ्य सामग्री पाने पर होनेवाले तुमुल उल्लास से वातावरण गूँजता रहता था, और मिट्टी के तेलवाले स्टोव पर भोजन खदबदाता रहता था। जब दिव्या वहाँ नहीं होती थी, या होती भी थी तो वे आपस में चिन्ता जाहिर करते कि महिला कॉमरेडों की संख्या बहुत कम है। इस कमी को दूर

करने के लिए बुलू ने तरह-तरह की कामात्तेजक किताबें इकट्ठी कर रखी थीं। पार्टी की पत्रिकाओं और क्रान्तिकारी साहित्य के बीच फर्श पर सस्ते कागज पर छपी उत्तेजक चित्रों वाली यह सामग्री यहाँ-वहाँ फैली रहती। कॉमरेड दिल्ली के आसपास के इलाकों की यात्रा करते और वहाँ के जाट, गूजरों और अहीरों को क्रान्तिकारी जिम्मेदारियों की समझाइशें देते। वे शाम को लौटते और उस जनता की बढ़ती हुई संख्या में भारत के माध्यमिक किसानों को भी शामिल कर लेते जिसके पास राजनीतिक चेतना नहीं है। इसके बाद वे खुद को दिलासा देने के लिए ठहाकों के साथ उन चित्रों में डूब जाते, जिनमें काले चमड़े के कपड़ों में अर्द्धनग्न औरतें पुरुषों पर चाबुक बरसा रही होती थीं।

नीचे की मंजिल पर बने हुए इस मकान में चल रही गतिविधियाँ पुलिस की निगाह से ज्यादा दिन ओझल नहीं रहीं। कॉमरेडों ने सीएच में वर्दीधारी सिपाहियों को देखा था, यहाँ वे बिना वर्दी के उन लोगों को समझ नहीं पाए जो इस सुरक्षित घर के सामनेवाले पार्क में घूमते रहते थे और हर आने-जानेवाले व्यक्ति तथा ऊँची आवाज में भीतर चल रही बहसों पर ध्यान देते थे। ये लोग सादा कपड़ों में पुलिसवाले नहीं दिखाई देते थे। कभी-कभी कॉमरेडों से भेंट करने के लिए पवन चोपड़ा वहाँ आ जाता था। वह उम्र में बड़ा और समझदार व्यक्ति था। उसने अधिक दृढ़ता से जीवन जिया था और कभी रुमानी दिवास्वप्नों में नहीं बहा। उसने उन्हें सलाह दी कि 'यहाँ मत रहो। और अगर रहना ही है तो भीड़ मत लगाया करो। पार्टी का साहित्य यहाँ मत रखा करो।' भारत सरकार, सी.आई.ए. और के.जी.बी. की निगाह में अपनी हैसियत को लेकर कॉमरेडों की भव्य गलतफहमी और क्रान्ति की वाचाल मुखरता का मिश्रण सामने आया, उन्होंने कहा–'नानसेन्स कॉमरेड। इस इलाके में तमाम छात्र रहते हैं, पुलिस को इसकी भनक तक नहीं है।'

कुछ सप्ताहों बाद यह स्पष्ट हो गया कि उनकी निगरानी की जा रही है और वह टट कॉप उनकी मुखबिरी कर रहा है। कभी भी छापा पड़ सकता है। किस्मत से उस दिन वे तैयार थे। पगला सिन टॉ टहलते-टहलते मिशन कॉलेज से वहाँ पहुँचा था। उसने दरवाजे को धक्का देकर भीतर प्रवेश किया।

'छोकरो, उठो। अभी-अभी पुलिस की जीप यहाँ से निकली है।'

अलस भाव से बुलू ने जवाब दिया–'क्या? चीप चैप, जीपें यहाँ से निकलती ही रहती हैं। सड़क पर आगे एक पुलिस कैम्प है।'

'वह लौट रही है, क्या तुम उन्हें देख नहीं रहे? जीप मिठाई की दुकान के सामने दो लड़कों के पास रुक गई है।'

बुलू ने खिड़की से बाहर झाँका। पचास गज की दूरी पर खड़े हुए तीन व्यक्ति स्पष्ट रूप से पुलिसवाले ही थे। मकान में अपनी दिलचस्पी को वे छुपा भी नहीं रहे थे। वह मुड़ा और तरुण तथा पगले से उसने कहा–'डंडों को बाथरूम में रख दो यार!'

'तुम्हारा बक्सा कहाँ है?' तरुण ने जानना चाहा।

'दूसरे कमरे में पलंग के नीचे।' वे तेजी से दौड़-धूप कर रहे थे।

'जल्दी करो, इसे खोलकर लिबरेशनों को उसमें डाल दो।'

सिन टा ने सुरक्षा के लिए सलाह दी–'सबसे नीचे रखो, सबसे नीचे।'

'पार्टी की सामग्री और पेकिंग रिव्यू को सबसे नीचे डालना।'

'अच्छा विचार है। कभी-कभी सिन टॉ तुम भी अकल की बात करते हो।'

पार्टी सामग्री नीचे रखकर उसे कामुक प्रकाशनों से दबा दिया गया।

छापे से एक महीना पहले, मोहन और प्रणव ने यूनिवर्सिटी से लगभग तीन किलोमीटर दूर एक झुग्गी बस्ती में खोली ले ली थी, यह बस्ती चौकी नम्बर तीन कहलाती थी। प्रणव ने आग्रह किया था कि वह पिस्तौल वहाँ ले जाएँ।

उस किस्मत के अलावा, जब छापा पड़ा तो कॉमरेडों को सावधानी बरतने के लिए एक घंटे से भी कम वक्त मिल पाया था। लोहे की छड़ें अलग बाथरूम में रख दी गईं। क्रान्तिकारी साहित्य बुलू के बक्से में सबसे नीचे रखकर ऊपर कामुक प्रकाशनों से दबा दिया गया। इससे सब-इंस्पेक्टर दहिया के साथ आए हुए दो कांस्टेबलों को धोखा हो गया। तीन अस्त-व्यस्त लड़कों के अलावा उन्हें कुछ नहीं मिला। जो बेकार के शैक्षणिक मलबे से घिरे हुए थे। उन्होंने पलंग के नीचे से बक्से को खींचकर निकाला और कुछ मिलने की उम्मीद के साथ उसे खोला। कॉमरेडों ने एक दूसरे को अर्थपूर्ण दृष्टि से देखा। ट्रंक की ऊपरी परत पर मस्तराम के उत्तेजक अंक पाए गए। यह उन लेखकों का छद्मनाम था जो लाखों हिन्दी भाषियों की तृप्ति के लिए सस्ती चीजें लिखते हैं। इनके शीर्षक थे–*घाघरे में धूमधाम, तू झुक मैं लगूँ* वगैरह।

कांस्टेबलों की साँसें भारी होने लगीं।

'ये तो अश्लील किताबें हैं साहेब!'

'देखते रहो! नीचे क्या है? मुझे दिखाओ!'

सब-इंस्पेक्टर दहिया उन पेपरबैक किताबों को उलट-पलट रहा था जो उसके आदमियों ने उसे दी थीं। वह मस्तराम से परिचित था। उसे मजा आया। ये लड़के भी उन युवाओं से अलग नहीं थे जिन्हें वह जानता था। जब ऐसी अश्लील किताबें निकलकर सामने आईं तो उसके चेहरे का रंग बदल गया। यह गम्भीर सामग्री थी।

'तो आजकल शिक्षित विद्यार्थी ये सब पढ़ते हैं!'

कॉमरेडों ने उस पर ऐसी निगाह डाली जिसमें भोलापन और मिली-भगत का बराबर का हिस्सा था। –'क्या करें, इंस्पेक्टर साहब–टाइम पास करना पड़ता है।'

'सचमुच टाइम पास,' दहिया ने सोचा। वह चमकृत होकर किताब के पन्ने उलट रहा था। उसके पीछे से कांस्टेबल *सुपारी या सुपारा* नामक लघु उपन्यास को घूर रहे थे। अचानक उसने खुद पर काबू किया। वह जानता था कि उसके जूनियर उसे नैतिक

स्खलन का दोषी समझ सकते हैं।

'रुको नहीं। इस कमबख्त बक्से को खाली करो।'

खुदाई जारी रही। लिबरेशन और पेकिंग रिव्यू की प्रतियाँ दिखाई देने लगीं। पेंगुइन की पेपरबैक किताबों ने बहुत सारी जगह घेर रखी थी, जिनके पीछे के कवर पर छपा था–अमेरिका और कनाडा में बिक्री के लिए नहीं। सब इंस्पेक्टर दहिया में विजयी भाव था। अंग्रेजी माध्यम के ये आवारा अवैध साहित्य को इकट्ठा कर रहे थे। यदि ये किताबें अमेरिका और कनाडा में गैर कानूनी हैं तो भारत में यह कैसे कानूनी हो सकती हैं। उसने अपने कर्मचारियों को बक्से की जब्ती का हुकुम दिया। इसे जीप पर लादने से पहले कांस्टेबलों ने मस्तराम की कुछ रसीली किताबें जेबों के हवाले की, और दहिया ने भी गुपचुप एक अश्लील किताब गायब कर दी जिसका शीर्षक था *लिपटन दी चाह*। उसने कॉमरेडों से कहा, 'तुम्हें पूछताछ के लिए हमारे साथ चलना होगा।'

एक कांस्टेबल ने दूसरे से कहा–'यह कौमनष्ट छोकरे हैं। कौम को नष्ट करनेवाले।' मातृभूमि की सेवा में दिन का एक अच्छा काम करने के बाद वे सन्तुष्ट होकर पुलिस चौकी के लिए रवाना हो गए।

वैयक्तिक निर्णय वह सामग्री है जिससे इतिहास का निर्माण होता है। छोटी-छोटी बातें युगान्तरकारी बन जाती हैं और खुद को महत्त्व देनेवाली बातें पानी का बुलबुला साबित होती हैं। भविष्य में कभी देखने पर ही अन्तर समझ में आता है। हमारे कॉमरेड श्रेष्ठ आदर्शों से प्रेरित हुए थे और इसके साथ-साथ अपरिभाषित शक्तियों से भी। प्रत्येक व्यक्ति उन आदर्शों को जानता था–प्रगति, राष्ट्रीय मुक्ति और साम्यवाद, इनकी अन्तर्धाराएँ उनके मानस में न होकर हृदय में थीं–अकथनीय और परेशान करनेवाली।

छापा पड़ने की खबर मिलने के बाद, और यह जानकारी लेकर कि कॉमरेड बुलू और तरुण ज्यादा परेशानी के बिना छूट जाएँगे, प्रणव उस शाम विजयनगर वापस लौटा। कुछ देर में दिव्या भी वहाँ पहुँच गई। पुलिस ने जिस तरह से मामले को गम्भीर बनाया था, उसे देखते हुए यह अच्छा ही था कि जब पुलिस वहाँ पहुँची तब वह और मोहन वहाँ मौजूद नहीं थे। जिन लोगों ने पेशेवर क्रान्तिकारी बनने का निश्चय किया है उन्हें कुछ फैसले करने होंगे। शाम बीतकर रात हो गई और रात्रि का भोजन किया जा चुका था। वे अकेले थे और एक साथ भी। दिव्या कई महीनों से अपनी भावनाएँ अपने तक रखे हुए थी, किन्तु इस नवीनतम संकट के बाद इसी तरह बने रहना सम्भव नहीं था।

'तुम कहाँ जाओगे प्रणव ?' दिव्या ने पूछा। वह बुलू के पलंग पर दीवार से सिर टिकाए अधलेटी अवस्था में थी।

'वास्तव में मैं कुछ कह नहीं सकता।' उसने पलंग के कोने पर नीचे बैठते हुए उत्तर दिया।

'तुम्हें कुछ तो मालूम होगा कि इसके बाद क्या होनेवाला है?'

'हाँ, हमने तय किया है कि मोहन और मैं पास के औद्योगिक क्षेत्र में जाएँगे, जहाँ हमारे कुछ परिचित हैं। उसके बाद मैं तराई के एक स्कूल में जा सकता हूँ, जहाँ...इससे ज्यादा मैं कुछ और नहीं कह सकता, और दिव्या तुम पूछना भी मत।' दिव्या उठी, उसने घुटनों को मोड़कर अपने हाथों को उन पर लपेट लिया, उसकी मुद्रा निराशा की थी। 'क्या तुम्हें यही करना है?' इससे पहले उसने यह बात नहीं कही थी।

'तुम जानती हो कि मैं यही करूँगा।'

'क्या तुम एक्शन में भी भाग लोगे?'

'मैं नहीं जानता...यदि परिस्थिति का तकाजा हुआ तो शायद।'

'परिस्थिति की माँग कभी नहीं होती प्रणव। हम कुछ करने का निर्णय खुद ही करते हैं, या फिर नहीं करते।'

यह सच था, और वह इसे जानता था। और अब वे किसी 'एक्शन' पर आगे बात नहीं करनेवाले थे। यह भी वे जानते थे। वातावरण में जो चीज थी, वह था उन्मूलन, वर्ग शत्रुओं का नहीं, बल्कि उन दोनों के बीच के फासले का। दिव्या ने अनुभव किया कि उसके सामने जो व्यक्ति बैठा हुआ है वह एक भयग्रस्त किशोर है। हालाँकि उसने बीस की उम्र पूरी कर ली है और वह दिखाने की कोशिश कर रहा है कि महान घटनाओं में अपनी भूमिका को लेकर वह आश्वस्त है। क्या उसने कभी किसी लड़की का चुम्बन लिया है? पुरुषों के साथ होनेवाले साधारण अनुभवों ने उसे प्रणव की तुलना में अधिक वयस्कता दे दी थी। वह उसे झकझोरना चाहती थी, कहना चाहती थी कि अब बड़े हो जाओ। उसे यदि महान कार्य करना भी है, तब भी लोगों के बीच और उन दोनों के बीच प्रेम और खुशी तो हो ही सकती है। क्या कभी वह सर्वहारा, भूमिहीन किसान और क्रान्ति के अलावा किसी भी विषय में कुछ भी महसूस करता है? वह मनुष्य से प्यार करती थी या किसी छाया से? फिर यह क्या है जो वह अपने से कह रही है, प्यार? उसके साथ? यह सब कितना विचित्र है? वे कहाँ थे, कल क्या होगा। जो भी हो, क्या उसे इस बात की चिन्ता है कि आज और अभी क्या होगा? पूरी दुनिया की उथलपुथल में वे क्यों फँस गए, और फिर क्रान्ति भी क्या है यदि यह लोगों को सुख नहीं दे पाती? खतरनाक विचार और भावनाएँ उसे आलोड़ित कर रही थीं। वह इस विचार से काँप उठी कि वह किसी भी समय खत्म हो सकता है, सिर्फ ईश्वर ही जानता है कि कहाँ और कब, और फिर उसे अकेले ही महीने? वर्ष? हमेशा के लिए? जीवन बिताना पड़ेगा, उन सम्बन्धों को याद करते हुए जो उन्होंने आपस में बनाए थे।

सायास मुस्कुराते हुए उसने अपना हाथ बढ़ाकर उसके चेहरे को छुआ–'तुम क्या

समझते हो कि तुम हो क्या, आधे पापी और आधे सन्त ?' प्रणव एक बीमार शिशु की तरह काँप गया।

उसने पूछा–'तुम क्या सोचते हो, क्या हम कभी साथ हो पाएँगे ?'

'साथ ? हाँ, निश्चय ही...क्रान्ति के बाद।'

दिव्या ने उसे अविश्वसनीय दृष्टि से देखा। उसके साथ कुछ गड़बड़ है, या फिर कॉमरेड इतने ही गूँगे हुआ करते हैं। 'प्रणव, तुम जानते हो कि मैं क्या कह रही हूँ।'

खामोशी।

उसने उठकर अपनी बाँहें उसके गले में डाल दीं और अपने चेहरे को उसके चेहरे के पास ले गई। पहला चुम्बन जाने कितनी बार लिया गया होगा, यह कितना साधारण पर अपने में कितना अनूठा, ईश्वर के अनुपम भेंट सरीखा। एक क्षण के लिए इस तथ्य से वह अभिभूत थी कि यह घटित हो रहा है। प्रणव ने अनायास उसके वक्षस्थल को छू लिया, और फिर वह वासना के प्रवाह में बहने लगे जो अनुभवहीनता और निग्रह के कारण अत्यधिक उद्दाम थी। दिव्या को लगा कि वह एक भयावह सन्देह से मुक्त हो रही है। जब वह उसे शान्त कर रही थी तब वह अनुराग से परिपूर्ण थी, और उसने अपने हाथों को उसके शरीर पर फेरा। यह पहला अवसर था जब वह किसी पुरुष के साथ नग्न हुई थी या उसे कामुकता के साथ सहलाया गया था। यह प्रथम अवसर था।

यह परमसुख स्थाई नहीं रहनेवाला था। प्रणव के लिए यह अन्तिम घातक विचलन था। उसके मस्तिष्क के एक भाग में कलकत्ता की शिप्रा की रूमानी छवि चिपकी हुई थी। दूसरा हिस्सा उससे कह रहा था कि वासनात्मक प्रेम को स्वीकार करना समर्पण के बराबर ही है। यह उसे उससे डिगा देगा जो वह करना चाहता है। इसलिए यौन तनाव से मुक्ति ने उसे कोमलता का अनुभव नहीं दिया उल्टे उसकी बेचैनी बढ़ गई। उसे नैसर्गिक रूप से लगा कि उसने जो कुछ पाया था उसे तत्काल गँवा दिया है। अब बहुत देर हो चुकी थी। अब बहुत कुछ दाँव पर लगा था। उसके कॉमरेड उस पर निर्भर थे, वह अपने लिए उस विलास की इजाजत नहीं दे सकता–लक्ष्य का क्या होगा ? प्यार के लिए सहजता चाहिए, लेकिन सहजता व्यवस्था की खुमारी का ही दूसरा नाम है। हताश होते हुए उसने अनुभव किया कि उनके बीच में इतिहास और मानवता खड़ी हुई है। और यह पुरुष और स्त्री के बीच में भी है।

दिव्या ने उसका चेहरा देखा, उसके पीछे हटने का अनुभव किया। क्रोध की एक लहर उमड़ी। उसने अपनी चोली पहनी, सलवार कमीज पहनी और अपमान का एक दंश अनुभव किया, हालाँकि उसकी असहायता को भी देख रही थी। वह उसे अब समझ चुकी थी। क्रान्ति करना ही वह अकेला रास्ता है जो प्यार से छूट दिला सकता है।

उसने अपने विचारों को, अपनी चीजों को और अपनी गरिमा को एकत्र किया

और उठकर खड़ी हो गई।

'मुझे अब जाना होगा।'

'दिव्या, प्लीज नहीं, अब बहुत देर हो चुकी है। इतनी रात में निकलना सुरक्षित नहीं है।'

'सुरक्षित? तुम लाल रास्ते पर चल पड़े हो। यूनिवर्सिटी की सड़क बेचारी उसके सामने क्या है?'

और वह जा चुकी थी।

10

क्या करें ?

विश्वक्रान्ति के ऐतिहासिक दायित्व और अपनी आँतों को खाली करने जैसे सांसारिक दायित्व के बीच का अन्तर निश्चित रूप से बहुत स्पष्ट है। पहले वाले के सुदीर्घ और सैद्धान्तिक व्यस्तता के बीच मोहन को दूसरा कहीं ज्यादा कठिन प्रतीत होता था। ओरुण दा की जमीनी सच्चाई की कठोरता को लेकर दी गई कड़ी चेतावनी के बावजूद वह इन्द्रियों पर होनेवाले उन संत्रासों के लिए तैयार नहीं हो पाता था जो उसे शौच के समय होते थे। यह जमीनी सच्चाई थी! इस दृष्टि से किसान, शहरी सर्वहारा और मध्यमवर्गीय क्रान्तिकारियों की सापेक्ष्य स्थितियों का तुलनात्मक अध्ययन शिक्षाप्रद था। ऐतिहासिक दृष्टि से कृषकों पर यह भव्य जिम्मेदारी थी कि वह नई लोकतांत्रिक क्रान्ति की अगुवाई करें, लाल सेना बनाएँ और देहातों से निकलकर शहरों को घेर लें। शहरी सर्वहारा को राजनैतिक रूप से परिपक्व कार्यकर्ता ग्रामीण क्षेत्रों में पहुँचाने थे, लेकिन एक वर्ग के तौर पर इनकी भूमिका अधिक चुनौतीपूर्ण नहीं थी। शहरों के पेटी-बुर्जुआ क्रान्ति और प्रतिक्रिया के बीच झूलते रहेंगे, किन्तु मध्यमवर्गीय कॉमरेड पार्टी के लिए विचारधारा सम्बन्धी दायित्वों का निर्वाह करेंगे।

लेकिन जब हगने का समय हो तो उनकी भूमिकाएँ बदल जाती हैं। किसानों के लिए अपने गाँवों के आसपास की जमीनों पर हगना आसान था। भू-सम्पत्ति के अर्द्धसामन्ती सम्बन्ध इस काम में कोई बाधा नहीं खड़ी करते और वे स्वस्थ वातावरण में धमाके के साथ अपनी अंतड़ियों की सफाई कर सकते हैं। कामगार वर्ग की स्थिति कम सुखद है, औद्योगिक क्षेत्र के सार्वजनिक शौचालय रुके पड़े हैं। उनमें तेज बदबू होती है और वे हमेशा भरे रहते हैं। तमाम बस्तियों में शौचालय हैं ही नहीं, और लोग दिशा-मैदान के लिए आसपास की खुली जगहों का आसरा लेते हैं। चूँकि ये जगहें सीमित हैं इसलिए उन्हें मल के उन ढेरों से पहचाना जा सकता है जो आकार, रंग और प्राचीनता में जुदा होते हैं।

वर्ग के रूप में पेटी-बुर्जुआ की स्थिति विशिष्ट है (आवासीय क्षेत्रों और आर्थिक हैसियत के अनुसार वह उकड़ूँ की जगह ठीक से बैठ सकते हैं)। विशेष रूप से यही

कारण है कि मध्यम वर्ग को मलविसर्जन की अपनी आदतों का तालमेल शोषित वर्ग की अन्धकार भरी स्थिति के साथ बैठाने में कठिनाई होती है। मार्क्सीय अन्तर्बोध को ध्यान में रखते हुए कि सामाजिक व्यक्तित्व से ही सामाजिक चेतना का निर्धारण होता है, यह सम्भव है कि क्रान्तिकारी चिन्तन में प्रायः उल्लिखित आत्म-बलिदान के पीछे परिवर्तनवादी छात्रों का अर्द्ध-औपनिवेशिक भारत के मैदानों और शौचालयों में हुए अनुभव रहे हों।

इस तरह के धर्म निन्दक विचार मोहन के मन में आ रहे थे जब वह तीन नम्बर चौकी के मैदान में अल्स्सुबह के उजाले में हगने बैठा था। इस गन्दी बस्ती को दिल्ली की सराय रोहिल्ला से उत्तर की दिशा में जाती हुई रेल लाइन के क्रॉसिंग से यह नाम मिला था। शास्त्रीनगर से कुछ दूरी पर यह गारे और ईंटों से बनी हुई बेतरतीब झोंपड़ियों का समूह था। इसकी कीचड़ भरी गलियों के खुले हुए परनालों में रसोई का कचरा और बच्चों की टट्टियाँ बहती रहती थीं। मैदान रेल लाइन के पास था। ऊबड़-खाबड़ मैदान में साफ-सुथरी जगह को तलाश पाना मुश्किल होता था। इसके साथ बुजुर्आ किस्म की निजता का सवाल भी था जो जल्दी ही पचे हुए भोजन के दुर्गन्ध और सुअरों के धकापेल में नष्ट हो जाती थी। ऐसी-की-तैसी इस विनम्रता की, लेकिन कोई व्यक्ति अपनी आँतों की सफाई कैसे कर सकता है जब जल्दी-जल्दी अपने नाश्ते का इन्तजार करते हुए सुअर चारों तरफ से उस पर अपनी पैनी आँखें टिकाए थे? यह केवल घृणास्पद ही नहीं, बल्कि व्यवधानकारी भी था—सुअरों को पत्थरों से दूर रखने के साथ ही जल्दी-जल्दी विभिन्न क्रियाएँ और शारीरिक हरकतें भी करनी होती थीं, जो उसे चीन की ग्रेट लीप फॉरवर्ड के समान लगती थी।

मोहन के दिवास्वप्न देखनेवाला चरित्र अब खत्म हो रहा था। अन्य जगहों पर उसका व्यवहार कैसा भी हो, मैदान में आते ही उसकी एकाग्रता बढ़ जाती थी। सुबह के इन कसरतों का परिणाम चिड़चिड़ेपन से भरे मूर्तिभंजक सैद्धान्तिक सोच के रूप में सामने आया। संयुक्त मोर्चे का सिद्धान्त क्रान्तिकारी कला की समस्या और किसान-मजदूर एकता के साथ-साथ उसे लगा कि कम्युनिस्ट आन्दोलन को मलत्याग के प्रश्न का भी सैद्धान्तिक विश्लेषण करना चाहिए। क्या हगना शारीरिक कार्यों में आधारभूत क्रिया नहीं है जो एक सफल कार्यदिवस के मूल में होती है? मार्क्सवाद ने आधार और संरचना के समाजशास्त्रीय विभाजन की खोज की। क्या मल आधार और प्रत्येक दूसरी चीजें अधिरचना नहीं हैं? इस मानक पर कामगार वर्ग की मुक्ति का सीधा सम्बन्ध उस सहजता से है जिससे वह मलत्याग करता है। इसके विपरीत यह भी कहा जा सकता है कि मलत्याग में होनेवाली अत्यधिक परेशानी क्रान्तिकारी चेतना को विकसित करने के लिए महत्त्वपूर्ण कारक है। सबसे पहले स्वामित्व का सवाल था। चीन के किसानों के पेशाब और मलसामग्री पर भूस्वामी अधिकार करके उसे खाद बनाने के काम में

लाते थे। यानी कि किसानों का अपनी टट्टी–पेशाब तक पर अधिकार नहीं था। क्या यह शोषण के परिदृश्य का अन्तिम बिम्ब नहीं है ? क्रान्तिकारी विचारकों को तत्काल ही कृषक विद्रोह के पाचन संस्थान सम्बन्धी पक्ष पर सोचना आवश्यक हो गया। इस गम्भीर प्रश्न का हल क्रान्तिकारी तैयारियों की सफलता की कुंजी था। हगने का सवाल ऐतिहासिक प्रगति की वैयक्तिक स्थिति न होकर वस्तुगत स्थिति थी। राजसत्ता बन्दूक की नली से निकलती है यह मानना भूल थी। नहीं, यह शौचालयों की नालियों में होकर बहती है! दीवारों पर यह नारा लिखा जाना चाहिए था, *राजसत्ता लैट्रीन की नाली से निकलती है! पैखाना या मौत!* महान लेनिन ने कई दशक पहले एक वाग्मितापूर्ण प्रश्न पूछा था, *क्या करें?* बेकार का सवाल है! मोहन ने सोचा, कामगार वर्ग हमेशा से जानता है कि उसे क्या करना है। असल सवाल तो यह है कि कहाँ और कैसे करें। ब्लादीमीर इलिच लेनिन को इसका पूर्वाभास भी नहीं रहा होगा कि उनके प्रसिद्ध पेम्फलेट को इस साहित्यिक रूपक में ढाला जाएगा।

कई अन्य जरूरी समस्याएँ भी थीं। तीन नम्बर की चौकी की खोली मोहन और प्रणव की शरणस्थली थी। विजय नगर में पुलिस का छापा पड़ने से पहले शम्भू की सहायता से उन्होंने उसे किराए पर लिया था, लेकिन वह कभी–कभी ही वहाँ रुकते थे। छापे के बाद वे हर रात वहाँ ठहरने के लिए विवश हो गए। मिशन कॉलेज में हुए एक हुड़दंग के बाद उनके गुट के एक चश्माधारी जूनियर कॉमरेड राहुल को भी वहाँ पनाह लेनी पड़ी। वह इस मलिन निवास का एक हिस्सेदार बनकर वहाँ रहने लगा, जहाँ सामान के नाम पर सिर्फ सुतलियों वाली एक चारपाई और पानी से भरा हुआ मिट्टी का घड़ा था। इस घड़े में सेलोफेन की परतों में लिपटी हुई पिस्तौल थी, जो जनसेना के लिए उनका योगदान बननेवाली थी। वहीं मिट्टी के तेल का एक स्टोव, चाय बनाने के लिए लम्बे हैंडिल वाली एक पतीली, और कुछ चम्मच और गिलास भी थे।

दैनिक जीवन कठिन था। नाश्ते में चाय और मठरी होती थी। भोजन ढाबों में किया जाता था। पाचन क्रिया बिगड़ गई थी और मैदान जाना एक समस्या बन गई विशेष रूप से कॉमरेड राहुल के लिए। अभी कल तक वह होस्टल का खाना खाता रहा था। उसने बस्ती के गन्दे माहौल और बदबूदार नालियों से समझौता करने की जी–तोड़ कोशिश की, वह प्राय: अर्द्ध–औपनिवेशिक व्यवस्था में भारतीय जनगण की असहनीय पीड़ा का उल्लेख करता था, जिसे बदलने के लिए बलिदानों की जरूरत है, इत्यादि।

एक रात दस बजे के बाद राहुल को हाजत लगी। यह अनाहूत असुविधा थी। वे दिनभर के बाद लौटे थे। प्रणव और मोहन चारपाई पर बैठे थे और नवागत फर्श पर बिछी चटाई पर। खिड़की में तेल का एक दीया जल रहा था।

'मुझे लगता है, मैं जाकर टट्टी कर आऊँ।' राहुल ने अचानक कहा।

'वहाँ एक बोतल है।' प्रणव ने कहा–'तुमने मैदान देखा ही है, ज्यादा दूर मत जाना।'

राहुल ने बोतल को पानी से भरा और लकड़ी की खड़ाऊँ पहन ली जो वह अपने साथ लाया था और अच्छे दिनों में उसके स्नानघर की साथी थी। वह अन्धी गली में उतरा और अँधेरे में खो गया।

मोहन और प्रणव चारपाई पर उलटते-पुलटते राहुल की विचित्र आदतों पर बात करने लगे। अब वह तब तक नहीं सो सकते थे जब तक राहुल लौट नहीं आता। प्रणव ने कलकत्ता आए दो जापानियों के सम्बन्ध में एक चुटकुला सुनाया, जिनके नाम बोकाचो और नेकाचो थे। मोहन को करनैल सिंह और जरनैल सिंह का एक लतीफा याद हो आया। दोनों हँसे। पास ही में एक कुत्ता भौंक रहा था, जो गली के कुत्तों के खानदान का था, जो खाते भी गलियों में थे और उनके मैथुन की जगह भी ये गलियाँ-दर-गलियाँ ही थीं और रात भर उनकी बाआवाज गोष्ठियाँ चलती रहती थीं।

'उस छोकरे को भी इतनी रात को ही हाजत लगनी थी।' प्रणव ने कहा–'अच्छा तो यही होगा कि वह जल्दी से लौट आए।'

'वह लौट ही आएगा। उसे मैदान की सीनरी अच्छी थोड़े ही लगेगी। क्या तुम्हें लगता है कि बस्ती की औरतें वहाँ इस समय होंगी?'

'नहीं। वे अँधेरा होने के कुछ देर बाद शौच के लिए जाती हैं। इस वक्त नहीं।'

एक कुत्ता फिर भौंका, इस बार वह कुछ दूरी पर था। उसे तभी एक वार्ताकार मिल गया, और उन्होंने आपस में दुआसलाम की। प्रणव को अचानक कुछ याद आया–'क्या तुम्हें मालूम है–राहुल को कुत्तों से बहुत डर लगता है।'

'क्या वाकई में?' और उन्होंने एक दूसरे को शरारत से देखा।

'हाँ, पिछले कैडेट ट्रेनिंग कैम्प में वह गोलियों वाले इलाके के बाहर एक कुत्ते से टकरा गया। तुमने उसे देखा होता। वह डर से उछलकर सूबेदार की पीठ पर ही बैठनेवाला था।'

'मैं कहता हूँ कि यदि दोगले कुत्ते अभी इस समय उसकी गतिविधियों की खोजबीन करें तो?'

तब तक कुत्तों का शोर अपने सर्वोच्च स्वर तक पहुँच चुका था। कहीं दूर एक मामूली से विवाद में उनकी बहस गम्भीर मतभेदों तक आ गई थी। प्रश्न था कि वे आपस में बहस कर रहे थे या किसी वर्गशत्रु से। सम्भावित स्थिति को लेकर मोहन और प्रणव ने ठहाके लगाए। प्रणव के ठहाके में चिढ़ाने का तंज था।

वह फूट पड़ा–'हाँ, यही हो सकता है। कौन से स्वाभिमानी कुत्ते अपने खेल के मैदान में रात के इस समय खड़ाऊँ वाले राहुल को बरदाश्त करनेवाले हैं? यह उनकी स्वायत्तता पर खुला अतिक्रमण है!'

भौंक अब आनेवाले तूफान का संकेत दे रहा था। कॉमरेडों ने अपने को अपरिहार्य स्थिति के लिए तैयार किया। अचानक दरवाजा धमाके के साथ खुला और छोटी-सी खोली में बदहवास राहुल ने प्रवेश किया, वह भयाक्रान्त चीख रहा था, लुंगी, उसकी टाँगों के बीच फँसी हुई थी, बोतल कहीं छूट चुकी थी, बाएँ पैर में एक खड़ाऊँ थी, दूसरी प्राणान्तक संघर्ष में कहीं खो गई थी, पैर और जाँघों में मल लिथड़ा हुआ था। कई कुत्ते 'यह मंजूर नहीं है' के समवेत स्वर में गरज रहे थे, जब उसने धड़ाक से दरवाजा बन्द किया तो कुत्तों के दाँत उसकी एड़ियों तक पहुँचने ही वाले थे। राहुल को उन्होंने इतना हिंसक पहले कभी नहीं देखा गया था।

'मादरचोद कुत्ते! तुमने मुझे पहले आगाह क्यों नहीं किया कॉमरेड।'

प्रणव बुदबुदाया–'मैंने तुमसे कहा था कि दूर मत निकल जाना।' वह प्रहसन के आनन्द को मुश्किल से दबा पा रहा था। 'यह पिछलग्गू कुत्तों का प्रतिशोध है।'

'बकवास! उन्होंने कहीं से अचानक आकर हमला कर दिया। मुझे रत्तीभर अन्देशा नहीं था। मैं कटते-कटते रह गया! हे ईश्वर मुझे अब इंजेक्शन लगवाने पड़ेंगे!'

कॉमरेडों ने उसे दिलासा दिया कि अगर उसे खरोंच भर आई है तो इंजेक्शनों की जरूरत नहीं पड़ेगी। लेकिन राहुल डर से काँप रहा था। काफी देर बाद जब कुत्तों का झुंड निराश होकर बिखर गया तो उसने अपनी सफाई शुरू की।

'लेकिन कॉमरेड, क्या तुम हग पाए?'

'उसकी चिन्ता मत करो! इन कुत्तों को हटाओ, मैं उनसे नफरत करता हूँ?' राहुल को अपने कॉमरेडों के परिहास पर गुस्सा आ रहा था। लेकिन वह कर भी क्या सकता था। वे इस तरह हँस रहे थे जैसे कोई बाँध टूट गया हो, प्रणव इसमें विशेष रूप से आगे था। राहुल ने शरीर से टट्टी को साफ करते हुए अपनी नजर ऊपर नहीं उठाई। जिस सावधानी से वह उस काम में लगा था, उससे पता चलता था कि स्वच्छता के प्रति कितना समर्पित है।

'यह मजाक की बात नहीं है'–उसने कटुता के साथ कहा।

१०

मिशन कॉलेज के कॉमरेड अपने क्रान्तिकारी दायित्वों को पूरा करने में जुट गए थे। संघर्ष के इलाकों में जाने को लेकर विचार-विमर्श हो रहा था। जब तक कि उनके दूर-दूराज के इलाकों तक सम्पर्क बनें तब तक वे दिल्ली के आसपास के ग्रामीण और औद्योगिक क्षेत्रों में राजनैतिक प्रचार की सम्भावनाएँ तलाशते रहे। इसी तरह की एक जगह बल्लभगढ़ थी, दिल्ली से बीस मील दूर एक औद्योगिक नगर। वहाँ कॉमरेड (दर्जी) तुलसीराम अपनी पत्नी और दो बच्चों के साथ रहता था। बस्ती के बाहर उसका आवास एक झोंपड़ी में था। यह एक पोखर के किनारे थी जहाँ उसने मुर्गियाँ पालने

के लिए एक दड़बा बना रखा था। इस मामूली-सी बसाहट में शामिल अन्य प्राणी थे दो देशी कुत्ते, एक काला सफेद आक्रामक दोगला कुत्ता जिसकी दुम हमेशा ऊपर उठी रहती थी और जिसका नाम निक्सन था। एक छोटा कुत्ता भी था, जिसकी आँखों के नीचे भूरे घेरे थे और जिसे केनेडी का नाम दिया गया था। और इस तरह से अमेरिकी साम्राज्यवाद का प्रतिरोध बल्लभगढ़ में किया जा रहा था। तुलसीराम ने भारतीय कम्युनिस्ट पार्टी की अपनी सदस्यता बरकरार रखी थी लेकिन गुप्त रूप से वह अति वामपन्थियों की सहायता करता रहता था। कभी-कभी वह उन कॉमरेडों की अगवानी भी करता था जो रेडगार्ड के सर्वहारा ब्रह्मांड में प्रवेश कर रहे होते थे। हाल ही में दिल्ली के तदर्थ पार्टी सेक्रेटरी ने उसके पास एक दुबला-पतला प्रताप नामक युवक भेजा था जिसे फरीदाबाद के औद्योगिक क्षेत्र के श्रमिकों से कड़ियाँ जोड़ने की जिम्मेदारी दी गई थी। उसने उसके रहने की एक जगह का बन्दोबस्त किया और स्टील रोलिंग मिल में मामूली काम की व्यवस्था कर दी जो उसकी झोपड़ी से चलकर तीस मिनट की दूरी पर थी। प्रताप हर शाम तुलसीराम के पास आता था, मकसद यों तो राजनैतिक चर्चा का था, लेकिन वस्तुतः रिपोर्ट देने लायक प्रगति न होने के कारण वे इससे अपना अकेलापन दूर करते थे।

कभी-कभी तुलसीराम को कॉमरेड हरिओम के आगमन का भी सौभाग्य मिल जाता, जो नवगठित सीपीआई (एमएल) की क्षेत्रीय शाखा के नेतृत्व का दावेदार था। हरिओम कुछ दिन तुलसीराम की झोंपड़ी में ठहरते और असहाय श्रमिक वर्ग से सहानुभूति रखनेवाले कुछ लोगों के साथ बैठकें करते थे, जिन्हें तुलसीराम ने इकट्ठा किया होता था। ये बैठकें रात में होती थीं, और इनमें एकालाप के बाद प्रश्नोत्तरी का दौर चलता था। नेता सबसे ज्यादा आरामदायक चारपाई पर आसन जमाता था, जबकि सम्भावित कैडर झोंपड़ी के आस-पास अपनी जगह खोज लेते थे या फिर जमीन पर बैठ जाते थे। इन बैठकों में से कुछ में प्रताप उपस्थित होता था और बहुत कोशिश करता था कि सीनियर कॉमरेडों से राजनैतिक विवाद में न उलझे। जब हरिओम फुरसत में होता तो बच्चों से अपने लिए अंडों की भुजिया बनाने के लिए कहता, और खुद गोल की गई चटाई से सिर, पीठ और कन्धे टिकाकर लेट जाता, इस समय वे जो भी सुनना चाहे उन्हें क्रान्ति की रणनीति समझाता था। यह प्रायः नहीं हो पाता था, क्योंकि तुलसीराम शहर के बाजार में अपनी दुकान के लिए जल्दी निकल जाता था। और बिन्दिया अकेली रह जाती थी। सामाजिक शिष्टाचार की भावना हरिओम को उसके साथ राजनैतिक संवाद करने से रोकती थी। यह ठीक ही था क्योंकि वह उसकी तरफ थोड़ा-सा भी ध्यान नहीं देती थी। एक दिन तुलसीराम भरी दोपहरी में पर्चों का एक बंडल लेने घर वापस लौटा। नेता ने इसका फायदा उठाया।

'तुम जानते हो तुलसीराम नेतृत्व द्वारा पारम्परिक हथियारों के प्रयोग पर मैं उससे

इत्तिफाक नहीं रखता हूँ। हमें जनता को उन सभी हथियारों के इस्तेमाल की इजाजत दे देनी चाहिए जो उन्हें मिल सकते हैं। बिहार के कॉमरेड सत्यनारायण मुझसे सहमत हैं। 'गोली से उड़ा दो' वे कहते हैं। वे अखिल भारतीय केन्द्रीय समिति में भी हैं।'

'हाँ, कॉमरेड।' दर्जी ने उत्तर दिया, जो इस बात पर गर्व अनुभव कर रहा था कि उसे ऊँचे नेतृत्व वाले व्यक्तियों से तर्क करने का अवसर मिला है। 'लेकिन आधुनिक राइफलें और पिस्तौलें हासिल करने में भारतीय किसानों को दिक्कत आएगी।'

'नॉनसेंस!' एक मुर्गे को भूखी नजरों से देखते हुए हरिओम ने कहा, 'देखो, पार्टी के केन्द्र ने अब भूमिहीन किसानों के लिए नीति बनाई है कि किन्हीं परिस्थितियों में वे सशस्त्र पुलिस से हथियार छीन सकते हैं। रणनीति और युक्ति में द्वन्द्वात्मक सम्बन्ध होता है। रणनीति निर्धन किसानों पर निर्भर रहने की है। लेकिन युक्ति होना चाहिए कि हम सैन्यशक्ति हासिल करें। क्या तुम मुझसे सहमत नहीं हो कॉमरेड?'

तुलसी ने हरिओम की बुद्धिमत्ता की सराहना करते हुए यह भी कहा कि हमें यह प्रश्न केन्द्रीय समिति पर छोड़ देना चाहिए।

तुलसीराम हरिओम से ऊब चुका था, किन्तु लक्ष्य के प्रति निष्ठा के कारण सारी बातों को झेल रहा था। उसने लौटना चाहा, लेकिन इससे पहले नेता रात के खाने में चिकन करी बनाए जाने का इसरार कर चुके थे। दयाभाव से उन्होंने यह भी कहा कि कॉमरेड प्रताप भी इसका आनन्द लेगा। तुलसी की बीमार और कमजोर पत्नी बिन्दिया के लिए करी बनाना एक कष्टदायक कार्य था। एक अभागे मुर्गे को चुना गया, पीछा करके उसे पकड़ा गया और जिबह कर दिया गया, दड़बे के आसपास खून और पंख फैल गए थे। पत्थर के सिलबट्टे पर अदरक, लहसुन, लालमिर्च की पिसाई हुई। चूल्हे पर मसाला भूनने से उठनेवाला धुआँ झोंपड़ी में भर गया और इससे श्वासावरोध और खाँसी की परेशानियाँ हुईं। एक घंटे के लगभग बीत जाने के बाद ताजी रोटियाँ सेंकी गईं और पुरुषों को भोजन का बुलावा दिया गया। सदा की तरह तुलसी जमीन पर बैठा था। प्रताप और सीनियर कॉमरेड चारपाई के सामने स्टूल रखकर अपनी स्टील की रकाबियाँ थामे बैठे हुए थे। कॉमरेड हरिओम ने रुचिपूर्वक भोजन ग्रहण किया, गोश्त को चबा लेने के बाद उन्होंने अपने नकली दाँत निकालकर रख दिए ताकि शोरबे के स्वाद का मजा ठीक से ले सकें। कुत्तों ने शायद उस परेशानी को समझ लिया था जो मेहमानों की वजह से उनके मालिक को हो रही थी क्योंकि निक्सन ने उस प्लेट की छानबीन की जिसमें चूसी हुई हड्डियाँ रखी हुई थीं और दाँत उसके पास पड़े थे, और शरमाते हुए नेता के नकली दाँतों को लेकर फरार हो गया। इस हानि का पता कुल्ला करते हुए ही चल पाया और कुहराम मच गया।

'मेरे दाँत कहाँ चले गए?'

तुलसीराम ने पूछा–'कॉमरेड आपने आखिरी बार कहाँ देखा था?'

'क्या कहना चाहते हो, मैंने उन्हें आखिरी बार कहाँ देखा था—मैंने अभी-अभी यहाँ प्लेट पर उन्हें रखा था!'

'दिख तो नहीं रहे...क्या आपको ठीक से याद है यहाँ? निक्सन! केनेडी!'

तुलसीराम तेजी से बाहर गया और उसने बच्चों को दाँतों की खोज में लगा दिया।

कई आवाजें और गालियाँ देने के बाद निक्सन पोखर के किनारे पर मिला, जो चिकन की कुछ हड्डियाँ चाटने के बाद उनींदा-सा पीछे देख रहा था। जाहिर था कि खाद्यपदार्थ के रूप में उसे दाँतों से निराशा हुई थी और वह पानी के पास पड़े हुए थे।

केनेडी को भी उनमें कोई रुचि नहीं थी। क्रान्तिकारी चर्वण के औजार को सनलाइट साबुन से अच्छी तरह धोया गया और सीनियर कॉमरेड को सौंप दिया गया। बच्चे हँस रहे थे और प्रताप अचानक खाँसने लगा। बिन्दिया खुद पर नियंत्रण नहीं कर पा रही थी हालाँकि उसने कुत्तों को नजर से दूर भगा दिया था।

'हूँ!' हरिओम सन्दिग्ध दृष्टि से दाँतों को देखते हुए बोला—'साले, बदमाश कुत्ते हैं। उनके चूतड़ों पर लात लगनी चाहिए।'

'हाँ कॉमरेड, लेकिन सिर्फ काला कुत्ता...इसीलिए मैंने उसका नाम निक्सन रखा है। केनेडी उतना बुरा नहीं है।'

11

छितराव

1970 के दिसम्बर में, पवन चोपड़ा को जानकारी मिली कि सीनियर कॉमरेड प्यारे लाल को गिरफ्तार कर लिया गया है। अधिक चिन्ताजनक तथ्य यह था कि वह अपने पास एक डायरी रखता था जिसमें उत्तरी क्षेत्र के अधिकांश सम्पर्कों के नाम, पते और टेलीफोन नम्बर दर्ज थे। पवन ने मान लिया कि यह डायरी पुलिस के हाथ लग गई है। उसने कॉमरेडों को बिखर जाने के लिए सूचना भेजी। गिरफ्तारी से बचने के लिए अज्ञात कॉमरेडों को घर खाली करने पड़े या काम छोड़ना पड़ा। हरिओम जैसे नेताओं को अपनी आदत में शुमार हो चुकी गतिविधियों को छोड़ने में दिक्कत आई। जूनियर कैडर को राष्ट्रीय राजधानी से तत्काल बाहर चले जाने के निर्देश दिए गए।

रथिन पहले ही आनन्द नाम के एक युवा कॉमरेड के साथ उत्तर बिहार के लिए निकल चुका था। उन दोनों को अपनी सूचनाएँ पार्टी की पूर्णिया-मालदा सीमान्त क्षेत्रीय समिति को पहुँचानी थीं। इस संकट का प्रभाव सिन टॉ जैसे कॉमरेडों पर नहीं हुआ जिन्होंने ऐसा कोई काम नहीं किया था जो पुलिस के संज्ञेय अपराध की श्रेणी में आता हो। प्रणव की उग्र मान्यताएँ यथावत थीं, लेकिन वह बिहार या पश्चिम बंगाल में सशस्त्र संघर्ष के संयोजक के रूप में काम करने की अपनी क्षमता के प्रति संदिग्ध था। दिल्ली में पार्टी सेक्रेटरी ने उसे यही दो विकल्प दिए थे। उसके पिता की हैसियत इस हिचक का कारण थी। उसने समय काटने के लिए ही उत्तर पश्चिमी उत्तर प्रदेश के एक कस्बे, बिजनौर के एक सरकारी स्कूल में बच्चों को पढ़ाने की नौकरी कर ली। स्कूल का हेडमास्टर एक सिम्पेथाइजर था और कभी पंजाब में सक्रिय क्रान्तिकारी रहा था। स्थिर हो जाने के बाद प्रणव ने खुद से कहा कि जैसे ही परिस्थितियाँ इजाजत देंगी वह गतिविधियों में कूद पड़ेगा। वे सभी जानते थे कि आगे का रास्ता लम्बा और पीड़ादायक है। मोहन को बल्लभगढ़ में अपनी नौकरी छोड़नी पड़ी जहाँ वह प्रताप के नाम से काम कर रहा था, और वह गढ़वाल की तराई के एक कृषिफार्म में चला गया। पार्टी सिम्पेथाइजर द्वारा लिखे गए पत्र के आधार पर उसे वहाँ अस्थायी मजदूर के रूप में

काम मिल गया। फार्म का मालिक विभाजन पूर्व के पंजाब से आया हुआ एक विस्थापित पंजाबी था, मार्क्सवादी शब्दावली में एक धनी किसान। फार्म बिजनौर से बाहर कुछ मीलों की दूरी पर था। अलग होते समय प्रणव और मोहन के बीच यह सहमति हुई कि वे सम्पर्क बनाए रखेंगे। प्रणव ने महसूस किया कि उसे कलकत्ता जाना चाहिए जहाँ वह अपने परिवार से मिल सके, और अपने स्कूल के दिनों की पुरानी मित्र शिप्रा से भी।

अपने निकटतम लोगों से सम्बन्ध-विच्छेद करनेवाली स्थितियों में संवाद की कठिनाइयाँ सामने आती हैं। हम भय और आक्रामकता से क्षुब्ध हो जाते हैं। हम जानते हैं कि हम सही हैं, पर हम यह भी जानते हैं कि हमारे आग्रह उन्हीं लोगों के लिए घातक हैं जिन्हें हम प्यार करते हैं। जब सत्य और प्रेम में टकराव होता है तो अपने विश्वासों तक को व्यक्त करने में अक्षम हो जाते हैं। फिर हम अपने सत्य को किस तरह कहें? अच्छे समय तक में यह एक भारी सवाल है। 1921 में चीनी लेखक लु शून ने एक उपन्यासिका लिखी थी *आह क्यू की सच्ची कहानी*। इसमें एक नाकारा किसान का जीवन वर्णित था, और उसकी शुरुआत हुई थी बिल्कुल भुला दिए जाने लायक व्यक्ति के जीवन-चरित्र को शीर्षक देने की कठिनाइयों से। उन्होंने कन्फ्यूशियस को उद्धृत किया : 'यदि नाम सही नहीं है तो शब्दों में सत्य ध्वनित नहीं होगा।' लु शून को अपनी कहानी के लिए उचित नाम मिल गया, और इस प्रक्रिया से हमें सत्य के श्रुत्यात्मक गुण का पता चलता है। यही कारण है कि चीजें ध्वनि की अनुपस्थिति में हमें सत्य या असत्य लगने लगती हैं।

लेकिन उचित शब्दों से भी कभी-कभी बात नहीं बनती। बाइबिल में कहा गया है कि सत्य हमें मुक्त करता है। समस्या यह है, जैसा कि दोस्तोएवस्की ने कहा है मनुष्य मुक्त ही नहीं होना चाहता। वह विद्रोह करता है लेकिन विप्लव से भयभीत होता है। जैसे ही वह अपने विकल्प को खोजकर सोचना और क्रियान्वित करना शुरू करता है, वह किसी ज्ञान-वृक्ष की छाया में, अथवा किसी सत्य के समादेशक की मजबूत बाँहों की ओर भागता है। यहाँ उसे बताया जाता है कि उसे क्या देखना, क्या सुनना और क्या विश्वास करना चाहिए। जब अन्त में बहुआयामी सत्य सामने आता है, महान आदर्शों और विशिष्ट तथ्य का द्वन्द्व निरर्थक सम्भाषण अथवा मौन में परिणत हो जाता है। यह सचेत मौन नहीं होता। इसका कोई साम्य विज्ञों के गाम्भीर्य अथवा साधकों की अनासक्ति से नहीं होता। यह उस खामोशी के निकट है जो उस राजसभा में थी जहाँ द्रौपदी को निर्वस्त्र किया जा रहा था, और उन लोगों का विभ्रम जो देखते हुए भी देख नहीं रहे थे, सुनते हुए भी सुन नहीं रहे थे। हमारे सामने परिचित चेहरे आते हैं, लेकिन

उन्हें कहने के लिए हमारे पास कुछ नहीं होता।

क्रिसमस की छुट्टियों में प्रणव कलकत्ता पहुँचा। वह भूमिगत जीवन में प्रवेश करने से पहले अपने माता-पिता से मिलना चाहता था। वह उन्हें इसकी जानकारी तो देना नहीं चाहता था, लेकिन यह बताना चाहता था कि वह एक शक्तिशाली नैतिक दायित्व का अनुभव कर रहा है। साथ ही यह भी अपेक्षा रखता था कि वह जो कदम उठानेवाला है उसकी प्रशंसा शिप्रा करे। उसे अभी ही पता चलनेवाला था कि उसके आत्मीय घेरे में प्रत्येक व्यक्ति अब उस जैसी मनोदशा में नहीं है और समय के प्रवाह ने लोगों को वहाँ से हटा दिया है जहाँ उसने उन्हें आखिरी बार देखा था। और यह कि उसकी प्रतिबद्धताओं को यथावत् रखने के लिए सुदृढ़ भावनाओं की जरूरत है।

जब उनकी भेंट हुई तो शिप्रा ने आग्रह किया कि उन्हें काका-काकी से मिलने जाना चाहिए। अपनी राजनीति पर अबनि के आलोचनात्मक रवैये को देखते हुए प्रणव को हिचक हो रही थी। लेकिन शिप्रा को खुश करने, और वयोवृद्ध दम्पती के प्रति समादर की जीत हुई। यह बीस दिसम्बर की शाम थी और अबनि काका गहन शोक में थे, उन्हें अभी-अभी जादवपुर विश्वविद्यालय के उपकुलपति गोपालसेन की हत्या का समाचार मिला था। जब उनकी भतीजी और प्रणव ने उनके अध्ययन कक्ष में प्रवेश किया तो हमेशा की तरह मुस्कुराकर उन्होंने उनका स्वागत नहीं किया। 'कलकत्ता की किस पीढ़ी को इससे ज्यादा निर्ममता देखनी पड़ेगी ?' उन्होंने पूछा और उनसे निगाह हटाकर वे खिड़की की सलाखों के पार देखने लगे। शिप्रा को अचानक वे कहानियाँ याद हो आईं जो उन्होंने 1943 के बंगाल अकाल के सम्बन्ध में सुनाई थीं, जब कलकत्ता की सड़कें लाशों से पटी पड़ी थीं, और भूखे ग्रामीण घर- घर जाकर प्याला भर माँड़ की भीख माँग रहे थे। शिप्रा ने हमेशा प्रफुल्ल रहनेवाले उनके चेहरे को देखा, माथे पर गहरी सलवटें थीं। उसने पूछा-'हलो काका, क्या कुछ हो गया है ?'

'मैंने आशा की थी कि तुम्हारी पीढ़ी को वह सब नहीं देखना पड़ेगा जो हमने सहन किया है।' वे अस्वाभाविक स्वर में कह रहे थे-'उन्होंने यह सब क्यों किया ? उन्होंने गोपाल को उसके उत्कर्ष काल में क्यों काट फेंका ? वह एक प्रथम श्रेणी का इंजीनियर था, एक समर्पित शिक्षक था। वह वर्ग-शत्रु कैसे हो सकता है ?'

वे क्या कह रहे थे, इसका अनुभव शिप्रा ने किया। एक भयावह पूर्वाभास मूर्तिमान हो गया था। उपकुलपति ! उसने अर्द्ध औपनिवेशिक शिक्षा व्यवस्था के सम्बन्ध में सुन रखा था, शैक्षणिक नौकरशाही की भर्त्सना शोषकों के पिछलग्गू कुत्तों के रूप में की जाती थी, लेकिन यह कभी कल्पना नहीं की थी कि यह भर्त्सना यहाँ तक आ पहुँचेगी। वह रक्षात्मक हुई-'काका अभी यह निश्चित नहीं है कि नक्सलियों ने यह हत्या की। इसके अलावा उसने हाल में कुछ छात्रों को डिसप्लीनरी एक्शन की धमकी दी थी।'

'शिप्रा तुम्हारे पास दोनों रास्ते नहीं हैं। तुम यह नहीं कह सकतीं कि उन्होंने यह नहीं किया और उसी साँस में तुम बहाने ढूँढ़ने लगती हो। मैंने सुना है कि अपराधियों को होस्टलों में शरण दी जा रही है, और गोपाल इस प्रवृत्ति को रोकना चाहता था। दीवारों पर खूनी धमकियाँ लिखी गई थीं। मैं तुम्हारी चिन्ता करता रहा हूँ। मुझे बताओ कि इन लोगों से तुम्हारा कोई सम्बन्ध नहीं है।'

'काका मेरे कुछ परिवर्तनवादी मित्र हैं, लेकिन निश्चय ही इस कृत्य को करनेवालों को मैं नहीं जानती। मुझे भी बुरा लग रहा है, लेकिन पता नहीं क्यों...'

'क्योंकि उस पर निशाना साधना आसान था। अपने कैम्पस में टहलता हुआ एक शिक्षक। ये लड़के पागल हो गए हैं। डॉक्टरों, दुकानदारों और अब शिक्षकों की हत्या! और उनकी तथाकथित सांस्कृतिक क्रान्ति? राममोहन और विद्यासागर की मूर्तियों को तोड़ना! क्या चीन की क्रान्ति से एक सदी पहले पैदा होना उसका अपराध था? विद्यासागर लोकशिक्षण के जनक थे और विधवा-विवाह के अभियानकर्ता। वे एक सभ्य व्यक्ति थे। मैंने तुम्हारे चारु मजुमदार के लेख लिबरेशन और देशव्रती में पढ़े हैं, वह नौजवानों को ऐसे किसी भी व्यक्ति की हत्या करने को उकसा रहा है जिसे वह वर्ण-शत्रु मानते हैं। यह गैर जिम्मेदारी की हद है।'

अपने काका के साथ शिप्रा की सहजता बुरी तरह आहत हुई थी। महीनों पहले उसके कॉलेज के लान पर एक परिवर्तनवादी छात्र नेता ने उससे प्रश्न किया था कि क्या वह क्रान्ति के लिए हत्या करने को तैयार है। उसने तब कहा था क्या ऐसा अन्य विकल्प नहीं है जिससे मैं सहायता कर सकूँ? उसने प्रत्युत्तर में एक भव्य मुस्कान प्रदर्शित की। हाँ, दूसरे काम भी हैं, लेकिन सर्वाधिक शौर्यवान कॉमरेड वे होते हैं जो मुक्ति संघर्ष के लिए हरावल पंक्ति में शामिल होते हैं। इनमें भी वे स्त्रियाँ जो इन दस्तों में आती हैं सबसे ज्यादा महत्त्वपूर्ण कॉमरेड होती हैं। उसने कमतरी महसूस की लेकिन वह समझ नहीं पा रही थी कि इस भाव को अपने आप से कैसे प्रकट करे। लेकिन लड़के इतने ईमानदार थे, इतना खतरा उठा रहे थे कि कोई भी उनके सही होने पर सन्देह कर सकता है क्या? और पुलिस तथा सत्तावर्ग इतना क्रूर था कि इससे कॉमरेडों ने जो किया क्या उसका औचित्य प्रमाणित नहीं होता? कई वर्ष बाद जब वह मध्यमवर्गीय होने की अपनी अपराध भावना से मुक्त हो गई, तब उसे समझ में आया कि कठिनाई कहाँ थी। क्रान्ति ने हत्या को स्वीकार लेने को शिष्टाचार की कसौटी बना दिया था। यदि तुम हत्या में अक्षम थे तो कम-से-कम तुम्हें उनकी सराहना करनी चाहिए थी जो इसे कर सकते थे।

अब जब कलकत्ता की उस शाम के धुँधलके में वह अपने काका के पास बैठी थी, उसकी बेचैनी बहुत अधिक थी। वह देख सकती थी कि वे उसे सहज करने की कोशिश कर रहे हैं। अबनि उसका और इस युवक का स्वागत करना चाहते थे,

जिसके प्रति वे अपनी भतीजी की भावनाओं को पढ़ सकते थे। उन्हें उसकी निष्कपटता पसन्द थी और उसके प्रश्नों का उत्तर देते हुए उन्हें खुशी होती थी। लेकिन हाल की नृशंसता से वे विचलित हो उठे थे। एक तस्वीर जो उन्हें बरसों से भयभीत करती रही थी उनके मानस में वापस लौट आई थी। वे जो कहना चाहते थे उसकी अप्रासंगिकता से बचते हुए उन्होंने प्रणव को सीधे सम्बोधित करते हुए धीमे स्वर में कहना शुरू किया :

'क्या तुम्हें पता है कि वाल्टर बेंजामिन ने ऐतिहासिक प्रक्रिया की कल्पना किस तरह की थी?' उन्होंने कहा, साथ ही यह भी कि 'मैं यह उम्मीद नहीं करता कि तुम्हारे नेता उसके विचारों पर कोई ध्यान देंगे।'

प्रणव ने धीरे से कहा–'नहीं, काका।'

'उसके पास एंजेल्स नोवस नाम की एक पेंटिंग थी, एक फरिश्ते की तस्वीर, जो किसी चीज से दूर जा रहा था। उसकी आँखें एकटक थीं, मुँह खुला हुआ, उसके पंख फैले हुए। बेंजामिन ने इस तस्वीर को इतिहास का फरिश्ता नाम दिया था। उसका मुँह अतीत की ओर था जिसे वह अपने पाँवों के नीचे पड़े हुए करकट के एक ढेर की भाँति देखता है। फरिश्ता चाल को रोक देना चाहता है, मृतकों को फिर जीवन मिल सके और करकट सम्पूर्ण होकर लौट आए। किन्तु स्वर्ग से आया हुआ एक तूफान उसके पंखों को बलात् मोड़ देता है और फरिश्ता उन्हें समेट नहीं पाता। तूफान उसे भविष्य में धकेल देता है जिसकी तरफ उसकी पीठ हो जाती है जबकि उसके सामने पड़ा कूड़ा बढ़ता ही जाता है। बेंजामिन ने इस तरह प्रगति को देखा। 'आज मुझे हमेशा से कहीं ज्यादा उसकी याद आ रही है।'

प्रणव ने सोचना चाहा कि वृद्ध संन्यासी क्या कहना चाहता है। 'काका बेंजामिन कौन था?'

'एक साहित्य समालोचक, जर्मन यहूदी और एक मार्क्सवादी। उन दिनों किसी के लिए भी पहिचानों का मारक मिश्रण। उसने 1933 में जर्मनी छोड़ दिया, जब नाजियों ने 1940 में फ्रांस पर आक्रमण किया तो वह फ्रांस-स्पेन सीमा तक भाग गया जहाँ उसे बाहर निकलने के दस्तावेज देने से इनकार कर दिया गया तब उसने आत्महत्या कर ली। उसने कहा था कि सभ्यता का ऐसा कोई रिकॉर्ड नहीं है जो बर्बरता का रिकॉर्ड न हो।'

अध्ययन कक्ष का वातावरण तनावपूर्ण हो गया था। प्रणव ने धीरे से कहा, 'अबनि काका, आप बहुत बुद्धिमान हैं।'

'नहीं। मैं केवल अपने अज्ञान के किनारों पर रहता हूँ।'

शिप्रा ने दखल दिया, 'काका आप विचलित हैं।'

'हाँ शिप्रा। तुम्हारे मित्र स्पष्टतया यह मानते हैं कि वाइस चांसलर और ट्रैफिक

कांस्टेबलों को मारकर किसी तरह का सद्‌भाव मिलेगा। मुझे डर है कि तुम लोग अपनी अन्तरात्मा पर से अपना नियंत्रण खो रहे हो।'

प्रणव ने लक्ष्य के प्रति निष्ठा का एक उभार अनुभव किया। कलकत्ता की सड़कों पर पसरा हुआ दारिद्र्य, शम्भू के मासूम बच्चों की टूटी-फूटी झोंपड़ी में बीतती जिन्दगी, पुलिस के गोली चलाने और उत्पीड़न की तस्वीरें उसके मानस में तैरने लगीं, जो क्रान्तिकारियों के कृत्यों का औचित्य प्रमाणित करने के लिए काफी थीं। क्या प्रतिष्ठान के सदस्य भी उन कृत्यों को अंजाम देते समय अपनी अन्तरात्मा से सवाल करते हैं, जिन कृत्यों से यह क्रूर सामाजिक व्यवस्था चिरस्थायी बनती है ? क्या वह श्रमिकों और किसानों के साथ जानवरों जैसा व्यवहार नहीं करते और उन्हें मानवेतर प्रजाति नहीं समझते ? क्या इसका कोई भी हल्का-सा संकेत है कि एक दिन उन्हें यह बात समझ आएगी और वे अपनी अन्तरात्मा की आवाज सुनेंगे ? शिप्रा के काका एक सदाशयी व्यक्ति हैं और कभी एक सिम्पेथाइजर रहे होंगे। लेकिन उनके ज्ञान ने उन्हें एक झक्की आदमी बना दिया है। आज के इन ऐतिहासिक क्षणों में जीवन के सुकोमल पक्षों पर सोचने के लिए न तो समय है और न ही अवकाश, नाजुक अन्तरात्माओं की संवेदनशीलता की तो बात ही अलग है।

वह फिर क्षुब्ध हो गया। क्रुद्ध भावनाओं के नीचे अर्द्धनिर्मित विचार उसके मानस में बुझती हुई मोमबत्ती के क्षुद्र शरारों की तरह घूमने लगे। अनिश्चय से प्रकम्पित भीतर की एक आवाज ने कहा—क्या यह सच है कि हमारी नैतिकता उनसे कतई अलग है ? क्या शुभ और अशुभ के साझे समझ की कोई सम्भावना ही नहीं है ? उसने अपने मस्तिष्क को दृढ़ता दी, नैतिक असहजता को दुर्बलता, बेईमानी और सत्तावर्ग के प्रपंच के साथ एक अँधेरे कोने में धकेल दिया। जिसका शमन नहीं हो पाया था, वह था उसके पिता का प्रतिबिम्ब, जो क्रान्तिकारी कलकत्ता के एक पुलिस अधिकारी थे। वह जानता था कि उन दोनों के बीच में पाटी न जा सकनेवाली एक गहरी खाई है। घर जाने जैसी कोई बात बुदबुदाता हुआ वह चलने के लिए उठा। शिप्रा दरवाजे तक उसके साथ आई। कोई बात नहीं हुई। लौटकर उसने देखा कि काका अब भी वहीं बैठे हुए हैं, उनके बुढ़ाते हुए चेहरे पर श्लथता थी। कहने के लिए कुछ नहीं बचा था।

उस रात अबनि सोने के लिए जल्दी चले गए। माया समझती थी कि वे परेशान हैं। उन्होंने रोज की तरह पानी का एक गिलास उनके सिरहाने रख दिया। रात के कपड़े बदलने के बाद वे विशाल पलंग पर एक तरफ बैठ गई और उन्होंने पूछा—'अबनि क्या तुम सोचते हो कि वह उनमें से एक है ?'

रुई के एक तकिये को पलंग के सिरहाने लगी लकड़ी के साथ व्यवस्थित किया और अन्दर धँस गए। 'मुझे कुछ नहीं पता। मैं निश्चय से नहीं कह सकता। लेकिन किसी हद तक वह उनके साथ लिप्त है। शिप्रा के लिए मैं आशा करता हूँ कि उसे

परेशानी से बाहर रखने के लिए दिल्ली काफी दूर है। मैं उसके पिता को थोड़ा-बहुत जानता हूँ। जहाँ तक एक पुलिसवाला हो सकता है वह एक अच्छा आदमी है। ईश्वर उसकी सहायता करे!'

'वह एक अच्छा लड़का है। उम्र ही क्या होगी, हो सकता है बीस भी न हो। लेकिन बहुत समर्पित लगता है।'

'यही तो दिक्कत है। उनमें ऐसे ही ज्यादा हैं। हम भी थे। तुम्हें याद होगा, बत्तीस में जब गर्वनर पर बीना के हमले की खबर हमने पहले सुनी थी तब क्या हुआ ? नया भारत कितना शानदार होनेवाला है! अब और अन्याय नहीं! गरीबों का और अधिक उत्पीड़न नहीं! जब तुम इस उम्र में होते हो तब दिल से सोचते हो। यह बहुत बुरा है...यौवन की सुन्दरता पर हमारे अतीत की कुरूपता का बोझ है। यह उनका दोष नहीं है, लेकिन अभी-अभी मुझे लगा है...'

'क्या ?'

कम्बल को पैरों पर डालने के लिए वे बैठे, कुछ देर ठहरकर और माया को देखते हुए बोले–'मनुष्य की अन्तरात्मा में कुछ ऐसा जरूर है जो इसे अपने आपको चुप कर देने की शक्ति देता है। इससे डर लगता है।' दाहिने सरककर वे लेट गए। माया ने बिस्तर के पास का लैम्प बुझा दिया और उन्हें अपनी बाँहों में लेकर उनके विरल श्वेत बालों को सहलाने लगी।

'बाबा मैं कल दिल्ली जा रहा हूँ।' प्रणव ने अपने पिता से कहा। वह अभी-अभी उस कमरे में आया था जो घर पर उनका कार्यालय बना हुआ था। रनवीर बागची ने उन फाइलों से सिर उठाया जो वे देख रहे थे।

'क्या तुम हावड़ा-अमृतसर से जानेवाले हो ?'

'हाँ।'

'अच्छा, माँ तुम्हें स्टेशन तक छोड़ना चाहेगी, और आस मोहम्मद तुम्हें ले जाएगा। उससे जल्दी आने को कह देना। उस समय हावड़ा पुल पर जाम हो जाता है।' रणवीर यथार्थपरक होकर कह रहे थे किन्तु वे जानते थे कि कुछ समय तक बेटे से उनकी भेंट नहीं होगी। वह किसी अघटित की कल्पना नहीं करना चाहते थे। फिर उन्होंने कहा–'प्रणव तुम जो भी करो, तुम्हें कानून को कभी नहीं तोड़ना चाहिए।' वे गोपाल सेन की हत्या का उल्लेख नहीं करना चाहते थे। इस चर्चा से फिर लौट पाना सम्भव न होता।

प्रणव ने सोचा–'यह एक मजाक है। क्या वे नहीं जानते कि हम कानून को ही तोड़ना चाहते हैं।' यह ऐसा कथन नहीं था जिस पर वे एक दूसरे के साथ तर्क कर

सकें। लेकिन यह सामने था और प्रणव को इसका उत्तर देना था। 'कानून तोड़ने की मेरी कोई इच्छा नहीं है। लेकिन मुझसे कहीं ज्यादा महत्त्वपूर्ण लोगों को मैंने बिना दंडित हुए इसे तोड़ते देखा है। नौकरशाह, पूँजीपति। आप भी उन्हें जानते हैं। उनमें से कुछ तो आपके मित्र हैं। मुझे आश्चर्य होता है कि वे इससे कैसे निकल जाते हैं।'

'हाँ, मेरा पेशा ही ऐसा है जिसमें तरह-तरह के लोगों से मिलना पड़ता है। यह एक मुश्किल प्रश्न है, लेकिन यह कहकर तो बचा नहीं जा सकता कि दूसरे गलत कर रहे हैं तो हमें भी गलत करने की छूट है। तुम्हारी माँ ने और मैंने तुम्हें शालीनता और ईमानदारी के संस्कार देने की कोशिश की है। बैठो।' उन्होंने कोने में रखी एक आरामकुर्सी की ओर इशारा किया।

कुर्सी के किनारे पर टिकते हुए प्रणव बोला–'मैं सोचता हूँ कि मैं शालीन और ईमानदार हूँ। लेकिन इससे क्या कि मैं मानता हूँ कानून और संविधान क्रूरता और कदाचार का मुखौटा है? कानून के संरक्षक शालीनता के तकाजों पर ज्यादा नहीं सोचते। आप इसके लिए क्या कर पाए हैं?' उसके मुँह से गुस्ताख शब्दावली निरन्तर निकल रही थी जैसे वह उसकी चेतना के नीचे कहीं दबी हुई पड़ी हो। वह नहीं कह सकता कि इसे उगल देने से उसे राहत मिलेगी या उसे इसका पछतावा होनेवाला है।

वरिष्ठ बागची को गुस्सा आने लगा। कलकत्ता के क्रान्तिकारी पागल हो गए हैं। और जादवपुर के वी.सी. की हत्या आखिरी ज्यादती है। लेकिन वे बहस में नहीं पड़ना चाहते। उन्होंने खुद से कहा कि यदि प्रणव की इस सब में कोई भूमिका न हो तो बहुत शुक्रगुजार रहेंगे। फिर वे कर भी क्या सकते हैं? वह प्रणव पर निगरानी तो बैठा नहीं सकते और न ही उसे गायब होने से रोक सकते हैं, यदि वह चाहे तो। उन्होंने सोचा कि वे कैसी अटक में पहुँच गए हैं। उन्होंने इकहरे शरीर वाले युवक पर दृष्टिपात किया, और याद किया कि वह बच्चा था, फिर एक लड़का, उसके सफल कूटनयिक या अधिकारी बनाने के सम्बन्ध में उनकी कैसी-कैसी महत्त्वाकांक्षाएँ थीं। अब तो इसकी आशा करना ही बेकार है। वे अपने बेटे तक पहुँचना चाहते थे जो दिग्भ्रामित, आदर्शवादी और क्रुद्ध–सब एक साथ था।

'मैंने कई ऐसे काम किए हैं जिन्हें तुम नहीं जानते और कई ऐसे, जो तुम्हें बताऊँ तो तुम उन्हें समझ नहीं पाओगे। मैं यह दावा नहीं करता कि सर्वोच्च आदर्शों के अनुरूप मैं समाज को बदल पाया हूँ। तुम अपना ही भला करोगे यदि तुम अपने आदर्शों को उन तरीकों से मूर्तिमान करोगे जो देश के कानून के विरुद्ध न हो।'

'सबसे पहली बात तो यही है कि देश का कानून ही समस्या को जन्म देता है।'

'समस्या? तुम और तुम्हारे दोस्त जो भी विश्वास करते हों, लोकतंत्र से ही तुम्हें वह आजादी मिलती है जिससे तुम क्रान्ति सहित वे तमाम बातें कह सको जो कहते हो। क्या तुम्हारे नेता सत्ता में आने के बाद ऐसी आजादी देंगे?'

'किसकी आजादी और किसलिए आजादी? कूड़े के ढेर में अपना भोजन तलाशते हुए बच्चों के लिए लोकतांत्रिक संविधान का क्या उपयोग है। वे पढ़ने तक का सपना नहीं देख सकते। इसमें न्याय कहाँ है? बुर्जुआ के कुत्तों तक को इन बच्चों से ज्यादा और अच्छा खाना मिलता है। स्वतंत्रता और लोकतंत्र का क्या फायदा जब तुम्हें यह नहीं मालूम कि इन शब्दों का अर्थ क्या है? यह एक वर्ग समाज है और एक वर्गीय संविधान।'

पासा फेंका जा चुका था। आगे की बातचीत व्यर्थ थी। *तू जानता है कि सदियाँ बीत जाएँगी, और अपने सन्तों के मुख से मानवता दावा करती रहेगी कि कहीं कोई अपराध नहीं है, और इसलिए पाप भी नहीं है, सिर्फ भूख है?* हमने उसे सिखाया था कि अपने विश्वासों के लिए उसके पास साहस होना चाहिए और अब वह एक यूटोपिया पर विश्वास करने लगा है। भारी मन में अपने दुख को छिपाने की हरचन्द कोशिश करते रणवीर बागची ने विदा लेते हुए पुत्र को सलाह दी, 'केवल लक्ष्य ही अच्छा नहीं होना चाहिए प्रणव, इसे पाने के लिए साधनों का अच्छा होना भी जरूरी है।' प्रणव ने सोचा मेरे पिता ही देश के अकेले पुलिसवाले होंगे जो लक्ष्य और साधनों पर इस तरह सोचता हो। फिर उसने कहा–'हाँ बाबा। अब मैं जाकर अपना सामान बाँधता हूँ। आपसे कल सुबह भेंट करूँगा।'

कई युवा क्रान्तिकारियों के अचानक गायब हो जाने की खबर ने एक प्रकार की व्याकुलता का वातावरण निर्मित कर दिया। जीने के सेवादारों ने उनके शिक्षकों को सूचित किया कि कुछ छात्र उपस्थित नहीं हैं। एक के बाद एक प्रिंसिपल ने इन छात्रों के माता-पिता को चिट्ठियाँ भेजीं और टेलीफोन किए। वह खेद सहित यह सूचना दे रहा था कि उनका पुत्र या पालित इस-इस तारीख से लापता है। जैसे भी हो वे तत्काल आकर उसका सामान ले जाएँ। छात्रावास के कमरों को लम्बे समय तक खाली नहीं रखा जा सकता। मिशन कॉलेज में पहले पहुँचनेवालों में रथिन के माता-पिता थे, उन्हें गुस्से का सामना करना पड़ा जिसे छिपाया नहीं गया था। उनसे कहा गया कि वे अपनी जिम्मेदारी को समझें। अधिकारियों ने अपनी निराशा नहीं छिपाई कि एक सुनिश्चित प्रथम श्रेणी के छात्र ने उनकी अपेक्षाओं को इस तरह ठुकराया है। पटना में रथिन के स्कूल में ब्रदर मैकगुएर अधिक सन्तुलित थे। वह जानते थे कि यह होनेवाला है और उन्होंने इसकी चर्चा भी साथियों से की थी। लड़का प्रकाश की कौंधों को ग्रहण करता था और इसी तरह मनोदशा की कौंधें भी उसे प्रभावित करती थीं।

हरीश सहाय को भी मोहन के गायब हो जाने का समाचार मिला। उन्हें ठेस लगी जिसमें भय भी शामिल था। भारत के राष्ट्रीय आन्दोलन में बम और पिस्तौल वाले

देशभक्तों के लिए अपना प्रशंसाभाव उन्होंने कभी छुपाया नहीं था, उनके मत को व्यक्त करनेवाले लेखों में प्राय: उग्र राष्ट्रवाद के आदर्श का उल्लेख होता था। जबकि 'उग्र' शब्द हिन्दू राष्ट्रवाद के दृष्टिकोण को प्रदर्शित करनेवाला सांकेतिक शब्द था। अब उनका पुत्र मोहन उन्हीं बातों पर अमल कर रहा था, जिनकी सीख उन्होंने दी थी, लेकिन उसकी दिशा भिन्न थी। काम की जगह पर उनके पत्रकार साथी गम्भीर चेहरों को लेकर उनके प्रति सहानुभूति जताने आने लगे थे। पीछे-पीछे कुछ कानाफूसियाँ भी करते थे। करुणा ने इस समाचार पर कोई प्रतिक्रिया नहीं दी और तत्काल अपने पूजा के कमरे में जाकर प्रार्थना करने लगी। अपने बेटे के गुस्से को शान्त करने में मिली असफलता के बाद वह जानती थीं कि कुछ तो नाटकीय घटने वाला है। समाचार मिलने के सप्ताह भर में हरीश मोहन का सामान समेटने मिशन कॉलेज गए जो वहाँ उसके कमरे में सफाई के साथ उसके ट्रंक और एक केनवास के होल्ड आल में पैक करके रखा हुआ था। घर पर करुणा ट्रंक को अपने कमरे में ले गईं और उसे खाली किया, उनकी आँखें गीली थीं। ट्रंक में बिल्कुल नीचे उनको एक कापी मिली जिसका आधा हिस्सा हाथ से लिखे गए नोटों से भरा हुआ था। यह एक चिट्‌ठी थी जो अनिश्चित समय में लिखी गई थी। इसमें कोई सम्बोधन नहीं था, लेकिन यह साफ-साफ मोहन की ओर से माता और पिता के लिए लिखी गई थी। शायद हरीश से कहीं ज्यादा करुणा के लिए। इसके अधिकांश भाग में तर्क और राजनैतिक मुहावरे थे जो वह उसके प्रयोगों में सुनती रही थीं। फिर वह एक अनुच्छेद तक आईं जो कुछ अलग था।

> पापा हमेशा राष्ट्रीय गौरव की बात कहते रहते हैं। बच्चों को भूखा मरते हुए देखने में कौन सा गौरव है? राष्ट्र जनता के बिना क्या है? क्या वे जानते हैं कि भारत की जनता को जानवरों की तरह जीने के लिए विवश किया जा रहा है? यह मैंने अपनी आँखों से देखा है। वे खुद क्यों नहीं देख आते? उनका कहना है कि वे भगत सिंह के प्रशंसक हैं। भगत सिंह समाजवादी और देशभक्त थे। लेकिन पापा के जनसंघी मित्र वियतनाम में अमरीकियों के अत्याचारों का समर्थन करते हैं। वे ऐसे लोगों से क्यों मिलते-जुलते हैं? क्या उन्हें यह समझ में नहीं आता कि राष्ट्रीय मुक्ति मोर्चा वही कर रहा है जो भगत सिंह ने किया होता? यह किस तरह की राजनीति है? हमारे राजनेता क्यों कोई बात कहते हैं और उसके उलट करते हैं? वे झूठ बोलते हैं। जब तुम अपनी जनता से ही झूठ बोलते हो तो तुम्हारी सन्तानें किस बात की उम्मीद रखें? तुम कहा करते थे कि सभी मजहब धर्म के विविध मार्ग हैं। तुमने कहा था सत्य के बिना धर्म का कोई अर्थ नहीं है। क्या आँखों देखे साक्ष्य को नकारना धर्म है? मजहब के नाम पर जनता को बाँटना, गरीबों को न्याय से वंचित करना धर्म है? इतने सारे विनम्र लोग और इतनी क्रूरता। शोषकों के ये मध्यवर्गीय सेवक

महा झूठे हैं। वे सबके सब एक से हैं। झूठ से भरे हुए। इतना पाखंड क्यों है? क्यों?

करुणा को लग रहा था कि मोहन उनसे बात कर रहा है। उनके हाथ काँपने लगे, उनका मन प्रेम और अभिमान से, और आतंक से भर आया। उन्होंने यह कापी अपने पति को नहीं दिखाई। उन्होंने इसे पुरानी साड़ी से फाड़े गए एक कपड़े में लपेटकर पूजा के कमरे में रख दिया। वे जब भी पूजा करती थीं तब एक दीया जलाकर आले में रख दिया करती थीं। कभी-कभी वे अपने निजी लॉकर में से खोजकर बेटे की जन्मपत्री निकालतीं और घंटों उसे देखती रहतीं। बाद के महीनों में उनकी खामोशी बढ़ती गई और प्रार्थनाओं में वे ज्यादा समय लगाने लगीं।

कलकत्ता में प्रणव की माँ मंजु लगातार रोती रहीं, लेकिन आँसू उसे कोई दिलासा नहीं दे पाए। वे रणवीर से बार-बार पूछतीं कि यदि वह पकड़ा गया तो पुलिस उसके साथ क्या सुलूक करेगी? तुम एक पुलिस अधिकारी हो! क्या तुम उनसे यह नहीं कह सकते कि वे उसके साथ सभ्य व्यवहार करें। वे ऐसा नहीं करेंगे। उनके लिए वह दूसरों के जैसा ही होगा, और वे उसे गोली मार देंगे! यदि वह पकड़ा गया तो उसे यंत्रणा दी जाएगी? हमने उसे इस पागलपन में पड़ने ही क्यों दिया? हमसे कहाँ गलती हो गई?' जब वह इस मनोदशा में होतीं तो रणवीर उन्हें शान्त करने की कोशिश करते, लेकिन उनके पास कोई उत्तर नहीं था। वे रातभर घंटों जागती रहती थीं और भयावह विचार उनका पीछा नहीं छोड़ते थे।

युवा क्रान्तिकारियों से प्रेम करनेवालों के लिए न तो खबरें थीं और न शान्ति। अन्त की अनन्त प्रतीक्षा शुरू हो चुकी थी और यह तय नहीं था कि यह सुखद ही होगा।

1973—चटक सर्दियों में इतवार की एक सुबह। टैगोर पार्क में किराए के एक गैरेज के तीन रहवासी, दिल्ली विश्वविद्यालय के माध्यम से सम्मान के रास्ते पर घिसट रहे थे। बिस्कुट के एक पुराने टिन में दो-तीन मग पानी भरकर, कोने में रखी एक पुरानी बिजली की अँगीठी पर उबलने के लिए रखा जा चुका था। मोहन उसे देख रहा था। इसके पास फर्श पर शक्कर का एक खुला जार रखा था जिसमें एक चम्मच भी पड़ा था। फर्श पर एक आधी खुली पतीली थी जिसमें पिछली रात के पाक शास्त्रीय प्रयोगों का अवशिष्ट भरा हुआ था। यह था उबले हुए आटे का चिपचिपा लौंदा, यह रथिन की असफलता का परिणाम था जो चपाती के लिए आटा गूँधते समय आटे और पानी के अनुपात का ठीक-ठीक अनुमान नहीं लगा पाया था। स्वयं महापुरुष उस समय शौचालय में था और रात को अधपकी लपसी खाने के परिणामों से जूझ रहा था। उसके मित्रों ने उत्फुल्लता के साथ उसे समझाया था कि कभी-कभी अपनी लपसी को निगलने

से बेहतर है अपने अभिमान को निगल लेना। विशेष रूप से जब यह चपाती बनाए जाने के लिए हो। दीवार पर एक पुराने रिकार्ड प्लेयर में पिंक फ्लोयड का गाना *अस एंड देम* खिचखिचाते संगीत के साथ बज रहा था। चारपाई पर लेटकर बीड़ी का कश लेते हुए नाश्ते का इन्तजार कर रहे अहोमी पगले ने लगातार सवाल करने की आदत में व्यस्त होने का निर्णय किया।

'ओ छोकरो! क्या हम सेवामुक्त मार्क्सवादी हैं या अब भी सेवा में हैं?'

'सेवानिवृत्त! लेकिन पेंशन के बगैर। हम जो भी हैं, लेकिन संघर्ष अभी जारी है। तुम्हारा क्या ख्याल है?'

'शोषित जनगण का संघर्ष?'

'हाँ।'

'मनुष्य का मनुष्य के द्वारा शोषण ही पूँजीवाद है?'

'हाँ।'

'और साम्यवाद पूँजीवाद के बिल्कुल विपरीत है?'

'मुद्दे पर आओ।'

'ओके, सॉरी। लेकिन गम्भीरता से, मार्क्स ने कहा था कि शिक्षा देनेवालों को शिक्षित होना चाहिए।'

'हाँ उन्होंने कहा था। फॉयरबाख पर तीसरी थीसिस।

'क्या उन्होंने यह बताया था कि शिक्षकों को शिक्षित करनेवालों को शिक्षा कौन देगा?'

'यह मुझे मालूम नहीं है।'

'या शिक्षकों के शिक्षकों को शिक्षा देनेवालों को?'

'चुप रहो।'

'ओके, ओके सॉरी। लेकिन तुम्हें याद होगा कि हम कहा करते थे कि संशोधनवादी कम्युनिस्ट कैडर वैयक्तिक रूप से तो क्रान्तिकारी हैं लेकिन वस्तुगत रूप से प्रति-क्रान्तिकारी होते हैं।'

'उनके बारे में क्या?'

'वैयक्तिक और वस्तुगत के बीच फर्क क्या है?'

'भूल जाओ इसे यार। क्या तुम वास्तव में जानना चाहते हो?'

'हाँ मैं सही सैद्धान्तिक पक्ष जानना चाहता हूँ।'

'फालतू की बातें बन्द करो। पहले तुम मुझे कुछ बताओ।'

'क्या?'

'जब हम निकल गए थे उसके बाद सच में तुम्हारे साथ हुआ क्या था, तुमने यह कभी नहीं बताया...कमबख्त, पानी भूरा होने लगा है और अभी मैंने इसमें पत्ती तक

नहीं डाली।'

'यह जंग है। टैगोर गार्डन का चाय का बर्तन पूरी तरह स्वचालित और जादुई है। तुम इसे धोना भूल गए थे चूतिया।'

मोहन ने फिर कोसा। उसने रंगीन पानी को पिछले दरवाजे के पास की गली में फेंककर टिन में फिर से थोड़ा सा ताजा पानी डाला और उसे सिगड़ी पर रख दिया। उसने पगले को देखकर कहा–'तुम मुझे कुछ बता रहे थे?'

'मेरे साथ क्या हुआ? कुछ विशेष नहीं। मैं थर्ड ईयर का इम्तिहान देने के बाद वापस असम चला गया। वहाँ मैंने पार्टी के सम्पर्कों तक पहुँचने की कोशिश की। कोई साली पार्टी वहाँ नहीं थी, सिवाय चाय बागानों के।'

'सिन टॉ, तुमने ये कोशिश किस तरह की?'

'आनन्द का एक चाचा था विश्वास। बिश्शोश, एक सिम्पेथाइजर! वह सिलीगुड़ी में आई.ए.एस. अधिकारी था।'

'क्या? उसने कभी नहीं बताया! तुम एक आई.ए.एस. के माध्यम से पार्टी से सम्पर्क कर रहे थे?'

'आनन्द मेरी कक्षा में था। वह तुम्हें यह बताने से लजाता था। लेकिन हम जूनियरों को हमेशा से यह जानकारी थी।'

'फिर क्या हुआ?'

'मेरे खिलाफ कोई अरेस्ट वारंट या ऐसी कोई चीज नहीं थी। मैं उससे और किसी दूसरे अधिकारी से मिला। जो आन्ध्र का था और जिसका नाम रेड्डी जैसा कुछ था। वे दोनों एक कॉन्फ्रेंस में भाग ले रहे थे। मैं पक्के तौर पर कह सकता हूँ कि यह नक्सलियों के सम्बन्ध में थी। हमारे बीच अजीब सी बातचीत हुई।'

'यह किस तरह हुआ?'

'आनन्द के चाचा ने मेरा परिचय अपने भतीजे के सहपाठी के रूप में करवाया। उन्होंने मुझे उदासीन भाव से देखा और चर्चा करने लगे कि राजद्रोह किस तरह शासन को विवश कर देगा कि वह प्रभावित जिलों में विकास के लिए अधिक धन की व्यवस्था करे। उन्होंने कहा कि हरित क्रान्ति के लिए विश्वबैंक से और अधिक ऋण के लिए बातचीत चल रही है। विश्वास ने बताया कि वह सिलीगुड़ी होकर बिहार से उत्तर बंगाल और असम के लिए दो सड़कें बना रहे हैं। उन्होंने कहा कि राजद्रोहों ने दानदाताओं को चौकन्ना कर दिया है। दानदाताओं से माने धनाढ्य, क्यों? रेड्डी कृषि मजदूरों के वेतन का पुनर्निर्धारण करने जा रहा था। उसका कहना था कि लम्बी अवधि में यह उत्पादन के लिए अच्छा रहेगा। फिर वे तकनीकी पहलुओं पर बात करने लगे जो मेरी समझ से बाहर थीं।'

'क्या वे जानते थे कि तुम एक कॉमरेड हो? क्या तुमने भी कुछ कहा था?'

'मैंने ज्यादा बात नहीं की, लेकिन उनकी बातों ने मुझे सोचने पर मजबूर कर दिया। मैंने पूछा कि सरकार लाल ठिकानों इत्यादि से निबटने के लिए क्या योजनाएँ बना रही है। मैं उनसे इस तरह चर्चा कर रहा था जैसे मैं भी उन जैसा ही प्रगतिशील बुद्धिजीवी हूँ।'

'उन्होंने क्या कहा?'

'वे हँसे। उन्होंने कहा कि लाल ठिकाने कहीं नहीं हैं। कुछ अशान्त क्षेत्र हैं, कहीं कम और कहीं ज्यादा। लेकिन जिस तरह वे बात कर रहे थे, वह बहुत अजीब था।'

'क्यों?'

'ऐसा लगता कि वे चाहते हैं कि कॉमरेडों को अपना दबाव बनाए रखना चाहिए। वे सचमुच सहानुभूति रखते थे। मेरी बात का गलत मतलब मत समझना, लेकिन उनका सुख घमंड का सुख था। रेड्डी बन्दा इस तरह बोल रहा था जैसे वह ठीक से जानता हो कि मैं कौन हूँ, एक वामपन्थी स्कूली छोकरा।'

'क्या मतलब?'

सिन टॉ ने बीड़ी का कश लिया और पाया कि वह अपने आप बुझ गई थी। उसने इसे नेस्केफे के डब्बे में डाला जो एशट्रे के काम आ रहा था। शान बघारते हुए कह रहा था–'कुछ लोग अमूर्तन से ठोसत्व की तरफ जाते हैं, लेकिन मैं ठोस से अमूर्त की ओर जाता हूँ। चीप चैप! जैसे वह उस शाम पोलित ब्यूरो का सदस्य या कुछ और हो। उसने मुझे एक भाषण भी पिलाया जो आज के संसार के मुख्य अन्तर्विरोध के सम्बन्ध में था। वगैरह-वगैरह।'

'अच्छा?!'

'उसने मुझे लाइन भी दी यार! कम्युनिस्टों की लाइन, आईएएस (एमएल)! कमबख्त आईएएस सोचते हैं कि वह हर विषय में हर चीज जानते हैं। उस समय मुझे एक बात सूझी।'

'क्या?'

'ऐसे सवाल मत पूछो जिनका उत्तर तुम देना नहीं चाहते।'

'तुम मुझे बता रहे हो?'

'हाँ, अचानक मुझे अनुभव हुआ कि हम एक स्वप्नलोक में रह रहे हैं। हमें कुछ भी समझ में नहीं आ रहा था कि क्या हो रहा है। एक और बात।'

'क्या?'

जब भी कोई किसी दूरगामी बात के बारे में बात करता है तो मुझे मरे हुए चूहे की बदबू आने लगती है। कल मुझे कमलानगर में भनोट टकरा गया जो अपनी टाइपिंग क्लास को जा रहा था। याद है? पनोटऽऽ? मनदीप का चमचा! जानते हो उसने क्या कहा?'

'क्या ?'

'आनेवाले दिनों के लिए टाइपिंग जानना लाभ का सौदा है। क्या बकवास!' उसने अपनी आँखें गोल-गोल घुमाईं, और अपनी नि:शब्द पगलाई मुस्कान के साथ अपनी अँगुलियाँ एक काल्पनिक टाइपराइटर पर दौड़ाने लगा, 'साला, वह रोटी कमाने के लिए टाइपिंग नहीं सीख रहा था। बिल्कुल नहीं। क्रान्ति के बाद दूरगामी लाभ के लिए हमें टाइपिस्टों की जरूरत होगी। दूरगामी...।' और उसकी हँसी सुनाई देने लगी।

'इसमें हँसने की बात क्या है सिन टॉ ?'

'तुम चूतिया हो, क्या तुम्हें दिखाई नहीं देता ? चीनी पोलित ब्यूरो, आईएएस और सीपीआई (एमएल) सबके सब लम्बी अवधि के लिए दौड़ रहे हैं। हालाँकि उनकी दौड़ अलग-अलग है। हम केवल भागते हुए कुत्ते हैं।'

'तुम्हारा मतलब, तुमने क्रान्ति छोड़ दी ?'

उसकी हँसी रुक नहीं रही थी, 'भनोट के नेतृत्व में! ईश्वर को धन्यवाद कि कम्युनिज्म में हमारे लिए एक टाइपिस्ट उपलब्ध होगा। चाय डालो यार!'

'शट्अप! तुमने यह छोड़ दिया ?'

'मैं पार्टी से सम्पर्क साधने की कोशिशें करता रहा, रेड गार्डों से और दूसरों से। कुछ समय इसमें बीता। लेकिन कोई सम्भावना नहीं थी। असम में तुम वर्ग शत्रु के खत्म की कोशिश करो तो तुम देखोगे कि हर व्यक्ति हर दूसरे व्यक्ति के पीछे पड़ा है। यह कोई भी संघर्ष हो सकता है लेकिन वर्ग संघर्ष नहीं, दूरगामी दृष्टि से भी नहीं। इसलिए मैंने तय किया कि मैं सीआईए का एजेंट बन जाऊँगा।'

'क्या बेहूदगी है ?!'

'तुम तब क्या करोगे जब हर व्यक्ति सोचता हो कि तुम्हारी आस्तीन में कुछ है ?'

'क्या ?'

'तुम आधी बाँह की कमीज पहनते हो।'

'तुम्हें सरकस में होना चाहिए था साले।'

'हाँ! मैं अपना ही सीआईए एजेंट बन गया! तुमने वह गाना सुना होगा–*आई एम मी ओन ग्रांडपॉ* ? रेडियो सीलोन से आता था।'

'तुम पागल हो।'

मोहन ने चाय प्याली में डालकर उसमें थोड़ी सी शक्कर घोली। दूध नहीं था। वह उदास लग रहा था। सिन टॉ ने अपनी चाय पी ली और टायलेट में अपनी बारी के लिए चीखा। शौच के बाद वह और गम्भीर चेहरे वाला रथिन कैम्पस की ओर चल पड़े जहाँ उन्हें किसी परीक्षा के नतीजे देखने थे। लगभग दो घंटे बाद वह अपने साथी के बिना लौटा जिसे आखिरी बार एक क्लर्क के साथ डुप्लीकेट मार्कशीट पर बहस करते हुए देखा गया था। क्लर्क अचानक चीखा, 'लेंच' और खिड़की बन्द करके कहीं

खिसक गया। जीनियस ने इन्तजार करने का फैसला किया था। गैरेज में मोहन और पगले ने रोटी, दाल और गोभी–आलू की सब्जी का भोजन किया जो पास ही के ढाबे से आया था। क्षुधा शान्त हो जाने के बाद पगले को अभी भी अपनी ज्वलन्त जिज्ञासा को सन्तुष्ट करने की पड़ी थी। फिर उसे कभी भी सम्यक वार्तालाप का दोषी भी नहीं ठहराया जा सकता था। मोहन से पहले कूदकर वह चारपाई पर जा बैठा और उसने एक ताजी बीड़ी सुलगाई।

वह विषय पर आया–'तुम मुझे बता रहे थे कि वैयक्तिक...'

'तुम कभी बात को छोड़ते नहीं, क्या? मुझे नहीं मालूम यार। मेरा ख्याल है कि वैयक्तिक वह है जो व्यक्ति के मस्तिष्क के भीतर होता है, और वस्तुगत व्यक्ति के बाहर का बड़ा यथार्थ है...'

'हाँ, निस्सन्देह!'

'तब सभी व्यक्ति वृहद बाह्य का अंश हैं?'

'हाँ, मैं समझता हूँ...'

'फिर कोई व्यक्ति ऐसा कैसे कह सकता है कि कोई दूसरा अधिक यथार्थ को जानता है।'

'यदि वह उस व्यवस्था को समझता है जिसका अनुभव शोषित वर्ग करते हैं, तो वह वस्तुगत यथार्थ के अधिक निकट है।'

'वह उस व्यवस्था को कैसे जानता है जिसका अनुभव शोषित वर्गों को होता है?'

'क्रान्तिकारी सिद्धान्त की सहायता से। वर्ग समाज के तर्क से!'

'क्या अन्य वर्गों द्वारा अनुभव किए जानेवाला यथार्थ भी वृहद् यथार्थ का ही अंश है?'

'हाँ।'

'किन्तु वे इसे ग्रहण नहीं कर पाते क्योंकि उन्होंने गलत लाइन पकड़ी है?'

'हाँ।'

'लेकिन उनकी गलत लाइन भी वृहद यथार्थ का एक अंश है?'

'हाँ।'

'तो एक वर्ग का वस्तुगत यथार्थ दूसरे वर्ग के लिए वैयक्तिक विभ्रम होता है?'

'यह लगता तो ऐसा ही है, क्या नहीं...?'

'और इसके उलट भी...'

'शट्अप।'

'मेरी समझ में आ गया। एक व्यक्ति का खाद्य दूसरे के लिए जहर होता है। और इसलिए वैयक्तिक और वस्तुगत में कोई अन्तर नहीं है।'

'निश्चित रूप से है। तुम मुझे कंफ्यूज कर रहे हो। जीनियस से पूछना।'

'ओके, ओके। लेकिन यार!'

'क्या?'

'क्या सभी सिंगल एजेंट सम्भावित डबल एजेंट होते हैं?'

'तुम क्या बेहूदी बात कर रहे हो?'

'हमें सभ्य भाषा में बात करनी चाहिए। डबल एजेंट बनने से पहले वह सिंगल एजेंट रहे होते हैं। ठीक है?'

'तार्किक लगता है...'

'जानते हो? केम्ब्रिज के उन छोकरों की तरह जो सोवियत गुप्तचरी के लिए ब्रिटेन के खुफिया महकमे में शामिल हो गए थे।'

'उनके बारे में क्या?'

'जरा इसे सुनो।' पगले ने एक पुस्तक उठाई जो चारपाई पर उसकी तरफ पड़ी हुई थी, कुछ पन्ने उलटे और कनकनाती हुई आवाज में ऊँचे स्वर के साथ पढ़ने लगा, '1869 में बेलारुस में जन्मा रूसी यहूदी ईएवनो आजेव एक श्रेष्ठ बहुरूपिया था। व्यवस्था के प्रति अपने आक्रोश और स्वाभाविक बुद्धिमत्ता के कारण वह 1892 में उच्च अध्ययन के लिए जर्मनी के कार्ल्सरूहे चला गया। उसकी गरीबी ने उसे 1893 में अपनी सेवाएँ जार की खुफिया पुलिस ओखराना में देने के लिए प्रेरित किया। आजेव समाजवादी क्रान्तिकारियों में शामिल हुआ और बाद में उनकी लड़ाकू इकाई का हिस्सा बना। रूस वापस आने पर उसने पुलिस अधिकारियों, गवर्नरों, आन्तरिक मामलों के दो मंत्रियों और जार के चाचा ग्रांड ड्यूक सर्गेई की हत्या की योजनाएँ बनाईं और उन्हें क्रियान्वित किया। जल्दी ही आजेव समाजवादी क्रान्तिकारियों की लड़ाकू इकाई का सर्वेसर्वा बन गया। उसी समय वह ओखराना में पदोन्नत होकर आतंकवाद विरोधी अभियान का प्रमुख बन गया था। और उसने अनेक गिरफ्तारियाँ करके अपने उच्चाधिकारियों का विश्वास प्राप्त कर लिया था। आजेव इतिहास में ज्ञात ऐसा इकलौता व्यक्ति है जो क्रान्ति और प्रतिक्रान्ति दोनों का ही एकसाथ नेतृत्व कर रहा था। उसके साथियों को 1908 में इस बात का पता चला और उसे सजा दी गई, जिसके बाद वह पेरिस भाग गया। भागते हुए बर्लिन में 1918 में उसकी मृत्यु हो गई। आजेव के मस्तिष्क और उसके तरीकों की शैतानी जटिलता से यह कहना सम्भव नहीं है कि वह कौन-सा लक्ष्य था जिसके प्रति वह समर्पित था।'

'तुम्हें यह कहाँ मिल गई?'

'यह किताब आतंकवाद पर है। तुम्हें क्या यह लगता है सिर्फ तुम्हीं किताबें पढ़ सकते हो।'

'यह कहानी जैसी लगती है।'

'हाँ, होगी, लेकिन साले!'

'क्या ?'

'क्या हम वस्तुगत रूप से क्रान्ति के सिंगल एजेंट या वैयक्तिक रूप से प्रतिक्रान्ति के डबल एजेंट थे ? दूरगामी दृष्टि से ?

'क्या ?'

'या उसके उलट ?'

'जहन्नुम में जाओ।'

गोपनीय फाइल 63/1934

विशेष विभाग, बिहार और उड़ीसा की सरकार।

धर्मवीर सिंह उर्फ सी.एफ. सोआरिस पुत्र अर्जुन सिंह उर्फ ए.एफ. सोआरिस ग्राम पिन्यावाडो पी.एस. कारोना, अलडोना, गोवा, जन्म दादर बम्बई 1902। मूल कुछ अस्पष्ट। पिता एक देशी ईसाई जो बी.बी. एंड सी.आई. रेलवे में नौकरी करता था। एक समय रेलवे में नौकरी की, किन्तु 1924 में एक सर्कस मंडली गठित करके पूरे भारत में भ्रमण किया। अब वह हिन्दू होने का दावा करता है और इस तथ्य को छुपाता है कि मूल रूप से वह एक ईसाई था। राजनैतिक इतिहास 1930 से शुरू हुआ, जब उसने दिल्ली के नागरिक अवज्ञा आन्दोलन में भाग लिया। डेढ़ महीने का सादा कारावास दिया गया। सजा का एक हिस्सा पंजाब में बीता जहाँ वह डॉ. मूलराज मेहता के सम्पर्क में आया जो हिन्दुस्तान सोशलिस्ट रिपब्लिकन एसोसिएशन का स्थानीय नेता था। तत्पश्चात धर्मवीर सिंह ने दिल्ली में नवजवान भारत सभा का पुनर्गठन किया और स्वयं इसका सचिव बना। 1931 में लुधियाना में गिरफ्तार हुआ, जहाँ वह एचएसआरए के पुनर्गठन की बात करने गया था। एक वर्ष के लिए कठोर कारावास। 10 जून, 1932 को छोड़ा गया। दिल्ली में तिब्बिया कॉलेज के आतंकवादी जतीन्द्र मोहन रक्षित से जुड़ा, जो इस समय बंगाल में बन्द है।

17 जुलाई, 1932 को धर्मसिंह को कम्युनिस्ट गतिविधियों में भाग लेने के लिए दिल्ली से निष्कासित कर दिया गया। वह मेरठ चला गया। यहाँ भी वह कम्युनिस्टों से मिला। सितम्बर 1932 में मेरठ से निष्कासित होने के बाद वह कलकत्ता आ गया...मेरठ षड्यंत्र के अभियुक्त मुजफ्फर हुसैन के परिचय के आधार पर वर्कर्स पार्टी में उसे प्रवेश दिया गया। वह 41 जकारिया स्ट्रीट कलकत्ता में अब्दुल हलीम के साथ रहा था, जो भारत की वर्कर्स पार्टी का मुख्यालय था। समझा जाता है कि इसका सम्बन्ध कम्युनिस्ट पार्टी के अखिल भारतीय संगठन से था। उसका सम्बन्ध सैन फ्रांसिस्को की गदर पार्टी से भी बताया गया है। उसके गदर साथियों में कथित रूप से एक अधर सिंह है जो न्यूयॉर्क में फोर्ड का इंजीनियर है...यह मानने के आधार हैं कि धर्मवीर सिंह अभी भी एक सक्रिय आतंकवादी है। वह अब भी चमनलाल आजाद के सम्पर्क में है जो पंजाब के आतंकवादियों के षड्यंत्रों में सक्रिय रूप से शामिल

रहा है। रेलवे के कर्मचारियों में कम्युनिस्ट विचारों को फैलाने के लिए उसने ई.बी. रेलवे वर्कर्स यूनियन के साथ कलवर्ट रोड, बेलियाघाट में रात्रिकालीन पाठशालाएँ चलाईं। उसके द्वारा हिन्दी और गुरुमुखी में एक पेम्फलेट छापने की कोशिश की गई जिसमें एक गुप्त कम्युनिस्ट पार्टी की स्थापना का सुझाव दिया गया था। फरवरी 1934 में उसे जमशेदपुर भेज दिया गया, जहाँ वह लेबर फेडरेशन आफिस में श्रम और कम्युनिस्ट संगठनकर्ता मंगल सिंह की सहायता करता था। एक एजेंट की रिपोर्ट के अनुसार उसे कम्युनिस्ट पद्धति से श्रमिकों को संगठित करने के लिए 'अध्ययन मंडल' चलाने के लिए भेजा गया था।

आदेश दिनांक 5 मई, 1934 : धर्मवीर सिंह उर्फ सी.एफ. सोआरिस पुत्र अर्जुन सिंह उर्फ ए.एफ. सोआरिस निवासी अलडोना, गोवा को यह आदेश दिया जाता है कि वह बिहार और उड़ीसा प्रान्त से चला जाए क्योंकि उसका व्यवहार सार्वजनिक सुरक्षा के लिए वांछनीय नहीं है।

12

कॉमरेड

रथिन और आनन्द एक सर्दीली सुबह उत्तर-पूर्व बिहार के कस्बे पूर्णिया में पहुँचे। रेलवे स्टेशन पर एक कॉमरेड ने उनका लजालू अभिनन्दन किया। जब एक कोड वर्ड द्वारा उनकी पहचान हो गई तो उन्हें एक सुरक्षित मकान तक ले जाया गया जहाँ उनकी भेंट सीमान्त क्षेत्रीय समिति के सदस्यों से होनी थी। वहाँ उन्हें खत्म दस्तों को तैयार करने की कार्य-नीतियों का आरम्भिक प्रशिक्षण मिलनेवाला था।

'लाल सलाम, कॉमरेडो!'

'लाल सलाम, कॉमरेड!'

वहाँ मौजूद तीन कॉमरेडों के साथ जिले के विभिन्न भागों की वर्तमान स्थिति और विविध सम्पर्कों की विश्वसनीयता के सम्बन्ध में टिप्पणियों का मशीनवत् आदान-प्रदान हुआ। साहस बढ़ानेवाली जानकारी उस व्यक्ति से मिलती थी जो हाल ही में कलकत्ता या किसी संघर्ष के क्षेत्र से लौटा हो। पुलिस के साथ सड़कों पर लड़ाई, प्रमुख छात्र संगठन, मूर्तियों का अंग-भंग, खास-खास इमारतों पर पार्टी का ध्वजारोहण, प्रदर्शन और मुखबिरों तथा शोषकों के गोपनीय ढंग से खात्मे की घटनाएँ जोशोखरोश के साथ याद की जातीं। किसी भूमिगत नेता अथवा विश्वक्रान्तिकारी आन्दोलन के किसी कॉमरेड के साथ हुई मुलाकात निःश्वास सराहना का विषय बनती। आधा घंटा बीत गया। तब क्षेत्रीय समिति के सेक्रेटरी दिलीप दा एक उत्तेजक खबर के साथ वहाँ पहुँचे।

'कॉमरेडो! मैं अभी-अभी हमारे आदरणीय और प्रिय नेता कॉमरेड चारु मजुमदार से मिलकर आया हूँ।' उपस्थित जनों पर इस रहस्योद्घाटन की गम्भीर प्रतिक्रिया हुई। सीएम ने उन्हें निश्चय ही कुछ महत्त्वपूर्ण निर्देश दिए होंगे। 'सचमुच कॉमरेड! वर्तमान स्थिति की उनकी व्याख्या क्या है? संघर्ष क्षेत्रों के सम्बन्ध में पार्टी केन्द्र की सूचनाएँ क्या हैं?'

दिलीप दा ने अपनी लुंगी खोली, कसी और पतली कमर में फिर से बाँधकर ठीक की, और उस लकड़ी के तख्त पर जिस पर वे आकर टिक से गए थे, कुछ ठीक तरह से बैठे। गला साफ करते हुए उन्होंने कहा—'कॉमरेडो, एक बड़ी खबर है। कुछ स्थानों

पर लाल सेना की इकाइयाँ बन गई हैं। उनका ठिकाना दरअसल कहाँ है अभी गुप्त है। मुझे विश्वास है कि श्रीकाकुलम् और मिदनापुर का योगदान इस ऐतिहासिक उपलब्धि में होगा। सीएम ने हमारे क्षेत्र में कार्रवाई के महत्त्व पर बल दिया है। यह रणनीतिक दृष्टि से महत्त्वपूर्ण और नक्सलबाड़ी के पड़ोस में है। उन्होंने वायदा किया है कि जैसे ही हम वर्गशत्रुओं का सफाया शुरू करेंगे वे यहाँ आएँगे। हमें अपनी गलतियाँ सुधारकर अपनी कोशिशें तेज कर देनी चाहिए।' रुककर उन्होंने नई भर्तियों की ओर देखा। 'ऐसा कोई कारण नहीं है कि सामन्तवाद विरोधी संघर्ष बिहार में शुरू नहीं किया जा सके।'

आनन्द और रथिन को लगा कि उन्हें एक नई पहल सौंपी जानेवाली है। सेक्रेटरी की योजना ने एक कहानी का रूप ले लिया। वे धीर-गम्भीर स्वर में बोल रहे थे-'क्या तुम जानते हो कि मिदनापुर में छापामार संघर्ष किस तरह शुरू हुआ?'

उपस्थित जनों ने अपना सिर सामूहिक ढंग से हिलाया।

दिलीप दा ने अपनी बात को गरमाया। 'इसकी शुरुआत कॉमरेड खोखोन के क्रान्तिकारी धीरज के साथ हुई। वे महीनों ग्रामीण क्षेत्रों में रहे। एक दिन उनकी भेंट एक गरीब किसान से हुई जो हल चला रहा था। खोखोन हर रोज उसके साथ-साथ चलते और उसे राजनीति बताते, राजनीति समझाते। रात में वह किसान की कुटिया के आगे सो जाते। यही तीन दिनों तक चलता रहा और इन तीन दिनों तक कॉमरेड खोखोन भूखे रहे। तीसरी रात किसान अपनी झोंपड़ी से बाहर आया और उसने उन्हें कुछ भोजन दिया। उनके बीच वार्तालाप शुरू हुआ। खोखोन ने फिर से बताया कि वे यहाँ किसलिए आए हैं। इस बार किसान अधिक तैयार था, क्योंकि उसने देखा था कि यह अजनबी गम्भीर है और वह किसान मिदनापुर के पहले खत्म दस्ते का नेता बना।'

कहानी प्रोत्साहित करनेवाली थी। उन्हें केवल खोखोन के उत्साह का अनुसरण करना था और शोषित जनगण नक्सलबाड़ी, श्रीकाकुलम और मिदनापुर के उदाहरण पर चल पड़ेंगे। खुद रथिन भी अपने स्वाभाविक संशयवाद से मुक्त हो रहा था। अन्ततः शायद क्रान्ति उतनी कठिन नहीं है। जब भाषण का समापन हुआ तो दो सदस्यीय रेडगार्ड दस्ते के प्रत्येक सदस्य को मानक सामग्री प्रदान की गई : एक नीली लुंगी, एक कपड़े का थैला, और एक जेबी लाल किताब। जब वे अपने पाँव सीधे कर रहे थे, दिलीप दा ने उन्हें आखिरी परामर्श दिया।

'नेड़ों को राजनीति की शिक्षा देने की चिन्ता मत करना।'

'नेड़े?' रथिन ने पूछा।

क्षेत्रीय समिति के सेक्रेटरी ने समझाया-'बंगाल के मुसलमान क्रान्तिकारी राजनीति की समझ नहीं रखते। उनकी अपनी राजनीति है-उनका धर्म।'

नेक इरादे वाले दो बुद्धिजीवी सशस्त्र क्रान्ति के लिए भारतीय किसानों को संगठित करने की अपनी योजना पर अग्रसर हो रहे थे। गरीब आग की एक पेटी थी जो जल उठने का इन्तजार कर रही थी। जरूरत थी उनके सच्चे आह्वान की जो प्रकाश का दर्शन कर चुके थे। चेयरमैन माओ ने इसे शब्दों में बाँधा है : एक चिनगारी उजाड़ में भी आग लगा सकती है। लेकिन किताबों और शब्दों के विभिन्न अर्थ होते हैं और बुद्धिमत्ता अनेक रूपों में सामने आती है।

रथिन और आनन्द सहमति के बाद राष्ट्रीय राजमार्ग पर चल रहे निर्माण कार्य के दोनों तरफ के मुआयने के लिए एक दूसरे से अलग हो गए। यह राजमार्ग पूर्णिया के उत्तर में अररिया कस्बे के पूरब में था। उन्हें दो दिन बाद फिर मिलना था। रथिन ने पहले दिन का अधिकांश हिस्सा एक कच्ची पगडंडी पर चलने में बिताया। कभी-कभी वह मजदूरों से तब बात कर लेता जब देखता कि वे काम नहीं कर रहे हैं। वह जो बातें कर रहा था, उसमें उन मजदूरों की दिलचस्पी उसने महसूस की और यह कि जैसे ही कोई ठेकेदार आता दिखाई देता है वे सहम जाते हैं। सड़क पर होना एक लिहाज से उसके लिए सुविधाजनक भी था क्योंकि जब कोई सवाल इतना कठिन हो जाता था कि उसका ईमानदार उत्तर दिया न जा सके तो वह आगे बढ़ सकता था। वह उनसे पीछा छुड़ाने के लिए हँसते हुए दो-एक सांसारिक वाक्य कहता, 'देखें किस्मत क्या रंग दिखाती है, अब मुझे जाना होगा।' कभी-कभी वह अपनी राजनीति की इस विचित्र प्रकृति पर सोचता कि उसे अपने विचार उन वर्गों तक जिनके प्रतिनिधित्व का वह दावा करता था, पहुँचाने के लिए छल का सहारा लेना पड़ रहा था। वह अपनी आशंकाओं को प्रकट किए बिना इसमें लगा रहता। उसने पहली रात एक ठेकेदार की इजाजत से निर्माण के लिए बने सायबान में बिताई। वर्गशत्रु होने के बावजूद यह ठेकेदार इतना दयालु था, यह उसके लिए आश्चर्य की बात थी। उसने उसे ब्यालू के लिए भात और दाल भी दी। दूसरे दिन उसने खेतों में जाने का निश्चय किया ताकि किसानों से बातचीत की जा सके। जब वह अभी-अभी जोते गए खेतों में से गुजर रहा था तो उसे दो हलवाहे मिले, जिन्होंने उसके उत्फुल्ल अभिवादन का कोई जवाब नहीं दिया। वह चलता रहा। वह पहला व्यक्ति जिसने उपेक्षा के बिना उसकी तरफ ध्यान दिया, वह एक पोखर में से पानी चुआतीं बेलें निकालकर खेतों में फैला रहा था। ज्यादा बात नहीं हो पाई। रथिन ने अनुभव किया कि हाड़ तोड़ शारीरिक श्रम के बाद लाल किताब के पाठ या भूस्वामित्व और मजूरी के भुगतान सम्बन्धी प्रश्नों को सुनने-समझने लायक नहीं रहा जा सकता।

घंटे भर बाद किसान अपने गाँव की ओर चल पड़ा। रथिन उसके साथ था। किसान एक छोटी गारे की झोंपड़ी की तरफ चला जिसके सामने की थोड़ी सी जगह छप्पर से ढकी हुई थी। वह भीतर गया और दो घिसी हुई अल्यूमीनियम तश्तरियों और एक

बर्तन के साथ वापस आया। एक तश्तरी में कुछ काली-काली रोटियाँ थीं। वह पालथी मारकर जमीन पर बैठा और अपने अनाहूत अतिथि के सामने एक तश्तरी सरकाते हुए उस पर एक रोटी रख दी। उसके बाद उसने बर्तन की तरफ हाथ बढ़ाया जिसमें हरी मिर्च के पनीले शोरबे में अँगुलियों के आकार की मछलियाँ पड़ी थीं, वह 'खाओ' कहकर खुद भी खाने लगा। रथिन को भूख लगी थी। रथिन यह देखकर गद्गद था कि क्रान्तिकारी प्रबोधन के बिना भी इस किसान में वैसी ही उदारता है जिसकी अपेक्षा श्रमिक वर्ग से की जाती है। उसने अपने लिए तश्तरी में थोड़ा सा शोरबा डाला और रोटी पर टूट पड़ा। इस दौरान दोनों ही चुप रहे। किसान सिर झुकाए रथिन से ज्यादा तेजी से भोजन कर रहा था। दस मिनट में वह उठा और गारे के बरामदे के कोने में रखे पानी को स्टील के गिलास में लेकर बिना छुए ऊपर से धार डालकर उसने पानी पिया। वापस आकर उसने भरा हुआ गिलास रथिन के सामने रख दिया। उसने भी क्रिया की पुनरावृत्ति की। खामोशी अब भी यथावत् थी। रथिन ने अपने कपड़े के झोले में हाथ डालकर क्रान्ति का साहित्य बाहर निकाला। अभी लाल किताब उसके हाथ में ही थी कि किसान ने उसे देखा। उसकी निगाह मेजबान से मिली। उसने सादगी से कहा— 'अब तुम जाओ।' वह एक मितभाषी व्यक्ति था। बहस की कोई गुंजाइश ही नहीं थी। इससे ज्यादा कुछ कहने की जरूरत भी नहीं थी और रथिन चल पड़ा।

अररिया के पूरब में दार्जिलिंग की तरफ के इस छोटे से गाँव में गोधूली के बाद का अँधेरा घिरने लगा था। खेत या तो बंजर पड़े थे या फिर उनमें खरीफ की फसल के बीज हाल ही में डाले गए थे। दिन में हिमालय की बर्फ से ढकी चोटियाँ राजसी वैभव की चमक बिखेरती थीं। गाँवों की झोंपड़ियों के झुंड को ऊँचे, गठीले पेड़ों की हरियाली ढके हुए थी।

उम्रदराज विधवा की झोंपड़ी गाँव के किनारे पर थी। उससे कुछ गज की दूरी पर, बाँसों के झुरमुट के पास विधवा एक छोटे से झुंड में खड़ी गीली जमीन पर पड़ी एक मानवाकृति को देख रही थी। इस समूह में एक युवा दम्पती, कुछ बच्चे और लम्बी दाढ़ीवाले एक बुजुर्ग थे। खान साहब गाँव के पढ़े-लिखे कुछ व्यक्तियों में एक थे। वे एक दुकान के मालिक थे जिसमें किराने का सामान, माचिसें, लैम्प, गमछे और उबली हुई मिठाइयाँ बिकती थीं। वे एक जानकार व्यक्ति थे और गाँव के बाहर की दुनिया के तौर-तरीकों से परिचित थे। उत्तर बिहार में सर्वव्याप्त नीले रंग की ढीली ढाली लुंगी पहने खान साहब के दाहिने हाथ में एक हरिकेन लालटेन थी, उन्होंने नीचे झुककर झाँका, उनके माथे पर बल तो पड़े लेकिन वे चौंके नहीं और लेटी हुई आकृति के सम्बन्ध में गम्भीर मनन करने लगे। उन्होंने पाया कि वह एक लुंगी से ढकी हुई है जो ठीक-

ठीक उनकी ही जैसी है। विधवा यों तो सामान्य स्वर में बोल रही थी लेकिन उसकी व्यग्रता ही वह कारण थी जिससे खान साहब को अँधेरे के बाद वहाँ आना पड़ा था। 'उसने कहा था कि वह पूर्णिया का है और पैदल दार्जिलिंग जा रहा है।' वह कह रही थी–'वह कुछ देर बैठा था और नक्सलबाड़ी और चीन की बातें करता रहा। बीच-बीच में वह एक किताब में कुछ पढ़ता था। वह एक सभ्य आदमी था, लेकिन ईश्वर ही जानता है कि वह कौन है और यहाँ क्या कर रहा है।' उसने हाथों में लालटेन थामे अधिकृत व्यक्ति की ओर देखा जैसे अब इसकी व्याख्या करना उसकी ज़िम्मेदारी हो। वह चाहती थी कि वह इस अजनबी युवक को देखे जो पता नहीं शाम को कहाँ से आ गया था और रातभर यहाँ रहना चाहता था।

बच्चे बड़ों के कपड़ों से लिपटकर ठिठोली कर रहे थे। खान साहब ने लालटेन ऊँची करके फिर उस आदमी को घूरना शुरू किया। पास के इमली के पेड़ में एक उल्लू बोला और पंख फड़फड़ाने की आवाज आई। खान साहब ने बाएँ हाथ की अँगुलियों से अपनी दाढ़ी खुजाई और फिर उसे कमर तक लाकर मुट्ठी में लुंगी को पकड़ा। 'अय बबुआ!' उन्होंने ऊँची आवाज में कहा और देखा कि आकृति में कोई हलचल हुई या नहीं। कोई प्रतिक्रिया नहीं थी। खान साहब ने गहराई में सोचने में कुछ मिनट लगाए। फिर बिना दृष्टि हटाए, बिना किसी विशेष व्यक्ति को सम्बोधित किए लगभग आकाशवाणी की मुद्रा में उन्होंने घोषणा की।

'ई' उन्होंने उवाचा और रुके 'ई...पोढ़ते-पोढ़ते, पोढ़ते-पोढ़ते पागल होये गयले, यह एक विद्यार्थी है जो किताबें पढ़कर पागल हो गया है।'

गाँव के विद्वान द्वारा उसे पागल घोषित किए जाने से रथिन को लज्जा का अनुभव हुआ। वह नींद का स्वाँग करते हुए लेटा रहा, उसने सफाई देने की कोशिश नहीं की। उसे यह जानकर विस्मय हुआ था, उससे बातचीत करते समय यह औरत कितनी भोली भाली लग रही थी। उसने उसके सोने का इन्तजार किया और फिर तब खोजबीन में जुट गई। अब जब उसकी कहानी अविश्वसनीय हो चुकी है और उसके लिए अपनी उपस्थिति का कोई बहाना ही नहीं बचा है, उसे चुपचाप पड़े रहकर इन जिज्ञासुओं के जाने का इन्तजार करना होगा। उसका सिर पूरी तरह ढका हुआ था, लेकिन उसने लुंगी में एक दरार बना ली थी जिससे वह आसपास के दृश्य का अवलोकन कर सकता था। भीड़ कुछ देर तक रही। जब वह उस बात से सन्तुष्ट हो गई कि सोते हुए व्यक्ति से कोई खतरा नहीं है तो एक-एक करके वह अँधेरों में खोने लगी।

जो कुछ हुआ था, उस पर रथिन चिन्तन कर रहा था। सत्तावर्ग को सबक सिखाने के अपने निर्णय के बाद से अपने विगत संशयवाद के बावजूद उसने क्रान्तिकारी राजनीति को उत्साहपूर्वक स्वीकार किया था। अब वह उलझन में था। यदि जनगण चेयरमैन माओ के विचारों पर नासमझी की प्रतिक्रिया करे तो कॉमरेड उनके बीच सही

संचेतना जाग्रत करने के लिए क्या करें? क्या शोषित वर्गों को, भले वह खुशी से उछल न पाएँ तथापि भावी मुक्ति का समाचार अनुकूलता से ग्रहण नहीं करना चाहिए? दूसरी तरफ चेयरमैन ने यह भी कहा है कि तुम जितना ज्यादा पढ़ोगे उतने ही मूर्ख होते जाओगे। जाहिर है कि निर्धन कृषक वर्ग नैसर्गिक रूप से इस प्राथमिक सत्य को समझता है। मुद्दा यह है कि उनके साथ हमें घुलना-मिलना चाहिए। पागल समझे जाने के बाद अगली सुबह उसने अपने मेजबान के चिन्तित चेहरे की उपेक्षा की और उसकी दी हुई पनीली चाय को चुपचाप गटकता रहा। सामान्य दिखने की कोशिश करते हुए उसने उसकी उदारता का आभार माना और विदा ली। उसे उम्मीद थी निर्धारित समय और जगह पर कॉमरेड आनन्द से उसकी भेंट हो जाएगी।

पिछले दिन, जिले के एक दूसरे कोने में, चावल के खेत में काम कर रहे एक किसान के सामने आनन्द ने अभी लाल किताब को पढ़ना शुरू ही किया था कि वह फिसलकर दलदल में फँस गया। यह खबर तेजी से फैली और जल्दी ही गाँव वालों की एक छोटी-सी भीड़ वहाँ उसे दलदल में धँसते हुए देखने के लिए जमा हो गई। (अपने बचावनहार को डूबते देख किसान अचरज से भर गए थे) उसने जिस व्यक्ति को विश्व के ऐतिहासिक प्रचार का लक्ष्य बनाया था, उसे आनन्द एक तोते की तरह दिखाई पड़ रहा था। 'बचाओ! बचाओ!' आनन्द भी चीख रहा था। उसकी लुंगी गुब्बारे जैसी फूलकर ऊपर उठ आई थी और उसके शरीर से नीले फूल की पँखुरियों की तरह लिपट गई थी। शायद यही स्थिति थी जिसने उसे शोषित वर्ग की निगाह में इतना रुचिकर बना दिया था। अन्त में उनमें से एक ने एक लम्बा बाँस उसकी तरफ बढ़ाया, जिसे उसने बेताबी से जकड़ लिया। हाथों में कई खरोंचें लिये वह दलदल से बाहर निकला। चेयरमैन माओ के विचार भारत माता में विलीन हो गए।

जब दो रेडगार्ड मिले, और आनन्द अपनी रिपोर्ट दे रहा था तब रथिन को अपना चेहरा निर्विकार बनाए रखने में बहुत परेशानी हो रही थी। आनन्द ने अपने रिपोर्ट को वर्तमान काल में कृषक चेतना के निराशात्मक सन्दर्भों के साथ समाप्त किया। रथिन ने सोचा कि माओ के विचार कि क्रान्ति रात्रिभोज नहीं है, सम्भवतः उसके साथी को कुछ दिलासा दे सके, किन्तु उसने यह बात नहीं कही। उसे शान्त करने के लिए वह अपने अनुभव बताने लगा।

उस रात अररिया में वह पार्टी सचिव से मिला और पूछा कि फायर आर्म्स इकट्ठा करने में कोई आपत्ति तो नहीं। उसने बताया कि कभी नहीं थी। हमें केवल इतना निर्देश मिला है कि हम इनका प्रयोग पहले फेज़ में नहीं करेंगे। पिछले अक्टूबर के मागुर्जन में बन्दूक छीनने के मामले के बाद पार्टी-केन्द्र ने यह फैसला किया है कि जनसेना के गठन की प्रक्रिया अब शुरू हो ही जानी चाहिए। हमें आधुनिक आग्नेयास्त्र विशेष रूप से पिस्तौल और रिवाल्वर इकट्ठा करने का आदेश भी मिला है, उन वरिष्ठ नेताओं

के लिए जिन्हें अपनी यात्राओं में इनकी जरूरत हो सकती है।'

रथिन सन्तुष्ट होकर लौटा। दिल्ली के एक सुरक्षित पते पर उसने मोहन और प्रणव को पिस्तौल पहुँचाने के लिए लिख दिया। हालाँकि उसने यह भी बता दिया कि हाल-फिलहाल यह तात्कालिक रूप से जरूरी नहीं है।

℘

उसी समय जब रथिन और आनन्द पूर्णिया में किसानों को क्रान्तिधर्मी बनाने में कठिनाइयों का सामना कर रहे थे, दिव्या ने सुना कि पवन चोपड़ा उससे कैम्पस के महिला छात्रावास में, जहाँ उसका आना-जाना था, मिलना चाहता है। एक क्षण के लिए उसने सोचा कि यह मिशन कॉलेज के उसके कॉमरेडों के सम्बन्ध में हो सकता है। पवन और वह कभी-कभी मिलते रहे थे और उसे उसकी सहानुभूति और विश्वसनीयता के सम्बन्ध में बताया जा चुका था। वह खुद पवन की परिपक्वता और गरिमा से प्रभावित थी। लेकिन इस बार कुछ और ही बात थी।

'तुम्हें कष्ट देने के लिए मुझे दुख है कॉमरेड!' उसने कहा-'लेकिन यह आवश्यक था। क्या हम कहीं अकेले में बात कर सकते हैं।'

उसने दिए गए सम्बोधन पर ध्यान दिया और उसे खुशी हुई। कोई मुश्किल नहीं जैसी कोई बात, वह उसे एक तरफ ले गई। उसने समय बर्बाद नहीं किया और कहा, 'हमारे सामने एक बड़ी समस्या आ गई है। एक वरिष्ठ नेता की गिरफ्तारी हुई है और हमें लगता है कि उनकी डायरियाँ, कागजात वगैरह जब्त कर लिए गए हैं। हम कुछ सूचनाएँ बंगाल के कॉमरेडों तक पहुँचाना चाहते हैं। इसमें हमें तुम्हारी सहायता चाहिए। इससे ज्यादा मैं कुछ नहीं कह सकता, तुम समझती हो। उसका कोई मतलब नहीं होगा।'

'सुनकर मुझे दुख हुआ। आपने निश्चित रूप से उन्हें बता दिया होगा?'

'निश्चय ही। लेकिन हमें कुछ कागज अभी भी उन्हें भेजने हैं जिनके विषय में टेलीफोन पर बात नहीं की जा सकती। तुम समझीं।' वह बिना कुछ कहे कोई बात बताना चाहता था।

'आप मुझसे क्या करवाना चाहते हैं?'

'क्या तुम यह लिफाफा बंगाल ले जा सकती हो। यह छोटा-सा होगा, और इसकी सामग्री सांकेतिक होगी इसलिए तुम्हें कोई खतरा नहीं है। मैं एक पता दूँगा जहाँ इसे पहुँचाना है। क्या वहाँ तुम्हारा कोई व्यक्तिगत सम्पर्क है?'

दिव्या के लिए बातचीत का सिरा कुछ ज्यादा ही तेजी से बढ़ रहा था। उसने कहा- 'हाँ है। लेकिन ...कृपया मुझे सोचने दो। मेरे माता-पिता दिल्ली में रहते हैं, पर मैं कैम्पस के पास कुछ छात्रों के साथ रहती हूँ। मेरा कलकत्ता जाना निश्चित रूप से वे पसन्द नहीं करेंगे। और वहाँ जाने पर मैं पारिवारिक मित्रों के साथ नहीं ठहर पाऊँगी। तुम ये

कागज कब पहुँचाना चाहते हो?'

'जितना जल्दी हो सके, उतना अच्छा। निस्सन्देह तुम्हें इस विषय में सोच लेना चाहिए। मैं कल शाम तुम्हें फोन करूँगा। यदि तुम तैयार हो तो परसों रात की रेल से रवाना हो सकती हो।'

दिव्या क्रान्तिकारी कार्य में सहायक होना चाहती थी। उसे प्रणव के साथ अपनी बातचीत याद हो आई, जिसमें महिला कॉमरेडों के लिए एक भूमिका की भविष्यवाणी की गई थी। उसे लगा कि ओरुण दा से मिलना चाहिए। शायद उनसे कुछ सलाह मिल सके। उनकी मुलाकात विश्वविद्यालय कैम्पस के ऑफिस के एक छोटे कमरे में हुई। विनिमय संक्षिप्त और स्पष्ट था।

'दिव्या, यह पूरी तरह तुम्हारा ही फैसला है। यदि तुम लक्ष्य के लिए कुछ करना चाहती हो और पार्टी ने तुमसे सहायता चाही है, तो शायद यही समय है।'

'ओरुण दा क्या आप यह नहीं सोचते कि यह व्यक्तिगत रूप से मेरे लिए खतरनाक होगा। मैं जानती हूँ कि यह स्वार्थ है लेकिन मुझे डर लग रहा है, इसके अलावा मुझे अपने माता-पिता की चिन्ता भी है।'

'क्या तुम्हें कभी लगा कि तुम पर नजर रखी जा रही है या तुम्हारा पीछा किया जा रहा है?'

'नहीं।'

'तुम्हारे दोस्तों के भूमिगत हो जाने के बाद भी?'

'नहीं।'

'पुलिस तुम्हारे मित्रों को जानती होगी, लेकिन मुझे लगता है कि उनका शक तुम पर नहीं है। तुम कभी किसी स्थानीय कार्रवाई में नहीं पड़ी। वे मध्यमवर्गीय महिलाओं पर तब तक सन्देह नहीं करते जब तक कोई घटना उन्हें अन्यथा सोचने के लिए प्रेरित न कर दे। परम्परागत दिखाई देने की कोशिश करो। साड़ी पहनकर स्त्रियों के डब्बे में यात्रा करना। मैं समझता हूँ सबकुछ ठीक रहेगा। वह बिना किसी खास जानकारी के तुम्हारा पीछा नहीं करेंगे। और कोई खतरा नहीं रहेगा। पवन गम्भीर व्यक्ति है और जानता है कि वह क्या कर रहा है।'

इसके बाद उसने निश्चय कर लिया। उसने ओरुण दा को यह नहीं बताया कि कॉमरेड कश्मीरी की गिरफ्तारी के बाद मोहन एक शाम उसके पास आया था और सेलोफेन का एक बंडल सुरक्षित रखने के लिए दे गया था। किस्मत उनके साथ थी। दिव्या के कमरे की एक साथिन शहर से बाहर थी और दूसरी प्रयोगशाला में काम कर रही थी। दिव्या रसोई की सफाई कर रही थी। मोहन को देखकर उसे खुशी हुई। उसके मित्र कुछ समय से अदृश्य हो गए थे, वह जानती थी कि उनकी राजनैतिक व्यस्तता ने एक मोड़ ले लिया है। लेकिन उसे ठीक-ठीक पता नहीं था कि वे क्या कर रहे हैं।

उसने उसका स्वागत किया, उसने हाथ धोए और पोंछे, अपने बालों को ठीक किया और उससे चाय के लिए पूछा, जब उसने मना कर दिया तो उसने पानी का एक गिलास उस छोटी खाने की मेज पर रखा जिसके पास वे बैठे हुए थे। उसने प्रणव के बारे में पूछा जिसे उसने कलकत्ता जाने के बाद से नहीं देखा था।

'वह भूमिगत हो गया है, क्या तुम्हें पता नहीं?'

उसका दिल धड़का। 'मैं जानती थी कि वह कोई योजना बना रहा है। वह विदा लेने के लिए भी नहीं आया।'

मोहन ने सोचा कि कैसा चूतिया है वह, वह जानता था कि दिव्या उस पर रीझ गई है। लोगों को यह पता ही नहीं चलता कि किस्मत उन पर कब मेहरबान है। 'यह जानकर मुझे दुख हुआ।' उसने कहा–'तुम जानती हो कि कभी-कभी घटनाएँ बहुत तेजी से घटित होती हैं।'

'उन दोस्तों के लिए भी जो तुम्हारी परवाह करते हैं! ठीक है फिर।' उसने अपने होंठ चबाए और इस बात को छुपाने की कोशिश की कि वह कितनी व्यग्र है। उसने गिलास उठाकर थोड़ा पानी पिया, और मोहन को देखा, जो ऐसा दिखाई दे रहा था जैसे उस पर कोई बोझ हो।

'मैं एक मदद चाहता हूँ।' वह बोला–'एक बहुत बड़ी मदद।'

'क्या?'

'क्या तुम एक बंडल रख सकोगी? मैं तुमसे कुछ नहीं छुपाऊँगा। यह एक पिस्तौल है। मुझे कहना चाहिए, तुम्हारी ही पिस्तौल।'

'यह मजाक की बात नहीं है मोहन।'

'सॉरी। लेकिन तुम पर नजर नहीं रखी जा रही और मुझे जल्दी ही जाना है। इसे अपने साथ रखना मुझे महँगा पड़ सकता है।'

'ठीक है, मैं इसे अपनी दराज के ताले में बन्द कर दूँगी। मुझे यह कब तक रखनी होगी?'

'कह नहीं सकता। जैसे ही मौका मिला मैं इसे यहाँ से निकाल लूँगा। पवन ही वह दूसरा व्यक्ति है जिसे इसकी जानकारी है। तुम इसके विषय में किसी को मत बताना। किसी को भी नहीं। ठीक है?'

'ओके । हमारा संवाद कैसे होगा?'

'हम अपनी चिट्ठियाँ सुरक्षित पतों पर भेजेंगे। जब तुम्हें कोई खास बात बतानी होगी तब रमेश चोपड़ा तुमसे मिलेगा। तुम उसे जानती हो, वह कमलानगर में चोलियों की दुकान चलाता है।'

दिव्या हँसी। 'तुम अजीब लोग हो। चोली की दुकान सुरक्षित पते के लिए! प्लीज सावधान रहना।' मोहन ने उसे गले लगाया और चला गया। कुछ विचित्र बात थी, जाने–

पहचाने चेहरे अचानक दिखाई देते थे और फिर नजरों से गायब हो जाते थे।

दिव्या मान गई। एक ही दिन में उसे भूरे कागज में लिपटा हुआ एक पैकेट दिया गया और आगे के निर्देशों के लिए एक फोन नम्बर बता दिया गया। इस बीच रथिन का भी एक पत्र मिला जिसमें पिस्तौल की माँग की गई थी और कलकत्ता का एक फोन नम्बर दिया गया जिस पर बात करके इसके हस्तान्तरण की व्यवस्था की जानी थी। रथिन का पत्र एक ऐसे पते पर आया जो व्यक्तिगत पत्राचार के लिए निर्धारित था। पूर्व व्यवस्था के अनुसार इस पते पर मिलनेवाली चिट्ठियाँ पवन के द्वारा खोली जाती थीं। उसने देखा कि इसमें आग्नेयास्त्र का उल्लेख है जो दिव्या के पास सुरक्षित रखा हुआ है। उसने संवाद को तब तक गोपनीय रखा जब तक दिव्या उसे रखने के लिए तैयार नहीं हो गई। उसनें अब इसे दिव्या को दिखाया। दिव्या ने दोनों ही काम इसी यात्रा में पूरे करने का फैसला किया। उसमें दिन तो एक ही लगना था लेकिन आने-जाने में बहत्तर घंटे खर्च होनेवाले थे।

साथ रहनेवाली लड़कियों को यह सिखाकर कि उसके घर से पूछताछ हो तो क्या बताना है, दिव्या हावड़ा मेल के स्त्रियों के डब्बे में चढ़ी—बाहर से संयत दिखने के बावजूद उसका दिल काँप रहा था। वह क्रान्तिकारी लक्ष्य की सहायता कर रही थी! सच तो यह था कि वह खुद भी अब एक कॉमरेड थी। पार्टी उस पर विश्वास करती थी। क्या यह करना उचित था ? हाँ, उसके निकटतम मित्रों ने अपनी जिन्दगी दाँव पर लगा दी थी, और उसे सिर्फ इतना करना था कि कुछ पैकेट पहुँचा दे। लेकिन एक पैकेट ठीक-ठीक पार्टी का न होकर, उनका था। हो सकता है कि रथिन को आत्मरक्षा के लिए उसकी जरूरत रही हो। इससे उसकी जान भी बच सकती है। लेकिन अगर कोई भूल हो गई तो ? वह प्रणव के माता-पिता की सहायता तो ले ही नहीं सकती। नहीं, कुछ भी बुरा नहीं होगा। वह अपने लोगों से सम्पर्क साधेगी, इन पैकेटों को पहुँचाकर अगली ट्रेन से वापस दिल्ली को चल पड़ेगी। इतना तो वह कर ही सकती है, भले वह सशस्त्र संघर्ष के सिद्धान्त से पूरी तरह सहमत नहीं है। यह सीधा सादा काम है और इस पर ज्यादा सोचने या चिन्ता करने की आवश्यकता नहीं है।

कृषक वर्ग के राजनीतिकरण में अपनी असफलता के बाद रथिन का जीवन नीरस हो गया। स्थानीय पार्टी से सलाह-मशविरे और आत्मालोचन के दौरों से रणनीति में परिवर्तन आया। देहातों में प्रचार अभियान चलाने से पहले एक नेटवर्क स्थापित किया जाना था। वह अटल सहानुभूतिकर्ताओं के घरों में रुकता। इधर-उधर गुमनामी में घूमता, और गाँवों के स्कूलों या दुकानों में छोटे-मोटे काम करता। वह क्या करेगा, कहाँ जाएगा इसका निर्धारण पार्टी के सम्पर्कों द्वारा किया जाता था। इसका उद्देश्य यह था कि पता

चलने का कम-से-कम खतरा उठाकर सम्भावित भर्ती की पहचान की जाए। कभी-कभी वह कस्बों में भी चला जाता था, विशेष रूप से कटिहार रेलवे जंक्शन में। यह यात्राएँ पार्टी के काम से होती थीं, जैसे बैठकें और संचार अथवा क्रान्तिकारी साहित्य प्राप्त करना। इनसे उसका गाँव के माहौल से ध्यान कुछ हट जाता था और थोड़ी-सी राहत भी मिल जाती थी।

रेलवे का कर्मचारी जहूर अंसारी उत्तर बिहार में रथिन का निकटतम कॉमरेड था। जब भी वह देहात से आकर वहाँ रात बिताना चाहता तो उससे रथिन की मुलाकात उसके कटिहार रेलवे कालोनी के सादा क्वार्टरों में होती और वह उसी के साथ ठहरता। जहूर की उम्र पैंतीस-चालीस के बीच थी और वह रेलवे में बिजली का खलासी था। वह रेलवे कर्मचारी के रूप में आया था और समानान्तर पटरियों पर लम्बी यात्रा के बाद क्रान्तिधर्मी राजनीति तक पहुँचा था। उसका बाप अल्ताफ अंसारी स्टील के कारखाने में काम करता था। वह गंगा के उत्तर में मुंगेर के एक बुनकर परिवार में सदी के बदलने के वक्त जन्मा था। बचपन में कस्बे के मदरसे में शिक्षा लेने के बाद अल्ताफ एक सरकारी स्कूल में दाखिल हुआ और अपने पिता की मृत्यु होने से पहले वह आठवाँ दर्जा पास कर चुका था। 1919 में महायुद्ध की समाप्ति के बाद उसने शहरी जीवन अपना लिया और जमालपुर के लोकोमोटिव कारखाने में काम करने लगा, जहाँ वह कुशल मेकैनिक बन गया। उन्हीं दिनों उसकी मेहरुन्निसा के साथ शादी हो गई जिसने दो लड़कों को जन्म दिया। हारुन का जन्म जमालपुर में ही हुआ था। 1927 में अल्ताफ अपने परिवार के साथ तेजी से फैलते शहर और टाटा आयरन एंड स्टील फैक्टरी की जन्मभूमि जमशेदपुर आ गया। चौथे दशक के पूर्वार्द्ध में जहूर का जन्म हुआ। अल्ताफ ने कई जगह काम किया और अन्त में वह इंडियन स्टील वायर प्रोडक्ट्स फैक्ट्री में नौकरी करने लगा, जिसका मालिक सरदार इन्दर सिंह था। हारुन किशोर अवस्था में ही कलकत्ता चला गया था जहाँ हुगली की जूट मिलों में वह काम करता रहा। कई वर्ष बाद अल्ताफ को पता चला कि उसका बड़ा बेटा किसी चिकित्सक का सहायक है। जहूर जमशेदपुर में ही बड़ा हुआ, जहाँ वह अपने पिता को सभाओं और प्रदर्शनों में भाग लेते देखता था जो तीस के दशक में आए दिन होते रहते थे।

अल्ताफ दिन में पाँच बार नमाज अदा करता था और इसके लिए उसने अपनी चटाई काम करने की जगह पर एक अलमारी में रख छोड़ी थी। उसके कई मित्र चर्चित पारसी इंजीनियर और मजदूर नेता मानिक होमी के नेतृत्ववाले जमशेदपुर श्रम संगठन के सदस्य थे। 1930 से 1935 तक होमी की जेल यात्रा के दौरान अनेक वाममार्गी कार्यकर्ता इस संगठन से जुड़ गए थे। वह अपनी धार्मिक आस्था और लाल झंडेवालों के साथ दोस्ती में कोई विरोधाभास नहीं पाता था। यह इन दिनों कम्युनिस्टों के लिए मजदूरों में प्रचलित सम्बोधन था। ये लोग अक्सर बिस्तूपुर कॉलोनी में उसके क्वार्टर

पर आते रहते थे। 1928 में टिस्को की पाँच महीने की हड़ताल के दौरान अल्ताफ कई बार गोरखाइली झोपड़ावाली मसजिद की बैठकों में भी शामिल हुआ था जो सक्रिय कार्यकर्ताओं की मिलन-स्थली थी। उसे उनकी सोहबत अच्छी लगती थी और वह उनकी राजनैतिक समझ के प्रति आकर्षित था। लेकिन वह कभी उसे कम्युनिस्ट पार्टी का सदस्य नहीं बना पाए। स्थानीय मौलवी भी उसका मित्र था जो मुस्लिम कॉन्फ्रेंस का सदस्य था। यह एक ऐसी संस्था थी जो राष्ट्रीयता के साथ सामाजिक क्रान्ति के लिए भी काम करती थी।

जमशेदपुर की बहुभाषी आबादी में पठान भी थे। बीस के दशक की बड़ी-बड़ी हड़तालों में उत्तर-पश्चिम सीमा प्रान्त में आए पीरों ने पठान श्रमिकों को प्रेरित करते हुए श्रमिक नेताओं की सहायता की थी। वे राष्ट्रीय प्रदर्शनकारी थे और उन दिनों देशभक्ति की भावनाएँ उफान पर थीं। अल्ताफ को विशालकाय लाल पीर से अपनी मुलाकात याद थी, जो फ्रंटियर गांधी खान अब्दुल गफ्फार खान का समाचार लेकर आया था। हड़ताल में भाग लेने और नियोक्ता के द्वारा दिए जानेवाले लालच से बचने की प्रेरणा पठानों को देने के अलावा लाल पीर उन्हें सीमा प्रान्त में चल रहे लाल कुर्ती दल के आन्दोलन की कहानियाँ भी सुनाता था और बताता था वहाँ किस गरिमा के साथ अंग्रेजों का विरोध किया जा रहा है। वह कुरान के उद्धरणों के साथ श्रोताओं को बताता कि प्रतिहिंसा अपनी जगह ठीक है लेकिन धर्मात्मा जब करुणा और क्षमा से काम लेते हैं तो अल्लाह की दृष्टि में उन्हें ज्यादा सम्मान मिलता है।

परिवर्तनवादियों से अपने सम्बन्धों के कारण अल्ताफ की निकटता अनेक विचित्र लोगों से हुई। उनमें से एक धर्मवीर था, जिसका नाम तो सिखों जैसा था लेकिन वह न तो सिखों जैसा दिखाई ही देता था और न ही उन जैसी भाषा प्रयोग में लाता था। वह थैले में वाम साहित्य लेकर शहर में आता और बाहर जाता रहता था। एक अन्य व्यक्ति मंगल सिंह था, जो टिस्को से बरख्वास्त किया गया था, मन्दी के बेहद खराब जमाने में उसने श्रम संगठन के सदस्यों की हिम्मत बनाए रखने का काम किया था। अल्ताफ ने पहली बार 1934 में धर्मवीर को देखा था जो कारखाने के गेट पर जर्मनी में हिटलर के गुंडाराज की भर्त्सना करनेवाले पेम्फलेट बाँट रहा था। उसके बाद वह जमशेदपुर में दिखता रहा। कभी-कभी वह और अल्ताफ चाय की दुकानों पर मिल जाते थे जहाँ प्रदर्शनों के बाद अक्सर सक्रिय लोग इकट्ठा होते थे।

1937 में कांग्रेस मंत्रिमंडल के चुने जाने के बाद बिहार के औद्योगिक क्षेत्रों का वातावरण उत्तेजनापूर्ण था। श्रमिकों का विश्वास था उनका जीवन बेहतर बनाने का समय आ गया है, आखिरकार मंत्री भारतीय थे, और उन्होंने भरोसा दिलाया था कि वे गरीबों की हालत में सुधार लाएँगे। मानिक होमी की प्रतिष्ठा कम हुई थी और अग्निमुखी अब्दुल बारी जमशेदपुर और कोयला अंचल में मजदूरों में लोकप्रिय हो गया

था। अल्ताफ ने उसके भाषण सुने थे। वह श्रमिकों के अनुभवों को इस तरह से उभारकर बताता था जैसे वह उनकी गहनतम भावनाओं को समझता हो। उसकी आलोचना भी कानाफूसियों में की जाती थी और कहा जाता था कि वह भारतीय पूँजीपतियों के प्रति नरम है। लेकिन अल्ताफ इससे सहमत नहीं था, क्योंकि वह बारी साहब को पसन्द करता था। 1937 में अल्ताफ को उसके अपने कारखाने में घटी एक घटना ने हिला दिया जो हड़ताल के दौरान हुई थी। अल्ताफ ने साधूराम नाम के एक युवा श्रमिक के साथ, जो उसके पास रहता था और बाद में उसका करीबी दोस्त भी बन गया था, इस कुख्यात घटना को अपनी आँखों से देखा था। उसने देखा कि हड़ताल तोड़नेवालों का एक ट्रक तब कुछ धीमा हुआ, जब हजारा सिंह और प्यारा सिंह नाम के दो धरना देनेवालों ने उसे रोकने की कोशिश की, लेकिन ट्रक इन दोनों मजदूरों को कुचलता हुआ आगे बढ़ गया। वे बुरी तरह घायल हो गए थे। उसे यह देखकर बहुत धक्का लगा कि उसने फैक्ट्री के मैनेजर बलदेव सिंह को ट्रक को आगे बढ़ाते जाने का इशारा करते हुए एक झलक देख ली थी, बावजूद इसके कि दो लोग इसके सामने खड़े हुए थे। कम्युनिस्ट हजारा सिंह की मृत्यु उसी रात हो गई, जिससे युवा मजदूरों में गुस्से की एक लहर दौड़ गई। अन्तिम संस्कार एक विशाल प्रदर्शन में बदल गया, जो स्टील शहर के लिए पिछले दस वर्षों में सबसे बड़ा था। सभी मुख्य कारखानों के श्रमिक वहाँ थे। उसे याद था कि साधूराम ने उससे तिक्तता के साथ पूछा था—'अब वे हड़ताल करने पर मजदूरों की हत्या भी करेंगे?' तब अल्ताफ ने सिर हिलाते हुए उससे कहा था, ये बातें तो होती ही रहती हैं, तुम अभी बहुत छोटे हो। लेकिन वह शहर का आक्रोश महसूस कर सकता था। दस साल बाद बलदेव सिंह स्वतंत्र भारत का पहला रक्षामंत्री बना, लेकिन जमशेदपुर के मजदूरों की याद से दो जुलाई 1939 को हजारा सिंह की शहादत को कभी भुलाया नहीं जा सका।

हजारा सिंह की मृत्यु के अगले दिन अल्ताफ और धर्मवीर की भेंट चाय की उनकी पसन्दीदा दुकान पर हुई। बातचीत हजारा सिंह की मौत से शुरू होकर विश्व साम्यवाद तक जा पहुँची। धर्मवीर ने उन्हें बताया कि किस तरह स्पेनी गणराज्य की हिफाजत के लिए श्रमिक संगठनों और कम्युनिस्टों ने संघर्ष छेड़ रखा है, और उसके लिए पूरी दुनिया से अन्तर्राष्ट्रीय दस्ते वहाँ पहुँच रहे हैं। गर्व से चमकती हुई आँखों से उसने कहा कि हमारा संघर्ष एक अंतर्राष्ट्रीय संघर्ष है, हमें अभी स्पेन में भले कुछ नुकसान हुआ हो, लेकिन अन्तिम विजय हमारी ही होगी। कार्ल मार्क्स ने सारी दुनिया के मजदूरों से एकजुटता का आह्वान किया था तभी पूँजीपतियों के शोषण से मुक्ति मिल सकेगी। यह हमारा काम है कि हम मानवता को मुक्त करें! हम कम्युनिस्ट पार्टी की भारतीय शाखा का निर्माण कर रहे हैं, और उसने कम्युनिस्ट *इंटरनेशनल* के कुछ पदों का हिन्दी में सस्वर पाठ किया। बाद में उस रात वे अल्ताफ के क्वार्टर पर खाना खाने के लिए

जमा हुए। ताजा कबाबों की एक प्लेट गली के बाहर सड़क पर एक ठेले वाले से मँगवाई गई। अल्ताफ ने कॉमरेडों को देशी ठर्रे की एक बोतल आपस में मिल-बाँटकर पीने की अनुमति दे दी, यद्यपि वह खुद नहीं पीता था। यही वह घड़ी थी जब उसने धर्मवीर से वह प्रश्न पूछा जो उसके दिमाग में वर्षों से घुमड़ रहा था।

'कॉमरेड तुम्हारा असल नाम क्या है? तुम पंजाबी नहीं हो यह तो तय है! तुम्हें यह सांसारिक चतुराई कहाँ से मिली है?'

जो दूसरे मजदूर वहाँ मौजूद थे, वे चुप हो गए और उस व्यक्ति को देखने लगे जिसकी पहचान किसी को भी ज्ञात नहीं थी। धर्मवीर बेपरवाह था, क्योंकि अल्ताफ पर उसे पूरा भरोसा था। अपने गिलास को कुछ देर टकटकी लगाकर देखते हुए उसने कहा-'ठीक कहते हो कॉमरेड, तुमने सही सोचा। गुस्ताखी माफ! मैं कइतानो फर्नांदीनियो सोआरिस हूँ, और मैं गोवा के पुर्तगाली उपनिवेश के एक गाँव एलडोना से आया हूँ। तुमने गोवा का नाम सुना है?'

'सुना है, यह बम्बई के पास कहीं है...है ना?'

'यह पश्चिमी तट पर बम्बई से कुछ मील दूर है। मेरा पिता एक रेलवे कर्मचारी था, मैं भी कुछ समय रेलवे में काम कर चुका हूँ, फिर छोड़ दिया। यह मेरे लिए गन्दा और थका देनेवाला काम था। फिर मैंने एक सर्कस बना लिया जो गोवा में घूमता था। देश में भी मैं घूमा हूँ। सब ठीक-ठाक था। मैं तब तक कम्युनिस्ट हो चुका था। तब पार्टी आज की तरह संगठित नहीं थी, लेकिन बन्दरगाहों में मेरी भेंट पंजाबी नाविकों से होती थी। इनमें से एक अमेरिका की गदर पार्टी का समर्थक था, उसने ही मुझे भगत सिंह और हिन्दुस्तान सोशलिस्ट रिपब्लिकन एसोसिएशन के विषय में बताया।

उसमें अल्ताफ की दिलचस्पी बढ़ गई थी। बालक जहूर एक कोने में बैठा हुआ था, उसकी आँखें विस्मय से चौड़ी हो गईं। अल्ताफ ने पूछा-'नाविकों को ये सारी बातें किस तरह पता चल जाती है?'

'मल्लाह सारी दुनिया में घूमते हैं। तुम्हें शायद मुझ पर यकीन न हो, लेकिन सच तो यह है कि अमेरिका और कनाडा तक में भारत के कॉमरेड हैं। एक बार जब मैं कुछ दिनों के लिए अपने घर वापस गया था तो पंजिम में मुझे स्पेन के नागरिक ने युद्ध के विषय में बताया था। समुद्र से हम बहुत कुछ सीखते हैं, यह मानवता को जोड़नेवाली कड़ी है।'

1940 के अन्तिम वर्षों में अलोप होने से पहले तक धर्मवीर कई बार जमशेदपुर आया। वह हमेशा अल्ताफ मियाँ से भेंट जरूर करता था। जब वह आता था तो उसके पढ़ने के लिए कोई किताब या पेम्फलेट जरूर लाता था। अल्ताफ ने उसका नाम कप्तान सिंह रख दिया था क्योंकि कइतानो शब्द का उच्चारण उसके लिए मुश्किल होता था। कभी-कभी कप्तान सिंह, जहूर के लिए बच्चों की किताबें भी लाता था। 1942 में

वह दौड़ता–भागता वहाँ पहुँचा लेकिन मजदूरों को उसे यह समझाने में दिक्कत हुई कि मित्र देशों का युद्ध में समर्थन क्यों किया जाए, इसका अर्थ भले ही यह क्यों न हो कि भारत छोड़ो आन्दोलन की अपार लोकप्रियता के बाद भी उसका बहिष्कार किया जाता। उसने अल्ताफ को यह बताया कि हिटलर के आक्रमण से सोवियत यूनियन और लाल सेना को कितनी हानि उठानी पड़ी है। उसका कहना था कि हर कीमत पर हमें सोवियत रूस की रक्षा करनी चाहिए। यह विश्व के मजदूरों की सशस्त्र टुकड़ी है। अल्ताफ की इन विषयों पर अपनी समझ थी, लेकिन जहूर कम्युनिस्टों से प्रभावित होने के लिए बहुत कुछ सीख रहा था। वे दूर–दूर देशों की ऐसी प्रेरक कहानियाँ सुनाते थे जो उसने पहले कभी नहीं सुनी थीं। उसे वे हर जगह मौजूद लगते थे।

1947 में भारत का विभाजन हो गया और उत्तरी बिहार में साम्प्रदायिक दंगों और नरसंहार की रक्त जमा देनेवाली कहानियाँ बनीं। अल्ताफ के रिश्तेदारों ने उस पर दबाव डाला कि वह पूर्वी पाकिस्तान चला जाए। वह मानने को तैयार नहीं था। 'जमशेदपुर के मजदूरों का पाकिस्तानी बन जाने से क्या होगा?' वह कहता, 'किस लिए? हमें वहाँ क्या मिल जाएगा?' और इसलिए जहूर जमशेदपुर में ही बड़ा हुआ, जहाँ उसने मैट्रिक्युलेशन करने के बाद मिल में मजूरी कर ली। वह अपनी किशोरावस्था में था। कई वर्ष बाद जब तरक्की होकर वह बिजली सुधारने का काम करने लगा, तो श्रमिकों के बीच उसकी दोस्ती का दायरा बढ़ गया, सक्रिय कार्यकर्ता उसके सम्पर्क में आए। पचास के दशक में वह कम्युनिस्ट पार्टी की बैठकों में जाने लगा और एक प्रतिबद्ध कार्यकर्ता के रूप में उसे सम्मान मिलने लगा। कम्युनिस्टों के सहयोग से उसे भारतीय रेल में नौकरी मिल गई, यही वह समय था जब अल्ताफ काम करना छोड़ चुका था। उसके बाद कइतानो सोआरिस उर्फ धर्मवीर सिंह से फिर कभी उसकी भेंट नहीं हुई। लेकिन श्रमिकों के अन्तर्राष्ट्रीयवाद का आदर्श मजबूती से जमा रहा।

13

अजनबी

मास्टर मियाँ अपनी छोटी-छोटी चुँधियाई आँखों से उस अजनबी को देख रहा था जो पगडंडी से होकर सरदूल सिंह के खेत की तरफ जा रहा था। उसने अभी-अभी इस्लामपुर के मजदूरों के बीच जिन्हें उसने सरदूल सिंह के लिए मजूरी पर रखा था दिनभर के काम की जिम्मेदारियाँ सौंप दी थीं। आज उन्हें लाल ईंटों का बाहरी मकान बनाना था, कल हो सकता है उन्हें गन्ना या तिलहन काटने की जिम्मेदारी दी जाए। हर रोज गाँव का बूढ़ा क्लर्क निर्धारित संख्या में मजदूरों का जुगाड़ करता जो एक मील पैदल चलकर समय से पहले सरदूल के खेतों पर पहुँचते हैं और उसके क्रोध से बच जाते हैं। हर शाम वह उन्हें मामूली-सी दैनिक मजदूरी बाँटता है और एक रजिस्टर में दर्ज कर लेता है। कुछ अपनी मजदूरी वहीं छोड़ जाते हैं ताकि सप्ताह के आखिर में उसे इकट्ठा ले सकें। बाहरी सीमा से फार्म सौ गज दूर तक फैला हुआ है। सरदारजी ने पीपल के पेड़ के पास एक टेंट लगा रखा है जो अस्थायी रूप से उनके रहने के काम आता है, जबकि फार्म हाउस के कुछ हिस्सों में अभी निर्माण कार्य चल रहा है। मास्टर मियाँ टेंट के बाहर बैठकर लोगों को अलग-अलग काम बताते रहते हैं। उनका नाती लियाकत और भूमिहीन किसान लालचन्द वहाँ के स्थाई नौकर हैं जो सरदूल की तीन गायों को चारा खिलाने और उनका दूध दुहने के लिए नियमित रूप से आते हैं। इनके अलावा दो ऊँचे-पूरे बैल भी हैं जिनके शरीर पर शाम को खरहरा करना पड़ता है। कभी-कभी मास्टर मियाँ और ये दोनों नौकर रात में वहीं रुक जाते हैं, विशेषकर तब जब सरदारजी काम की साइट पर होते हैं।

बिजनौर की तराई के इस जमीन के सूखे और गुमनाम टुकड़े में अजनबियों का होना एक रोचक दृश्य था। ये अज्ञात चेहरे, काम की तलाश में भटकते हुए मजदूरों के, पड़ोस के भूस्वामी किसानों या जंगलात के रक्षकों के हो सकते थे। किन्तु एक अजनबी उनमें से कोई नहीं था, उसकी चाल का असमंजस यह बताता था कि वह इस भूभाग से परिचित नहीं है, निश्चित रूप से यह व्यक्ति अजनबी था। जब उसने मूँग के पौधों की बाड़ को पार किया, जो उस सम्पत्ति की सीमा रेखा थी, मास्टर जी

ने देखा लियाकत उसके साथ आ गया है और उसे टेंट की तरफ ला रहा है।

'यह सरदारजी से मिलना चाहता है।' लियाकत ने कहा।

'तुम कौन हो ?' मास्टर मियाँ ने पूछा।

कॉमरेड मोहन ने अपने सामने खड़े छोटे से आदमी को देखा, उसका थका हुआ और विदीर्ण चेहरा वर्षों के जीवन-संघर्ष की कहानी कह रहा था, फिर भी उसमें दयालुता की किरणें फूट रही थीं। धँसे हुए गालों में लकीरें थीं, और दाढ़ी के बाल सफेद हो चले थे, सर पर सूती गोल टोपी थी, कुछ दाँत नदारद थे और शरीर में बहुत कम मांस था। किन्हीं दिनों जो जैकेट रही होगी, उसके अवशेष उसके जिस्म को ढके हुए थे और उसके चूड़ीदार पाजामे पर जगह-जगह कीचड़ सनी हुई थी।

'मैं सरदूल सिंह से मिलने आया हूँ। उनके लिए उनके एक दोस्त की चिट्ठी मेरे पास है, क्या वे यहाँ हैं ?

'सरदारजी अपने गन्ने के खेत पर गए हैं। इन्तजार करो। वे जल्दी ही आ जाएँगे, तुम्हें पानी चाहिए तो तुम उस हैंडपम्प पर जाकर पी सकते हो।' मास्टर जी ने कहा और अपनी उत्सुकता छुपाते हुए पूछा–'क्या तुम उनके पंजाब से आए हुए कोई रिश्तेदार हो ?'

'नहीं, मैं काम की तलाश में हूँ और मेरे पास अम्बाला के दयाल सिंह की सिफारिश है।'

'तुम्हारा नाम क्या है ?'

'प्रताप सिंह।' मोहन ने जवाब दिया।

'तुम पंजाबी या ठाकुर तो नहीं लगते। लेकिन इससे फर्क क्या पड़ता है ? इन्तजार करो।'

प्रताप पीपल की छाँह में बैठ गया। जब सरदूल सिंह आया तो उसने नवागत से निबटने में बहुत थोड़ा सा वक्त लिया। उसने बाएँ हाथ में नीले चौखाने का तहमद थामकर दाहिने हाथ से शम्भू के दोस्त दयाल जिसे वह बचपन से जानता था, का हुक्का पकड़ा। उसे यह समझने में देर नहीं लगी कि उसे मुफ्त का मजदूर मिलने जा रहा है। नवागत को देखते हुए उसने कहा–'चंगा है ! तुम यहाँ रहकर काम कर सकते हो। मास्टर मियाँ तुम्हें बता देंगे कि तुम्हें करना क्या है।'

इस तरह देहाती जीवन में घुलने-मिलने के मोहन के अभियान की शुरुआत हुई। मुश्किल यह थी कि उसकी इच्छा हो या न हो दयाल ने उसे पहले से ही चेता दिया था कि सरदूल बचपन का दोस्त है और वह सशस्त्र क्रान्ति की बात फार्म के मजदूरों के बीच सपने में भी न सोचे। अस्तु कॉमरेड मोहन उर्फ प्रताप को अब केवल इन्तजार करना और देखना भर था कि परिस्थितियाँ क्या शक्ल अख्तियार करती हैं।

योजना के मुताबिक कुछ सप्ताह बाद प्रणव ने बिजनौर में स्कूल मास्टर की नौकरी

कर ली। स्कूल का संचालक शर्माजी कहलानेवाला एक पुराना कॉमरेड था, जो अपनी युवावस्था में हिन्दुस्तानी सोशलिस्ट रिपब्लिकन एसोसिएशन, जिसका नेतृत्व पंजाब के सर्वाधिक प्रसिद्ध क्रान्तिकारी भगत सिंह करते थे, में भूमिगत रूप से कार्य कर चुका था। लम्बे अर्से पहले वह राजनीति से दूर हो गया था, लेकिन शिक्षण के पेशे को अपनाने से वह मानता था कि इसके द्वारा नवयुवकों को देशभक्ति के संस्कार देना सम्भव होगा। साठ के दशक के अन्त में नव भारतीय कम्युनिस्ट आन्दोलन में उग्र धड़े का उदय हुआ तो उसे भी नई पार्टी से सम्पर्क बनाने और उसकी सहायता करने की प्रेरणा मिली। शर्माजी उत्तर भारत में पार्टी के उन मुट्ठी भर सहानुभूतिकर्ताओं में से थे जिनके नाम प्यारेलाल कश्मीरी की सूची में नहीं थे। वह प्रणव को शिक्षक के रूप में रखने के लिए राजी हो गया, उसे यह विश्वास था कि इससे दीर्घकाल से प्रतीक्षित भारतीय क्रान्ति से उसकी कड़ियाँ फिर से जुड़ सकेंगी। शर्माजी को विश्वास में लेकर प्रणव ने यह भी बता दिया था कि पास के एक गाँव में मोहन भी है, यह सुरक्षा के लिहाज से था और कोई गलतफहमी न हो सके इसके लिए जरूरी भी था। उनके संचार माध्यम बहुत धीमे और डाक विभाग पर निर्भर थे। वे आपस में आपस में मिलते थे। लेकिन उनकी उपस्थिति उन्हें आश्वस्त करती थी, उन्हें बाहरी दुनिया के सम्पर्क में रखती थी और भूमिगत मित्रों को सन्देश भेजने का माध्यम थी।

फार्म पर सरदूल सिंह ने नए आए प्रताप को यह मान दिया कि वह टेंट के फर्श पर सो जाए, जहाँ रात के खाने के बाद वह खुद गहरी नींद सोता था। बिजली की रोशनी दूर-दूर न होने के कारण गहरा अँधेरा रहता था। कई बार सरदूल का लाड़-प्यार में पला भतीजा भी उनके साथ सो जाता था, जो खाया-पिया नवयुवक था और जिसे प्यार से पप्पी कहा जाता था। खेत पर काम करनेवालों को सरदूल की कड़क आवाज भोर की पहली किरण के साथ ही झकझोर देती थी, और वे चारा काटने, चाय बनाने, गायों के दुहने, खेतों में नित्य कर्म से निबटने और दूसरे कामों में लग जाते थे। सरदार जी अपनी चारपाई के किनारे पर बैठकर अपनी चाय गटकते, जबकि पिछली शाम काटी गई गन्ने की फसल हाथ से चलनेवाली चारा मशीन में काटी जाती। लियाकत या लालचन्द फिर उसे सरसों की खली में मिलाकर गायों को खिलाना शुरू करते, खली को बीती रात पानी में भिगो दिया जाता था। उनमें से कोई एक (या पप्पी, यदि वहाँ रात में रुका होता) गायों के पास पीढ़ी रखकर उन्हें दुहना शुरू करता। जब कोई गाय दूध देने में आनाकानी करती तो सरदूल को गुस्सा आ जाता, और वह गन्ने का एक टुकड़ा उसके पिछवाड़े सजा के तौर पर घुसेड़ देता। मजदूरों को यह देखना नागवार गुजरता, लेकिन वे चुप रहते। सुबह के इन कर्मकांडों के बाद प्रताप मजदूरों के साथ गन्ने की फसल काटने के लिए चला जाता। उसने पहले कभी यह नहीं किया था, पर उसे अन्य मजदूरों को देखकर इसे सीखने में ज्यादा देर नहीं लगी और वह उनकी तरह

काटने लगा। सीखने के इस दौर में हुई ग्लानि के कारण वह जल्दी ही सीख गया, क्योंकि इसके कारण वह हाथों पर लगी चोटों और घावों को जाहिर नहीं होने देता था। दोपहर बाद वहाँ खाना पहुँचता था। जब रोटियों के साथ थोड़ी सी छाछ भी मिल जाती थी तो वह उसमें कुछ गुड़ डालकर कुछ समय के लिए रख देता था। यह मीठा-मीठा स्वाद जिन्दगी का एक छोटा-सा ऐश जैसा होता था।

प्रताप के आने के दो सप्ताह बाद गन्ने की फसल की कटाई निबट चुकी, अब खेत-मजूरों को एक कठोर जमीन पर सरसों के बीज अलग करने के काम पर लगा दिया गया। बैलों को एक खम्बे से बाँध दिया गया ताकि वह गोल-गोल घूम सकें और अपने खुरों से सूखी सरसों की डालियाँ कुचलकर बीज अलग कर सकें। कुचला हुआ ढेर समय-समय पर हटाकर पत्तों और बीजों को बीन लिया जाता था। इस बात का ध्यान रखा जाता था कि बैल गोबर करके सरसों को बर्बाद न कर दें। प्रताप को जानवरों और गोबर पर निगरानी रखने का काम दिया गया था, जैसे ही उसे खतरा लगता उसे सक्रिय होकर धातु के बर्तन को सही जगह थामकर इसे समेटना पड़ता था। यदि कोई गलती हो जाती तो कठोर शारीरिक सजा भुगतनी पड़ती। धीरे-धीरे वह गुदा के संकुचनों और आँतों की हवा बाहर निकलने की क्रियाओं को भली प्रकार पढ़ लेने में पारंगत हो गया। अब 'एक्शन' और 'गोबर' शब्दों के अर्थ वे नहीं थे जो वे उनके छात्र दिनों में हुआ करते थे।

एक शाम जब 'दाँव' चल रही थी सरदार जी ने एक नए कार्यक्रम की घोषणा की।

'लियाकत! लालचन्द! तुम भी अपने हाथ-पैर चलाओ बेवकूफो!' 'अपना गुलशन कुमार गनघस्सा बड़ी मेहनत से काम कर रहा है। हमें उसकी कुछ दवादारू करनी चाहिए।' हँसते हुए उसने कहा।

मालिक द्वारा दिए गए अनगढ़ सम्बोधन से प्रताप चौंका। यह कभी भी उपनाम का काम नहीं कर सकता। पर घोषणा सुनकर लियाकत और लालचन्द के चेहरे खिल उठे। मास्टर मियाँ ने ऐसे सिर हिलाया जैसे वह सब जानता हो। प्रताप से उसने कहा सरदार जी सबको दारू पिलानेवाले हैं। खुले में एक भट्टी जलाई गई और टेंट के कोने से दो बड़े मिट्टी के घड़े निकाले गए। उनमें गन्ने के रस, सन्तरे के छिलके और गेहूँ का खमीरी मिश्रण था। आग पर एक बड़ा कनस्तर रखा गया जिसमें ऊपर छेद था और उसमें खमीर उठा हुआ मिश्रण उड़ेल दिया गया। इसके ऊपर मिट्टी का एक घड़ा तली में छेद करके रख दिया गया। जिसके भीतर छोटी-छोटी टहनियों का एक ढाँचा बना था जिस पर एक प्याली रखी थी यहीं से निकलकर प्लास्टिक की एक नली बाहर जाती थी जहाँ उत्पाद की बेसब्री से प्रतीक्षा की जा रही थी। जब खेत पर साँझ घिरने लगी थी तो विचित्र यंत्र तैयार हो चुका था और सरसों के तनों से इसके नीचे आग दहका

दी गई। वाष्पीकरण को लगातार पानी से ठंडा करने का काम लालचन्द ने सँभाला। कनस्तर में उबाल आया और सरदूल सिंह की उमीदें कुलाँचें भरने लगीं।

'अब गनघस्से, हमें एक बोतल की जरूरत है।'

खाली बीयर की बोतलें कतार में रखी थीं, उनमें से एक बोतल प्रताप ने निकालकर उसे दी। सरदार जी ने प्लास्टिक की नली आग के ऊपर से सँभालकर निकाली। लपटें तेजी से उठीं। उसने शराब में भीगी अपनी अँगुली चाटी और लालचन्द की ओर देखते हुए खींसें निपोरीं और कहा–'गुरु भी खुश, अप्पा भी खुश!' जैसे वह स्वर्ग से इस बात की गवाही देने के लिए कह रहा है कि उसने अपनी दारू के कुछ हिस्से का त्याग कर दिया है। लालचन्द खींचने की प्रक्रिया से ऐसा सम्मोहित था कि उसने सरदूल की शराबखोरी के विरुद्ध ईश्वरी आदेशों के स्मरण पर तवज्जो नहीं दी। जब पहली बोतल पूरी भर गई तो दर्शकों के छोटे से समूह ने हर्षध्वनि के साथ उसका स्वागत किया। सरदूल की जंगली दवाई अब वर्ग-विद्वेष को शान्त करके वर्गसहयोग की भावना को उद्दीप्त करने के मार्ग पर अग्रसर हो रही थी। उसने उत्पादन प्रणाली कामगार वर्ग के सिपुर्द करने से पहले आधा दर्जन बोतलें भर लीं। कई लीटर भरने के बाद जब लपटें शान्त होने लगी थीं, हर कोई हस्तशिल्प के परिणामों का भोग करने में लग गया। यह गजब उत्पाद था जो श्रमिकों का इतना अपना था। वर्ग शत्रु अपने टेंट में था और पानी मिलाकर अपनी शराब पी रहा था, उसके सामने एक प्याला था, जिसमें भुनी हुई दाल, तराशे हुए प्याज, हरी मिर्च का एक मिक्सचर था जिस पर नीबू निचोड़ा गया था। अंगारों के आसपास बैठे हुए खेत मजदूर मुट्ठी-भर चनों के साथ बिना पानी मिलाए सीधे ही पी रहे थे। जब पप्पी, प्रताप, लियाकत और लालचन्द नशे में आ गए तो सरदूल ने मास्टर मियाँ को आवाज दी, जो कुछ दूरी पर बैठा हुआ था। 'मास्टर जी अगर तुम थोड़ी सी नहीं लोगे तो बीमार पड़ जाओगे। पियो! यह कुफ्र नहीं, दवा है दवा!' उसने लालचन्द से कहा कि वह बूढ़े को एक गिलास दे। जल्दी ही फार्म की छोटी-सी आबादी नशे में चूर हो गई। अपनी चारपाई पर पसरे हुए सरदूल ने अपनी रिवाल्वर निकाली और टेंट की छत पर दो गोलियाँ दाग दीं। वह ऊँचे स्वर में अपने दिल के दर्द की शिकायत कर रहा था, जो उसे बीनपूइन गाँव, जिला तरनतारन, पंजाब की रूपिन्दर कौर से तब मिला था जब 1957 में उसका प्रेम निवेदन ठुकरा दिया था। कॉमरेड के मन में विचार कौंधा कि नशे की हालत में वर्गशत्रु को उसके ही हथियार से खत्म किया जा सकता है। एक घंटा ऐसे ही गुजर गया। सरदूल सिंह ने आधी रात के आसपास ऐसी आवाज पैदा की और सक्रिय हो गया जैसे वह अपनी ही गाय हो और उसके पीछे के हिस्से में गन्ना ठूँस दिया गया हो।

'चलो जवानो! आज हम जंगल चलेंगे। यह सही वक्त है! इस समय जंगलात वाले शहर में जानी मेरा नाम देख रहे होंगे, जिसके बाद वे किसी काम के नहीं रहेंगे।

उठो, फुर्ती करो।'

फार्म मजूरों की छोटी-सी टुकड़ी ने अपनी उनींदी आँखें मलीं। प्रताप ने लालचन्द से पूछा–'अब सरदार जी क्या चाहते हैं?' उसे शाम को ही कह दिया गया था कि आज उसे गाँव नहीं लौटना है।

'वह कुछ पेड़ काटने जा रहे हैं, क्योंकि बिजनौर में बन रहे उनके नए मकान के लिए लकड़ी की जरूरत है।'

'हमें आधी रात को जंगल जाना पड़ेगा?'

'हाँ, मजा देखो!'

गाड़ी में बैल जोत दिए गए। सरदूल, तीन मजदूर और पप्पी अँधेरे में दुर्गम रास्ते पर चल पड़े। फार्म की चौकीदारी के लिए मास्टर मियाँ को पीछे छोड़ दिया गया। यों वह जंगल की दवा में पूरी तरह तर-ब-तर होने के कारण किसी भी तरह की देखभाल के लायक नहीं रह गया था। पहाड़ियों के नीचे से लगे हुए हिमालय की तराई के जंगल घने थे और उनमें शेर, चीते और हाथी निवास करते थे। वे उसमें एक ऊबड़-खाबड़ रास्ते से घुसे जिस पर बैलगाड़ी के पहियों से दो गहरी लकीरें बन गई थीं। जल्दी ही वे ऐसे इलाके में पहुँच गए जहाँ कोई पगडंडी तक नहीं थी। अन्ततः वे उस जगह पहुँचे जहाँ रुककर सरदूल ने जिबह करने के लिए एक मध्यम आकार के पेड़ का चुनाव कर लिया। प्रताप से उस पर चढ़ने और ऊपर की टहनियों को रस्सी से बाँधने के लिए कहा गया।

जब उसने अपना दायित्व निर्वहन शुरू किया तो इसकी विचित्रता और विश्वक्रान्ति से इसके पेचीदा सम्बन्धों से उसे एक कहानी याद आई जो उसने हाई स्कूल में अपने पिता के कहने पर पढ़ी थी। यह एक पागल की निगाह से भारत के विभाजन का एक विवरण था। इसका मुख्य चरित्र टेकसिंह था, एक सिख जो लाहौर के पागलखाने में भर्ती था। उसे पता चला कि धर्म के आधार पर पागलों की अदला-बदली होनेवाली है। टेकसिंह यह नहीं समझ पा रहा था कि जब वह वहीं का वहीं है, तो उसका देश किस तरह पराया हो गया, और यदि ऐसा हुआ है तो क्या वह कभी निश्चिन्त हो सकेगा कि जिस देश में वह रह रहा है, वह कभी पूरी तरह गायब नहीं हो जाएगा। इसलिए वह पेड़ पर चढ़कर एक डाली पर जा बैठा, और उसने ऐलान किया कि वह भारत या पाकिस्तान कहीं भी नहीं जाएगा। वहीं रहेगा। यदि मैं एक पागल की तरह पेड़ पर बैठा रहूँ, प्रताप ने सोचा, तो यह हरामी क्या कर लेगा? यों भी मैं वैसा ही कुछ हूँ। लेकिन यह सब कपोल कल्पना थी। एक घंटे में काम पूरा हो गया जिसमें डालियों को तराशने का काम भी शामिल था। उन्होंने पेड़ के तने को बैलगाड़ी पर लादा और वापस चल पड़े। युवकों की आँखों में नींद घुमड़ रही थी। 'जागते रहो!' सरदूल सिंह ने कहा, बैल की पूँछ को उत्साह के साथ मरोड़ता हुआ वह कह रहा था–'अगर तुम जंगलों

में जागते नहीं रह सकते तो तुम हिजड़ों से पाकिस्तान को हराने की उम्मीद कैसे की जा सकती है ?'

इस किस्म के अभियानों से प्रताप को फार्म मजदूरों के निकट आने में सहायता मिली। मास्टर मियाँ ने उसकी चिट्ठियाँ पाना मंजूर कर लिया और एक बार उसे इस्लामपुर स्थित अपने पक्के मकान पर 'खिचड़ा' खाने के लिए भी बुलाया। लालचन्द उसका समवयस्क था, वह पहला भूमिहीन मजूर था जो एक सामाजिक वर्ग के प्रतिनिधि के रूप में नहीं, बल्कि एक व्यक्ति के रूप में उसका मित्र बना। उसने देखा कि फार्म पर उसके आने के समय उसकी पत्नी जीतो गर्भवती थी। कुछ सप्ताहों के बाद गाँव से एक छोटी बच्ची लालचन्द को यह सूचना देने आई कि वह बाप बन गया है। कुछ दिनों में प्रताप उस बच्ची को देखने गया। लालचन्द उनकी झोंपड़ी के बाहर पाँव फैलाकर जमीन पर बैठ गया। जब उसने शिशु को गोद में लेकर उसका छोटा-सा हाथ उठाकर उसकी ओर देखा, तो उसके चेहरे पर एक उल्लास का भाव आ गया। प्रताप ने उसे खुशी से किलकारियाँ भरते देखा जैसे वह खुद भी एक बच्चा हो।

सरदूल के भतीजे के सामने वह सावधान रहता था। चाचा के सामने पप्पी कुछ अदब से पेश आता था। पर मजदूरों के साथ उसका व्यवहार उद्धत था, वह प्रधानमंत्री इन्दिरा गांधी की विशेषताओं और हिन्दी सिनेमा के ताजातरीन निर्माण की गुणवत्ता *(शानदार पिक्चर!)* के सम्बन्ध में अपनी राय देता रहता था। पप्पी ने ही प्रताप को दुनिया की घटनाओं पर नवीनतम ज्ञान उपलब्ध करवाया था। मार्च 1971 की एक सुबह वह अस्तबल के काम में आनेवाली झोंपड़ी के बाहर गारे के फर्श पर बैठा, चाय पीते हुए, पप्पी को देख रहा था जो उस समय गायें दुह रहा था।

एक थन को थामते हुए पप्पी ने कहा–'अब कमबख्त पाकी आपस में ही लड़ रहे हैं।'

'क्या ? कहाँ ?'

'पूर्वी पाकिस्तान में। पंजाबी बंगालियों को काट रहे हैं, क्या तुमने रेडियो पर नहीं सुना ?'

इस प्रकार प्रताप ने उन भूकम्प के झटकों के बारे में पहले पहल जाना जो उपमहाद्वीप के राजनैतिक नक्शे में भारी फेरबदल करनेवाले थे। उस रात उसने ऑल इंडिया रेडियो पर खबरों को अपेक्षा की उत्तेजना के साथ सुना। मुसलमानों के आपस में ही लड़ने के सम्बन्ध में सरदूल सिंह की टिप्पणियों को अनसुना करते हुए वह तार्किकता की आशावादी प्रक्रिया पर सोचने लगा। आखिर में तो तस्वीर साफ हो ही जाएगी। चीन पाकिस्तान के तानाशाहों को छोड़ देगा, शानदार चीनी कम्युनिस्ट पार्टी पाकिस्तान के संकट की घड़ी में वहाँ की जनता का साथ क्यों नहीं देगी ? समूचे क्षेत्र में कम्युनिस्ट एक हो जाएँगे और इससे क्रान्ति का पक्ष मजबूत होगा। लेकिन ऑल

इंडिया रेडियो की खबरें भारत सरकार की जरूरतों के मुताबिक तोड़ी-मरोड़ी जाती हैं। सरदूल सिंह के रेडियो को हाथ लगाने का कोई उपाय नहीं था, पेकिंग रेडियो सुनने का तो कोई सवाल ही नहीं पैदा होता था। बंगाल और बिहार में क्या हो रहा होगा? पार्टी ने कौन सी लाइन ली है? क्या यह सर्वहारा के अन्तर्राष्ट्रीयतावाद का तर्क आगे बढ़ाएगी, पाकिस्तान की लोकतांत्रिक जन जागृति का समर्थन करेगी, और सीमापार की क्रान्तिकारी प्रक्रिया में समन्वय साधेगी? क्रान्तिकारी चीन के सहयोग से भारत और पाकिस्तान के जनगण पहली बार अपनी नियति का निर्माण स्वयं कर सकते हैं। इत्यादि, लेकिन वह जानता था कि ये तमाम विचार उसके अपने थे, और उसके लिए और अधिक जानकारी प्राप्त करना आवश्यक था। वह ऐसे अवसर की प्रतीक्षा कर रहा था जब वह एक दिन छुट्टी लेकर प्रणव से भेंट कर सके।

१०

कलकत्ता से वापस आने और बिजनौर जाने तक प्रणव सम्भ्रमित भावनाओं में घिरा रहा था। पहले कुछ सप्ताहों में उसका दिमाग एक बिल्कुल नई जीवन शैली में डूबने में उलझा रहा। अचानक उठाए गए इस कदम से, उस पर ज्यादा प्रभाव नहीं पड़ा था। आखिर उसने और उसके कॉमरेड साथियों ने अपने आपको भूमिगत जीवन के लिए तैयार कर ही रखा था। लेकिन उसका राजनैतिक आत्मविश्वास डगमगाने लगा था। दिल्ली विश्वविद्यालय, महानगर की रोशनियों और मिशन कॉलेज के हरियाली भरे कैम्पस से बहुत दूर, उसके विचारों से सहानुभूति रखनेवाले मित्रों से वंचित, उसे ऐसे लोगों के बीच उछाल दिया गया था जिनके जीवन का स्वभाव उससे बहुत अलग था, अब उसे एक छोटे शहर के गन्दे क्वार्टर में अस्त-व्यस्त अस्तित्व का अभ्यस्त होना था। करीमगंज बस्ती, जहाँ शर्माजी का स्कूल स्थित था, छोटे व्यापारियों और दुकानदारों, मजदूरों के ठेकेदारों, पीतल कारखानों के मालिकों और सरकारी क्लर्कों से बसी हुई थी। इसके बीच में दो डेयरी थीं। जिनकी गायों और भैंसों का दूध एक सीमित इलाके में बेचा जाता था। उसकी सँकरी गलियों से गोबर और दुग्ध उत्पादों की बदबू फैलती रहती थी। नालियाँ खुली हुई, दुर्गन्ध भरी थीं, और किरासन के स्टोवों और कोयले से निकला हुआ धुआँ आकाश में फैलता रहता था। बस्ती में एक हनुमान मन्दिर और एक पुरानी मस्जिद थी और इसका नतीजा यह था कि वातावरण को भेदते हुए आराधना और प्रार्थना के स्वर जब तब लाउडस्पीकरों पर गूँजते रहते थे। पास की एक दूसरी बस्ती में एक गुरुद्वारा भी था, क्योंकि उत्तर प्रदेश के उस भूभाग में विभाजन के बाद अनेक सिख आकर बस गए थे।

शर्माजी ने प्रणव के लिए किराए पर एक छोटी बरसाती का इन्तजाम कर दिया था। यह उसके एक परिचित के पक्के दो मंजिले मकान की छत पर थी। बीच की

मंजिल में सम्पत्ति का एक दलाल अपने परिवार के साथ रहता था और नीचे के तल में मकान मालिक अपनी पत्नी और बच्चों और एक साले के साथ रहता था। बरसाती में न तो कोई नल था और न स्नानगृह। और उसे अँधेरे जीने से उतरकर पास के एक अहाते में अपनी दैनिक जरूरतों के लिए हैंडपम्प से पानी खींचकर लाना पड़ता था। वहाँ बिजली और उसके कनेक्शन तो थे, लेकिन बार-बार चली जाने का नतीजा यह था कि उसे रोशनी के लिए हरिकेन लालटेन पर ही निर्भर रहना पड़ता था। नीचे की मंजिल पर ही एक साझे का शौचालय था जिसकी पोर्सलीन भीतर की तरफ मटमैली पड़ गई थी। इसके पास पानी की एक बाल्टी और एक मग रखा रहता था। इसका इस्तेमाल करने के लिए अक्सर उसे अपनी बारी का इन्तजार करना पड़ता था, धीरे-धीरे वह यह जान गया कि यह किस समय खाली होता है।

प्रणव की प्रतिबद्धता इतनी मजबूत थी कि वह शारीरिक असुविधाओं का सामना हँसते-हँसते कर गया। लेकिन अब अकेलापन उसे परेशान करने लगा था। वह यहाँ वास्तव में कर क्या रहा था? वह अपना राजनैतिक कार्य कहाँ कर सकता है? वह आखिर किस तरह का काम कर सकता है? स्कूल कॉलोनी के किनारे पर म्यूनिसिपैलिटी द्वारा उपलब्ध करवाए गए एक मैदान में स्थित था। इसकी चारदीवारी के पास एक डेयरी थी, जहाँ से सारे दिन दुधारू पशुओं के रँभाने और ग्वालों के शोर की आवाजें आती रहती थीं। उसे मिडिल क्लास के स्तर पर विज्ञान के विषय पढ़ाने को दिए गए थे। बच्चों ने उसका स्वागत आदरपूर्ण शान्ति के साथ किया था, लेकिन जल्दी ही उनकी समझ में आ गया कि वह दूसरे शिक्षकों से भिन्न है। वे खुलने लगे, जोर-जोर से बात करते, शरारत भरे प्रश्न करते और उपहार माँगते। उसे उनके साथ आनन्द आता था, लेकिन वे क्रान्तिकारी प्रचार का लक्ष्य तो नहीं बन सकते थे। जब वह वहाँ पहुँचा ही था तो लगभग हर रोज शाम के खाने के लिए वह शर्माजी के यहाँ जाता था। कुछ समय बाद उसकी समझ में आ गया कि उनके बीच बात करने के लिए ज्यादा कुछ नहीं है। वयोवृद्ध व्यक्ति के पास अतीतजीवी संस्मरण थे और कठिन प्रयास जिनके द्वारा वे सीपीआई (एमएल) के क्रान्तिकारी सिद्धान्त के स्पष्टीकरण करते थे। शर्माजी केवल एक सीधे-सादे देशभक्त थे, जबकि नक्सलवादियों का अति-राष्ट्रवाद जटिल था और जिसकी जड़ें चीन की कम्युनिस्ट पार्टी के प्रति आस्था से होकर गुजरती थीं। शर्माजी ब्रिटिश साम्राज्य के अपराधों, तीसके दशक के उग्रवादी आन्दोलन, और स्यालिन की बात करते, जबकि युवा कॉमरेड की दिलचस्पी माओत्से तुंग, चे ग्वेरा और वियतनाम युद्ध में थी। जल्दी ही उसकी समझ में वह खाई आ गई जो उन्हें अलग करती थी।

तब प्रणव एक स्टोव, किरासन तेल और कुछ बरतन खरीदकर लाया और अपने लिए सादा खाना खुद बनाने लगा। फिर वह एक चारपाई, टेबल-कुर्सी और किताबों की एक अलमारी भी ले आया। उसकी शामें बड़ी मुश्किल से बीतती थीं, क्योंकि उसके

पास जाने के लिए कोई जगह ही नहीं थी। वह अपना रेडियो चालू कर देता लेकिन उसकी आवाज को धीमा रखता क्योंकि वह नहीं चाहता था कि पड़ोसी जानें कि वह रेडियो पेकिंग सुन रहा है। कभी-कभी वह बस्ती में चक्कर लगाता और उन दुकानों को तलाशता जहाँ से उसे अपनी साधारण सी जरूरतों की चीजें मिल सकें। इस काम में उसकी दिलचस्पी जल्दी ही खत्म हो गई। अन्य अवसरों पर वह साइकल रिक्शा से कस्बे के दूसरे छोर पर किशोर टाकीज तक चला जाता और 'विक्टोरिया नम्बर 203' या 'जरूरत' जैसी फिल्में देखकर अपना समय गुजारता। यह अभियान भी अपने आप में शिक्षाप्रद होते थे। टिकट हासिल करना, चीख-पुकार, धक्कामुक्की से युक्त एक शारीरिक मशक्कत होती, गाँववालों, छात्रों और ग्वालों की गहमागहमी और कालाबाजारी से जूझने के बाद विशेष बालकनी के टिकट मिल पाते। उसे हॉल में कभी कोई औरत दिखाई नहीं दी। यह हंगामा तब और भी बढ़ जाता जब सिनेमा-हॉल को चार चाँद लगाने के लिए दारा सिंह की कोई फिल्म आकर उसे गौरवान्वित करती। भीतर हॉल में फिल्म लगातार सीटियों और शोर के बीच चलती रहती। रोमांटिक दृश्यों में नायक और नायिका का हौसला बढ़ाया जाता और लड़ाई के दृश्यों में जब खलनायक की पिटाई होती तो दर्शक ऐसा व्यवहार करते जैसे वे खुद ही उसे सजा दे रहे हों। प्रणव को जल्दी ही यह समझ में आ गया कि किशोर टॉकीज में हासिल होनेवाला मनोरंजन इस योग्य नहीं है कि उसके लिए इतनी माथापच्ची और मेहनत की जाए। यहाँ जो क्रान्ति के लिए अपनी जान तक न्योछावर करने को तैयार है, बिजनौर में तीसरे दर्जे की बम्बइया फिल्मों के टिकटों के लिए गम्भीर शारीरिक चोट का जोखिम ले रहा है! नहीं, यह नहीं चलेगा। अपने आप में सिमट जाने का नतीजा यह हुआ कि वह अवसाद और निराशा से घिर गया। रथिन के साथ तमाम राजनीतिक बहसों और छेड़छाड़ के बाद उसने अपने लिए यह एकाकीपन क्यों चुना, जबकि उसके मित्र अधिक प्रत्यक्ष क्रान्तिकारी कामों में जुटे हैं?

कॉलेज की क्रुद्ध और तिरस्कारात्मक बहसों के अलावा भी वह कुछ नई भावनाओं से जूझ रहा था। उसके निर्णय को माता-पिता ने किस तरह ग्रहण किया? वह जानता था कि उन्हें उससे यह अपेक्षा नहीं थी कि वह क्रान्तिकारी कार्यकर्ताओं के साथ शामिल होगा, लेकिन कॉलेज छोड़ने के बाद से एक संक्षिप्त-सी चिट्ठी माँ को भेजने के अतिरिक्त उसने उनसे कोई संवाद नहीं रखा है। यदा-कदा वह उस दुश्चिन्ता को महसूस करता है जो उसने उन्हें दी है। वह अपनी माँ की भयग्रस्त मनोदशा को समझता है और इसे लेकर चिन्तित भी है कि उसके पिता को सरकारी आक्रोश भुगतना पड़ेगा। और फिर शिप्रा भी है। अपनी आखिरी कलकत्ता यात्रा और अबनि काका के साथ तनावग्रस्त मुलाकात के बाद वह इतना तो समझ ही गया था कि वह एक अभिन्न मित्र तो अभी भी है लेकिन उसे उससे कोई ज्यादा अपेक्षाएँ नहीं हैं। वह दिव्या से अपनी निकटता

या जिस कड़ुवाहट के साथ उनका अलगाव हुआ था, को भी भुला नहीं पाया था। समय बीतने के साथ उसे केवल सुख ही याद रहा और वह बेचैनियाँ भूल गया। उसने दिव्या के विषय में रूमानियत से सोचना शुरू किया। जब ऐसे विचार उसके दिमाग में आते तो वह कुछ देर उनमें खोया रहता, और फिर उन्हें समेटकर परे हटाता और खुद को कड़ी चेतावनी देता कि प्यार और रोमांस किसी क्रान्तिकारी के जीवन के लिए ठीक नहीं हैं। प्यार सामान्य और निश्चिन्त जीवन के समय और अवकाश की माँग करता है, एक घर, एक नहानघर, और प्यार करने के लिए एक बिस्तर इसके लिए चाहिए। एक पता, एक नौकरी और एक आमदनी इसके लिए जरूरी है। सन्तानों की सम्भावना इसमें शामिल है। उसने और उसके कॉमरेडों ने एक असाधारण रास्ते का चयन किया है। क्या यह उन बातों को स्वीकार करेगा? निश्चय ही नहीं। लेकिन फिर माओ और लेनिन भी शादीशुदा थे और निजी जीवन में उन्होंने भी प्यार और सेक्स किया होगा। उसकी पीढ़ी के क्रान्तिकारी वैसा क्यों नहीं कर सकते? और इसी तरह...

एक दिन जब वह काम निबटाकर शाम को उबली हुई चाय का प्याला पी रहा था, उसके मन में दिव्या को चोट पहुँचाने के लिए पछतावे का ज्वार उमड़ आया। उसने अपना स्पष्टीकरण देने के लिए दिव्या को एक पत्र लिखने का निश्चय किया, जिससे एक भावनात्मक कड़ी फिर से स्थापित किया जा सके। उसने शुरू किया—'प्रिय कॉमरेड!' और फिर रुक गया। क्या उसके लिए कॉमरेड का सम्बोधन उचित होगा जबकि वह केवल एक सहानुभूति रखनेवाली है? अच्छा होगा कि वह उसके नाम का प्रयोग करे। वह फिर रुका। ऐसी कौन-सी बात है जिससे वह उसकी उपस्थिति का अनुभव करता है? उसे अचानक लगा कि तर्क की अपेक्षा यह आवेग था जिसने उसे और उसके दोस्तों को क्रान्ति के प्रति आकर्षित किया। क्या उनकी प्रतिबद्धता एक प्रकार का समर्पण थी? और यदि थी तो क्या यह प्रकट नहीं था कि लक्ष्य के प्रति सहानुभूति रखते हुए भी दिव्या ने अपने आपको उससे तटस्थ रखा? उसने भी प्रतिबद्धता को चुना था, लेकिन दिव्या के पास ऐसा कुछ बचा था, जिसे उसने छोड़ दिया था। वह जानना चाहता था कि यह क्या था।

'प्रिय दिव्या, तुम कैसी हो? इस चिट्ठी को पाकर तुम्हें आश्चर्य हो रहा होगा। यह सम्पर्क बनाए रखने और तुम्हें यह बताने के लिए है कि मैं सकुशल हूँ। मेरे पास कहने के लिए ज्यादा नहीं है, मैं एक स्कूल में बच्चों को पढ़ा रहा हूँ, जहाँ के अधिकांश विद्यार्थी गरीब क्लर्कों और दुकानदारों या फिर छोटे कारखानों के मजदूरों की सन्तान हैं। मेरी चिन्ता मत करना, यहाँ कोई खतरा नहीं है। कम-से-कम हाल-फिलहाल नहीं। कभी-कभी मैं उनकी माताओं से मिलता हूँ। कुछ बच्चे सचमुच प्रतिभाशाली हैं। यह बहुत दयनीय स्थिति है कि हमारे तथाकथित लोकतांत्रिक गणराज्य की शिक्षा प्रणाली निर्धन नागरिकों तक पहुँचने के लिए बहुत कम प्रयास करती है। लेकिन मेरे जैसे लोगों

के लिए ऐसे विनम्र व्यक्तियों का प्यार बहुत कुछ मायने रखता है। इससे जीवन चलता रहता है। मोहन बिल्कुल ठीक है। कृपया किसी को न बताना कि मैंने तुम्हें चिट्ठी लिखी है...'

जब उसने लिखना बन्द किया तो उसने महसूस किया कि अपने मानवतावाद की ओट में वह अपनी भावनाओं को छुपा रहा है। वह कह भी क्या सकता है? ज्यादा कुछ नहीं। चिट्ठी अगर पकड़ ली गई तो क्या होगा? या किन्हीं गलत हाथों में चली गई तो? सावधानी बरतनी चाहिए। क्या वह अब भी उससे नाराज है? तनाव से पसीना-पसीना होते हुए उसने आगे लिखा।

'मैं अक्सर तुम्हारे बारे में सोचता हूँ। विश्वविद्यालय में क्या हाल है? क्या अब भी तुम्हारे घर राजनीतिक बहसें होती हैं? मैं जानता हूँ कि मैंने तुम्हें आहत किया था। उसे लेकर मुझे दुख है। उस शाम मैं तुमसे कुछ और भी कहना चाहता था। हम सब कठिन परिस्थितियों से गुजर रहे हैं। दुर्भाग्य से हम अपनी व्यक्तिगत प्रसन्नता के लिए ज्यादा कुछ नहीं सोच सकते। जनता की भलाई सोचनेवालों को इतनी कीमत तो चुकानी ही पड़ती है। लेकिन हम जल्दी ही फिर मिलेंगे। मुझे विश्वास है तब तक तुम अपना साहस बनाए रखोगी। क्रान्तिकारी अभिवादन के साथ,

तुम्हारा-प्रणव।'

उसे लगा कि यह एक प्रेम-पत्र है। दिव्या का पता लिखते हुए वह लजाया। फिर उसने इस लिफाफे को एक दूसरे लिफाफे में डाला और उसे दिल्ली के कमलानगर में रमेश चोपड़ा की दुकान के पते पर भेज दिया।

पाकिस्तान सरकार को न्यायाधीश हमीदुर रहमान की पूरक रिपोर्ट के अंश

लेफ्टीनेन्ट कर्नल मंसूरुल हक, जीएसओ-आई डिवीजन, साक्ष्य क्रमांक 260 विशेष और विस्तृत आरोप निम्नानुसार लगाए हैं : 'एक बंगाली जिस पर मुक्तिवाहिनी या अवामी लीग का सदस्य होने का सन्देह था, बांग्लादेश को भेजा गया–यह मृत्यु के लिए एक सांकेतिक नाम था–बिना किसी मुकद्दमे, बिना पूरी जाँच-पड़ताल और बिना किसी सक्षम अधिकारी के लिखित आदेश के।' मनमानी हत्याओं और लूट से सिर्फ पाकिस्तान के दुश्मनों को ही लाभ होगा। इस मनमानी के कारण हम पूर्वी पाकिस्तान के खामोश बहुमत के समर्थन से हाथ धो बैठे हैं। कोमिला छावनी के नर संहार (27 और 28 मई, 1971), जेसीओ 53 फील्ड रेजीमेंट लेफ्टी. जन. याकूब मलिक के आदेश से हुआ था और जिसमें सत्रह ऑफिसर और 915 व्यक्ति एक ऑफिसर की अँगुली के इशारे पर मार डाले गए, एक उदाहरण के रूप में काफी है। जवानों और जनरलों सहित ऑफिसरों में बंगालियों के खिलाफ नफरत की भावना आम थी। हिन्दुओं की हत्या के लिए मौखिक निर्देश दिए गए थे। साल्दा नदी के इलाके में लगभग पाँच सौ लोगों की हत्या की गई। जब ग्रामीण क्षेत्रों और छोटे कस्बों में फौज आगे बढ़ी तो वह निर्ममतापूर्वक नाश करती, आग लगाती और लोगों को मारती हुई चली। विद्रोही जब पीछे हट रहे थे तो उन्होंने गैर बंगालियों से इसका प्रतिशोध लिया।

ढाका के एडीशनल डिप्टी कमिश्नर श्री मुहम्मद अशरफ ने कहा है, 'सेना की कार्रवाई के बाद बंगाली अपने ही देश में गैर बना दिए गए। बहुत प्रतिष्ठित व्यक्तियों तक का जीवन, सम्पत्ति और सम्मान सुरक्षित नहीं था। सन्देह के आधार पर लोगों को पकड़कर बांग्लादेश भेज दिया जाता था। यानी कि उन्हें खत्म कर दिया जाता था। इसका शिकार होते थे सेना और पुलिस के अधिकारी, व्यापारी, नागरिक, अधिकारी इत्यादि। पूर्वी पाकिस्तान में कानून का शासन नहीं था। कोई व्यक्ति अगर सेना की वांछित सूची में हो तो उसके पास कोई समाधान नहीं था।

ब्रिगेडियर इकबालुर रहमान शरीफ (गवाह नं. 269) ने आरोप लगाया है कि पूर्वी पाकिस्तान में सैन्य टुकड़ियों का निरीक्षण करते हुए जनरल गुल हसन फौजियों से पूछा करते थे, 'तुमने कितने बंगालियों को मौत के घाट उतारा?'

14

आन्तरिक मामले

1970 की सर्दियों में पाकिस्तान एक बड़े राजनैतिक संकट से दो-चार हुआ। उस दिसम्बर में शेख मुजीबुर्रहमान की अवामी लीग, जो बंगाली आकांक्षाओं का प्रतिनिधित्व करती थी, राष्ट्रीय असेम्बली के चुनाव में पूर्वी पाकिस्तान के अधिकांश चुनाव क्षेत्रों में विजयी रही। पीपुल्स पार्टी के अध्यक्ष जुल्फिकार अली भुट्टो की आशाओं पर तुषारापात हुआ। वह पश्चिमी पाकिस्तान के वर्चस्व के पक्षधर बनकर सामने आए और उन्होंने उस हाल में कि यदि अवामी लीग स्वशासन की माँग नहीं छोड़ती तो असेम्बली का बहिष्कार करने की धमकी दे डाली। मुजीब ने समझदारी बरतने की अपील की और कहा कि वे पूर्वी पाकिस्तान में कम्युनिज्म और नक्सलवाद का अन्तिम प्रतिरोध है। लेकिन राष्ट्रपति याह्या खान ने असेम्बली को बुलाने से इनकार कर दिया, और इस तरह मुजीब की राष्ट्रीय सरकार नहीं बनने दी। मार्च 1971 में जनरल टिक्का खान को राष्ट्रपति ने पूर्वी पाकिस्तान का गवर्नर नियुक्त किया। मुख्य न्यायाधीश ने उसे पद-गोपनीयता की शपथ दिलाने से मना कर दिया। सात मार्च को मुजीब ने स्वतंत्रता के लिए नागरिक अवज्ञा का आह्वान किया। उन्हें गिरफ्तार करके पश्चिमी पाकिस्तान की जेल में डाल दिया गया। 25 मार्च, 1971 को याह्या खान ने टिक्का खान के नेतृत्ववाली पूर्वी कमान को अपना कुख्यात आदेश भेजा–'उन्हें ठीक कर दो!' पाकिस्तान की सेना ने राजद्रोह को कुचलने के लिए अभियान की शुरुआत कर दी। अखबारों के दफ्तरों, श्रम संगठन और कामगारों के मुहल्लों में छापे डाले गए और गिरफ्तारियाँ की गईं। ढाका विश्वविद्यालय के छात्रावासों पर टैंकों और तोपखाने से बम बरसाए गए। नागरिकों की मौत और औरतों के साथ बलात्कार के आँकड़े तेजी से हजारों में जा पहुँचे। पूर्वी पाकिस्तान में अमेरिका के काउंसिल जनरल आर्चर ब्लड ने खुद को पाकिस्तानी सेना के आतंक-राज्य का 'एक भयग्रस्त और मूक साक्षी' घोषित किया। एक सन्देश, जिसे खूनी तार कहा गया, भेजते हुए उन्होंने निक्सन प्रशासन के नैतिक दीवालिएपन की भर्त्सना की जो इस नरसंहार को आन्तरिक मामले की तरह ले रहा था। लाखों पूर्वी पाकिस्तानी भागकर सीमा के इस पार पश्चिम बंगाल आ गए।

इस्लामी गणराज्य को इस्लाम मजबूती न दे सका।

प्रणव बिजनौर रेलवे स्टेशन के एक रेहड़ीवाले से अखबार खरीदता था, जहाँ वे देर से दोपहर बाद पहुँचते थे। बिजनौर पहुँचने के बाद ही से उसकी ब्रिटिश साम्राज्यवाद से दूरी खत्म हो गई थी और अब वह बीबीसी की अन्तर्राष्ट्रीय समाचार बुलेटिनें सुनने लगा था। भूमंडल में घटनेवाली घटनाओं से उसका अकेलापन दूर हुआ था। पाकिस्तान के संकट ने उसमें यह प्रखर जिज्ञासा जाग्रत की कि इस मसले पर चीन का दृष्टिकोण क्या है। पेकिंग रेडियो की जानबूझकर रखी गई चुप्पी से वह निराश था, लेकिन वह उत्तेजित भी था। विभाजन एक अलोकतांत्रिक निर्णय था जो भारत की जनता पर सत्ता के उस श्रेष्ठिवर्ग ने थोपा था जो ब्रिटिश शासकों की सुविधा के लिए काम कर रहे थे। 1948 में कम्युनिस्ट पार्टी तक ने अपने आप को धार्मिक रेखाओं में बाँट लिया था। यह शर्मनाक था। ताजा घटनाएँ धर्माधारित राष्ट्रवाद की बोगस प्रकृति का मुखौटा उतारनेवाली हैं। क्या कम्युनिस्ट पार्टी एकीकृत होकर उस ऐतिहासिक त्रासदी की भरपाई करने के लिए उपमहाद्वीप-व्यापी एक संघर्ष छेड़ सकेगी ? यह सम्प्रदायवाद और साम्राज्यवाद दोनों का मुँहतोड़ जवाब होगा। उत्साहित करनेवाली एक खबर और थी। श्रीलंका में भंडारनायके सरकार द्वारा घोषित आपात्काल से क्रान्तिकारी विद्रोह रुक नहीं पाया। एक अतिवाममार्गी दल जनता विमुक्ति पेरामुना ने पूरे देश में पुलिस स्टेशनों पर हमले करके कई दिनों तक उन्हें अपने अधिकार में रखा। दक्षिण एशिया क्रान्ति की दिशा में जा रहा है! कई दिनों के तनावपूर्ण खोज के बाद उसे 14 अप्रैल, 1971 के अखबार में वह खबर मिल गई जिसकी उसे तलाश थी। चीन के प्रधानमंत्री चाऊ एन लाई ने राष्ट्रपति याह्या खान के नाम एक सार्वजनिक पत्र लिखा था :

चीन और पाकिस्तान मित्र और पड़ोसी हैं। चीन की सरकार और जनता पाकिस्तान में इन दिनों होनेवाली घटनाओं को गहरी चिन्ता के साथ देख रही है। महामहिम आपने और अन्य नेताओं ने पाकिस्तान की अखंडता बनाए रखने और उसे किसी विघटन से बचाने के लिए उपयोगी कार्य किए हैं। हमारा विश्वास है कि बुद्धिमत्तापूर्ण परामर्श और आपके तथा अन्य नेताओं के प्रयासों से पाकिस्तान की स्थिति फिर से निश्चित रूप से सामान्य हो सकेगी। हमारे मतानुसार पाकिस्तान का एकीकरण और पूर्वी तथा पश्चिमी पाकिस्तान की जनता की एकता ही आधारभूत रूप से पाकिस्तान को समृद्धि और शक्ति दे सकते हैं। यहाँ यह बहुत आवश्यक है कि विशाल जनसमूह से उन लोगों को अलग करके देखा जाए जो पाकिस्तान के एकीकरण में सेंध लगाना चाहते हैं...हमने देखा है कि इधर भारत सरकार आपकी आन्तरिक समस्याओं का लाभ उठाकर पाकिस्तान के आन्तरिक मामलों में गम्भीर हस्तक्षेप कर रही है। सोवियत यूनियन और यू.एस.ए. भी एक के बाद एक यही कर रहे हैं। चीनी प्रेस इस अवांछित हस्तक्षेप को उजागर करने के लिए निरन्तर रिपोर्टें प्रकाशित कर रहा है। उसने महामहिम आपका

पोदगोर्नी के नाम पत्र भी शाया किया है। चीन की सरकार मानती है कि वर्तमान में पाकिस्तान का जो भी घटनाक्रम है, वह पूरी तरह पाकिस्तान का आन्तरिक मामला है, जो केवल पाकिस्तान की जनता ही सुलझा सकती है और इसमें किसी भी प्रकार का बाहरी हस्तक्षेप नहीं होना चाहिए। महामहिम आप इस सम्बन्ध में आश्वस्त रहें कि यदि भारतीय विस्तारवादी पाकिस्तान पर आक्रमण करने की हिम्मत करते हैं तो चीन की सरकार और जनता, हमेशा की तरह, पाकिस्तान की सरकार और जनता का उनके देश की सम्प्रभुता और राष्ट्रीय स्वाधीनता की रक्षा के लिए न्यायोचित संघर्ष में पूरा-पूरा समर्थन करेगी।

सम्भ्रमित अवस्था में प्रणव ने इस समाचार को बार-बार पढ़ा। वह मोहन से मिलना चाहता था, लेकिन मुलाकात की व्यवस्था हो पाना कठिन था। वह जानता था कि सरदूल सिंह के रेडियो के माध्यम से मोहन घटनाक्रम पर निगाह रखता है और जब उसने यह समाचार सुना होगा तो वह भी अपने मित्र से सम्पर्क साधने की कोशिश में लगा होगा। उसे पहले से ही उसकी जानकारी होगी। फिर पार्टी का क्या हो रहा है? चारु मजुमदार और पोलित ब्यूरो को परिस्थिति और चीनी कम्युनिस्ट पार्टी की लाइन का ज्ञान होना ही चाहिए। उसे *लिबरेशन* के ताजा अंक की भी जरूरत थी। अन्त में एक इतवार को अपशकुन जैसे वातावरण में दोनों कॉमरेडों की भेंट प्रणव की बरसाती में हुई। उन्हें अपने आपको यह आश्वस्त करने की बेचैनी थी कि क्रान्तिकारी आन्दोलन योजनाबद्ध तरीके से चल रहा है। वह यह भी अनुभव कर रहे थे कि इतिहास उनका साथ देगा! इसे चरणबद्ध होना था, पूर्व-निर्धारित चरणों में। पार्टी का सिद्धान्त मित्रों और शत्रुओं को स्पष्टतया परिभाषित करता है। अचानक एक आकस्मिकता ने उनके सामने एक अनसुलझी पहेली खड़ी कर दी है।

चौखाने की लुंगी और बनियान पहने प्रणव ने चाय को पतीली से प्यालों में डालते हुए कहा–'मैं इसे समझ नहीं पा रहा हूँ।' एक प्याला उसे थमाते हुए वह कह रहा था–'यह उपमहाद्वीप का सबसे गम्भीर संकट है! चीनी कॉमरेडों ने यह अजीब-सी लाइन क्यों अख्तियार की है?'

'हो सकता है कि पार्टी के कार्य और सरकार की मजबूरियों के बीच कोई अन्तर रहा हो। आखिर चीनी राज्य को पाकिस्तान के साथ अपने कूटनयिक सम्बन्ध भी तो बनाकर रखना है।'

'यह नहीं हो सकता। उनके भारत के साथ भी तो कूटनयिक सम्बन्ध हैं, लेकिन इससे वह भारत सरकार की आलोचना करने से नहीं रुक जाते। वे जानते हैं कि क्या हो रहा है, और उन्होंने एक निर्णय लिया है। इसे पढ़ो।'

मोहन ने चाऊ की चिट्ठी नहीं देखी थी। अब उसका चेहरा उतर गया। उन्होंने एक दूसरे को देखा और कई मिनटों तक खामोश रहे। मोहन ने चाय का एक घूँट लेने

के बाद कहा–'चीनी कम्युनिस्ट पार्टी के सामने बहुत कठिन परिस्थिति रही होगी। जब उसे यह लाइन लेनी पड़ी। चीन के सामने साम्राज्यवाद द्वारा घेरे जाने का संकट होगा। तुम्हें याद है कि कॉमरेड कश्मीरी ने यही कहा था? यदि तीसरा युद्ध हम पर थोपा गया तो...कौन जानता है? याँकी और सोवियतों ने कोई षड्यंत्र किया हो?'

'यांकी वियतनाम में फँसे हुए हैं। सोवियत और चीनी दोनों ही वहाँ वियतनामी प्रतिरोध की सहायता कर रहे हैं। रूसी मदद, रेल द्वारा चीन से वहाँ पहुँचाई जाती है। चीन के विरोध में अमरीका और सोवियत रूस के सहयोग की हाल-फिलहाल कोई गुंजाइश दिखाई नहीं देती।'

'लेकिन यह निश्चित है कि भारत का सत्तावर्ग एक साम्राज्यवादी खेल खेल रहा है। वह पूर्वी पाकिस्तानियों के लिए मगरमच्छ के आँसू बहानेवाले कौन होते हैं, जबकि उन्होंने अपनी जनता पर आतंक का राज लाद रखा है।'

'ठीक है लेकिन यह तो पाकिस्तान के सत्तावर्ग का संकट है। सिर्फ भारतीय शासक ही साम्राज्यवाद के एजेंट नहीं हैं, पाकिस्तानी सेना का नाटो से गठबन्धन कई वर्षों से है। चीनी यह जानते हैं। फिर भी चाऊ का यह कहना कि याह्या ने पाकिस्तान की अखंडता को बनाए रखने के लिए उपयोगी कार्य किया है। कौन-सा उपयोगी कार्य?'

'देखेंगे कि पार्टी केन्द्र कौन सी लाइन लेता है।'

'वे जो भी लाइन लें, परिस्थिति तो आमूल बदलने ही वाली है। पूर्वी सीमा खुल जाएगी, अभी से खबरें आ रही हैं कि पाकिस्तानी फौज पर हमला करने के लिए मुक्तिवाहिनी के छापामार भारतीय सीमा के भीतर अपने अड्डे बना रहे हैं। पार्टी को मुक्ति संग्राम के समर्थन में हस्तक्षेप करना चाहिए और इसे परिवर्तनवादी दिशा देनी चाहिए। अन्ततः भारत और पाकिस्तान के आमजन अपने-अपने सत्तावर्ग के विरुद्ध एकजुट हो सकते हैं।'

मोहन चिन्तित दिखाई दे रहा था। 'मैं समझ नहीं पा रहा हूँ कि हम तथाकथित मुक्ति संग्राम का समर्थन कैसे कर सकते हैं जब चीनी कॉमरेड उसके विरोध में हों।'

'तथाकथित! हम हमेशा ही यह तर्क देते रहे हैं कि नागाओं और कश्मीरियों को भारत से अलग होने का अधिकार है। क्या पूर्वी पाकिस्तानियों को पाकिस्तान से अलग होने का अधिकार नहीं है?'

'निश्चय ही है। लेकिन हमें यह कैसे मालूम हो कि वे चाहते क्या हैं?'

अपने मित्र की अपेक्षा प्रणव के पास अधिक जानकारियाँ थीं। 'सुनो मोहन! वहाँ एक चुनाव हुआ और अवामी लीग ने बहुमत हासिल किया। उन्हें सरकार नहीं बनाने दी गई और अब फौज ने वहाँ ढाका में नरसंहार शुरू कर दिया है। वह वहाँ रजाकार कहे जानेवाले गुंडों के गिरोह इस्तेमाल करके हजारों लोगों की हत्याएँ कर रही है। उन्होंने विश्वविद्यालय के छात्रावासों पर टैंकों से गोले बरसाए। क्या तुम आतंक की कल्पना

कर सकते हो? यह बहुत साफ है कि कौन क्या चाहता है, सिवाय इसके कि चीन के कॉमरेड क्या चाहते हैं!'

मोहन ने उसे बेचैनी से देखा। 'ऐसा लग नहीं रहा कि वे नहीं जानते। क्या ऐसा नहीं है?'

विचार-विमर्श किसी नतीजे पर नहीं पहुँच सका। अनिश्चय के वातावरण में वे एक दूसरे से अलग हुए। मोहन देख सकता था कि प्रणव उन्हीं प्रश्नों को उठा रहा था जो उसे कुछ समय से परेशान किए हुए थे। वह निश्चित रूप से इधर कुछ दिनों से अन्तर्राष्ट्रीय समाचारों पर कुछ अधिक ध्यान देता रहा था। प्रणव ने महसूस किया कि मोहन को चीन की कम्युनिस्ट पार्टी की श्रेष्ठता और माओवाद की विश्वदृष्टि में अपनी आस्था को बनाए रखने की जरूरत है। आनेवाले सप्ताहों में उनके मतभेद अधिक गहरा गए। जैसे-जैसे उसने घट रही घटनाओं के विषय को सुना, प्रणव को अपने आक्रोश को स्वीकार करना पड़ा जो चीनी कॉमरेडों के व्यवहारवाद को लेकर उसके मन में था और वह बेसब्री से आशंका के साथ पोलित ब्यूरो की लाइन की प्रतीक्षा कर रहा था। क्रान्ति के प्रशिक्षु को अपना किया चुनाव असहनीय लगने लगा था–यह कार्रवाई की बातों से बहुत दूर की बातें थीं। दुनिया तेजी से बदल रही थी, जिसकी अपेक्षा उसने नहीं की थी, और वह इसका हिस्सा होना चाहता था। अन्य अवसरों पर वह दिव्या को भेजे गए अपने पत्र पर सोचता था। क्या उसे वह मिल गया होगा? इसे पढ़कर उसने क्या सोचा होगा? वर्तमान स्थितियों के सम्बन्ध में वह क्या कहेगी? उसे मन-ही-मन उसकी बहुत याद आने लगी।

मोहन विपरीत विकल्पों से जूझ रहा था। एक पूर्वी पाकिस्तान के साथ था जो निर्मम दमन के विरुद्ध जिन्दगी और मौत के संघर्ष में लिप्त था, दूसरे का सम्बन्ध चीनी कम्युनिस्ट पार्टी के क्रान्तिकारी विवेक के प्रति उसकी आस्था से जुड़ा था। वह चेयरमैन माओ के नाम एक चिट्ठी भेजकर उन्हें यह बताना चाहता था कि स्थिति की व्याख्या सी.सी.पी. ने गलत ढंग से की है, और चीन के कॉमरेडों को सरकारों के बीच सम्बन्धों और क्रान्तिकारियों के सम्बन्धों में अन्तर करना चाहिए। निश्चित रूप से विश्व क्रान्ति का नेतृत्व उसके तर्कों को गम्भीरता से लेगा। आखिर कम्युनिस्ट पार्टी आन्तरिक लोकतंत्र में विश्वास करती है। लेकिन उसके सामने और कोई रास्ता भी तो नहीं है, अपने भीतर बातचीत के अलावा सच को जानने का कोई और साधन भी नहीं है। धीरे-धीरे सहज समानभूति पर विराट स्वप्न हावी हो गया। भारतीय राज्य उपमहाद्वीप में क्रान्तिकारी शक्तियों का मुख्य शत्रु और इस क्षेत्र का सबसे बड़ा दमनकर्ता है। इसके कार्य स्वार्थपूर्ण ही होंगे चाहे उन्हें लोकतंत्र और आत्मनिर्णय की शब्दावली भले दे दी जाए। यह अब पाकिस्तान पर हमला करने के लिए तुला हुआ है। किसी भी देश को यह अधिकार नहीं है कि वह पड़ोसी पर हमला करे। हिटलर ने 1938 में चेकोस्लोवाकिया पर आक्रमण

करके सूडेटन जर्मनों के आत्म निर्णय का छद्‌म दावा करके उससे सूडेटन लैंड छीन लिया था। भारत का पाकिस्तान के प्रति आक्रामक रवैया उससे कुछ अलग नहीं है। जब 'उनका' राष्ट्र शोषक वर्गों के अँगूठे के नीचे दबा हो, क्रान्तिकारियों को 'उनके' राष्ट्रवाद के विरुद्ध उठ खड़ा होना ही होगा, यह उनके कर्तव्य की पुकार है। क्या मार्क्स ने नहीं कहा है कि श्रमिक वर्ग का कोई देश नहीं होता? क्या महान लेनिन ने प्रथम विश्वयुद्ध में जारों के रूस की पराजय का आह्वान नहीं किया था? अन्य तमाम मामलों की तरह आगे का रास्ता चीन की लाइन में अविचलित आस्था से होकर ही निकलता है। यद्यपि प्रतिबद्धता की स्पष्टता का प्रशामक प्रभाव तो पड़ा, फिर भी मोहन की उद्‌दाम जिज्ञासा उसे तेजी से घटती हुई राजनैतिक घटनाओं के सन्निकट ले आई। उसने सरदूल सिंह की नौकरी छोड़ने का फैसला किया–वैसे भी उसमें क्रान्तिकारी कार्यक्रम के क्रियान्वयन की बहुत कम सम्भावना थी, और मोहन ने अपना रास्ता पूरब की दिशा में मोड़ दिया।

१०

1970 के अन्त में मंजु बागची को अपने पुत्र, जो दिल्ली चला गया था, को लेकर कुछ पूर्वाभास होने लगे थे। नए वर्ष के प्रारम्भ में वे उन कुछ अफवाहों से चिन्तित हो गई थीं जो अधिकारियों की पत्नियों और समाज के बीच फैल रही थीं। पिछली सर्दियों में पश्चिम बंगाल में दूसरी संयुक्त मोर्चा सरकार बनी थी। इसकी मुख्य साझीदार बांग्ला कांग्रेस थी और दोनों मुख्य कम्युनिस्ट पार्टियाँ सीपीआई और सीपीआई (एम) प्रमुख हिस्सेदार थीं। औद्योगिक अशान्ति व्यापक रूप से फैली हुई थी और प्रबन्धकों के घेराव आए दिन हुआ करते थे, उनमें कुछ का अन्त मारपीट और हत्या में होता था। यातायात पुलिस पर नक्सली हमलों से पुलिस में भयानक असुरक्षा थी। उन्होंने उन कटु प्रदर्शनों के विषय में सुना था जो मृत पुलिसवालों के अन्तिम संस्कार के अवसर पर होते थे और जिनमें उनके साथी और रिश्तेदार प्रतिशोध की माँग करते थे। कम्युनिस्टों में गुटीय संघर्ष शुरू हो गया था और नक्सल तथा सीपीआई (एम) एक दूसरे पर निशाना साध रहे थे।

पुलिस विभाजित थी। वरिष्ठ और मध्यम स्तर के अधिकारियों ने अपने आपको इस या उस नेता अथवा पार्टी से जोड़ लिया था। दिसम्बर 1969 में गैर कम्युनिस्ट मुख्यमंत्री अजय मुखर्जी ने एक अभूतपूर्व कदम उठाया। उन्होंने अपने ही राज्य की कानूनविहीनता के विरुद्ध एक सत्याग्रह किया–यह कदम अपने कम्युनिस्ट सहयोगी ज्योति बसु के विरुद्ध था, जो उनकी सरकार में गृहमंत्री थे। मार्च 1970 में पश्चिम बंगाल में राष्ट्रपति शासन लागू कर दिया गया जो (बीच में दो माह के नागरिक शासन के अन्तराल के अतिरिक्त) लगभग दो साल तक चला। जुलाई में नए पुलिस कमिश्नर

की नियुक्ति कर दी गई। सीमावर्ती राज्य की पुलिस व्यवस्था में केन्द्र सरकार ने सीधा हस्तक्षेप शुरू कर दिया। उपनिवेशकालीन आतंकवाद निरोधक कानून फिर से लागू कर दिए गए। सार्वजनिक व्यवस्था को बनाए रखने के लिए विशेष कानून लाए गए। संदिग्ध व्यक्तियों को बिना वारंट के गिरफ्तार किया जा सकता था। लोगों को चार्ल्स टेगार्ट की याद आने लगी थी जो बीस के दशक में राष्ट्रवादी उग्रपंथियों से लड़नेवाला उपनिवेशकालीन पुलिस कमिश्नर रहा था। अतिरिक्त कमिश्नर और उप कमिश्नर के पदों पर जल्दी-जल्दी तबादले किए गए। नक्सलवाद से मुकाबले के लिए पुलिस छापामारों का विशेष दल गठित किया गया। पुलिस की गोलाबारी अब स्वतः विभागीय जाँच का विषय नहीं रही थी। सादा कपड़ों में पुलिसवालों का संदिग्धों के घर रात में पहुँचना रोज की बात हो गई थी।

दिसम्बर 1970 में अन्तर्राष्ट्रीय सीमा के उस पार अवामी लीग की जीत ने इस कहावत के सच को सिद्ध किया कि जो लोग साथ-साथ रहना नहीं चाहते वे दूर-दूर भी नहीं रह पाएँगे। पाकिस्तान के संकट ने भारतीय राजनीति में भी तूफान ला दिया। नक्सलवाद पर काबू पाने, युद्ध की तैयारी और सीमा के आर-पार उग्रवादियों की साठ-गाँठ को व्यर्थ करने के लिए नई नियुक्तियाँ की गईं। बस्तियों के गुंडा तत्त्व कॉमरेडों के साथ हो गए और घात-प्रतिघात का सिलसिला चल पड़ा। पुलिस ने होमगार्ड में गुंडों की नियुक्ति की जो विद्रोही गतिविधियों की जानकारी दे सकें और उग्रवादी कार्यकर्ताओं को खत्म करें। 1970-71 की सर्दियों में हत्याओं का प्रवाह अपने सर्वोच्च वेग पर था। मंजु को ट्रैफिक कांस्टेबलों के साथ छुरेबाजी, उनका सिर काटे जाने और अंग-भंग करने की खबरें मिली थीं। अब उन्हें पुलिस के तौर-तरीकों की और भी जानकारियाँ मिलीं, और उनका दिल और दिमाग क्षत-विक्षत हो गया। पिछले एक साल से नौकरशाहों की पत्नियों के साथ जब-तब ब्रिज की बाजी जमाने का सिलसिला छूटा हुआ था। अपनी परम्परागत आदतों से अलग हटकर वे शाम को पति के घर लौटने से पहले एक गिलास व्हिस्की का पीने लगी। कभी-कभी दो। एक तनावभरे दिन के बाद रणवीर बागची जब घर आए तो उन्होंने उन्हें ड्राइंग रूम के सोफा पर अवसाद की चरम अवस्था में पसरे हुए पाया। एक लांगप्लेइंग रिकार्ड संगीत खत्म होने के बाद धीमे-धीमे घूम रहा था। उन्होंने ऊपर देखा और पति के चेहरे को शोकाकुल पाया। बीथोवन की नवीं सिम्फनी की सुई हटाकर यंत्र को बन्द करते हुए रणवीर ने कहा—'ये लड़के पागल हो गए हैं। आज उनमें से चार ने अलीपुर सेंट्रल की जेल तोड़ने की कोशिश की। उनके पास देशी बन्दूकें और पेट्रोल बम थे। समूह में एक लड़की भी थी। हमारे पास गोली चलाने के अलावा कोई दूसरा उपाय नहीं था।' वे शेल्फ़ के पास गए और एक चौड़ी तली के गिलास में बर्फ के दो टुकड़े डालकर अपनी मूल्यवान वैट-69 व्हिस्की की बोतल से एक पैग ढालकर, वे सोफे के पास रखी आरामकुर्सी

पर निढाल हो गए।

'क्या हुआ?'

'कार्रवाई की अगुवाई करनेवाला लड़का घटनास्थल पर ही मारा गया। लड़की घायल हुई और पकड़ी गई। उसका इलाज चल रहा है। मैं दुखी हूँ मंजु। उस नौजवान को देखकर मुझे...की याद आ गई' वे रुक गए। 'यह ठीक नहीं है। क्या हो रहा है। यह बंगाल के लिए, भारत के लिए एक शोकदिवस है, नौजवान सड़कों पर मारे जा रहे हैं।'

'रणवीर, सिर्फ सड़कों पर ही नहीं।'

'तुम क्या कहना चाहती हो–सिर्फ सड़कों पर ही नहीं।'

'तुम जानते हो कि मैं क्या कह रही हूँ। मैंने सुना है तुम्हारे जासूस घरों में रात के अँधेरे में जाते हैं और सोते हुए संदिग्धों को गोलियों से भून देते हैं। *उन्हीं बिस्तरों पर जिन पर वे सो रहे होते हैं!*'

'मुझे नहीं मालूम कि इसका आदेश किसने दिया।'

'तुम अच्छी तरह जानते हो! क्या इन्हें गिरफ्तार नहीं किया जा सकता? तुम्हें कानून की रक्षा करने की तनख्वाह मिलती है। क्या किसी की हत्या करना कानूनन जायज है? किसी की भी बिना निर्धारित प्रक्रिया के? सिर्फ सन्देह के आधार पर? यह हत्या है रणवीर, हत्या! तुम यह कैसे कर सकते हो?' वह भावनात्मक अतिरेक में काँप रही थी। 'क्या होगा अगर प्रणव उनमें से एक हो? क्या उसे भी जीने नहीं दिया जाएगा?!'

बागची ने अपने बेटे के भवितव्य पर सोचा। उनकी अन्तरात्मा बोलते हुए काँप रही थी–राज्य का एक अधिकारी, एक पिता, और उस सबके अलावा एक हताश स्त्री का पति। उनकी भौंहें सिकुड़ गई थीं, उनका दिल भारी था। 'मंजु तुम नहीं जानतीं कि हमारे ऊपर कितने दबाब हैं।' उन्होंने कहा–'पिछले दिन दो ट्रैफिक कांस्टेबलों की अन्तिम यात्रा में लगभग विप्लव की स्थिति उत्पन्न हो गई थी। हमने उन पर काबू तो कर लिया था, लेकिन लोग गुस्से से पागल हो गए थे। वे रो रहे थे और नक्सलियों और अपने वरिष्ठ अधिकारियों के खिलाफ नारे लगा रहे थे। हमें कभी-कभी कुछ ऐसे काम करने पड़ते हैं...यह दिखाने के लिए कि राज्य का अधिकार कायम है, ऐसा करना आवश्यक होता है।' अपनी पत्नी का चेहरा देखकर वे ठहरे।

वे समझ रहे थे कि पत्नी उनकी बात सुन रही है। वे ईश्वर के प्रति कृतज्ञ हुए। एक मानीखेज खामोशी थी। और तभी वह फट पड़ी–'राज्य का अधिकार, बेहूदा बात! खूनी राज्य अपने आपसे युद्धरत है और तुम सारे लोग यह जानते हो! सीपीआई और सीपीएम एक दूसरे का गला काटने पर उतारू हैं, केन्द्र हमेशा अर्द्धसैनिक बल भेजने की ताक में रहता है, वह बोका अजय मुखर्जी अपने ही गृहमंत्री के विरुद्ध भूख हड़ताल

पर बैठ गया, लेकिन उसमें इतनी हिम्मत नहीं थी कि बसु को हटा दे या खुद इस्तीफा दे दे। तुम और मैं जानते हैं कि जब तबादले और तरक्की का सवाल आता है तो मालिकों के बीच क्या कुछ होता है। यदि आज तुम्हारे आदमी विभागीय जाँच तक के डर के बिना हत्याएँ करते रह सकते हैं तो हम कल्पना कर सकते हैं कि इसमें कितना पैसा बन रहा है और कौन बना रहा है। जनता का सम्मान अर्जित करने के लिए तुम्हारे चमचे क्या करते हैं ? पहले तुम बदबू का एक ढेर इकट्ठा करते हो और फिर अपने पागल कुत्तों को छोड़ देते हो। मुझसे राज्य के अधिकार की बात मत करो!' वह शोक, क्रोध और भय से काँप रही थी।

कमरे में अर्थपूर्ण मौन सिमट आया था। जिस गुस्से के साथ वह उससे बात कर रही थी, इतना विचलित उस व्यक्ति ने अपनी पत्नी को कभी नहीं देखा था। उन्हें उस दिन की याद हो आई जब उन्हें प्रणव के गायब हो जाने का समाचार मिला था। अभी-अभी उन्होंने जो कुछ भी कहा था उसमें सत्य की झंकार थी और वे उन बातों का जवाब देना नहीं चाहते थे। मंजु ने अपने खाली गिलास को देखा और फिर बिना किसी को सम्बोधित किए कहा–'हमारा महान प्रगतिशील समाज इस जगह तक आ पहुँचा है। हम अपनी ही सन्तानों की हत्या कर रहे हैं। और वह हमसे इतनी घृणा करती है कि वह मरना चाहती है। ईश्वर हमारी रक्षा करे, रणवीर।' उनके स्वर में आई अकस्मात् शान्ति पर उस दुखान्त का बोझ था जो शहर को आत्मसात् कर रहा था।

चीन और पाकिस्तान के सम्बन्ध में उनकी बातचीत के कुछ दिनों बाद मोहन और प्रणव की एक संक्षिप्त भेंट हुई जो अगले कुछ महीनों के लिए उनका आखिरी सीधा सम्पर्क रहनेवाली थी। उन्होंने राजनैतिक और सामरिक संकट की इस घड़ी में तराई से बाहर आने का निर्णय किया ताकि आन्दोलन के लक्ष्य में नए सिरे से अपना योगदान कर सकें। मोहन पहले रवाना हुआ और दिल्ली की रोशनआरा रोड के लिए चल पड़ा। कॉमरेड दी हट्टी पहुँचकर वह पवन चोपड़ा से मिला जहाँ से मिले सम्पर्कों के माध्यम से वह कलकत्ता जानेवाले एक ट्रक पर सवार हुआ। ओरुण दा बार-बार आन्दोलन हेतु वैकल्पिक संचार साधनों की आवश्यकता पर बल देते थे। यही तरीका था। प्रणव इस बार अधिक निर्णायक रूप से कार्य करने के प्रति संकल्पित था, और वह मित्रों के अलावा अन्य कॉमरेडों से बातचीत करना चाहता था। वह इस आन्दोलन में अपनी स्थिति का अन्दाज भी लगाना चाहता था। पूर्णिया में रथिन ने यह सम्भावना व्यक्त की थी कि पार्टी कैडर से उसका सम्पर्क हो सकेगा। इसके अतिरिक्त उसने एक पिस्तौल की माँग भी की थी। हाँ, यही बात थी। वह पार्टी समिति को पिस्तौल पहुँचाकर एक

गम्भीर योगदान कर सकता था। पार्टी पिस्तौल का उपयोग कर सकेगी। समय आ गया था।

℘

सात सालों की सिपाहीगीरी के बाद हरदीप सिंह ने सेना छोड़ दी और उसके बाद जीवनयापन के लिए ट्रक ड्राइवरी का धन्धा अपनाया। सेना में रहते हुए वह इंजन का काम प्राथमिक रूप से सीख गया था, और उसे लगा अपने भविष्य के लिए वह खुली सड़क पर ज्यादा अच्छा काम कर सकेगा, बनिस्बत देशभक्ति की तनख्वाह के। वह ट्रक मालिकों के लिए काम करने लगा और उनके लिए पंजाब की पहाड़ियों से नीचे दिल्ली और गंगा घाटी के मैदानों से होकर सेब और दालें तथा मशीनें और तैयार माल लेकर असम और कलकत्ता तक पहुँचाने लगा। सड़कों पर सुरक्षा नहीं थी। डकैती, दुर्घटनाएँ और पुलिस की चिन्ता ड्राइवरों को मुख्य रूप से रहती थी, तथापि इस तरह की जिन्दगी को वह पसन्द करता था, जो सेना के अनुशासन के विपरीत कहीं अधिक आजाद थी। एक उस्ताद (ट्रक ड्राइवरों का प्रिय सम्बोधन) होने के नाते, उसके लिए कभी-कभी कुछ मालिकों के नखरों की वजह से भाड़े पर काम करना कठिन हो जाता था पर जब भी वह थक जाता तो वह पंजाब के अपने गाँव चला आता। अधिकतर होता यह कि उसका गुस्सा उस माल पर उतरता जो वह ले जा रहा होता था, जिसमें से कुछ वह अपने लिए रख लेता। फिर समय-समय पर यात्रियों को बिठा लेता तो हमेशा ही नफे का सौदा होता।

हरदीप केवल टाटा मर्सेडीज-बेंज-ट्रक ही चलाता था, जिन्हें चालू ढंग से कहा जाता है मर्रसिडी या टाटा गड्डी। ट्रकों के भी अपने उपनाम थे। इसके आगे और पीछे *जी.टी. एक्सप्रेस* और *पपलू दी गड्डी नम्बर 2* लिखा हुआ था। उन नामों का लेना-देना उस मिथकीय अनिवार्यता से नहीं था जिसके अन्तर्गत प्रत्येक ट्रक के पिछवाड़े *ओके* और *टाटा* लिखा जाना जरूरी था और काले जूते की तस्वीर के साथ *हॉर्न प्लीज* का अनुरोध किया जाता था, और चेतावनी भी दी जाती थी-*बुरी नजर वाले तेरा मुँह काला*। कभी-कभी एक सचमुच का पुराना जूता पीछे के बम्पर पर लटकता होता था। ये चीजें राजपथ के शिष्टाचार का हिस्सा थीं। पहली बात का सम्बन्ध संक्षेप में हलो और बाय-बाय कहने से था, दूसरी यह दर्शाती थी कि पीछे से आगे निकलनेवाला समय गुजारने के लिए क्या कुछ कर सकता है, और तीसरी राजपथ की गालीगलौज के बचाव में एक कटूक्ति थी। हरदीप कुछ अलग था क्योंकि वह अकेला ही गाड़ी चलाता था, दूसरे ड्राइवरों से भिन्न जो लम्बे रास्तों पर जोड़ीदार के साथ चलते थे। ज्यादा-से-ज्यादा वह कठिन यात्राओं में अपने साथ एक अतिरिक्त क्लीनर रखता था (ट्रकवालों की बिरादरी में इसे *क्लींडर* या *खलासी* कहा जाता था)। वह एक सावधान

कामगार था। वह रात के सफर में कभी गाँजा नहीं पीता था। हालाँकि उसे खैनी पसन्द थी, वही मजदूरों वाली तम्बाकू और चूने का मिश्रण। वह होशियारी से गाड़ी चलाता था, छोटी-मोटी मरम्मत खुद कर लेता था, और लदान का ध्यान रखता था, उन्हें टारपालिन से ढककर अपने सहायक को एक बाँस लेकर उसके ऊपर बैठा रखता था। यह एक सावधानी थी, जो डाकुओं के इलाकों से रात में गुजरते हुए या जब सड़क पर बरगद के पेड़ अधिक हों, जैसा कि पूर्वी इलाकों में पाया जाता है, बरतनी पड़ती है। डाकू चाकुओं से रस्सी काटकर माल को सड़क पर गिरा लेते हैं, और गुपचुप आधे से ज्यादा सामान पार कर लेते हैं। इससे बचाव के लिए तलवार या बाँसधारी सहायक काम आ सकता है। ड्राइवर की कहानी बताई जाती है, जिसने एक डाकू की बाँह उसी जगह से काट डाली थी जहाँ वह रस्सी से झूल रही थी। हरदीप इंजिन-आइल के दोबारा इस्तेमाल से पैसा नहीं बचाता था, उसका कहना था कि यह पिस्टन के लिए खराब होता है। वह अपनी गड्डी की अक्सर पूरी ईमानदारी से सर्विस कराता था, और जहाँ तक सम्भव हो एक ही मालिक की सेवा में बना रहता था।

लेकिन हमें बुरे दिनों के लिए कुछ अतिरिक्त भी कमाना होता है। दिल्ली के बाहर स्थित लीवर साबुन फैक्ट्री से एक बार लदान लादते हुए उसने कुछ महीने के इस्तेमाल के लिए वाशिंग पाउडर जुगाड़ने के लिए तुलाई से पहले कुछ ईंटें केबिन की छत पर रख दी थीं। पहाड़ों पर फलों के मौसम में अक्टूबर के बाद, जब हजारों ओवरलोड ट्रक सड़कों पर अपनी भारी लदान से खतरा पैदा कर देते हैं और ग्रैंड ट्रंक रोड पर ठहरे हुए सैकड़ों ट्रक हिमालयी सेबों के साथ डीजल की महक भी छोड़ते हैं, फलों के बक्से में घोटाला एक खुला खेल हैं। कुछ सेबों के न होने से मालिकों को कौन-सा फर्क पड़ता है ? कुछ अवसरों पर नियम कायदों को लागू करने के लिए पुलिस सुपरिंटेंडेंट ट्रैफिक को रोक लेते हैं, जबकि वास्तव में वह शादी या पूजा जैसे कामों में आवश्यक खर्च के लिए पैसा जुटाना होता है—वह उन्हें दी गई राशि बढ़ा-चढ़ाकर बताता। राजपथ पर हरेक कमाई की फिराक में रहता है। चुंगी के बाबू उससे ज्यादा पैसा लेते हैं जितना वह रिकार्ड पर या रसीदों में बताते हैं, राह में पड़नेवाले बड़े चौराहों पर ट्रैफिक कांस्टेबलों की राशियाँ निश्चित हैं और कलकत्ता की पुलिस ने तो शहर में प्रायः प्रवेश करनेवाले ड्राइवरों को सुरक्षा के लिए छापे हुए कार्ड बाँट रखे हैं जो उनके मासिक भुगतान को प्रमाणित करते हैं।

हरदीप के रुकने की पसन्दीदा जगहें थीं। कलकत्ता में डीजल पम्प के सामने अपनी पहचानवाले की ऐसी ही जगह पर सर्दी की एक शाम उसने अपने खलासी से कहा—'परतापऽऽ! हमेशा याद रखना कि अमृतिसरिए हरामी होते हैं।' उसके पास अधिकांश मनुष्यों के लिए एक प्रजातीय शब्दकोष था। उसके ब्रह्मांड में मालिक, लाला (दुकानदार), मामा, पुलिसिये (अफसर और कांस्टेबल), बहादुर (कारखानों के गुरखा

गार्ड) और बिहारी थे। मालिक बड़बड़िया होते थे, लाला चालाक, मामा और पुलिसिया बेपेंदी का ऐसा बर्तन जिसमें रिश्वत डालने का कोई अन्त ही नहीं था, बहादुर निपट मूर्ख होते थे, बिहारी झगड़ालू, अविश्वसनीय और अपने आप में एक अलग वर्ग थे। बिहारियों को बिहार में हर कीमत पर खुश रखना था और वहाँ से बाहर उनकी औकात में। पंजाबी ड्राइवरों के लिए अलीगढ़ तक टुकड़ा अपना ही मुहल्ला था। इसके बाद उन्हें होशियार रहना था। राजपथ और स्थानीय निवासी दोनों ही उस समय तक ज्यादा-से-ज्यादा अविश्वसनीय होते जाते थे, जब तक कि वह इलाका नहीं आ जाता था जहाँ डाकू ट्रक लूट लेते थे, सड़कें सँकरी थीं और बिहारियों की चलती थी। कलकत्ता के करीब माहौल ज्यादा सभ्य हो जाता था।

यह विशेष अम्रितसरिया एक बिना पगड़ी का सिख था, जिसने ड्राइवरी छोड़कर ट्रकवालों का ढाबा खोल दिया था, इसके लिए वह रोज की पूँजी में इज़ाफा अपने ग्राहकों के टैंक से चुराए हुए डीजल से करता था। जब ड्राइवर लोग कौशल से बनी स्वादिष्ट दालफ्राई, शाही पनीर, मलाई कोफ्ता, और स्पेशल खीर का स्वाद ले रहे होते थे। वह उन फ्यूल टैंकों के डीजल चुराता था जो नजरों से ओझल होते थे। और सस्ते में इसे उन समझदार लोगों को बेच देता था जो अपने ट्रक ढाबे के सामने खड़े करते थे जिन्हें वहाँ पड़ी चारपाइयों से देखा जा सकता था। कभी-कभी वह डीजल उन्हीं ड्राइवरों को बेच देता था जिनके ट्रकों से उसे चुराया गया होता। डीजल खरीदनेवाले मालिकों के ईंधन बजट से यह पैसा बनाते। 'यह साला अपनी नानी को भी लूट सकता है।' हरदीप ने नोटों की एक गड्डी से केबिन खिड़की के नीचे खड़े हुए व्यक्ति को सौ का एक नोट देने के साथ ही अमृतसरियों के मूलभूत कमीनेपन पर भी टिप्पणी की, 'वहाँ अमृतसर में खूब सारी तस्करी होती है–तुम जानते हो कि यह पाकिस्तान की सीमा के पास है। गाँववालों को धोखा देने की आदत पड़ जाती है और उनसे बरतते हुए तुम्हें होशियार रहना पड़ता है।'

जो भी हो कुछ खुशियाँ भी थीं जो ट्रकजीवन की परेशानियों और खतरों से निजात दिलानेवाली थीं। एक लम्बे सफर के बाद तेज ठर्रा के साथ तन्दूरी चिकन को गले में उतारने का वह हमेशा इन्तजार करता। रास्ते में ऐसी कई जगहें थीं जो अपने मजेदार चीजों के लिए मशहूर थीं–जैसे इलाहाबाद के ठीक बाहर का ढाबा जहाँ गंगा के मैदान की सबसे अच्छी खीर मिलती थी। बिहार के जी.टी. रोडवाले हिस्से में रुकने की कई ऐसी जगहें थीं, जहाँ आदिवासी कुमारियाँ उपलब्ध थीं। हालाँकि ड्राइवरों के लिए वे अनुभवहीन होती थीं और ढाबे के मालिक भी बहुत मुँह फाड़ते थे। रास्ते पर ठहरने के पसन्दीदा अड्डों पर वेश्यालय भी थे, लेकिन ज्यादा गरीब औरतें अपने गाँव के बाहर सड़क पर रात में खड़ी होकर आती-जाती बत्तियों की राह देखती थीं। रास्ते में कई जगहों पर हरदीप की अपनी सहेलियाँ थीं। मोबिलआइल को बदलना ड्राइवर

के लिए भी उतना ही महत्त्वपूर्ण होता था, जितना इंजिन के लिए। इन अवसरों पर अचानक ब्रेक दबाता, बुदबुदाता *मोबिल्आइल चेंज* और फिर घंटे सवा घंटे के लिए गायब हो जाता, इस बीच उसका खलासी ट्रक की हिफाजत करता रहता।

नया क्लीनर एक नवयुवक था और ड्राइवर को वह नाजुक लगता था। उसे ट्रक मालिक करन (पपलू) चोपड़ा ने ट्रक पर नियुक्त किया था। करन दिल्ली के रोहतक रोड इलाके के एक शरणार्थी परिवार का पच्चीस-तीस वर्षीय पंजाबी व्यवसायी था। उसे कुछ ऐसा लगता था कि यह लड़का किसी तरह बड़े चोपड़ाओं का नातेदार है। घर में वह कभी-कभी आता था और उसने यह नतीजा निकाला कि वह किसी प्रकार से राजनीति में दखल रखता है। हरदीप परवाह नहीं करता था। कोई भी खलासी किसी और खलासी से तब तक अच्छा है, जब तक वह सारी रात जाग सकता है, तेज चलता है और उसकी पीठ और पाँवों की अच्छी मालिश कर सकता है। अधिकांश क्लीनर नई उम्र के होते थे जो ड्राइवर बनने का सपना लेकर आते थे। ग्रीस के धब्बों वाली निक्करों या पायजामों में ये लोग ट्रक के मानवीय हाथ-पाँव होते थे, जिनका काम था टायरों को पहियों से अलग करना, पंचर ढूँढने के लिए उन्हें ठोकना, चुंगी-चौकियों पर टैक्स जमा करने के लिए दौड़ लगाना, खिड़की से झाँकते हुए रिक्शावालों, साइकल सवारों और पैदलों पर चीखना, (यहाँ उछाली जानेवाली गालियाँ दूरी और रफ्तार के अनुपात में होती थीं), ट्रक जब रिवर्स कर रहा हो तो ड्राइवर की सहायता करना, विंड स्क्रीन पर से मरे हुए कीट-पतंगों को साफ करना, अड्डों पर ट्रक को धोना (इसलिए *क्लींडर*), लदान और माल उतारने की देखभाल, लदान को कसना, टायर बदलना, इंजन का तेल-पानी देखना, और तब तक जागते रहना जब तक सोने के लिए न कह दिया जाए। कभी-कभी उन्हें गाड़ी चलाने का सम्मान भी मिल जाता था।

ड्राइवर अपने खलासी से यह अपेक्षा भी रखते थे कि वह उन्हें 'माल' बनाकर खिलाएगा, इससे उनका आशय खैनी से था जो वे जब-तब चबाते रहते थे। प्लास्टिक के डब्बे में दो सिरों पर पत्ती और चूना रखा होता था, इन दोनों को बाईं हथेली पर रखकर दाहिने अँगूठे से मला जाता था। जब चूना तम्बाकू में मिल जाता तो तालियाँ बजाकर चूने का अवशेष फटकार दिया जाता, उसके बाद यह मिश्रण हरदीप को दिया जाता जो इसे निचले ओठ में दबा लेता और लगभग इसी के साथ गहरे लाल रंग की राल थूकने लगता। इन सेवाओं के प्रतिदान में खल्लासियों को खाना मिलता और महापथ पर ट्रक सँभालने की कला में उनकी दीक्षा होती। कहा जाता है कि इसके एवज में उन्हें ड्राइवरों की सन्तुष्टि के लिए अपने नितम्ब भी उपलब्ध करवाने होते थे, इस क्रिया को सांकेतिक रूप में 'रिवर्स गीयर' कहा जाता। यह मिथक ट्रकवालों की बिरादरी के बाहर जितना प्रचलित था उतना खुद ट्रकवालों में नहीं।

सिन्धु-गंगा के मैदान में परिवहन की जिम्मेदारियाँ अच्छे-से-अच्छे समय में भी

जोखिम से भरी होती थीं। दिनभर की यात्रा में अक्सर ऐसे दृश्य देखने को मिलते थे कि किसी ट्रक का मलबा सड़क के किनारे पड़ा है, उसका सामान कीचड़ में या सड़क के बीच में बिखरा पड़ा है, केबिनें चकनाचूर हो गई हैं और चालक दल निश्चित रूप से मर गया होगा। कभी-कभी ड्राइवर तब उत्तेजित हो जाता है जब वह देखता है कि कोई ट्रक तेजी से उसकी तरफ आ रहा है और उसने सड़क घेर ली है। ऐसे क्षणों में वह भी मर्दानगी के नशे में आकर पीछे हटना नहीं चाहता। दोनों ट्रक एक दूसरे की ओर दौड़ते हैं। हरेक ड्राइवर दूसरे से चाहता है कि वह खतरे के रास्ते से हट जाए, 'किसका दिल बड़ा है' यह बड़बड़ाते हुए अपने उस्ताद को कॉमरेड ने अक्सर सुना था, जब भी उसकी मर्दानगी को चुनौती मिलती थी। और जब भी वह आमने-सामने की टक्कर के ध्वंसावशेष सड़क पर बिखरे हुए देखता तो वह अनुमान लगा सकता था कि क्या घटा होगा।

मानसून के महीनों में ट्रक चलाना विशेष रूप से जोखिम भरा हो जाता था जब बरसात में सड़कें उखड़ जाती थीं और उखड़े हुए पत्थर कीचड़ भरे गड्ढों में बदल जाते थे। आते हुए यातायात से निकलने में हमेशा सड़क के किनारे फँस जाने का खतरा बना रहता, जो दिन-ब-दिन ज्यादा दलदली होती जाती, ड्राइवर उससे निकलने की कोशिश में चारों पहिए चलाते, और पिछले पहिए गुस्से से अपनी ही जगह पर घूमते हुए गहरे और गहरे धँसते जाते। जब तक एक्सल टूट नहीं जाते या ट्रक उलट नहीं जाता। टूटे हुए ट्रकों से यातायात रुक जाता, बेसब्र ड्राइवर अपनी गाड़ियाँ रास्ते की तलाश में खेतों में उतारते और वहाँ फँस जाते। सड़क के चौड़े हिस्से युद्धभूमि की तरह दिखाई देते, जिसमें खराब या खतरनाक रूप से झुके हुए ट्रक राजपथ को घेरे होते, और 'स्कीम' बनाने वाले ड्राइवर और क्लीनर एक दूसरे पर चीख पुकार कर रहे होते और दोनों छोरों पर सैकड़ों ट्रकों की लाइन लग जाती। इस तरह का जाम दो दिन तक लगा रह सकता था और अगर यह किसी बड़े गाँव या कस्बे के पास हुआ तो फल, भुनी हुई मूँगफली, पकौड़ा, चाय और पानी लेकर फेरीवाले वहाँ पहुँच जाते। इसी तरह ऐसी परिस्थिति में कड़ी मेहनत करके कुछ पैसा कमाने के लिए किसान, और हुकुम चलाने और व्यस्त दिखने के लिए पुलिसवाले वहाँ इकट्ठा हो जाते।

कॉमरेड क्लीनर को राजपथ दुर्घटना का पहला अनुभव तब हुआ जब उसका ट्रक कानपुर-इलाहाबाद की यात्रा में उलट गया। यह सेब लेकर कलकत्ता जा रहा था और बक्से ट्रक के कई फीट ऊपर तक बँधे थे। वह घोंघे की रफ्तार से उखड़ी हुई सड़क पर रेंगते हुए आनेवाले ट्रक को पार करते थे। जैसा कि इन मामलों में होता ही है, प्रत्येक ड्राइवर अपने रास्ते पर सरकता और उसका बायाँ हिस्सा कुछ कीचड़ में चला जाता। दूसरे ड्राइवर के साथ भी यही होता। बनारस तक यह रास्ता आसान था, या बहुत खराब भी तो दोनों पक्ष इन्हें कामचलाऊ मान लेते थे। उसके बाद यह इच्छाशक्ति का खेल

हो जाता, प्रत्येक ड्राइवर एक बार में एक इंच जगह छोड़ पाता। सड़क और खतरनाक होती गई और छोटे-छोटे गन्तव्यों के लिए बिहारी ड्राइवरों का अनुपात बढ़ता गया। कौन कितनी जगह छोड़ता है यह मर्दानगी का मुद्दा बनकर प्रतिस्पर्द्धा में आ गया। दिल्ली के इलाके में बिहारी पंजाबियों से दबते थे और जब वह पूरब की तरफ आते थे तो उन पर अपना गुस्सा उतारने की फिराक में रहते थे। सँकरी सड़क पर उनसे पार पाना उत्तर के लोगों के लिए दु:स्वप्न से कम नहीं था। एक बार कॉमरेड के ट्रक को धीमा होकर रुक जाना पड़ा क्योंकि सामनेवाले ट्रक चालक की माँग थी कि दिल्लीवाला ट्रक सड़क से पूरी तरह हट जाए। दोनों अपनी-अपनी बात पर अड़े थे, और बिहारी केबिन से आक्रामक स्पन्दन उभरने लगे। व्हील के पीछे से बिहारी ने हरदीप की आँखों में आँखें गड़ाईं, क्लच और ब्रेकों को कई बार दबाने के बाद उसने खैनी मुँह में डाली, और ट्रकों के बीच की थोड़ी सी जगह में थूकते हुए अपमान भरी आवाज में कहा–'ई बिहार **बाऽऽ**, न भूलो कि तुम बिहार में हो।'

इस बार संकट सुरक्षित दायरे में आया और इसका कारण केवल भौतिकी के नियम थे। लदान बहुत ऊँची थी गड्ढा इतना गहरा कि स्थिरता बनाए रखना कठिन था और रात में वे नीचे धसकते हुए पलट गए। टारपॉलिन उधड़ गई, रस्सियाँ टूट गईं और कॉमरेड ने बक्सों को गिरते हुए सुना। ट्रक को धकेलने में सहायता करने के लिए गाँववालों को जुटाने, सेबों के सभी बक्से बीनने, फल चुराने की कोशिश कर रहे तमाशबीनों को धमकाने, फलों को लादने और गाँववालों के साथ पैसों की झिकझिक करने में कई घंटे लग गए। इस जाया हो गए वक्त की भरपाई करने के लिए बिहार और बंगाल की सीमा पर बिना रुके दौड़ लगानी पड़ी।

एक ऐसी ही यात्रा में, सूर्यास्त के बाद ट्रक एक नयनाभिराम बंगाली देहात में पहुँचा, जहाँ धान के खेत, नारियल के पेड़, छप्पर वाले झोंपड़े और दलदली पोखर अपने नीलाभ जल के साथ थे। वह एक जानी-पहचानी जगह पर रुके थे, उन्होंने खाना खाया और महानगर में प्रवेश करने से पहले एक झपकी ले रहे थे। कॉमरेड को तब थोड़ा विस्मय हुआ जब साथ के एक खलासी, पटनायक ने उसे सड़क के पार झोंपड़ियों के एक झुरमुट तक चलने को कहा। पटनायक बीसी की उमर का एक उड़िया था। वह उस्तादों के फूहड़ हुकुम सुनते-सुनते, ढाबों पर दाल-फ्राई का आर्डर देते-देते और सड़क किनारे की फुद्दी-फ्राई सेक्स देखते-देखते काफी पंजाबी सीख गया था। भिनसारे से कई घंटे पहले उसने खाने के बाद का मजा मारने का निश्चय किया। प्रताप उसके पीछे-पीछे एक लिपे-पुते बरामदे में पहुँचा जहाँ एक जवान औरत (जिसे शायद पटनायक पहले से जानता था, बैठी हुई आग ताप रही थी। उन्होंने आपस में नमस्कार-चमत्कार किया और फिर उड़िया ने मादक मुस्कुराहट के साथ अपने साथी को परिचित कराया। उसने कहा–'मुंडे को सर्दी लग रही है।' वह मुस्कराई और अंगारों को उलटते-

पलटते उसने प्रताप की जाँघों पर थपकी दी। उसने ललक के साथ कहा–'हम जल्दी ही इसे गरम कर देंगे।' कॉमरेड को हमेशा ही यह लगता रहा था कि उसकी कल्पनाओं की लड़कियों से उसका शारीरिक सम्पर्क न हो पाने का कारण भाग्य का अन्यायपूर्ण हस्तक्षेप है। अब उसे अमूर्तावस्था में सेक्स उसके सामने उपलब्ध था। अमूर्तन अब एक व्यक्ति के रूप में था, जिसकी सुन्दरता किसी अनाम स्थान की सीलनभरी झोंपड़ी में दहक रहे कोयलों की मद्धिम रोशनी में भी देखी जा सकती थी। लेकिन ग्रैंड ट्रंक रोड के किनारे ट्रक चालकों के वेश्यालय में इसका शारीरिक ज्ञान प्राप्त करने का भय उसे कँपा गया। वह सैद्धान्तिक निष्ठा के विचलन और बीमारियों की आशंका के द्वन्द्व में पड़ा था, वह उठा और अँधेरे में चल पड़ा, उसके पुरुषत्व को लेकर उठनेवाली नाटकीय प्रश्नावलियाँ उसके कानों में गूँज रही थीं।

पटनायक ने अपनी फुद्दी फ्राई प्राप्त की। लौटते हुए उसके तेल से लिथड़े गंदे चेहरे पर बीभत्स हँसी थी। भोर के उजाले की पहली झलक क्षितिज से झाँकने लगी थी, उसी समय सुतलियों की खाटों पर पड़े हुए ड्राइवरों ने अपने कम्बलों से बाहर झाँकना शुरू किया। वे सुबह की पहली गालियाँ बड़बड़ाते हुए, आनेवाले दिन के लिए खुद को तैयार करने लगे। उसके बाद यथावत् छींकने, खाँसने-खँखारने, और दाँतों से ब्रश रगड़ने की आवाजें आने लगीं। धुँधुआते हुए कोयलों पर नाममात्र के कपड़े पहने लड़के द्वारा उबाली हुई चाय सुड़कने के बाद वे अपनी-अपनी पानी की बोतलें लेकर खेतों में गायब हो गए। नेपथ्य में राष्ट्रीय राजमार्ग नं. 1 पर गुजरते हुए वाहनों के पहियों की रगड़ की ऊँचे स्वर में कराहने की आवाजें आ रही थीं। कॉमरेड के दिमाग में विचार कौंधा—खलासी के जीवन का एक और दिन। ऐसा जीवन जिसमें दिन और रात का फर्क मिट गया था। सर्वहारा के इस पेशे में बने रहने के लिए ढेर सारी राजनैतिक प्रतिबद्धता की जरूरत थी।

गुड बाय रूबी ट्यूजडे
कोई तुम्हें नाम कैसे दे
जब तुम हर दिन बदलते हो
फिर भी मुझे तुम याद आओगे...

15

दिव्या

अपनी क्रान्तिकारी यात्रा पर चलकर जब दिव्या कलकत्ता पहुँची तो तीसरा पहर हो चुका था। उसकी रेल लेट हो गई थी इसलिए उसके पास बिताने के लिए समय कम था। जिस महिला से उसकी बात टेलीफोन पर हुई थी, वह वही नहीं थी जिसे दस्तावेज सौंपे जाने थे, वह पार्टी के लिए केवल स्विचबोर्ड आपरेटर का काम करती थी। उसने दिव्या को शहर के दक्षिणी भाग में सरकारी क्लर्कों के लिए बनी हुई एक कॉलोनी में जाने की सलाह दी। उसे शाम को वहाँ पहुँचना था और वह वहाँ रात गुजार सकती थी–गांगुली एक विश्वस्त कॉमरेड था। दिव्या ने स्टेशन के कैंटीन में हल्का खाना खाया और खानसामे से उस जगह पहुँचने की जानकारी ली। लगभग सात बजे शाम को वह अपने गन्तव्य स्थल पर पहुँची। यह पाँच मंजिला इमारतों का एक मुहल्ला था जिसका वातावरण आवासीय चालों जैसा था। एक जीना चढ़कर वह ऊपर पहुँची और एक फ्लैट में उसका स्वागत अधेड़ उम्र के एक भद्र पुरुष ने किया, जिसके सिर के उड़ते हुए बाल सफेद हो चले थे और जो चश्मा लगाए था। फ्लैट एक छोटे और अँधियारे गलियारे में शुरू होता था जो आगे एक बैठक तक जाता था। दीवार पर टैगोर की एक छपी हुई तस्वीर टँगी थी, जिसके आसपास ग्रामीण दृश्यों के दो चित्र थे। दो और दरवाजे भी थे जो एक शयनकक्ष और एक रसोई में खुलते थे, जहाँ से ताजे भोजन की गन्ध आ रही थी। उसे पहले-पहले बंगाली मसालों की मधुर गन्ध आई। कमरे में दूरस्थ छोर पर एक बालकनी थी।

उस आदमी ने कहा कि वह उसी की प्रतीक्षा कर रहा था, 'कृपया बैठ जाइए। क्या आप पानी लेंगी?' पानी पीते हुए दिव्या का मस्तिष्क खाली था। उसने अगले दिन दूसरी डिलीवरी देने तक आज की रात कहाँ गुजारनी है इसकी कोई वैकल्पिक योजना तय नहीं की थी। जब वह पैकेट दे रही थी, उसने अनुभव किया कि घर में कोई महिला दिखाई नहीं दी। इससे वह चौंकी और अपनी स्थिति पर उसे सोचना पड़ा। एक छोटे सोफे के किनारे पर वह बैठ गई। कॉमरेड गांगुली ने उसके चेहरे की हताशा को समझा और बताया कि उसकी पत्नी अपने एक रिश्तेदार से मिलने के लिए उत्तरी

उपनगर में गई हुई है। शाम को ही वापस लौटना उसके लिए काफी कष्टदायक होगा। तत्पश्चात वह रसोई में गया और उसने एक गिलास में कुछ पिया जो व्हिस्की प्रतीक होती थी। उसने दिव्या से पूछा कि क्या वह भी थोड़ी सी लेगी। दिव्या ने मना कर दिया। वे देहातों में चल रहे वर्तमान संघर्ष के सम्बन्ध में बातें करते रहे।

'पार्टी केन्द्र में पहुँचनेवाली खबरों से लगता है कि अभी सब ठीक चल रहा है। जन मुक्ति सेना की इकाइयाँ कुछ जिलों में गठित हो गई हैं।

'यह सुनकर अच्छा लगा कॉमरेड।'

'इस तरह चलता रहा तो सत्तर के दशक के सम्बन्ध में कॉमरेड सी.एम. की भविष्यवाणी साकार हो जाएगी कि वह मुक्ति का दशक होगा।'

वह चुप रही। सचमुच वह अच्छा होगा।

'तमाम सामाजिक समस्याएँ सुलझने लगेंगी। भूमि का फिर से वितरण होगा, तुम जैसे छात्रों को बेहतर शिक्षा मिलेगी। नारी मुक्ति होगी। थोड़ी सी तो लो।'

'हाँ कॉमरेड...नहीं कॉमरेड, धन्यवाद।' वह स्पष्ट रूप से असहज हो रही थी और सोचने लगी कि वह कर क्या सकती है।

'मैं हमेशा सोचता हूँ कि नई लोकतांत्रिक क्रान्ति का सबसे पहला काम होगा नारी जाति को मुक्ति देना। यही आधुनिक तरीका है, वह मानवता का आधा हिस्सा है।'

जानकर खुशी हुई कि तुम्हें याद है कि हम किसके आधे हिस्से हैं। कॉमरेड अपनी पहली ड्रिंक खत्म कर चुका था और अब दूसरी शुरू करनेवाला था।

'और मार्क्स ने अपने कम्युनिस्ट घोषणापत्र में साफ-साफ कहा है कि विवाह एक बुर्जुआ संस्था है।'

इसीलिए तुम्हारा बुर्जुआ अर्द्धांश नरेन्द्रपुर चला गया है और क्रान्तिकारी आधा भाग अनन्त व्यभिचार में दाँव लगा रहा है। उसे अब यहाँ से चलना चाहिए, इससे पहले कि स्थिति बिगड़े। यहाँ से निकलकर आगे क्या करना है यह सोचा जाएगा। उसने थोड़ी-सी चीजों और अच्छी तरह बन्द की हुई पिस्तौल के साथ अपना चमड़े का बैग बैठक के एक कोने में छोड़ दिया था, वह अब भी वहाँ था।

कॉमरेड गांगुली बुर्जुआ अन्धविश्वासों और रूढ़ियों से मुक्ति का अनुभव कर रहा था। वह दिव्या की ओर आत्मीयता से देखकर मुस्कुराया, पर दिव्या को उसके चेहरे पर एक शराबी की बीभत्स मुस्कान दिखाई दी। वह आगे की ओर झुका और अपना हाथ उसकी गोद में रख दिया। 'क्या तुम स्वच्छन्द प्यार में भरोसा करती हो?'

'नहीं कॉमरेड, मैं नहीं करती। लेकिन कीमत चुकाकर कहीं शायद यह मिलता हो, तुम वहाँ कोशिश क्यों नहीं करते जहाँ तुम्हें यह मिल सके?' यह कहते हुए वह उठ गई थी और उसने यह ऐसी शान्ति के साथ कहा जो वह अनुभव नहीं कर रही थी।

वह शराब के बाद भी झेंप गया था और उसने हँसकर टालने की कोशिश की।

'कॉमरेड तुम गलत समझी हो। मैं तो सिर्फ इतना कह रहा था कि स्त्रियों को अपना साथी चुनने की स्वतंत्रता होनी चाहिए।'

क्या कोई और भी ऐसी चीज है जिसे वे मुक्त भाव से कर सकें? उसकी बड़बड़ाहट से बात बिगड़ गई। दिव्या ने अपना बैग उठाया और दरवाजे की तरफ बढ़ी।

'गुडनाइट कॉमरेड! लाल सलाम।'

'नहीं, प्लीज ऐसा मत करो। तुम्हें रुक जाना चाहिए। रात का वक्त हो गया है।'

वह दरवाजे के बाहर थी और तेजी से जीना उतर रही थी। भाग्य से फ्लैट दूसरी मंजिल पर था और इससे पहले कि कॉमरेड अपने आपको सँभालकर उसका पीछा करने की कोशिश करता वह इमारत से बाहर जा चुकी थी। उसे चिन्तित होने की जरूरत नहीं थी क्योंकि वह जानती थी अपनी आवासीय कॉलोनी में एक जवान औरत के पीछे भागता देखा जाना वह पसन्द नहीं करेगा।

इमारत से बाहर निकलकर उसने सड़क पार की और उस पहली दुकान में घुस गई जहाँ टेलीफोन था। महीनों पहले उसने प्रणव को बताया था कि वह अपने माता पिता के साथ कलकत्ता जानेवाली है। और उसने सलाह दी थी कि वह वहाँ उसके पुराने स्कूल के मित्रों और चाचा-चाची से मिले। उनके नम्बर उसे अब मिल गए। उसने शिप्रा का नम्बर लगाया, लेकिन कोई जवाब नहीं मिला। तब उसने अबनि काका का नम्बर लगाया और इस बार उसके भाग्य ने साथ दिया। उन्होंने पूछने पर बताया कि उनकी भतीजी उनके ही पास है।

शिप्रा टेलीफोन पर आई। 'दिव्या ? क्या आश्चर्य है ? तुम्हारी आवाज सुनना कितना अच्छा लग रहा है। तुम कब आईं ? आखिरकार हमारी भेंट हो ही गई।'

'शिप्रा, तुमसे बात करके मुझे चैन मिला। अभी और कुछ नहीं कह सकती। मैं तत्काल तुम तक पहुँचना चाहती हूँ।'

'निस्सन्देह, लेकिन हुआ क्या है ? मेरे काका के घर चली आओ। यह शहर के बीचों-बीच है। तुम हो कहाँ ? मैं तुम्हें समझा दूँगी कि यहाँ कैसे पहुँचा जा सकता है।'

सूचनाओं और परामर्श का आदान-प्रदान हुआ। टैक्सियाँ उपलब्ध नहीं थीं, इसलिए वह केन्द्रीय कलकत्ता की तरफ जानेवाली पहली मिनी बस में चढ़ गई, उसे एक बस बदलनी पड़ी। हाजरा रोड तक पहुँचने में उसे घंटा भर लगा। एक जीना चढ़कर उसने उनके द्वार पर दस्तक दी, और शिप्रा ने उसका स्वागत करते हुए उसे गले लगा लिया। वह पसीने से लथपथ थी, थकी हुई थी, भूखी थी और मुश्किल से ही मुस्कुरा पाई। उसकी साड़ी कुचली हुई थी और उसके कटे हुए बाल अस्त-व्यस्त थे। उसके सामान का थैला कन्धे पर बोझ बनकर लटका हुआ था। उसने बैग को जमीन पर रखा, पानी के गहरे घूँट लिये, और अपने आपको समेटते हुए यह बताया कि वह कलकत्ता क्यों आई है। तभी वह आश्वस्ति की अवस्था में पहुँच पाई। घटनाएँ इस कदर तेजी से घटित

हुई थीं कि शिप्रा से भेंट भी उसे प्रभावित नहीं कर पाई थी, जिसे लेकर उसके मन में मिली-जुली भावनाएँ तभी से रही थीं, जब पहली बार प्रणव ने उसकी चर्चा की थी। उसने उसकी काकी के बारे में भी सुना था जो जल्दी ही कमरे में आ गईं।

'दिव्या, यह मेरी काकी माँ हैं। शायद प्रणव ने तुम्हें बताया हो! काकी यह दिव्या है। अभी-अभी दिल्ली से आई है।'

'नमस्ते काकी माँ। माफ करना में बांग्ला नहीं बोल पाती हूँ। आशा है आप बुरा नहीं मानेंगी।'

'बिल्कुल नहीं बेटी। हमारे घर में तुम्हारा स्वागत है। तुम ठीक तो हो ? क्या तुमने खाना खा लिया ?'

दिव्या ने सोचा उसे ठीक क्यों नहीं होना चाहिए। फिर अपने को देखा। वह पूरी तरह अजनबी है। वह बिना पूर्व सूचना के अचानक बदहवास दशा में देर रात पहुँची है। यह महिला चिन्तित है।

'हाँ काकी माँ, मैंने नाश्ता कर लिया था, धन्यवाद। दरअसल नहीं, मैं ठीक नहीं हूँ। मैंने शिप्रा को बताया था, एक समस्या थी।' उसने शिप्रा को प्रश्नवाचक दृष्टि से देखा।

'शान्त हो जाओ दिव्या। खाना बचा हुआ है, मैं अभी लाती हूँ। हुआ क्या था ?' शिप्रा आसपास टहल रही थी। दिव्या पहले तो उत्तेजित अवस्था में बोलती रही, फिर कुछ संयत हुई। विवरण में जाए बिना उसने बताया कि वह पार्टी का एक पैकेट देने आई थी, और रातभर उसे वहीं ठहरना था। उसे तब अचरज हुआ जब उस घर की महिला वहाँ नहीं थी और कॉमरेड उसके साथ आपत्तिजनक व्यवहार कर रहा था।

'उसने किया क्या ?'

'उसने मुझे व्हिस्की पिलाने की कोशिश की, फिर मुझे वैसी निगाहों से देखने लगा। तुम जानती हो।' उन्होंने सिर हिलाया और वह कहती रही, 'उसने मेरी जाँघों पर अपना हाथ रखा। तब मैंने वहाँ से निकलने का फैसला किया। उस आदमी के साथ एक छत के नीचे मैं कैसे रह सकती थी, भले ही वह महासचिव ही क्यों न हो!'

'क्या उसने सचमुच ऐसा किया ?' शिप्रा ने गहरी साँस ली। माया यद्यपि चिन्तित थीं लेकिन उन्होंने कोई प्रतिक्रिया व्यक्त नहीं की। क्या इसका अर्थ यह था कि शिप्रा भी नक्सलवाद से सम्बन्ध रखती है ? वे एकटक दिव्या को देख रही थीं और उनकी निगाहें इन युवतियों को शान्त-सी कर रही थीं।

'उसने मेरी छातियों को नहीं छूआ। इससे पहले ही मैं बाहर निकल आई। क्या मुझे छोटी-छोटी बातों के लिए कृतज्ञ होना चाहिए। मैं नहीं जानती थी कि क्रान्ति में लफंगों के लिए भी जगह है।'

माया ने कहा-'यह बहुत शर्मनाक है। मुझे अफसोस है कि हमारे इस शहर में

तुम्हें इस तरह का अनुभव हुआ। राजनीति में तरह-तरह की ऊर्जा व्यक्त होती है। इस तरह की बातें पहले भी होती रही हैं।'

'वह शुरू में अत्यन्त विनम्र था और एक सीधे-सादे क्लर्क जैसा दिखाई देता था।'

'वही होगा...लेकिन नारी मुक्ति के सम्बन्ध में कुछ उत्तेजक कल्पनाओं के साथ।'

'जब तक उसने पीना शुरू नहीं किया था।'

'तुम अब क्या करनेवाली हो?' शिप्रा ने पूछा।

'कुछ समझ में नहीं आ रहा। मैं नहीं समझती कि मैं दिल्ली में इसकी चर्चा करूँगी। सुनो, मैं कुछ और करना चाहती हूँ। लेकिन अभी मैं इसके लिए तैयार नहीं हूँ...'

'मैं तुम्हारी मदद करूँगी। मुझे सचमुच दुख है कि तुम्हें इस सबसे गुजरना पड़ा। लो कुछ खा लो, अभी यह ठंडा नहीं हुआ है।'

'शुक्रिया, अब मुझे भूख भी लग रही है। किस्मत से मैं तुम्हारे पास आ सकी। ईश्वर ही जानता है कि मुझे क्या करना पड़ता।' वह बैठ गई, चावल, दाल, सब्जी और मछली का एक टुकड़ा था। उसने हाथों से खाना शुरू किया। दूसरी महिलाएँ उसके पास बैठकर उसे पानी और खाने का सामान परोस रही थीं।

शिप्रा ने कहा–'तुम्हें उसका विरोध करना चाहिए। लेकिन मुझे अभी यह बात नहीं करनी चाहिए...'

'क्या मतलब है तुम्हारा?'

'मैंने कुछ और भी बुरी बातें सुन रखी हैं।'

'क्या कई स्त्रियाँ भूमिगत हुई हैं?'

'ज्यादा तो नहीं...लेकिन कुछ निश्चित रूप से। मैंने सुना है कि कुछ पुरुष कॉमरेड उनके साथ दुर्व्यवहार करते हैं।'

'हमने समाजवाद और नारी-मुक्ति के विषय में बहुत कुछ सुन रखा है। मैंने कल्पना भी नहीं की थी कि यहाँ हमें व्यभिचार का सामना करना पड़ेगा!'

माया कह रही थी, 'दिव्या लोगों का चरित्र रातोरात नहीं बदल जाता। वह सालों पुराने प्रगतिशील हो सकते हैं, लेकिन अब भी बुरा व्यवहार करते हैं। तुम्हें मालूम है, हमारे जमाने में क्रान्तिकारी उग्रवादी आन्दोलन का एक उल्लिखित नियम होता था कि कार्यकर्ता को विवाह नहीं करना चाहिए। नेतृत्व की मान्यता थी कि स्त्रियाँ कार्यकर्ता नहीं हो सकतीं। 1930 के वर्षों में जब स्त्रियों को जगह मिली तो वह मुख्य रूप से सन्देशवाहक और सहायक थीं, और नर्सें थीं।'

'कभी भी महिला एक्टीविस्ट नहीं थीं?'

'थीं। प्रीतलता वड्डादार, कल्पना दत्त और बीना दास अग्रणी थीं। बीना ने कलकत्ता विश्वविद्यालय में 1932 में बंगाल के गवर्नर की हत्या की कोशिश की थी। उसका निशाना चूक गया और उसे हल्की सजा हुई। प्रीतलता ने पहाड़तली रेलवे

क्लब कार्रवाई का 1932 में चटगाँव में नेतृत्व किया था, और साइनाइड निगल लिया। उसे यह करने की जरूरत नहीं थी, सभी साथी निकल गए थे और वह मामूली घायल हुई थी। यह विचित्र था, क्या नहीं, वे सिर्फ इतना कर पाए कि ताश खेल रहे निहत्थे लोगों में से वे केवल एक एंग्लो-इंडियन महिला की हत्या और कुछ लोगों को घायल कर पाए। जो भी हो, मैं सोचती हूँ कि वह उस निर्मल सेन से प्यार करती थी, तुमने उसके बारे में सुना होगा। या शायद नहीं। वह मास्टर दा के निकट था–महान सूर्यसेन, पुलिस ने उनके ठिकाने पर हमला किया और निर्मल मारा गया। प्रीतलता और मास्टर दा किसी तरह बच निकले। उसके बाद उसने अपने जीवन का बलिदान करने की ठान ली, और क्लब की कार्रवाई का नेतृत्व करने का हठ किया। यह सब बड़ा दुखद था।'

तो लोग खोए हुए प्यार के लिए मरते और मारते हैं। भोजन खत्म हो चुका था। शिप्रा बर्तन हटाने लगी, जबकि माया मेज पर ही बैठी रहीं। दिव्या ने पूछा–'तो आखिरकार इस तरह स्त्रियों को आन्दोलन में एक सम्मानजनक जगह मिल गई।'

'सम्मानजनक, लेकिन बराबरी की नहीं।'

शिप्रा ने जानना चाहा–'आप कहना क्या चाहती हैं, काकी माँ?'

'यह पुरुष की शर्तों पर था। अगर उनकी राजनैतिक समझ को तुम स्वीकार लोगी तो तुम्हारा सम्मान होगा। यह वैसा ही है जैसे यदि तुम समर्पित गृहणी जैसा व्यवहार करो तो तुम्हारी गृहलक्ष्मी की तरह पूजा होगी। इन लोगों से अपेक्षा की जाती थी कि हम पुरुष नायकों का नारी संस्करण बनें।'

वैचारिक शान्ति बनी रही। तब दिव्या ने कहा–'आपने सबसे पहले यह कब सोचना शुरू किया?'

'यह हमेशा ही सतह के नीचे था। चालीस के दशक में भयानक बातें हुईं। भारत द्वितीय विश्वयुद्ध की रंगभूमि से बाहर था, लेकिन जब वह शुरू हो गया तो युद्ध हम तक आ गया। नागरिक युद्ध! बेचारे गांधीजी ने कलकत्ता और नोआखाली में जितना कर सकते थे, किया। लेकिन मुझे आश्चर्य हुआ कि क्रान्तिकारी राष्ट्रवाद उस बर्बरता को क्यों नहीं रोक पाया। तुम्हें याद होगा कि तिभागा संघर्ष के समय कॉमरेड इला मित्रा माल्दा के सन्थाल आदिवासियों की इतनी प्रिय थी कि उसे वे रानी माँ कहते थे। 48 से 51 के कालखंड में स्त्री कॉमरेड बहुत सक्रिय रहीं। मैं उनमें से कुछ को जानती हूँ। विभाजन के बाद दोनों टुकड़ों में संघर्ष जारी रहा। इला पकड़ी गई और उत्पीड़ित की गई, लेकिन पुलिस उसे तोड़ नहीं सकी। जब सशस्त्र संघर्ष को वापस ले लिया गया तो अनेक स्त्रियों ने पार्टी के जनसंगठनों में हिस्सा लिया। लेकिन उन्हें नेतृत्व में महत्त्वपूर्ण जगह नहीं दी। उनकी चिन्ताओं को पार्टी के सिद्धान्तों में कभी वरीयता नहीं मिली।'

'पार्टी सिद्धान्त ?'

'राष्ट्रवाद की अवधारणा ही पुरुषवादी है। मुझे हमेशा ऐसा ही लगता रहा है। सम्मान और प्रतिशोध की बात बहुत की जाती है। हिन्दू राष्ट्रवाद और मुस्लिम राष्ट्रवाद की बात तब और विकट हो जाती है जब किसी भी रूप में सम्मान हमसे भारी कीमत वसूल करता है। विशेष रूप से तब जब अपमान का बदला अधिक उत्पीड़न से लिया जाता है। स्त्रियों को क्यों उनके ही विरुद्ध किए गए अपराधों को भुगतना पड़ता है ? क्यों इतने सारे देशभक्त अहिंसा को स्त्रैण मानते हैं ? मैंने इस तरह की बातें कभी स्वीकार नहीं कीं। अगर राजनीति में स्त्री की भूमिका और अधिक रही होती तो इतना रक्तपात नहीं होता। कौन कह सकता है ? यह सिर्फ मेरी भावना है।'

'लेकिन आप स्त्रियों की समस्याओं और क्रान्तिकारी सिद्धान्तों के विषय में कुछ कह रही थीं ? क्या आप नारीवादी थीं ?'

'तुम लोगों की तरह नहीं। किन्तु मैं बेटों का आग्रह और पत्नी को पीटने जैसे अपराधों को उतना ही महत्त्वपूर्ण मानती हूँ जितना राज्य के चरित्र को। इन्हें महत्त्व नहीं दिया गया। स्त्रियों को कम्युनिस्ट पार्टी के नेतृत्व के काबिल कभी नहीं माना गया। फिर कुछ और हुआ। कुछ लोग इसे मामूली बात समझते हैं। लेकिन मैं नहीं पर सम्भवतः कुछ ठीक से ध्यान नहीं। चौथे दशक के आखिर में स्टालिन के सांस्कृतिक कमिस्सार आन्द्रेई ज्दानोव ने अन्ना अख्मातोवा को प्रतिबन्धित कर रखा था। अन्ना रूस की महान कवयित्री थी, जिसकी हाल ही में मृत्यु हुई है। काका को ठीक से याद होगा। ज्दानोव को उसकी कविता पसन्द नहीं थी, और उसने सार्वजनिक रूप से उसे आधी भिक्षुणु और आधी वेश्या कहा था। ये उसी के शब्द हैं। वह आदमी पोलित ब्यूरो का सदस्य था। वह नारी की गरिमा पर इस तरह से हमला कैसे कर सकता था। मुझे बहुत धक्का लगा था। तभी से मेरे सामने एक प्रश्न रहा है।'

'क्या ?'

'क्या कोई क्रान्ति ऐसी भी हुई है जिसने पुरुष की राजनैतिक सत्ता को मजबूत न किया हो। मैं यह सवाल तुम दोनों के सोचने के लिए छोड़ती हूँ। मुझे नींद आ रही है। देखते हैं काका के खर्राटे आज बरदाश्त हो पाएँगे या नहीं।' वे टेबिल से उठीं, उन्होंने अपनी साड़ी ठीक की और फिर दिव्या का चेहरा अपने हाथों में ले लिया। दोनों गालों पर उसे चूमकर, उन्होंने कहा–'प्यारी बच्ची, अपना ख्याल रखो। यह अच्छी बात नहीं है कि तुम इस जमाने में अकेली सफर करती हो। मुझे मालूम है कि तुम एक प्रगतिशील लक्ष्य में सहयोग करना चाहती हो, लेकिन यदि तुम किसी मुश्किल में पड़ गई तो तुम्हारे माता-पिता कैसा अनुभव करेंगे। मैं आशा करती हूँ कि तुम इस खराब अनुभव पर काबू पा लोगी और तुम्हारी पीढ़ी नारी-मुक्ति का लक्ष्य प्राप्त कर सकेगी!' दिव्या के धन्यवाद देने पर वे मुस्कराईं और अपने शयनकक्ष में जाकर

दरवाजा बन्द कर लिया।

दिव्या ने कहा–'काकी क्या कह रही थीं, यह मेरी समझ में नहीं आया। क्या रूस और चीन की क्रान्तियों ने स्त्रियों को सामन्ती उत्पीड़न से मुक्त नहीं किया? काकी माँ कहना क्या चाहती थीं?'

'मैं इस सम्बन्ध में उनसे बात कर चुकी हूँ। वे कहेंगी, ठीक है चीन की स्त्रियों को पाँवों की जकड़न से छुटकारा मिल गया। इससे वे कारखाने तो जा सकीं, लेकिन पोलित ब्यूरो तक नहीं पहुँच पाईं। उसी तरह की बातें।'

'मैं सोचती हूँ कि पोलित ब्यूरो तक कोई पहुँचे या न पहुँचे पर पाँव की जकड़न से मुक्ति जरूरी है। लेकिन उनकी बात में दम तो है।'

शिप्रा अपने कमरे में जाकर एक पतली चटाई और चादर लेकर आई और उसे कालीन पर बिछा दिया। दिव्या ने उसे थकी हुई निगाहों से देखा। एक सफेद चादर बिछ गई थी और सिरहाने की जगह पर एक तरफ एक गद्दी रख दी गई थी। वे बातचीत करने के लिए नीचे जमीन पर बैठ गईं। उन्होंने स्कूली जीवन की बातें कीं और शिप्रा ने दिव्या को ऐसी बातें बताईं जो वह काकी माँ से छिपाए रखना चाहती थी। वे धीमे स्वरों में बोल रही थीं और जब तब शयनकक्ष की ओर निगाह डाल लेती थीं।

तभी दिव्या ने पूछा–'क्या तुमने कभी भूमिगत होने के बारे में भी सोचा?'

'कभी गम्भीरता से नहीं। कलकत्ता में रहकर एक सहानुभूतिकर्ता के रूप में आप कई तरह से मदद कर सकते हैं। मैंने उन्हें कभी बताया नहीं लेकिन पार्टी के लिए मैंने बहुत मेहनत की है। लेकिन मैं मानती हूँ कि मैं जो कर रही थी, उसके लिए मैं आश्वस्त नहीं थी। मैं मुश्किलों से बचना चाहती थी। मैंने अपनी माँ को बचपन में ही खो दिया। बाबा अवसादग्रस्त हैं और...बहुत शराब पीते हैं। मुख्य रूप से काका और काकी माँ ने मेरा पालन-पोषण किया है। मैं उनसे छल नहीं करना चाहती इसलिए एक दूरी बनाकर रखती हूँ। मेरा मतलब है कि सीधी कार्रवाइयों से। कॉमरेडों में मेरे मित्र हैं। तुम अपनी सुनाओ।'

'मैं प्रणव के माध्यम से जुड़ी, कुछ दूसरे निकट के मित्र थे। तुम मोहन को, रथिन को जानती हो?'

'मोहन को? हाँ, मैं उससे प्रणव के साथ कॉलेज स्ट्रीट के कॉफी हाउस में मिली थी। वह ज्यादा कुछ बोला नहीं, लेकिन मुझे वह अच्छा लगा था। यह बहुत पहले की बात है, एक युग बीत गया। मैं रथिन से कभी नहीं मिली, हालाँकि उसके बारे में बहुत कुछ सुन रखा है...लेकिन तुम कह क्या रही थीं?'

'मैं अपनी भूमिका को लेकर आशंकित और अनिश्चित थी।'

'क्या मतलब?'

'मैं उत्तर प्रदेश के ग्रामीण क्षेत्रों में रेडगार्ड कार्रवाई के लिए गई थी। हम वहाँ अजनबी महसूस करते थे और दिखते भी थे। लड़कों को यकीन था कि वे लोगों से घुलमिल जाएँगे, लेकिन मैं सोचती थी कि मैं यहाँ रोज-ब-रोज क्या करूँगी ? मैं आटा नहीं पीस सकती, या आधा दर्जन लोगों के लिए खाना नहीं पका सकती अथवा आधा मील चलकर पानी नहीं ला सकती। मैं एक मध्यमवर्गीय महिला की तरह वहाँ कैसे रह सकती थी और स्थानीय लोगों से एक वर्गशत्रु की हत्या करने के लिए क्या कह सकती थी ? क्या बंगाल में ऐसा कभी हुआ था ?'

'हाँ हुआ था। कुछ महिलाओं ने प्रयत्न किया और ग्रामीण क्षेत्रों में घुलने-मिलने के लिए गईं और निर्देशों को क्रियान्वित करने की कोशिश की।'

'फिर क्या हुआ ?'

शिप्रा के चेहरे पर सिलवटें पड़ीं। 'मैं किसी के सम्पर्क में आई थी जो एक घायल कॉमरेड की तीमारदारी कर रही थी। मुझे उसका नाम मिनोती बताया गया था। मैं उनके आश्रय स्थल में दो बार कपड़े और दवाएँ पहुँचाने गई थी। यह दमदम में था। हमें पैदल जाना पड़ा था। एक बार उसने मुझसे स्त्रियों की एक टुकड़ी का संगठन करने की बात कही थी। किसी किसान महिला ने उससे कहा था कि जब उनका जमींदार मर जाएगा तो उसका बेटा उसकी जगह ले लेगा। इस बीच हम वहाँ से चले जा चुके होंगे और उनकी जिन्दगी फिर मुश्किलों में घिर जाएगी। तब तक मैंने नहीं सोचा था कि किसान अपनी सहज बुद्धि से पार्टी लाइन का विरोध कर सकते हैं।'

दिव्या उत्साहित हुई–'फिर उन्होंने इसे वापस ले लिया ?'

'वे कर भी क्या सकते थे ?'

'मिनोती ने तुम्हें और क्या बताया ?'

'कॉमरेड प्यार और सेक्स के विषय में सहज नहीं है। मेरा मतलब पुरुषों से है। स्त्रियाँ भी नहीं, लेकिन पुरुष ज्यादा तनाव में रहते हैं।' शिप्रा ने गहरी साँस ली, 'मैं समझती हूँ कि वे इससे बच नहीं सकते।'

'तो फिर, आगे क्या हुआ ?'

'निस्सन्देह ऐसे कॉमरेड भी थे जिनके साथ मिनोती सहज और स्वाभाविक अनुभव करती थी। तुम जानती हो ? बावजूद इसके कि वह खुद को विवाहित बताती थी। वह उस व्यक्ति का आदर करती थी जिसकी वह देखभाल कर रही थी। लेकिन कभी-कभी बड़े समूह की एक या दो औरतों को लगता था कि आधा दर्जन लोग उनके पीछे पड़े हुए हैं, और वे इसे स्वीकार नहीं कर पाती थी। यह नारकीय स्थिति हो सकती थी। कॉमरेडों और सिम्पेथाइजरों की तरफ से आक्रामक पहल के मामले आते थे, कभी-कभी ये बीभत्स होते थे। शिकायतें स्वीकार्य नहीं थीं। यदि आरोपी मजदूर होते थे तो स्त्रियों के मध्यमवर्गीय व्यक्तिवाद की आलोचना की जाती। यदि कोई

महिला किसी के निकट हो जाती थी तो वह ईर्ष्या और आक्रामकता का शिकार होती थी। यह सब सुनने के बाद मैंने सोचा कि वर्ग-विश्लेषण से सारी चीजें साफ नहीं हो जातीं।'

दिव्या गम्भीर हुई—'कभी-कभी मैं सोचती हूँ कि क्या कभी कुछ बदलेगा।'

'इस कदर निराश नहीं होना चाहिए।'

'क्या मैं उससे मिल सकती हूँ? मेरा मतलब मिनोती से।'

'मुझे मालूम नहीं कि वह कहाँ है। कुछ महीने पहले मैं पता लगा सकती थी, लेकिन इन दिनों यह मुश्किल होगा।'

'कोई बात नहीं, फिर कभी।'

कुछ और भी बात थी। 'शिप्रा तुम्हें मालूम है कि प्रणव तुम्हारे विषय में अजीब सी बातें करता था। तुम जानती हो कि जब लड़के यह सोचकर बातें कहते हैं कि वे बहुत चतुर हैं, तो वे बातों का ज्यादा खुलासा कर देते हैं।'

'हम एक दूसरे को वर्षों से जानते हैं। मैं जानती हूँ कि वह रूमानी महसूस करता है लेकिन मैंने उसे कभी गम्भीरता से नहीं लिया। प्रणव के लिए रूमान का विचार प्रेम से कहीं ज्यादा यथार्थपरक था। इसमें दूसरी कई बातों का मिश्रण रहा।'

काफी देर हो चुकी थी। अपने कमरे में जाने की बजाय शिप्रा वहीं सोफे पर सो गई। अगली सुबह उसने दूसरे पैकेट को पहुँचाने में सहायता करने का प्रस्ताव फिर किया। दिव्या के पास एक सम्पर्क नम्बर था जो रथिन ने पहुँचाया था। गोपनीयता की आदत से मजबूर यही तय हुआ कि यह मामला कड़ाई से कुछ मित्रों और उनके किसी संवादसूत्रों के बीच का ही है। वे नम्बर को डायल करती रहीं लेकिन एक घंटे से अधिक तक कोई जवाब नहीं मिला। जब उन्होंने फिर कोशिश की तो एक उत्तेजित स्वर ने शिप्रा को बताया कि तीन दिन पहले एक तलाशी अभियान शुरू हुआ है और हाल-फिलहाल किसी भी मकसद के लिए किसी मुलाकात की कोई सम्भावना नहीं है। इसके सिवाय पिस्तौल का कुछ नहीं किया जा सकता था कि उसे वापस ले जाया जाए।

वापसी के बाद एक सुखद आश्चर्य से दिव्या भर गई। प्रणव की चिट्ठी ने उसे उस निराशा से उबार लिया जो हाल के अनुभव के बाद उसे घेरे हुए थी। चिन्ता के हटते ही वह प्रसन्नता से भर गई। उसने उसे बार-बार पढ़ा कि ऐसा कोई संकेत मिले जिससे उसे लगे कि वह अब भी उसकी परवाह करता है, उसे वह प्रणय-क्षण स्मरण हैं और वह उन्हें दुहराना चाहता है। निश्चय ही वह ऐसा साफ-साफ कहे, यह सोचना अतिरेक होगा, लेकिन फिर भी। *मैं तुम्हारे बारे में अक्सर सोचता हूँ*—इसमें कुछ तो है।

विश्वविद्यालय के क्या हाल हैं—फालतू की बातें। *मैं जानता हूँ कि मैंने तुम्हें आहत किया, मैं उस शाम तुमसे कुछ और भी कहना चाहता था। हम सभी एक कठिन दौर से गुजर रहे हैं।* यहाँ सम्भावना है। *हम अपने व्यक्तिगत सुख के विषय में ज्यादा नहीं सोच सकते।*एक कॉमरेड से और क्या अपेक्षा की जा सकती है। *हम जल्दी ही फिर मिलेंगे, तब तक तुम अपना विश्वास बनाए रखो।*हाँ, शायद वह उससे मिलने को उतना ही उत्सुक है जितनी कि वह। *अपना विश्वास बनाए रखो?* लगता है वह अपने ही विश्वास के बारे में सोच रहा था।

16

तलाश

अन्तर्मुखी जहूर से रथिन का लगाव बढ़ गया था। उसका क्वार्टर नेरोगेज लाइन के पास था जो पूरब में असम की तरफ जाती थी। जहूर इस क्षेत्र के कॉमरेडों के बीच दस्तावेज और सन्देश प्राप्त करता और उन्हें पहुँचाता था। वह पार्टी के मुखपत्र लिबरेशन के वितरण में भी सहायता करता था। उसके घर को सुरक्षित समझा जाता था क्योंकि अभी वह पुलिस की निगाह में नहीं आया था। उसे दफ्तर की तरफ से अभी एक टेलीफोन दिया गया था ताकि जरूरत पड़ने पर उसे और अन्य कारीगरों को तत्काल बुलाया जा सके। वायरलेस तंत्र तक उसकी पहुँच एक अन्य सुविधा मानी गई थी। जहूर एक शान्त और मैत्रीपूर्ण स्वभाव का व्यक्ति था और मध्यवर्गीय कॉमरेडों की उत्तेजनापूर्ण बहसों से आकर्षित नहीं होता था। उसे और रथिन को मित्र बनने में कुछ महीने लगे थे। इसकी शुरुआत तब हुई जब रथिन अररिया लौटने से पहले एक रात उसके पास रुका था। उन्होंने दाल, चावल, कल्हारे हुए आलू, कच्चा प्याज और हरी मिर्च का भोजन किया। रथिन सस्ती शराब की एक बोतल ले आया था जो उन्होंने साथ-साथ पी। उसके बाद वह पान और सिगरेट लेने बाहर गए। रात हो गई थी और दारू और खाने की वजह से उनकी जीभ लड़खड़ा रही थी। एक बाँस की चटाई पर वह हरिकेन लैम्प, जो कोने में मेज पर जल रहा था, की हलकी रोशनी में आमने-सामने बैठे।

रथिन ने चारमीनार का एक गहरा कश लिया। गर्दन घुमाकर धुएँ को बगल में छोड़ा, एक तथ्यात्मक लहजे में उसने कहा–'कॉमरेड, मैं एक विद्यार्थी हूँ और मेरा परिवार उत्तर प्रदेश का है।'

'यह तो जाहिर ही है। क्या तुमने अपनी पढ़ाई पूरी कर ली?'

'नहीं, नहीं की। जब मैंने आन्दोलन में शामिल होने का निर्णय कर लिया तो इसका कोई महत्त्व नहीं था।' उसने दिल्ली का उल्लेख नहीं किया। ऐसी जानकारी कॉमरेडों को देने का लाभ नहीं था जो उन्हें पकड़े जाने पर मुश्किल में डाल सकती थी। उसने इतना जरूर बता दिया कि उसका परिवार इलाहाबाद में रहता है।

'और तुम? यह तुम्हारा मूल निवास स्थान नहीं है, है ना? तुम्हारा गाँव कहाँ है?'

'मेरे पिता का गाँव मुँगेर है, लेकिन मैं जमशेदपुर का हूँ। अब्बा जवानी में ही वहाँ से आ गए थे। वे वहाँ पचास साल रहे। मैं यहीं बड़ा हुआ।'

'तुम कम्युनिस्ट आन्दोलन में क्यों शामिल हुए?'

एक विराम आया। उनके पास ही फर्श पर दारू की बोतल और छोटे-छोटे गिलास पड़े हुए थे। मिट्टी का एक सकोरा राखदानी का काम कर रहा था। जहूर अपने किस्म के लोगों की तुलना में इस विद्यार्थी के साथ अधिक सहज था। जब वह अपने से मिलनेवाले मध्यवर्गीय कॉमरेडों से उसकी तुलना करता तो वह अपने आप से कहता इस आदमी में नाटकीय कुछ भी नहीं है। वह अपने बचपन, पिता की वामपन्थी सहानुभूतियों और उन लोगों और नेताओं के विषय में बताने लगा था जिनसे वह इस्पात नगर में तब मिला था जब वह छोटा लड़का था।

'कॉमरेड मैं तुम्हारी तरह जवान तो नहीं हूँ, और मैंने बहुत-सी चीजें देखी हैं।' उसने रथिन को घुमन्तू क्रान्तिकारी धर्मवीर सिंह के बारे में बताया और तीस के दशक में दुनिया के सम्बन्ध में उसकी कई कहानियाँ सुनाईं। जहूर ने कहा कि मुझे विश्वास है कि वह सर्कस का जोकर रहा होगा। वह हमें बहुत हँसाता था। उसने रथिन को 1939 में हजारा सिंह की शहादत के विषय में, और अब्दुल बारी के सम्बन्ध में बताया, वह लोकप्रिय नेता जिसे कांग्रेसी होने के बावजूद अब्बा प्रेम करते थे।

'बारी साहब की वजह से ही अब्बा ने 1947 में कभी पूर्वी पाकिस्तान जाने के बारे में नहीं सोचा।' जहूर ने कहा–'हालाँकि हमारे जिले से कई और जमशेदपुर से अनेक लोग चले गए थे। वे कहा करते थे कि अगर बारी साहब अपना वतन नहीं छोड़ रहे तो मैं इसे क्यों छोड़ूँ? बारी साहब का इन्तिकाल 1948 में हो गया, लेकिन अब्बा ने अपना सोच कभी नहीं बदला। लेकिन 1964 में बड़ा बुरा वक्त था जब हिन्दुओं और ईसाइयों से भरी रेलें पूर्वी पाकिस्तान से आकर जमशेदपुर से गुजरीं। कुछ हिन्दूवादी बदले की कार्रवाई के नारे लगाने लगे और उन्होंने मुस्लिम घरों पर हमले किए। मैंने विभाजन के बाद पहली बार खतरनाक नारे सुने थे–*पाकिस्तान या कब्रिस्तान*, और इसी तरह के दूसरे। हमारे कुछ दोस्त और पड़ोसी मारे गए, औरतों और बच्चों तक को नहीं बख्शा गया। मैं किस्मतवाला था। जब खबर फैल रही थी तो मैं अपनी शिफ्ट छोड़कर निकल आया और अब्बा के साथ निकल गया। तमाम लोग चले गए थे। कुछ तो पूर्वी पाकिस्तान चले गए। दंगों के अगले साल अब्बा और मैंने अपनी पत्नी और दो बच्चों को वापस गाँव में भेजने का फैसला कर लिया। मैं कभी-कभी उनसे मिलने वहाँ चला जाता हूँ। वहाँ वे ज्यादा महफूज हैं।'

'क्या तुमने कभी यूनियनों में भी काम किया था?'

'कुछ सालों के लिए। मैंने रेलवे की भी नौकरी की जहाँ मैंने अपना हुनर सीखा। वहाँ तमाम सक्रिय कॉमरेड थे। इंजिन ड्राइवर और गैंगमैन सबसे ज्यादा जुझारू हुआ

करते थे।'

'ऐसी कौन सी बात थी कॉमरेड कि तुम क्रान्तिकारी लक्ष्य के प्रति आकर्षित हुए?'

'मैं जब बच्चा ही था तभी से कम्युनिज्म से मेरा लगाव है। पार्टी लाइन को लेकर होनेवाले विवाद मैं कभी समझ नहीं पाया। मुझे एक ही लाइन मालूम है–रेलवे लाइन। लेकिन साम्प्रदायिक दंगों के बाद तमाम कामगारों ने खुद को अपमानित महसूस किया। कम्युनिस्ट कामगार ही सिर्फ ऐसे थे जो मजहबी नफरत या फिरकापरस्ती के सामने नहीं झुके। मैं तभी समझ गया कि यही लोग मेरा कुटुम्ब हैं। मजहब हमें कभी अलग नहीं कर सकता। हम एक अन्तर्राष्ट्रीय बिरादरी से हैं। मैं कप्तान सिंह जैसा होना चाहता था। कुछ शान्ति सभाएँ होती थीं, लेकिन मुझे लगता था कि कुछ और भी होना चाहिए सिर्फ एक नया समाज ही उन झूठे देवताओं को नियंत्रित कर सकता है जिनके नाम पर मनुष्य एक दूसरे की हत्या करते हैं। मैं पार्टी में तब शामिल हुआ जब 1962 के भारत-चीन युद्ध के बाद इसका बँटवारा हुआ था। 1964 के बाद यह सीपीआई और सीपीएम हुई, और नक्सलबाड़ी के बाद एक और बँटवारा हो गया।'

'तुमने नक्सलवादी पक्ष को क्यों चुना?'

'मैं उनकी इज्जत करता हूँ। मेरे मित्र कहते हैं कि अभी हम उनके साथ शामिल नहीं हो सकते, लेकिन वे गम्भीर हैं। वे अपना जीवन न्योछावर करने के लिए तैयार हैं। क्रान्ति बलिदान माँगती है, यही बात थी।'

जहूर ठहरा। उसने दियासलाई जलाई और सावधानी से उस पर बीड़ी को सेंक कर उसे जलाकर ऊपर देखा–'क्या मैं तुम्हें एक बात बताऊँ कॉमरेड?'

'क्या?'

'कामगार ज्यादा मजूरी के लिए कभी क्रान्तिकारी नहीं होता। जब हमारे मुहल्ले का मौलवी कम्युनिस्टों की आलोचना करता है तो वह कहता है कि उनकी सुनो, वे बार-बार रोटी, कपड़ा और मकान की बातें करते हैं। कुत्ते तक रोटी पाकर सन्तुष्ट हो जाते हैं। आस्थावान अल्लाह के लिए जीता है। वह कम्युनिस्ट विरोधी है, लेकिन मैं सोचता हूँ कि उसकी बातों में दम है। मध्यमवर्गीय लीडरान सोचते हैं कि वह आदर्शों से प्रेरित हैं, जबकि हम मामूली लोग अपने पेट से संचालित होते हैं। वे हमें समझ नहीं पाते और कभी समझेंगे भी नहीं। यही कारण था कि मैं इस तरफ आ गया। कामगार हमेशा काम की जगह हो रहे और बस्ती में हो रहे अपमान के विरुद्ध संघर्ष करता है, विशेष रूप से तब जब कम्पनी का क्वार्टर खाली करवाने गुंडे आ धमकते हैं। क्रान्ति हमारे आत्मसम्मान का विषय है।'

'क्या क्रान्तिकारी पाँतों में तुम्हें अधिक सम्मान मिला?'

'पुराने दिनों में जब पार्टी आफिस में बैठकें होती थीं तो कार्यकर्ता जमीन पर बैठते थे और मध्यवर्गीय कॉमरेड कुर्सियों पर। वे हमें पार्टी की लाइन और कामों पर भाषण

देते थे। नए नेता भी पार्टी लाइन की बात करते हैं लेकिन वह फर्श पर बैठते हैं। कम-से-कम मैं जिनसे मिला हूँ। इस तरह मुझे नए और पुराने का फर्क मालूम पड़ा। किसे मालूम कि कब तक ये लोग हमारे साथ रहेंगे, या फिर वे भी ऊपर के आकाश में तैरने लगेंगे ? मैं जानता हूँ कि कार्यकर्ता अपनी गरिमा को किसी भी दूसरी बात से ज्यादा महत्त्व देता है।'

रथिन विचारों में डूब गया। जहूर की बातें उसके अपने दोस्तों पर भी लागू होती थीं। वे एक आदर्शवादी प्रतिबद्धता के साथ आन्दोलन में आए थे, न कि इसलिए कि वे भूखे थे। इस तरह कामगार वर्ग भी उसकी तरह मूर्तिभंजक उत्पन्न कर सकता है। उस शाम के बाद उन दोनों की दोस्ती में एक नया आयाम जुड़ गया। रथिन ने उसे अपने मित्रों के छोटे से घेरे, और लक्ष्य के प्रति तथा एक दूसरे के प्रति उनकी निष्ठा के सम्बन्ध में बताया। उसने कहा–'हो सकता है कि तुम उनसे कभी मिलो, मैं आशा करता हूँ कि वे किसी दिन देश के इस हिस्से में भी आएँगे।' सोने से पहले जहूर ने कोने से दो सूती दरियाँ खींचीं, रथिन ने एक पिस्तौल की जानकारी दी जो उसके दोस्तों के पास है और जिसे उसने कटिहार पहुँचाने के लिए कहा है। नए इलाके में एक मित्र को पाकर वह इतना रोमांचित था कि सप्ताह भर बाद उसने प्रणव और मोहन को उपयुक्त कूट भाषा में भूमिगत क्षेत्र में एक नया सम्पर्क मिलने के विषय में लिखा, एक सर्वहारा बुद्धिजीवी जिसकी क्रान्ति के प्रति निष्ठा उन्हीं जैसी है। ऐसे कुछ और भी मिल जाएँ तो निश्चित रूप से श्रमजीवी वर्ग में एक नई जागृति हो सकेगी। उसने उनसे कहा–'तुम्हें यहाँ आना चाहिए। हम यहाँ मजदूरों में कुछ स्टडी सर्किल चला सकते हैं। मैं तुमसे विराट नगर में मिलूँगा। यह नेपाली सीमा में जरा सा भीतर है, और हमें जो भी साहित्य चाहिए वह सब वहाँ मिल जाएगा।' बिना खुले तौर पर कहे, उसने संकेत किया कि वह उस आग्नेयास्त्र को साथ लेकर पहुँचे जो कलकत्ता में उसके सम्पर्क तक वे पहुँचा नहीं पाए थे।

९

चरमतावादी प्रोफेसर से जानकारी जुटाने में अपनी असफलता से हतप्रभ हुए बिना इंटेलीजेन्स ब्यूरो के डिप्टी सुपरिंटेंडेंट मार्तंड सिंह ने मिशन कॉलेज के उन लड़कों की खोजबीन जारी रखी जो सीपीआई (एमएल) की पाँतों में शामिल हुए थे। ज्यों-ज्यों महीने बीते, मामला संगीन होता गया, क्योंकि बढ़ते हुए संकट का साया क्षेत्र में घट रही राजनैतिक घटनाओं पर गहराता चला गया। उसके वरिष्ठ अधिकारियों का मानना था कि यह अब केवल कानून और व्यवस्था का सवाल नहीं रहा है। इन लड़कों को तस्वीर से बाहर निकालो, इससे अधिकारियों के हौसले और सरकार की प्रतिष्ठा पर प्रभाव पड़ रहा है। उन पर चोट करना जरूरी है तभी वे होश में आएँगे। यह कैसे भी

तुम्हें करना है। उन्हें छुपने की जगहों से गिरफ्तार करो। हिंसक अपराधों पर कानूनी कार्रवाई करो, जरूरत हो तो राष्ट्रद्रोह के मामले बनाओ, और धारा 120 बी का प्रयोग करो। जल्दी ही कुछ करो।

इन अफवाहों के बाद कि चारु मजुमदार उत्तर भारत के दौरे में दिल्ली भी आए थे, शम्भू की चाय की दुकान खुफिया ब्यूरो की निगरानी में कई महीनों से थी। शम्भू पंजाब और हरियाणा आता-जाता रहता था, कभी किसी कार्रवाई के लिए तो कभी किसी मीटिंग के लिए। इधर उसके खिलाफ कोई शिकायत नहीं थी, और कोई ऐसी बात भी नहीं थी जो उसे भूमिगतों से जोड़ती हो, इसलिए हाल-फिलहाल उसे गिरफ्तार करना असम्भव था। पुलिस के लिए यह सुविधाजनक था, क्योंकि दुकान चलाने का काम गोधूली करती थी और ब्यूरो उसके ग्राहकों पर नजर रख सकता था। 1971 में उसने काना ठेकेदार को अपना मुखबिर बना लिया था। थोड़े से पैसों और उसके रोजगार को नष्ट करने की धमकी भर से यह सम्भव हो गया। ठेकेदार को परेशानी भी नहीं थी क्योंकि उसे सँभालने वाले सब इंस्पेक्टर दहिया ने उसे आश्वस्त किया था कि शम्भू और गोधूली को कोई नुकसान नहीं पहुँचेगा, सिर्फ आपसे जानकारियाँ ही चाहिए होंगी।

जुलाई में एक दिन काने ठेकेदार ने ब्यूरो को बताया कि लम्बे अर्से के बाद कुछ विद्यार्थी दुकान पर आए थे। *दा माचिस दा लालटेन* कहकर उसने जताया कि वे अंग्रेजी माध्यम के जानवर थे। निगरानी बढ़ा दी गई और राष्ट्रीय सुरक्षा के पहरेदारों के लिए सौभाग्य का एक झोंका आया। एक दोपहरी शम्भू और एक नौजवान को कुछ सामान के साथ पुरानी दिल्ली के रेलवे स्टेशन की ओर जाते हुए देखा गया। नौजवान को जल्दी ही प्रणव बागची के नाम से पहचान लिया गया जो बंगाल पुलिस के एक अधिकारी का उग्रवादी पुत्र था। उनका पीछा किया गया और वरिष्ठ अधिकारियों को इसकी सूचना दे दी गई। दो जासूसों को उनके पीछे भेजा गया। इस तरह सादी वर्दी में सब-इंस्पेक्टर दहिया और असिस्टेंट सब-इंस्पेक्टर टोकस उसी रेल पर सवार हुए जिसमें संदिग्ध थे, और उन्होंने पाया कि वे इलाहाबाद जा रहे हैं। दोनों के पास पहचान-पत्र और हथियार थे।

यात्रा लम्बी और थकाऊ थी। कॉमरेड इलाहाबाद में अपर-इंडिया एक्सप्रेस से उतरे और एक ताँगा लेकर नेरोगेज स्टेशन पहुँचे जहाँ उन्होंने इलाहाबाद-जोगबनी फास्ट एक्सप्रेस पकड़ी। जोगबनी भारत नेपाल सीमा पर विराट नगर के इस तरफ सीमा के भीतर है और इसका रास्ता कटिहार होकर जाता है जो उत्तर बिहार का एक बड़ा जंक्शन है। यात्रा के इस हिस्से का वातवरण उनके ट्रंक रोड की यात्राओं के अनुभव से बहुत अलग था। प्रणव और शम्भू में से कोई भी उत्तर-पूर्व उत्तर प्रदेश के इन भागों में नहीं आया था, और न ही कभी उनका पीछा करनेवाले दिल्ली के पुलिसवाले ही।

भारतीय जनमानस में गहरे तक पैठा हुआ अंग्रेजी शब्द *टाइम* के अलावा दूसरा

शब्द *विदआउट* है। तर्कत: यह इसलिए है क्योंकि जनता खुद को भारतीय रेलवे का मालिक मानती है। इस फास्ट पैसेंजर के अधिकांश यात्री 'विदआउट' श्रेणी के होते हैं और टिकट कलेक्टर कहीं दिखाई नहीं देते। इसके सभी डिब्बे तृतीय श्रेणी के और अनारक्षित होते थे, और उनकी सवारियों में सिर्फ मनुष्य ही नहीं, बल्कि मुर्गे-मुर्गियाँ और बकरियाँ भी होती थीं। ट्रेन हिमालय की तराई से कुछ दूरी पर समतल और समृद्ध कछारी मैदान में बिना प्लेटफार्म के स्टेशनों से रेंगती हुई गुजरती थी। आकस्मिकताओं के कारण या उन गाँववालों द्वारा चैन खींचने से यह अक्सर रुक जाती थी जो अपने गाँव के पास से इस पर चढ़ना या इससे उतरना चाहते थे। शम्भू इसे 'लास्ट पैसेंजर' कहने लगा। खुफिया दल निष्क्रिय बना रहा। दहिया ने दूसरे व्यक्ति को कॉमरेडों के डिब्बे की ताक-झाँक करने को कह दिया था, हो सकता है उनमें से कोई दिल्ली विश्वविद्यालय वाले उसके चेहरे को पहचान जाए।

दक्षिण एशिया में 1971 के मध्य तक गड़बड़ियाँ चलती रहीं। श्रीलंका में अप्रैल विद्रोह को भंडारनायके की सरकार ने कुचल दिया, जिसमें विद्रोही और संदिग्धों की एक बड़ी संख्या पकड़ी गई, तमाम ट्रेड यूनियन नेता पकड़े गए और शिक्षा संस्थानों की सफाई हुई। हजारों लाशें नदियों में तैरती हुई पाई गईं। मरनेवालों की संख्या दसियों हजार तक पहुँच गई। इस सबके दौरान श्रीलंका सरकार को अमेरिका, ब्रिटेन, आस्ट्रेलिया, युगोस्लाविया, सोवियत संघ, चीन, भारत और पाकिस्तान से सहायता मिली। 'क्षेत्रीय अस्थिरता' को रोकने के लिए समाजवादी और साम्राज्यवादी देश समान रूप से भागे-भागे आए। भारत अपने दक्षिणी छोर पर एक अतिवामपन्थी राष्ट्र देखना नहीं चाहता था। मार्च के संकट के बाद जब भारत ने ढाका जानेवाले विमानों पर अपने क्षेत्र से उड़ने पर रोक लगा दी तो फौज भेजने के लिए पाकिस्तान श्रीलंका के हवाई अड्डों का इस्तेमाल कर रहा था। भारत और पाकिस्तान ने प्रति-विद्रोह विशेषज्ञ और हेलीकॉप्टर श्रीलंका भेजे। चीन के मीडिया ने विद्रोह की खबरों का प्रसारण बन्द कर दिया। प्रधानमंत्री चाऊ ने प्रधानमंत्री सिरीमाओ भंडारनायके को पत्र लिखा जिसमें 'ग्वेरावादी' विद्रोह की निन्दा की गई थी और सहायता का आश्वासन दिया गया था।

वियतनाम का युद्ध अपने उत्कर्ष पर था और चीन तथा सोवियत संघ के मतभेद भी। अप्रैल में अमेरिका की टेबल टेनिस टीम को चीन के आमंत्रण ने राजनीतिक वातावरण में एक नई चाल चली। निक्सन के विदेश सचिव हेनरी किसिंगर को पाकिस्तान के दौरे में इन्फ्लुएन्जा के एक आघात का सामना करना पड़ा और खबर थी कि वह रोग-प्रतिरोध के लिए तीन दिन तक सबसे अलग रखे गए। लेकिन कुछ दिनों बाद पेकिंग और वाशिंगटन के समाचार-पत्रों ने घोषणा की कि वे चीन जाकर

चेयरमैन माओ से मिले थे। यह भी घोषणा की गई कि राष्ट्रपति निक्सन साल भर के भीतर चीन का दौरा करेंगे। सारी दुनिया के कम्युनिस्ट क्षेत्रों में धक्के की एक लहर तैर गई। महाशक्तियों की सत्ता राजनीति के पहिये पूरी रफ्तार के साथ घूम रहे थे।

सरदूल सिंह का फार्म छोड़ने के बाद कॉमरेड प्रताप ने अन्तर्राष्ट्रीय घटनाक्रम के सम्बन्ध में अपनी जानकारी तरोताजा की। कभी-कभी वह व्यस्त बाजारों में अखबार की दुकान पर लटके हुए समाचार-पत्र पर तेजी से निगाह दौड़ा लेता था। वह अखबार खरीदता इसलिए नहीं था क्योंकि उसे अपना रहस्य खुल जाने का डर था। महीनों बाद वह राजनैतिक वार्ताओं के लिए तरसने लगा था। सबकुछ खत्म होता दिखाई दे रहा था और उसके साथी कहीं दूर थे, क्या कभी वह उनसे मिल पाएगा? ड्राइवर के पास कहने के लिए बहुत कुछ नहीं था। कम-से-कम वह उससे राजनीति पर तो चर्चा कर ही नहीं सकता था। यह ठीक था कि वह एक मजदूर था और पुलिस के प्रति उसकी घृणा उसके पक्ष में जाती थी। लेकिन कॉमरेड यह जान गया था कि सभी श्रमिक ऐसे नहीं हैं जो भारत की अर्द्ध औपनिवेशिक व्यवस्था को उखाड़ फेंके जाने का इन्तजार कर रहे हों। उनके दिमाग के लिए यह बहुत दूर की बात थी।

एक दिन फतहपुर से निकलकर कानपुर-बनारस रोड पर आते हुए हरदीप और उसके क्लीनर ने दो योरोपियनों को देखा जो अपनी पीठ पर थैला लादे, उन्हें रुकने का इशारा कर रहे थे। ड्राइवर ने अनुमान लगाया कि वे हिप्पी होंगे। दुनियादारी में चतुर हिन्दुस्तानी होने के नाते वह इन फिरंगी बच्चों को जानता था जिन्हें हमसे सदियों बाद गाँजे के आनन्द का स्वाद मिला है। हिप्पी शब्द भारत की लोकभाषा में आया और महान देवानन्द ने हिप्पी संस्कृति को प्रस्तुत करनेवाली अत्यन्त लोकप्रिय फिल्म 'हरे रामा हरे कृष्णा' का निर्माण किया। लाखों हिन्दुस्तानी जीनत अमान की फड़कती हुई पीठ के दीवाने हो गए जो नशे में डूबती हुई 'दम मारो दम' गाती हुई मादक धुन पर नाच रही थी। निश्चित रूप से जी.टी. रोड पर दिखाई देनेवाले ये बन्दे उसी बिरादरी के होंगे। दुख की बात यह है कि ये औरतें नहीं हैं, लेकिन चलो कुछ तो अलग हैं। उसने प्रताप को इशारा किया कि पूछे, उन्हें कहाँ जाना है। क्लीनर ने खिड़की से सिर निकाला और पूछा–'किधर को?'

अपनी कमर लचकाते हुए उन्होंने जवाब दिया–'बनारस!' वे लिफ्ट मिलने की सम्भावना से खुश थे। ड्राइवर ने कहा–'उन्हें अन्दर आने को कहो।' कॉमरेड बाहर कूदा और उनके पिट्ठू को छत पर चढ़ाने में मदद की। जल्दी ही ट्रक की सँकरी केबिन में हरदीप और उसके सहायक के बीच में दो गोरे धँस गए।

हिच हाइकर बीसी की उम्र में थे, उनमें एक बड़ा और दूसरा छोटा था। उनके बाल लम्बे थे और बड़े के हल्की-सी दाढ़ी थी। वे ड्राइवर से आत्मीयता के साथ बात कर रहे थे, लेकिन उसके सवाल समझने में उन्हें दिक्कत होती थी। हरदीप को अपनी टूटी-

फूटी अंग्रेजी और दुनिया के अपने ज्ञान पर गर्व था। फिरंगियों को ट्रक पर बैठाने का कोई मतलब नहीं है जब तक उन्हें यह समझ में न आ जाए कि सभी हिन्दुस्तानी निरे बेवकूफ नहीं होते। वह अपनी खुली दाढ़ी में अँगुलियाँ चलाता हुआ उन्हें कनखियों से देख लेता था।

'कहाँ से ?' उसने पूछा।

'फ्रांस।'

'कहाँ जा रहे हो ?'

'बनारस।'

'बनारस से कहाँ ?'

'काठ-मान-डूऽऽ' दोनों ने एक स्वर में कहा, उनमें से एक ने हथेलियाँ मिलाकर चिलम का कश लेने की आवाज पैदा की।

हरदीप ने उन्हें सूचना दी–'मैं फौजी था। मैं फ्रांस को जानता हूँ, वहाँ ट्रक हैं ?' और इसी तरह...

कॉमरेड ने जब से हिच हाइकरों को देखा था, तभी से उसका दिल उछल रहा था। उसे और भी खुशी हुई जब उसे पता चला कि वे फ्रांसीसी हैं। बस्तील पर हमला, पेरिस कम्यून और 1968 की मई के छायाचित्र उसके मानस में तैरने लगे। चीन और वियतनाम के बाद फ्रांस सर्वोपरि था। किसे पता ये फ्रांसीसी भी उस व्यापक हड़ताल में शामिल रहे हों, जिसने डि'गाल का तख्ता उलट दिया था और उस समझ को झूठा साबित कर दिया था कि योरोप के मजदूर क्रान्ति नहीं कर सकते ? जब तक हरदीप बोलता रहा, वह चुप रहा, और सोचता रहा कि उन प्रश्नों को जो उसे उत्तेजित किए हुए थे, उन्हें वह कब उठा पाएगा और कब उसे उनके प्रेरणादायक उत्तर मिलेंगे।

जब ड्राइवर के सवाल चुक गए तो उसके मन में कुछ उछला–'क्या तुम लोग पेरिस से हो ?' उसने गम्भीर स्वर में पूछा। वे चौंके और बिना कुछ सोचे उत्तर दिया। उसे सहमति की बुदबुदाहट सुनाई दी, 'उई, या, यस।'

'क्या तुम सोर्बोन में थे ?'

'हाँ, वह वहाँ था...अब मैं वहाँ हो सकता हूँ, शायद...लेकिन क्या तुम सोर्बोन को जानते हो ?'

'हम भारतीय एक या दो बातें जानते हैं...लेकिन मुझे बताओ, क्या ज्याँ पाल सार्त्र अब भी *ला कॉज दु पप्ल* का सम्पादन कर रहे हैं ?'

क्लॉड और पॉल के चेहरों पर स्पष्ट अविश्वास उभर आया। उन्होंने गंगा के मैदान जिसके वे लम्बे समय से आध्यात्मिकता और गाँजा सेवन के लिए प्रशंसक रहे थे, के एक गाँव के बाहर एक सवारी ली थी। उन्होंने सपने में भी यह नहीं सोचा था कि ट्रक ड्राइवर का सहायक बनारस की सड़क पर उनसे सार्त्र और *ला कॉज दु पप्ल* को

लेकर सवाल पूछेगा। उन्हें यह सपना-सा लग रहा था। पर अभी उन्हें और चौंकना बाकी था।

उनमें से एक ने पूछा–'तुम ज्याँ पाल को कैसे जानते हो...तुम हो कौन?'

'मैं एक मजदूर हूँ। क्या भारतीय मजदूर ज्याँ पाल सात्र को नहीं जान सकता?'

क्रान्तिकारियों से अपेक्षा की जाती है कि वे अपनी पहचान छुपाकर रखेंगे। लेकिन कॉमरेड उन्हें आश्चर्यचकित करने के बाद बहुत सन्तुष्ट था। सावधानियों की उपेक्षा करते हुए उसने कहा–'क्या तुमने 1968 की हड़ताल में हिस्सा लिया था?'

हिच हाइकरों का आश्चर्य उत्तेजना में बदल गया। कमसिन ने जवाब दिया–'मैं तब स्कूल में था, लेकिन यह वहाँ था।' बड़े ने क्लीनर से आँख मिलाई और पूछा–'तुम एक छात्र हो? एक कॉमरेड?'

खलासी प्रताप वहाँ पहुँच गया था, जहाँ से अब लौटना सम्भव नहीं था।

'हाँ, मैं एक कॉमरेड हूँ और इस काम में आने से पहले मैं दिल्ली विश्वविद्यालय में पढ़ता था।'

बातचीत चल पड़ी। फ्रांसीसी भी कॉमरेड थे, हालाँकि वैसे दिखाई नहीं देते थे। इससे क्या फर्क पड़ता था। क्लॉड ने मई 1968 की मिथकीय घटना में भाग लिया था। निस्सन्देह वह एक महान आन्दोलन था, उसने कहा, सड़कों पर संघर्ष की स्मृतियों से उसकी आँखें चमक रही थीं। हाँ, सार्त्र अभी भी *ला कॉज दु पप्ल* को सम्पादित करते हैं, इसलिए नहीं कि वे माओवादी कार्यक्रम से सहमत हैं, बल्कि इसलिए कि वह लोकतांत्रिक मूल्यों के पक्षधर हैं। डि' गॉल को उखाड़ फेंका गया, और युद्ध विरोधी आन्दोलन आज भी हो रहे हैं। यह ठीक है कि संशोधनवादी कम्युनिस्टों ने विद्रोह के साथ विश्वासघात किया, लेकिन अन्य अवसर आएँगे। कॉमरेड ने भारतीय परिस्थितियों की जानकारी दी। सीपीआई (एमएल) कृषक युद्ध को संगठित कर रही है, जिसने रूढ़िवादी कम्युनिस्टों की कपटपूर्ण लाइन को ध्वस्त कर दिया है। छापामार लड़ाई शुरू हो चुकी है, लाल सेना का आगाज कर दिया गया है, जैसा कि चेयरमैन माओ ने कहा है, जनसेना के बगैर जनता के पास कुछ नहीं होता। छात्र आन्दोलन कलकत्ता में प्रबल है, जहाँ उसने राज्य के तंत्र को पराभूत कर दिया है। भारत का सत्तावर्ग जनता का ध्यान बँटाने के लिए पूर्वी पाकिस्तान में दखलन्दाजी कर रहा है, लेकिन इससे वह अपने अपरिहार्य पतन को रोक नहीं पाएगा।

क्लॉड ने पूछा कॉमरेड ट्रक पर क्या कर रहा है। क्लीनर ने बताया कि वह भूमिगत संचार तंत्र की स्थापना के लिए प्रयत्नशील है। ग्रैंड ट्रंक रोड पर फ्रांसीसी क्या कर रहे हैं? काठ-मान-डूऽऽऽ जा रहे हैं गाँजा पीने के लिए। रहस्यमय ढंग से आँख मारते हुए पॉल ने जवाब दिया। कॉमरेड को नशैलची पसन्द नहीं थे लेकिन कुछ भूलें सहन की जा सकती हैं। आखिर वे वास्तविक कम्युनिस्ट नहीं थे, शायद सिर्फ सिम्पेथाइजर हों,

और उनसे बात करना अच्छा था। भिंची हुई केबिन का कॉमरेडपन गहरा होता गया, ड्राइवर की निगाहें सड़क पर टिकी रहीं। दुनिया तेजी से बदल रही थी। वियतनामी जनगण ने साम्राज्यवाद में कील ठोक दी थी, संशोधनवादी और समाज-साम्राज्यवादी अन्तिम घड़ी गिन रहे थे, तीसरी दुनिया में सब तरफ क्रान्तियों के विस्फोट हो रहे थे, पतनशील योरोप में आमूल परिवर्तनवाद की लहर दौड़ रही थी। क्लीनर ने पूछा—क्या तुम कम्युनिस्ट इंटरनेशनल से परिचित हो ? उन्होंने उत्साहित होकर हामी भरी। फिर वे दो अलग-अलग भाषाओं में जानी पहचानी धुन को एक साथ गाने लगे।

बनारस पास आ गया था। सड़क पर पैदल, कार, रिक्शा, मवेशी, साधू और सब्जी सिर पर उठाए औरतों की भीड़ बढ़ रही थी जो किसी बाजार में सही ठौर पाने के लिए भागी जा रही थीं। अज्ञात गन्तव्यों की ओर छोटे अधिकारियों को ढोती हुई जर्जर जीपें, टूटी-फूटी बसों के पायदानों पर लटके हुए यात्री, बैलगाड़ियाँ, हाथ ठेले, नाक खुजाते हुए वसूली के अवसर का इन्तजार कर रहे तोंदिल कांस्टेबल, साइकिल कारीगर, टायरों की मरम्मत की दुकान, हार लिये हुए फूलवाले, और गूँजती हुई आवाज में मुल्ला मस्जिदों में अपने श्रद्धालुओं को सम्बोधित कर रहे थे। वातावरण में गोबर, पेशाब, फलों के छिलकों, डीजल, जलती हुई रबर, मिले-जुले मसालों और तरह-तरह के वाहनों से मल से लेकर प्याज तक की महक आ रही थी। चौराहे पर हरदीप ने ब्रेक दबा दिए और कहा—'यह बनारस आ गया, तुम उधर जाओ !' और अपने यात्रियों का ध्यान सड़क पर लगे बोर्ड की ओर खींचा जिस पर गोरखपुर की दिशा में संकेत लिखा था—'काठमांडू के लिए।' फ्रांसीसी उतरकर क्लीनर का इन्तजार करने लगे कि वह उनका पिट्ठू केबिन की छत से उतारकर दे। जब वे हाथ मिला रहे थे तो उसने उन्हें हिन्दी में 'लाल सलाम' कहना सिखाया। फिर वह अपनी सीट पर लौटा। हरदीप ने कहा 'गुडलक ! गुडबाई !'। ट्रक चल पड़ा, फ्रांसीसियों और हिन्दुस्तानी ने बँधी हुई मुट्ठियों से एक दूसरे का अभिवादन किया।

दूसरे ड्राइवरों की तरह हरदीप एक दयालु व्यक्ति था जो अपना गुस्सा अपने साथ काम करनेवाले कम उम्र सहयोगियों पर नहीं उतारता था। वह प्रताप सिंह को पसन्द भी करने लगा था। वह काम में मेहनती था, यद्यपि नींद पर उसका वश नहीं रहता था। सभी ड्राइवर अपने केबिन में झपकियाँ लेने से नफरत करते थे। व्हील पर सोना सड़क दुर्घटनाओं का भयंकर कारण था। जब खलासी अपनी सीट पर ऊँघने लगता तो वह अचानक ब्रेक लगा देता, जिससे उसका सिर डेशबोर्ड से टकरा जाता और उसे जोरों से चोट लग जाती। बस इतनी भर उसकी कठोरता थी। जब कभी वह अपनी कमीज उतारकर केवल चड्ढी में हैंडपम्प के नीचे नहाने को बैठता तो हरदीप को उसके अंगों के पीलेपन पर उसे अचरज होता, लेकिन जल्दी ही उसकी सोच रोजमर्रा के ढर्रे में खो जाती।

पिछले दो घंटों में सबकुछ बदल गया था। कॉमरेड ने आगत की आशंका के लिए खुद को तैयार कर लिया था। वह जानता था कि उसे भारी सफाई देनी पड़ेगी, क्लीनर अनपढ़ होते हैं। उनकी पृष्ठभूमि में इतनी गरीबी होती है कि उनके माता-पिता उन्हें रोटी कमाने के लिए सड़कों के रास्तों पर परिचितों या बिरादरीवालों के माध्यम से डाल देते हैं। वह ऐसे छोकरे होते हैं जिनकी पढ़ाई प्राथमिक पाठशाला में ही छूट चुकी होती है। उनसे यह उम्मीद नहीं की जाती कि वे गोरों के साथ अंग्रेजी में बातचीत करेंगे। न ही यह कि वे उनके गानों को जानेंगे। पवित्र शहर की भीड़ भरी सड़कों से निकलकर ड्राइवर ने अपने इंजन को हाइवे पर बिहार जाने के लिए तेज किया। 'परतापऽऽ' उसने हौले से कहा, उसकी निगाह सड़क पर थी–'तू कितना पढ़ा-लिखा है?'

१०

कुछ ही लोग ऐसे होंगे जिन्होंने राज्य का असली चेहरा देखा हो। इसका सार यातना है, जो कई दृष्टियों से एक अलग पेशा है। सबसे पहले यह सभ्यता और नियंत्रित प्रशासन के आधुनिक दावे को कलंकित करता है। थर्ड डिग्री की नियम संहिताएँ कभी लिखी नहीं जातीं, और अगर होती भी हैं तो उनका प्रसार व्यापक नहीं होता। वरिष्ठ अधिकारियों द्वारा कड़ी निगरानी न तो सम्भव है और न ही वांछनीय। उनमें से कुछ अति सतर्क हो सकते हैं पर बहुत ज्यादा निगरानी इस प्रक्रिया के परिणामों के लिए घातक हो सकती है। इसका रिकार्ड रख पाना भी सम्भव नहीं है। उदाहरण के लिए बन्दी 'एक्स' ने तब अपने साथियों को धोखा दिया जब फलाँ-फलाँ सब इंस्पेक्टर ने बाँस की लाठी को लाल मिर्च के चूरे से लपेटकर उसकी गुदा में घुसेड़ दिया, या अमुक-अमुक हवलदार को हुकुम दिया गया कि वह बन्दी 'वाई' को नंगा, उल्टा लटकाकर उसके चूतड़ों पर पन्द्रह मिनट तक कोड़े बरसाए तब तक, जब तक कि वह दया की भीख के लिए चीखने न लगे, अथवा संदिग्ध महिला 'ज़ेड' को निर्वस्त्र करके बार-बार तमाचे लगाए जाएँ और इंस्पेक्टर 'टारपीडो' उसके बाल तब तक खींचता रहे, जब तक उसके आँसू सूख न जाएँ और भय तथा अपमान से वह मिमियाने न लगे। नहीं, दिल्ली के लाल किले के पूछताछ कमरों या कलकत्ता के लाल बाजार पुलिस मुख्यालय के खुफिया विभाग में होनेवाली गतिविधियाँ बहुत विस्तार से रिकार्ड किए जाने के लिए नहीं होतीं। यहाँ अनौपचारिकता और अतिरिक्त रचनात्मकता को ही महत्त्व मिलता है। इन मामलों में हमारे समकालीन शासक वर्गों की तुलना में उनके ऐतिहासिक पूर्वज कहीं अधिक ईमानदार थे। उन दिनों शासकों ने पाया कि कभी-कभी इन बीभत्स साधनों का जनता के द्वारा देखा जाना भी लाभदायक हो सकता है। उन्हें पोप होते हुए भी यह घोषणा करने में कोई हिचक नहीं थी, कि जिओर्डानो ब्रूनो की जीभ बाँधकर उसे सूली पर घास के ढेर के साथ जला दिया जाए, जिससे शरीर के आसपास जलती आग से उसका

धीरे-धीरे दम घुट जाए। लोगों का विश्वास था कि उनके पुरोहित सच कहते हैं कि इन जगहों को पवित्र करने के लिए सर्वशक्तिमान ईश्वर स्वयं वहाँ उपस्थित रहता है, उसी तरह हम भी विश्वास कर सकते हैं कि आधुनिक भारत के यातना कक्षों में भारतीय संविधान सभा के प्रेत मँडराते रहते हैं।

कुछ और जटिलताएँ भी हैं। शरीर से खून न निकले लेकिन दर्द भयावह हो, इसके लिए अभ्यास और तकनीक जरूरी है। मनुष्य के दूसरे कार्यकलापों की तरह इसके लिए भी बुद्धिचातुर्य और हस्तलाघव तथा अपने हुनर के प्रति एकाग्रता आवश्यक होती है। जो इसमें कुशल हैं, स्वाभाविक रूप से वही लोग हैं जिन्हें अपने काम से सन्तुष्टि हासिल होती है। लेकिन यह ऐसी बात है जिसका ढिंढोरा आप पीट नहीं सकते क्योंकि प्रेस में और मानवाधिकार संगठनों में ऐसे तमाम व्यस्त लोग हैं जिन्हें दूसरों के काम में दखलन्दाजी करने में मजा आता है और जो उच्चाधिकारियों को शर्मसार कर सकते हैं। फिर एक पारिवारिक जीवन भी होता है, महिला सम्बन्धी और उन जैसे कुछ हो सकते हैं जो यह समझ ही न पाएँ कि ऐसे अकथनीय कौशल के बारे में कोई शेखी कैसे बघार सकता है। ज्यादा-से-ज्यादा आप अपने चाटुकारों के साथ रहस्यों को साझा कर सकते हैं, जो इस मामले में आप ही के जैसे कलाकार होते हैं। जिनसे आप कह सकते हैं, 'वह हरामी अपने को क्रान्तिकारी समझता था, तब तक जब मैंने उसके गले की माला में एक गुरिया डाला। तुमने देखा होता कि डर के मारे उसका पेशाब निकल गया। नया मनुष्य! नक्सलवाड़ी की आग बुझाने के लिए यह काफी था।' इसी तरह की और तमाम बातें। एक दुहरा जीवन होता है। चेम्बर के बाहर जाँच विशेषज्ञ, एक नरमदिल सहकर्मी और एक पारिवारिक व्यक्ति, और इसके भीतर एक विक्षिप्त जो अपनी निर्ममता का मजा लेता है।

फिर यातना देनेवाले और यातना भोगनेवाले के पारस्परिक सम्बन्धों का प्रश्न भी है यदि सहनेवाला किसी गरीब बस्ती का साधारण मजदूर या नीची जाति का निवासी है, और उसका आए दिन पुलिस के तौर-तरीकों से पाला पड़ता रहता है, तो बिना किसी पछतावे या उलझन के उसकी खूब धुनाई की जा सकती है। लेकिन जब जासूस को यह पता चलता है कि उसका बन्दी उससे बेहतर सामाजिक स्थिति का है तो उसके सत्ता-दम्भ में खलल पड़ती है। इस जानकारी के बाद वह अधिक निर्दयता पर उतर सकता है, विशेष रूप से तब यदि वह दुर्विनीत भी हो। यहाँ वर्ग-शत्रुता सिर के बल उलटी खड़ी हो जाती है। विजय से सन्तोष.तो मिलता है, लेकिन बेचैनी भी। क्योंकि बर्बर-पुलिसवाला जानता है कि इस मध्यवर्गीय आवारा पर उसे अधिकार अति उच्च जातीय हरामियों से मिला है जिनकी पाँतों को बन्दी पीछे छोड़ आया है।

विरलतम कठिनाई का सम्बन्ध उचित मनोवैज्ञानिक प्रबन्धन से था। वरिष्ठ अधिकारी को यह जानना ही चाहिए कि किस बन्दी को किसके पास भेजा जाए, कब

यह सलाह दी जानी चाहिए कि संदिग्ध को सारे दिन पीछे के कमरे में रखा जाए जिससे वह चीखों और गालियों को अपने आसपास सुनता रहे और नरम पड़कर बातचीत के लिए तैयार किया जा सके। यह कड़े निर्देश देने के बाद कि इस मध्यमवर्गीय महिला कैदी के साथ शारीरिक ज्यादती नहीं करना है, उदाहरण के लिए वरिष्ठ अधिकारी को यह पता होना चाहिए कि इंस्पेक्टर टारपीडो उसे तमाचे मारने का खास मजा लेगा क्योंकि इससे ज्यादा कुछ करने के लिए उसे वर्जित किया गया है।

आज वरिष्ठ जासूस गुहा अपेक्षाकृत नरम पूछताछ में व्यस्त था, अर्थात् वह संदिग्ध शिप्रा से किसी स्थानीय क्षेत्रीय समिति में उसके मित्रों के सम्बन्ध में उससे जानकारी निकलवाना चाहता था। गवर्नर ने मार्च 1971 में नए प्रादेशिक चुनाव करवाए जाने की घोषणा कर दी थी और सीपीआई (एमएल) ने इनके बहिष्कार का आह्वान किया था। मतदाताओं और उम्मीदवारों को धमकी दी गई थी कि यदि उन्होंने इन चुनावों में भाग लिया तो उन्हें मौत के घाट उतार दिया जाएगा। पुलिस कोई खतरा नहीं उठाना चाहती थी और उसने उग्रवादियों पर अपनी निगरानी बढ़ा दी थी। नक्सलवाद से सहानुभूति रखनेवालों के साथ शिप्रा की मित्रता पर कुछ महीनों से नजर रखी जा रही थी, और अब उससे पूछताछ को जरूरी माना गया। कॉलेज स्ट्रीट पर दो जासूसों ने उसे घेरा और उससे लाल बाजार के पुलिस मुख्यालय तक साथ चलने को कहा। जब वे वहाँ पहुँचे तो उसे पहले तल्ले पर ले जाया गया जो पास की गली की इमारत की तरफ था। वह जानती थी कि वह खुफिया महकमे की उस विशेष इकाई की सरहद में पहुँच गई है जो नक्सलविरोधी गतिविधियों का संचालन करता है। उसे एक खाली कमरे में ले जाया गया जहाँ सिर्फ एक मेज और दो कुर्सियाँ थीं। उसे पीने के लिए एक गिलास पानी दिया गया। उसने यह पी लिया। वह महसूस कर रही थी कि उसका दिल तेजी से धड़क रहा है।

जासूस ने सभ्यता से अपनी बात शुरू की–'शिप्रा, तुम क्या कर रही हो, यह हम जानते हैं। तुम्हारे लिए अच्छा ही यह होगा कि तुम हमारे साथ सहयोग करो, और यह मेरा कर्तव्य है कि मैं तुम्हें यह भी बता दूँ कि तुम्हारे कॉमरेडों की आपराधिक कार्रवाइयाँ कभी सफल होनेवाली नहीं हैं। अगर तुम इन छोकरों के साथ अपने सम्बन्ध बनाए रखती हो तो तुम मुश्किल में आ सकती हो। तुम एक भद्रलोकीय महिला हो, यह बात तुम्हें समझनी चाहिए।'

जब वह सब जानते ही थे तो इनकार करना व्यर्थ था। जहाँ तक सम्भव हो सके बिना कोई महत्त्वपूर्ण बात बताए सच्ची बात कहनी होगी। प्रमुख परिवर्तनवादियों के नाम उसके सामने रखे गए यह जानने के लिए कि वह क्या कहती है। अमुक-अमुक को वह कितना जानती है। आखिरी बार वह उनसे कब मिली थी। क्या उसे मालूम है कि नक्सलियों के भीतर गुटों के बीच, और नक्सलियों और सीपीएम छात्रों के बीच

लड़ाइयाँ हो रही हैं? क्या वह सोचती है कि कॉमरेडों की धमकियाँ किसी दिन क्रियान्वित हो सकेंगी? और इसी तरह।

कुछ मिनटों बाद यह जानने के लिए कि पुलिस के एक उच्चाधिकारी पर हमले की अफवाह में कितनी सच्चाई है, जासूस गुहा ने युवती को उत्तेजित करने का फैसला किया–'तुम्हें लगता है कि तुम्हारे दोस्त स्वाधीनता-सेनानियों जैसे हैं, क्या? बाघ जतिन और भगत सिंह, और बीना दास देशभक्त थे। वे भारत से प्यार करते थे। वे जो करते थे वह मातृभूमि को मुक्त करवाने के लिए करते थे। तुम चेयरमैन माओ के लिए नारे लगाते हो। देश के दुश्मनों के लिए। हमारे स्वाधीनता-सेनानी अंग्रेजों पर हमला करते थे, तुम्हारे दोस्त साधारण भारतीयों की हत्याएँ कर रहे हैं, कांस्टेबल और शिक्षकों की!'

उग्रवादियों से सहानुभूति रखनेवालों के सम्बन्ध में गुहा के अनुभव के विपरीत इस युवती का मस्तिष्क सैद्धान्तिक अन्धनिष्ठा से सुन्न नहीं हुआ था। उसकी प्रतिक्रिया ने उसे चौंका दिया–'हाँ' उसने कहा–'उन्हें गरीब राज्य कर्मचारियों के प्रति निर्दय नहीं होना चाहिए। यह उनके अपने ही दर्शन के विरुद्ध है।'

'फिर वे ऐसा क्यों करते हैं?' वह अब उसे एकटक देख रहा था। कुछ दूरी पर स्थित कमरे से यातना और गालियों की चीख-पुकार सुनाई दे रही थी और शिप्रा भीतर-ही-भीतर सहम रही थी।

उसने अपनी स्थिरता बनाए रखी और उसे सीधे देखती रही–'हो सकता है कि उनका अनुभव यह रहा हो कि नीचे की श्रेणी के कर्मचारी अधिक क्रूर होते हैं।'

'तो फिर तुम स्वीकार करती हो कि तुम उन कॉमरेडों को जानती हो जो पुलिस पर हमले कर रहे हैं? क्या तुम्हें यह भी पता है कि गोपाल सेन पर किसने कार्रवाई की थी?'

'मैं तुम्हें कह चुकी हूँ कि मैं गोपाल सेन की हत्या के सम्बन्ध में कुछ भी नहीं जानती। मैंने यह भी कभी नहीं कहा कि मैं उन लोगों को जानती हूँ जो पुलिस पर हमले कर रहे हैं। मैं निश्चयपूर्वक कह सकती हूँ कि तुम बेहतर जानते हो, क्योंकि होमगार्डों की भरती मस्तानों में से की जा रही है, जिन्हें कॉमरेडों का सहायक समझा जाता है।' उसके चेहरे पर मुस्कुराहट की एक झलक तैर गई।

यही वह क्षण था जब उसने जोरदार थप्पड़ उसके मुँह पर जड़ दिया, दो बार, एक बार हथेली से और दूसरी बार हथेली के पीछे से, ऐसा करते हुए वह गरज रहा था– 'मैं जल्दी ही तुम्हारे चेहरे की इस मुस्कुराहट को छीन लूँगा, कॉमरेड! क्या तुम समझती हो कि हम तुम्हारे यारों के बारे में सब कुछ नहीं जानते?' उसका व्यंग्य उन तथाकथित यौन-उत्सवों का संकेत कर रहा था जिनमें क्रान्तिकारी लिप्त रहते हैं। 'मैं तुम्हें चेतावनी दे रहा हूँ। उग्रवादियों की सोहबत से दूर रहो, उनकी मदद करना बन्द कर दो, और चालाक बनने की कोशिश मत करो। छोकरी, यह कॉलेज की राजनीति नहीं है। हर

रोज खून बहाया जा रहा है। तुम्हारे नाटक पर हमें विश्वास नहीं और तुम्हें पछताना पड़ेगा। मैं अभी तो तुम्हें छोड़ रहा हूँ, लेकिन यह मत भूलना कि तुम पर हमारी निगाह है।'

खुली हिंसा के इस आघात से शिप्रा की दुबली-पतली काया हिल गई। अविश्वास की एक लहर उसके शरीर में दौड़ गई—इससे पहले कभी उसने विशुद्ध घृणा का इतना प्रत्यक्ष अनुभव नहीं किया था। उसका चेहरा दर्द से भर गया था। उसे कमरे से बाहर करने के लिए गुहा ने घंटी दबाई। एक कांस्टेबल आया और उसे ले गया। उसके दाहिने गाल पर एक निशान उभर आया था जो जासूस की मध्यमा अँगुली में पहनी हुई अँगूठी से बना था।

पुलिस के साथ हुई पहली भेंट ने उसे दहला दिया था। वह अपने पिता के पास नहीं जाना चाहती थी, क्योंकि वह जानती थी कि उसे उन्हें उन क्षणों में शान्त करवाना होगा जब खुद उसे आत्मविश्वास की जरूरत है। अचानक अपमान, उत्तेजना और गुस्सा उसकी उस आत्मा में भर गया था, जो अभी तक मानवीय आदर्शों और सामाजिक न्याय के उत्साह से अनुप्राणित थी। उसे काका और काकी माँ के पास जाना चाहिए। उसे तुरन्त उत्तर चाहिए थे, वह विश्व में अपनी जगह जानना चाहती थी। जब वह उनके द्वार पर पहुँची, वे समझ गए कि कोई गम्भीर घटना हुई है, और हो सकता है कि उन्हें उससे ज्यादा बोलना पड़े जितना वह जानना चाहती है। लेकिन पहले उसे आश्वस्त करने की आवश्यकता थी। उन्होंने हाथ-मुँह धोने में उसकी सहायता की, बदलने के लिए कपड़े दिए और फिर अपने बिस्तर पर बिठा लिया। परदे गिरा दिए गए थे, और कुछ देर उसकी काकी उसका माथा सहलाती वहाँ बैठी रहीं। जब उन्हें यह विश्वास हो गया कि उनकी भतीजी को यौन-प्रतारणा का शिकार नहीं होना पड़ा है, तो वे उसे अकेला छोड़कर वहाँ से उठ गईं। उसके बाद उन्होंने उसके पिता को उनकी पुत्री के यहाँ होने की सूचना दे दी। दो घंटे बाद माया कमरे में आई और उसे अबनि के अध्ययन कक्ष में आने को कहा, जहाँ उन तीनों ने चाय पी।

'क्या हुआ था?'

'काका, मुझे कॉलेज स्ट्रीट से उठा लिया गया था। मैं कॉफी हाउस से निकलकर किताबों की दुकान जा रही थी। उन्होंने विनम्रता से कहा कि वह कुछ प्रश्न करना चाहते हैं। मुझे उनके साथ जाना पड़ा, कोई और रास्ता भी नहीं था।'

'और फिर?'

'उसके बाद...' धीमी और अटकती हुई आवाज में कहना शुरू किया। वह झुकी, अपनी बाँहें काकी के गले में डालकर वह आँसुओं में फूट पड़ी।

एक सेवानिवृत्त सेना अधिकारी की पत्नी से साक्षात्कार की अनुलिपि :

'यह 1948 की जनवरी का महीना था और तुम्हारे पिता का तबादला बेलगाम से देहरादून के रायल इंडियन मिलिट्री कॉलेज में हुआ था। पहले उसका यही नाम था। बाद में रायल को राष्ट्रीय से बदल दिया गया। यात्रा लम्बी थी। जिसमें दो दिन लगे। तीस तारीख को हमने दिल्ली में रेल बदली, और जब यह देहरादून पहुँची तो छह घंटे लेट थी। तब शाम हो चुकी थी, छह या सात बजे का वक्त रहा होगा। श्री भवानी शंकर वहाँ थे, वे तुम्हारे पिता के इलाहाबाद विश्वविद्यालय में अंग्रेजी के शिक्षक रहे हैं। अब वे आर.आई.एम.सी. में एक वरिष्ठ अध्यापक हैं। बहुत भले व्यक्ति हैं। स्टेशन पर हमें लेने आए थे। जब हमने स्टेशन पर उन्हें कुछ दूर खड़े देखा तो हमें सन्तोष मिला, लेकिन जब हम उनके पास गए तो वे हमें टूटे हुए लगे। उन्होंने हमें देखा और कहा–'उन्होंने उन्हें मार डाला। गांधीजी अब नहीं रहे।' उन्होंने हम दोनों को थामा और बच्चों की तरह फूट-फूटकर वहीं प्लेटफार्म पर रोने लगे। तुम जानते हो कि मुझे गांधीजी से लगाव था। मैंने 1942 में चौपाटी पर उनका भाषण सुना था। उस समय मैं सेंट जेवियर कॉलेज में थी। हम हिल गए। मैं नहीं जानती कि हमारे जीवन में उससे लम्बा और शोकाकुल कोई दूसरा दिन रहा होगा।

17

एक कम्युनिस्ट की आकस्मिक मृत्यु

वहाँ कौन है तेरा
मुसाफिर, जाएगा कहाँ?

जुलाई, 1971 के एक दिन के तीसरे पहर इलाहाबाद-जोगबनी फास्ट पैसेंजर आठ घंटों की देरी से दिल्ली के दो कॉमरेडों और उनके चौकीदारों को लेकर कटिहार जंक्शन के प्लेटफार्म पर पहुँची। यहाँ हर चीज लघु और मुखर दिखाई देती थी, प्लेटफार्म, कुली और लोग। घटनाएँ तेजी से घटीं। एक सुरक्षित फोन सम्पर्क से प्रणव ने रथिन को सूचित कर दिया था कि वह और शम्भू अमुक तारीख को वहाँ पहुँच रहे हैं। रथिन उनकी अगवानी नहीं करना चाहता था, लेकिन उसने उन्हें जहूर का पता दे दिया जहाँ वे अपनी रात गुजार सकते थे। वे अगले दिन किसी और जगह मिलनेवाले थे। हमेशा सावधानी बरतनेवाले मजदूर ने स्टेशन की पूछताछ खिड़की पर एक कॉमरेड को बताया कि इस-इस विवरण के दो लोग जोगबनी फास्ट पैसेंजर से पहुँचेंगे और उनका ध्यान रखा जाए। प्रणव और शम्भू स्टेशन से बाहर निकले, पता उन्हें याद था, उन्होंने रेलवे क्वार्टरों के लिए दो अलग-अलग साइकल रिक्शा लिए, यह पटरियों के साथ-साथ उत्तर की तरफ जाती हुई सड़क पर आधा मील की दूरी पर थे। प्रणव के पास कपड़े का एक थैला था, जिसमें पहनने के कपड़े, कुछ निजी चीजें और पिस्तौल थी। शम्भू के पास का जिप से खुलने वाला केनवास का थैला कुछ भारी था जिसमें हाल ही में धार लगाए गए चाकुओं का एक बंडल था जिन्हें फेंके गए पुराने ट्रकों की पट्टियों से तैयार किया गया था। उनको आगमन पूछताछ खिड़की के कॉमरेड ने ठीक-ठीक देखा, उसने भी देखा कि भारी बदन के दो उत्तर भारतीय कुछ दूरी बनाकर उनका पीछा कर रहे हैं। उसने चिन्ता के साथ जहूर से सम्पर्क किया।

'पार्सलों के साथ पैसेंजर ट्रेन पहुँच गई है।'

'शुक्रिया, साथी।'

'कुछ मेहमान भी हैं जो उनके साथ यात्रा कर रहे हैं।' इस कथन में एक वक्तव्य निहित था।

'कैसे मेहमान ?'

'उत्तर भारत के तन्दुरुस्त मेहमान।'

'ऐसा ? धन्यवाद महोदय।'

जहूर सावधान हुआ। दिल्ली के कॉमरेडों का पीछा किया जा रहा है! उसका दिमाग दौड़ने लगा, दुराशा के बीच आशा की कि वे अलग-अलग यात्रा कर रहे हों। उसने क्वार्टर का पिछला दरवाजा खोला जो पटरी से कुछ गज की दूरी पर था। उसने घर में मौजूद इकलौते भारी फर्नीचर, एक टेबिल को मुख्य द्वार के पास लगा दिया जिससे जरूरत होने पर उसे दरवाजे से अड़ाया जा सके। प्रवेश के पास की खिड़की को तनिक सा खुला छोड़ दिया ताकि वह सीखचों के पीछे से उस पत्थरों से बने रास्ते पर निगाह रख सके जो खुले सहन का काम देता था, वहीं पानी का नल था। क्वार्टरों की लाइन के साथ-साथ एक दीवार थी जो उन्हें गली से अलग करती थी। ऐसी ही, लेकिन कुछ नीची दीवार घर के पिछवाड़े भी थी जो कुछ ऊँचे धरातल पर थी और उसके उस तरफ रेल की पटरी थी। प्रत्येक क्वार्टर के दरवाजे में लोहे की जंजीरें थी जिन्हें बोल्ट की तरह बन्द किया जा सकता था। उसने जंजीरें चढ़ाईं और भीतर जाकर इन्तजार करने लगा। वह चाहता था कि कॉमरेडों और उनका पीछा कर रहे पुलिसवालों के पहुँचने में कुछ मिनटों का अन्तर हो।

किसी ने दरवाजा खटखटाया। जहूर ने पूछा-'कौन है ?'

'इलाहाबाद के तुम्हारे दोस्त हैं।' यह पासवर्ड था। उसने बाहर का दरवाजा खोला और प्रणव को भीतर खींचते उसे तेजी से बन्द कर दिया।

'तुम प्रलय हो ?' उसने उसी नाम का इस्तेमाल किया जो रथिन ने उसको दिया था।

'हाँ कॉमरेड जीबेश ? यहाँ आकर अच्छा लगा।'

'जल्दी करो। यहाँ खतरा है। तुम्हारा पीछा किया जा रहा है।'

' नहीं। हम बिल्कुल निश्चिन्त हैं।'

'बिल्कुल समय नहीं है। दूसरा कॉमरेड कहाँ है ?'

'मुझसे कुछ गज पीछे था। उसे आने में देर हो सकती है।'

'मैं आशा करता हूँ कि वह स्थिति को समझ लेगा। और चलो।'

'कॉमरेड, पार्सल यह रहा। हमें क्या करना है ?'

'तुम्हें जाना होगा। अब तुम स्टेशन वापस आओ। पटरियों से चलते हुए, मैं तुम्हें दिखाता हूँ।'

दरवाजा फिर खटखटाया गया। इस बार हड़बड़ी में। शत्रु पास आ गया था। जहूर ने टेबिल को दरवाजे से सटा दिया। खिड़की से झाँकते हुए वह चिल्लाया-'कौन ?'

'डाकिया। कृपया दरवाजा खोलें, एक रजिस्टर्ड चिट्ठी है।' उच्चारण स्पष्ट रूप

से हरियाणवी था।

'मैं किसी रजिस्टर्ड चिट्ठी का इन्तजार नहीं कर रहा।' जहूर ने चिल्लाकर कहा–'तुम्हारा पता गलत होगा।'

सब-इंस्पेक्टर दहिया उलझन में पड़ा। वह घर में रहनेवाले का नाम नहीं जानता था। वह केवल पीछा करता हुआ यहाँ तक पहुँचा था। उसने एक मूर्खतापूर्ण गलती की और फँस गया। क्योंकि डाकियों को तो ऐसे मामलों की पूरी-पूरी जानकारी होती है। वह घबराया और सोचने लगा कि उसके उच्चाधिकारी उसके साथ क्या करेंगे जब उन्हें मालूम होगा कि इतने करीब आ जाने के बाद भी उसने राष्ट्रद्रोही तत्त्वों को निकल जाने दिया।

वह गरजती हुई आवाज में चीखा–'दरवाजा खोलो। सी.आई.डी., हमें कुछ पूछना है।'

जहूर भी चिल्लाया–'मैं नहा रहा हूँ। थोड़ा इन्तजार करो।'

इस बातचीत के हजारवें हिस्से में जहूर ने पीछे का दरवाजा खोल दिया था और प्रणव को चले जाने का इशारा किया। प्रणव हिचकिचाया, उसे समझ में नहीं आ रहा था कि पार्सल का क्या करना है, यद्यपि यह स्पष्ट था कि उसे पहुँचाना अब सम्भव नहीं है। सादे कपड़ों वाले का धीरज अब चुक गया था। वह दरवाजा पीट रहा था, रिवाल्वर उसने निकाल ली थी। सँकरी गली के बाहर आने-जानेवालों ने मुसीबत आते देखी तो तेज-तेज चलने लगे। आवारा कुत्ते जो पास आकर जोर-जोर से भौंक रहे थे अब सुरक्षित दूरी पर चले गए थे। यह हर रोज सड़क पर होनेवाली सामान्य कहासुनी नहीं थी, जिसे हल्के मनोरंजन के रूप में देखा जाता था। जहूर ने प्रणव के साथ अकेला जाने का भी सोचा, लेकिन उसे यह भी मालूम था कि दिल्ली का कॉमरेड अपने साथ एक बहुमूल्य आग्नेयास्त्र भी रखता है, और यदि पुलिसवालों को कुछ मिनट तक उलझाए रखा जा सके तो उसके पलायन के बेहतर अवसर बनेंगे। यदि दरवाजा सँभाला जा सके, तो प्रणव एक रास्ते से चला जाएगा। हड़बड़ी में उनमें से एक कोने में स्टूल पर रखी पानी से भरी रखी सुराही से टकरा गया। यह विस्फोटक आवाज करती हुई जमीन पर गिरी। बदहवास दहिया ने यह आवाज सुनी और उसे यकीन हो गया कि नक्सली उस पर गोलियाँ चला रहे हैं। उसने खिड़की को निशाना बनाते हुए दो गोलियाँ दागीं, जहाँ उसे कुछ हलचल दिखाई दी थी। गोलियाँ पास से चली थीं, एक कमरे के दूसरे छोर पर दीवार में जाकर धँस गई, दूसरी लोहे के सरिये से टकराई और सीधी जाकर जहूर की छाती में लगी।

आसन्न मृत्यु के सामने आकर किसी व्यक्ति के मानस में क्या चल रहा होता है यह सदा ही अनुमान का विषय बना रहनेवाला है। ऐसे व्यक्ति और वह जो जीवित रह जाते हैं, के बीच एक खाई-सी बन जाती है, वह आखिरी चौराहा जहाँ साथ-साथ

चलनेवाले बिछड़ जाते हैं। इस क्षण से आगे हम केवल कल्पना ही कर सकते हैं, कि आसमान की परम आत्मा ने दिवंगत के अनन्त में अवरोहण में सहायता की या बाधाएँ खड़ी कीं। पुलिसवाले की पिस्तौल के धमाके के बाद के क्षण में जहूर के चेहरे पर प्रणव ने नितांत आश्चर्य और उद्विग्नता देखी। या फिर जिन्दगी का दाँव अचानक हार जाने की निराशा? वह कभी समझ नहीं पाया। जहूर के अन्तिम शब्दों में शहादत की वह गरिमा नहीं थी जिसे उनकी गाथाएँ गर्व से याद करती रही थीं। कोई प्रेरणास्पद संगीत भी सुनाई नहीं दे रहा था। उसके मुँह और सीने के घाव से लहू धारा प्रवाह बह रहा था।

उसने स्पष्ट लेकिन लड़खड़ाते हुए स्वर में कहा–'मैं नहीं बचूँगा। अपने को बचाओ कॉमरेड। भागो!'

प्रणव के पास इतना समय नहीं था कि संकट की इस घड़ी में उसे दिलासा दे, इस अजनबी और बन्धु कॉमरेड, जिसकी आँखों से जिन्दगी की चमक लुप्त होती जा रही थी, को बाँहों में भर ले। वह पसीने से नहा गया था, उसका हृदय विलोड़ित था, और मस्तिष्क और हाथ-पाँव ऐसे जैसे किसी और के हों। वह तेजी से पीछे के दरवाजे से निकला, अच्छी तरह लिपटा हुआ आग्नेयास्त्र उसकी गर्दन और बाँह से लटके हुए कपड़े के झोले में रखा था। उसने सीमेंट के सहन की दूरी झपाटे से पार की और चार फीट ऊँची दीवार से फलाँग कर रेल की पटरियों की तरफ दौड़ा। चेहरे और हाथों पर लगे खून के धब्बों को उसने अपने गमछे से पोंछा, उसे यह सब करते हुए शर्म महसूस हो रही थी। उसके पास बस एक जोड़ी कपड़े थे और अब उन्हें पहनना जरूरी हो गया था। पटरियों को पार करते हुए और दौड़ती हुई ट्रेनों से बचते हुए उसका दिल धड़क रहा था। उसकी कोशिश थी कि वह असहज दिखाई न दे। इस बीच उसने खुद को यह शब्द दुहराते हुए सुना–'कॉमरेड मुझे अफसोस है, मुझे माफ करना... मैं नहीं जानता था कि वे हमारा पीछा कर रहे हैं... मुझे बहुत दुख है...' कुछ घाव ऐसे होते हैं जो कभी नहीं भरते।

अगले दिन जब रथिन तक जहूर की मौत की खबर पहुँची तो वह हिल गया। हिंसक पार्टी कार्रवाई का उसे कोई अनुभव नहीं था, उसमें भाग लेनेवालों के अनुभवों को सुनना तो दूर की बात है। क्षेत्रीय समिति के वरिष्ठ कॉमरेड इन मामलों में अपनी खामोशी बनाए रखते थे। अब उसके सामने हत्या एक यथार्थ थी। दो दिनों तक उसे विश्वास ही नहीं हुआ। अचानक राजनैतिक परिवर्तन के महान लक्ष्य के प्रति उसकी निष्ठा अपने श्रमिकवर्गीय क्वार्टर में मरते हुए जहूर की खून से लथपथ लाश के बिम्ब में परिवर्तित हो गई। वह चारु मजुमदार के निर्देशानुसार भी कार्य नहीं कर सका कि अपने शोक को पुलिस और सत्तावर्ग के प्रति हत्यारे क्रोध में बदल सके, यह उसका ही दोष था। उसने अपने आप से कहा, उसने इस छोटे से काम के लिए उन्हें इतनी

दूर क्यों बुलाया था ? प्रणव और शम्भू के बच निकलने की सांत्वना भी इस कॉमरेड की मौत से हुए सघन पश्चात्ताप को कम नहीं कर पाई। जहूर कितने प्यार से अपने पिता को याद करता था। यह मानते हुए कि शायद किसी को उस तक सूचना पहुँचाने का ध्यान रहे, वह सोच नहीं पा रहा था कि जमशेदपुर में उसके पिता से पार्टी क्या कहेगी। फिर भी यह एक विचार था जो बार-बार उसके मस्तिष्क को मथ रहा था।

तीन महीने बाद, अन्यत्र एक भूमिगत पड़ाव में रथिन ने सुना कि हुआ क्या था। घटना के तीन दिन बाद अल्ताफ अंसारी तक रेलकर्मियों के तंत्र द्वारा यह खबर पहुँचाई गई। वह बिस्तुपुर के अपने छोटे से घर के फर्श पर गिरकर बेहोश हो गया, सारी रात उसने आँखो-ही-आँखों में गुजारी। वह कुछ कर नहीं पा रहा था, सिवाय इसके कि सन्देशा लानेवाले कॉमरेड से बार-बार पूछता–'लाश कहाँ है ? क्या मैं उसे देख सकता हूँ ? क्या उन्होंने उसे दफन कर दिया ?' उसे कुछ नहीं बताया गया, क्योंकि बताने के लिए कुछ था ही नहीं। कटिहार में जहूर एक जाना-माना भगोड़ा नहीं था, और प्रशासन के लिए दिल्ली के ब्यूरो जासूसों द्वारा मुठभेड़ में मारे गए एक नक्सली का नाम प्रचारित करना जरूरी नहीं था। उन्होंने जिला सुपरिंटेंडेंट को सूचना दी, उनके पहचान-पत्र प्रदर्शित किए और यह स्पष्ट कर दिया कि यह मामला राष्ट्रीय सुरक्षा से जुड़ा हुआ है। पुष्टि के लिए टेलीफोन पर सन्देशों का आदान-प्रदान हो गया। जहूर का शव बिना किसी तामझाम के उसी तरह निबटा दिया गया, जिस तरह ऐसी लाशों का जिनका कोई दावेदार नहीं होता अन्तिम संस्कार किया जाना निर्धारित है। रेल अधिकारियों से कहा गया कि वे जिस तरह ठीक समझें उसके कागजों का निबटारा कर ले–क्या वे जानते हैं कि वह अपने कर्मचारियों में राष्ट्रविरोधी तत्त्वों को प्रश्रय दे रहे हैं ? एक मुसलमान नक्सली ? और वह भी ऐसे समय में जब एक भारी राष्ट्रीय संकट बना हुआ है! इसी तरह दूर जमशेदपुर के लिए भी यह कोई घटना नहीं थी, कि अल्ताफ अंसारी नाम का एक बूढ़ा मैटल वर्कर शोकग्रस्त होकर तड़के सुबह अपनी चारपाई पर मरा हुआ पाया गया, पिछली रात उसे एक व्यक्ति ने उसके बेटे के सम्बन्ध में सूचना दी थी। बस्ती के कुछ लोग, जिनमें साधूराम और उसका बेटा भी था, अगले दिन उसे कब्रिस्तान ले गए। झंडे नहीं थे, और न ही नारे, क्योंकि किसी ने भी यह नहीं सोचा था कि वह श्रमिक वर्ग का नायक था।

१०

अपनी पहचान का उद्घाटन करने के बाद के सप्ताह ट्रक के क्लीनर के लिए स्वर्गिक थे। उसने हरदीप को बताया था कि वह इन्कलाबियों की बिरादरी से है, उसका पिता एक पत्रकार है, और वह एक विद्यार्थी था जिसने राज्य को उखाड़कर जनता की सेवा का संकल्प लिया है। कम्युनिस्ट इस बात पर बहस कर सकते हैं कि भारत को किस

तरह की क्रान्ति की जरूरत है, लेकिन जब साधारण हिन्दुस्तानी इन्कलाब का शब्द सुनता है तो उसे भगत सिंह का स्मरण हो आता है, वह विद्रोही पंजाबी युवक जिसे एक अंग्रेज पुलिस अधिकारी की हत्या करने के लिए 1931 में फाँसी दे दी गई। कई ड्राइवर उसकी तस्वीर लेकर चलते हैं, जिसमें सेना जैसे हैट के नीचे एक सफाचट चेहरा होता है, एक हाथ मूँछ उमेठ रहा होता है और दूसरा उसकी पिस्तौल पर। प्रताप के अपनी पहचान सम्बन्धी विवरण पर हरदीप ने विश्वास कर लिया। इस रहस्योद्घाटन से बातें साफ हो गईं। वह निश्चित रूप से कोई मामूली क्लीनर नहीं था। उसे ट्रक पर होने की कोई जरूरत नहीं थी। वह धाराप्रवाह अंग्रेजी बोलता था, विचित्र बातों को जानता था और पुलिसवालों तथा हाकिमों को गालियाँ देता था। निश्चित रूप से वह एक इन्कलाबी ही होगा। वह उस पर गर्व करने लगा।

ट्रक ड्राइवरों में एका करनेवाली कोई चीज थी तो यह कि उनके पेट में भीतर तक पुलिसवालों के लिए घृणा बैठी थी। वह ऐसे एक भी कस्बे से नहीं गुजर पाते थे जहाँ पुलिसवाले उन्हें उनकी नगदी से कुछ हल्का न कर दें या जब चाहें तो सवारी के लिए उन्हें रोक न लें। वर्दी में हों, या न हों, ऊपर से नीचे तक की पुलिस इस तरह व्यवहार करती थी जैसे ट्रक ड्राइवरों की जेब तक उसकी स्वचालित पहुँच है, जो उनके रुतबे से उन्हें मिली है। जो सावधान थे वह गाड़ी की जाँच करने का बहाना करते थे और पैसा माँगने से पहले उसके कागज देखना चाहते थे। कुछ अपनी माँग हँसी-खुशी करते थे। उनका अन्दाज बताता था कि हम सब जानते हैं क्या कैसा है ? यदि तुम अपनी आमदनी बढ़ा नहीं सकते तो वर्दी पहनने का फायदा ही क्या ? किसी दूसरे को दे दो, यह तो दिनभर के काम का ही हिस्सा है। अधिकारियों में भरपूर आत्मविश्वास होता था। वे जीप में बैठे रहते थे और नीचे के कारिन्दे वसूली जमा करते। कानपुर का एक पुलिस सुपरिंटेंडेंट सुबह-सुबह प्रत्येक ट्रक सौ रुपए के हिसाब से जाने कितना रुपया इकट्ठा करता था। बिहार सीमा के भीतर एक डिप्टी मजिस्ट्रेट रात को अपनी जीप में बैठ जाता और उसके कांस्टेबल हरेक ट्रक से तीन सौ रुपए वसूल करते। उसकी भारी आर्थिक जरूरत के सम्बन्ध में आपस में ड्राइवर हिसाब लगाते, दो सौ गाड़ियों से की गई वसूली पर वे कहते, हो सकता है उसकी बिटिया की शादी होने को हो। जिन ड्राइवरों को नौकरशाही की इस घात का अनुभव था उन्होंने अपने साथियों तक खतरे की चेतावनी देने के कोड बना लिये थे। वे केबिन से अपना हाथ बाहर निकालते और हाथ में कलम होने की नकल करते। इस संकेत से पता चल जाता कि राजपथ के सरकारी डाकुओं के कुनबे का एक अधिकारी कुछ दूरी पर रास्ते में मँडरा रहा है। यह देखकर समझदार ड्राइवर रुक जाते और तब तक ठहरे रहते जब तक उन्हें किसी से 'सब ठीक है' का संकेत नहीं मिल जाता।

ऐसे चिढ़ानेवाले पुलिस के कर्मचारी आमतौर से मध्य या निचले स्तर के होते

थे। वे असभ्य होते थे और लोगों का अपमान करते थे। पूर्वी उत्तरप्रदेश में काफी रात गए सादा कपड़ों में एक पुलिसवाले ने उन्हें एक चौकी पर रोका। ड्राइवर ने उसे बताया कि उसके पास अन्तर्राज्यीय परमिट है, उसने ड्राइवर की माँ के भीतरी अंगों का जिक्र किया। *इंटरस्टेट का माँ का भोसड़ा* उसने कहा 'अबे हरामी पैसा निकाल।' जब क्लीनर ने इस संवाद को सुना तो वह सोचने लगा कि राज्य अलग-अलग लोगों से कैसा व्यवहार करता है। हरदीप को गुस्सा आ रहा था। पुलिसवाला जो चाहता था वह उसने दिया और चढ़कर वापस स्टीयरिंग व्हील के पीछे आ बैठा। उसने ट्रक को दुगनी रफ्तार दी, और क्रोध से बोला–'अपनी पार्टी से कहो कि हमें बन्दूकें दे दे। हम तुम्हारे लिए इन हरामजादों को मार डालेंगे।' उसकी आँखें दहक रही थीं। फिर उसने रोपड़ के ड्राइवरों की एक कहानी दुहराई जिन्होंने एक बदतमीज पुलिस अधिकारी को ट्रक के पीछे बाँधकर सौ या इतनी ही मीलों तक घसीटा था। तब प्रताप को यह यकीन हो गया कि उसके उस्ताद को निश्चित रूप से सिम्पेथाइजरों के वर्ग में रखा जा सकता है।

सच तो यह था कि हरदीप अपने क्लीनर के साथ मातहत की जगह एक साथी जैसा व्यवहार करने लगा था। वह उसे राजमार्ग पर उपलब्ध सबसे अच्छा खाना खिलाता, आग्रह करता कि वह इलाहाबाद से बाहर खीर खाए, अपने चिकन को दारू के साथ उतारे, पूरी-पूरी नींद ले। 'साडा मुंडा हाफ–एम.ए. पास है।' वह रास्ते के पड़ावों पर दूसरे ड्राइवरों को बताता, और जब वह विश्वास नहीं करते तो हँसता। उसकी गुप्त जानकारी से उनके बीच एक रिश्ता बन गया था। वह उसे मांसाहारी चुटकुले सुनाता और बताता कि वह जिस फूलदार टेरीकोट के जाँघिये को अक्सर पहने रहता है वह उसे कैसे मिला। उसने प्रताप से कहा–'यह तुम्हारा सस्ता सूती धारीदार कच्छा नहीं है। दर्जी ने उसकी गारंटी ली है, जानते हो उसने क्या कहा था ? उसने कहा था–उस्ताद, *गांड फट जाएगी लेकिन ये कच्छे...*' और हरदीप ठहाका मारकर हँसने लगा। जिस लहजे में उसने यह कहा वे सचमुच मजेदार था।

उसने कई लोगों से उसका परिचय करवाया। एक बार वे कलकत्ता के रेड लाइट इलाके सोनागाछी में एक पेट्रोल पम्प पर रुके हुए थे। उसके पीछे एक तीन मंजिला मजबूत इमारत थी। क्लीनर से उसने साथ चलने को कहा और उसे जीना चढ़कर अपनी पसन्दीदा वेश्या लता के कमरे में ले गया। ड्राइवर ने उसे सकुचाए हुए प्रताप का परिचय दिया–'मेरा पढ़ा-लिखा खलासी।' उन्होंने कुछ देर बातचीत की, फिर उसने अजीब-सी खामोशी महसूस की, तब वह उससे अनुमति लेकर वहाँ से चला आया। अगले दिन हरदीप ने उसे उसकी जीवन कथा सुनाई, वह एक शिक्षित विधवा है जिसके दो छोटे बच्चे हैं, भारी कर्ज के कारण उसे वेश्यावृत्ति में आना पड़ा है। जब ड्राइवर उसके विषय में बोल रहा था तो उसने उसके हावभाव में गर्वानुभूति का अनुभव किया। जैसे कि उसे एक शिक्षित महिला का मित्र होने का अभिमान हो। शायद यही कारण था

कि उसने उन दोनों का आपस में परिचय करवाना जरूरी समझा।

एक अन्य अवसर पर वह पूर्वोत्तर में सिलीगुड़ी तक कद्दू की एक खेप ले जा रहा था। असम और बंगाल के निवासी जैसे कद्दू पर ही जीते हैं, ऐसा उसने खलासी को बताया था। उसकी आँखों में यह भाव था कि खानपान सम्बन्धी यह जानकारी इन जनजातियों के सम्बन्ध में बहुत कुछ बता देती है। जब वह उत्तर भारत के देहाती इलाकों से निकल रहे थे, तब क्लीनर ने कुछ समय केबिन की छत पर बिताया था। वह तंग सड़क के दोनों तरफ लहराते हुए धान के खेतों को देख रहा था और सोच रहा था कि वह नक्सलबाड़ी पुलिस थाने के कितना पास है, वह स्थान जहाँ भारत की क्रान्ति की आग को प्रज्वलित करनेवाली पहली चिनगारी भड़की थी। चेसिस डोल रही थी, हवा कानों में गुनगुना रही थी, और उसकी आत्मा ने प्रेरित किया कि वह तराई में फैल रही क्रान्ति की ज्वालाओं का गीत गाने लगे, जहाँ बंगाल के खेतों में भूस्वामियों के शीश भूलुंठित हो रहे हैं। सम्मोहक लोकधुन में भरपूर आतुर भावनाओं की स्मृतियाँ थीं और उसने इन रक्तपिपासु गीतों की विसंगतियों पर कुछ नहीं सोचा।

वे एक एकाकी झोंपड़ी के पास चाय पीने के लिए ठहरे और क्लीनर को नीचे बुलाया गया। चाय की दुकान की स्वामिनी अधेड़ उम्र की एक औरत थी। जिस तरह वे परिचितों की तरह मिले, उससे जाहिर हुआ कि वह ड्राइवर की पुरानी चिंगारी रही होगी। हरजीत ने उसका परिचय कराते हुए कहा, 'क्लीन-डर को चाय दो! यह तुम्हें कैसा लगा?' प्रताप ने उसे झेंपते हुए देखा, वह उसे घूर रही थी। उसकी आँखों के नीचे गड्ढे थे, जो कुछ ऊपर की ओर उठी हुई थीं, जिनसे पता चलता था कि उसका घर पूर्वोत्तर के पहाड़ों में कहीं होगा। हरदीप उसे असमिया कहता था। उसके चेहरे पर थकान थी, लेकिन उसमें चमक और अभिमान था। उसने हँसते हुए पूछा–'सुन्दर लड़का है, तुम्हें कहाँ मिला?' जब वह लम्बे दस्तेवाली पतीली में पानी उबालने के लिए रख रही थी तो उसने उसके गाल पर हल्के से थपकी दी। कॉमरेड ने सोचा कि अपनी जवानी में वह कितनी आकर्षक रही होगी, और आश्चर्य करने लगा कि सड़क के किनारे शरण लेने से पहले मोबिलआइल के कितने बदलाव उसे सहने पड़े होंगे। चाय में दार्जिलिंग की ढलानों की महक थी। जब वे लोग सड़कों, इन दिनों ड्राइवरों के चाल-चलन, और ठहरे हुए ट्रकों पर माल की लदान की बातें कर रहे थे तब प्रताप के मन में उस स्त्री के लिए प्रशंसा के भाव आए जिसे उसने खामोशी से सहेज लिया। ट्रक पर दुबारा चढ़ने से पहले उन्होंने उसे एक कद्दू दी, क्लीनर के हाथ से कद्दू लेते हुए उसने उसका सिर गुदगुदाया। सर्वहारा तब क्यों अधिक प्रताड़ित दिखाई देता है जब एक सुन्दर और गरिमापूर्ण चेहरा उसका प्रतिनिधित्व कर रहा हो?

मैंने सुना उसे कहते हुए–खोने का समय नहीं
सपने अपने साकार कर उनके फिसल जाने से पहले

गुड बाय रूबी ट्यूजडे
तुम्हें कोई नाम कैसे दे?

हरदीप को वास्तविक रूप से प्रभावित करनेवाली घटना वह थी जो एक जापानी साइकल चालक से सम्बन्ध रखती थी। एक शाम जब वे कलकत्ता से लगभग आठ घंटों की दूरी पर थे, उन्होंने अनिश्चित आयु के चिकने त्वचा वाले एक नवयुवक को साइकल पर दूसरी दिशा से आते देखा। अतिसावधान ड्राइवर ने हौले से एक गाली बुदबुदाई, अपने ब्रेक दबाए और अपने क्लीनर से कहा कि जाकर देखो मामला क्या है।

'तुम कहाँ जा रहे हो ?' प्रताप ने अपने दरवाजे से कूदकर और कुछ दूरी तक दौड़ने के बाद रोके गए चकित साइकल सवार से पूछा। उसकी साइकल पर पिछले पहिये के दोनों तरफ केनवास के दो थैले लटके थे, सामने हैंडिल पर एक तख्ती थी जिस पर एक नक्शा फैला हुआ था, जब वह पहली बार दिखाई दिया था तो वह एकाग्र होकर इसी नक्शे को देख रहा था।

'जापान से, और पाँच वर्षों में विश्वभ्रमण पर निकला हूँ।' यह सूचना ड्राइवर तक पहुँचाई गई, जो चिल्लाया–'उससे हमारे साथ आने को कहो।' प्रताप को यह ज्यादती लगी, क्योंकि जापानी दूसरी तरफ जा रहा था।

'उससे कहो कि हम उसे परसों वापस दिल्ली ले चलेंगे।' हरदीप ने कहा।

साइकिल सवार, जो असमंजस में पड़ गया था, से संक्षिप्त वार्ता हुई, लेकिन वह आग्रह कर रहा था कि वह दिल्ली जा रहा है और उस रास्ते पर नहीं जाना चाहता जो कलकत्ता के लिए जाता है। गाड़ी को पहले गीयर में डालते हुए ड्राइवर समय की विचित्रता और इन दिनों जी.टी. रोड पर मिलनेवाले प्राणियों पर टिप्पणी करते हुए हँसा।

वे कलकत्ता पहुँचे और फ्रूट बाजार के लिए चल पड़े। यह शहर चीखते हुए नीलामकर्ताओं, पसीने में नहाए दुकानदारों, दुर्गन्धित सब्जियों, खाने लायक कुछ भी कचड़े के ढेर में खोजते हुए शरणार्थियों, हर सम्भव दिशा में चिल्लाते हुए खल्लासियों की आवाजों के सहारे रेंगते हुए ट्रकों और मैले-कुचैले बच्चों का महाकुम्भ था, जो ट्रकों से उनके माल से लेकर उनके पुर्जों और बल्बों तक हर चीज को गायब कर देने में उस्ताद थे। ट्रांसपोर्टर किसी और से इतना नहीं डरते थे जितना इन फुर्तीले और बेरहम प्राणियों से जिनमें सिर्फ इतनी सी दया बची थी कि यदि आपको बेहद जरूरत हो तो वह आपका सामान आप ही को बेच दें। क्लीनरों को चेतावनी मिल जाती थी कि अगर एक क्षण के लिए भी उनका ध्यान इधर-उधर हुआ तो उनकी खैर नहीं। लेकिन हाथ की करामात से बच्चों का जीवन चलता और क्लीनरों को लगातार गालियाँ, तमाचे और अपने चूतड़ों पर लातें सहन करने पड़ते। दुकान को खोजने और माल उतारने में उन्हें कुछ घंटे लगे, यह कठिन समय था। जब यह काम खत्म हुआ तो प्रताप ने चैन

की साँस ली। जब वह डीजल भरवा रहे थे तब हरदीप ने एक एजेंट से खराद मशीन दिल्ली पहुँचाने का सौदा कर लिया और शाम होते-होते वे आसनसोल के रास्ते पर थे।

अगले दिन तीसरे पहर जब वे उस जगह से, जहाँ पहली बार उन्होंने उसे देखा था, लगभग सत्तर मील दूर थे, उन्हें वह जापानी फिर मिला, जो अपने नक्शे पर आँखें गड़ाए था और धीरे-धीरे पैडल चलाता हुआ गंगा के मैदान के साथ-साथ आगे बढ़ रहा था। हरदीप ने उसे तत्काल पहचान लिया और एक बार फिर से ब्रेक लगा दिए।

'उससे कहो कि हमारे साथ आ जाए।' उसने अपने क्लीनर को निर्देश दिया, 'यदि वह नहीं चाहता कि उसकी भुंड में डाकू कुछ भर दें, वह उसके चूतड़ ही नहीं उसकी सुन्दर साइकल भी ले जाएँगे।' उसे मनाना इस बार मुश्किल नहीं था—इस बार वह सन्तुष्ट लगता था। केबिन में आने के साथ ही क्लीनर ने बातचीत शुरू कर दी।

'तुम कहाँ से आ रहे हो?'

'टोकियो।'

'कायो विश्वविद्यालय?'

जापानी की आँखें फैल गईं, 'तुम कायो विश्वविद्यालय को जानते हो? कैसे?' क्लीनर को लगा कि उसे इस पर विश्वास ही नहीं हुआ।

'हाँ... 'जेंगाकुरेन' कैसा है?'

साइकल पर विश्वभ्रमण करनेवाला जापानी लगभग उछल पड़ा। भारत के ड्राइवर के सहायक ने कभी जापान में क्रान्तिकारी छात्र संगठन के विषय में सुना हो, यह किस तरह सम्भव है? जेंगाकुरेन, हाँ, मैं उसका सदस्य हूँ। लेकिन तुम जेंगाकुरेन को कैसे जानते हो?'

'हम हिन्दुस्तानी भी एक दो बातें जानते हैं...क्या तुम अब तक मियामोटो संशोधनवादियों के गिरोह को नष्ट कर पाए हो?'

'मियामोटो? हाँ! वे सचमुच बहुत बुरे हैं! जेंगाकुरेन! तुम कहना क्या चाहते हो?' वह आवेश से उत्तेजित हो रहा था जैसे ग्रैंड ट्रंक रोड पर अचानक उसके सामने सूशी रख दी गई हो। खलासी भारतीय क्रान्ति के और चेयरमैन माओ के विचारों के सम्बन्ध में अपने रटे-रटाए पाठ को दुहरा रहा था। जापानी की उम्र अठारह साल थी। उसका नाम योमुरा था और उसने वियतनाम युद्ध विरोधी प्रदर्शनों में भाग लिया था। उसने बड़े प्यार से पुलिस के खिलाफ लड़ाई की कहानियाँ सुनाईं जिसमें कॉमरेडों ने हेलमेट पहन रखे थे और उनके हाथों में जंजीरें थीं। उसने बताया कि जेंगाकुरेन ने एक हवाई जहाज भी अगवा कर लिया था जिसे वे उत्तर कोरिया ले गए, लेकिन किम इल सुंग ने उसे वहाँ उतरने नहीं दिया। यह बहुत बुरी बात थी। क्लीनर ने इस बात पर विशेष ध्यान दिया। किम इल सुंग की कपटपूर्ण आदतों के सम्बन्ध में यह उसके सन्देह की

पुष्टि करती थी। उन्होंने मियामोटो के नेतृत्व में जापान की संशोधनवादी कम्युनिस्ट पार्टी की निन्दा की। उसने अपने नए मित्र से मिशीमा और उसकी हाराकिरी पर उसकी राय जानना चाही, जिसने उसके सहयात्री को और भी प्रभावित किया। योमू ने कहा मिशीमा एक अच्छा कवि था, लेकिन वह फासिस्ट था। यह तो बुरी बात थी, क्लीनर ने सोचा। सभी अच्छे साहित्यकारों को लू शून की तरह होना चाहिए जिन्हें चीन की कम्युनिस्ट पार्टी ने मान्यता दे रखी है। विश्वक्रान्ति पर चर्चा करते हुए वह पचासेक मील तक चले आए। जापानी युवक ने रात केबिन की छत पर गुजारी। अगली सुबह जब वे उस दुराहे के पास पहुँच रहे थे जहाँ से योमू को आगरा के लिए विदा होना था तो उन्होंने क्रमश: जापानी और हिन्दी में इन्टरनेशनल गाया। अज्ञात की दिशा में बढ़ने से पहले जापानी साइकल यात्री और भारतीय खलासी ने बँधी हुई मुट्ठियों के सलामों का आदान-प्रदान किया।

अपने गियरों को सँभालते हुए हरदीप ने ट्रक को जब रफ्तार दी तो उसने अपने सहायक को सम्मान के साथ देखा–'वाकई यार, मान गए।' वह कह रहा था, 'यह सच है, तुम लोगों की पार्टी इंटरनेशनल है।'

℘

शम्भू कटिहार स्टेशन पर प्रणव से अलग हो गया था। धीरे से यह कहकर कि वह आगे चले और वह पीछे से एक रिक्शे में आएगा। उसके बैग में बोरी में लिपटा हुआ खंजरों का एक बंडल था जो वह पार्टी का शस्त्रभंडार बढ़ाने के लिए अपने साथ लेकर आए थे। उसने मुख्य पोर्च की भीड़ में प्रणव को एक रिक्शाचालक के साथ किराए के लिए हुज्जत करते देखा और वह एक अन्य रिक्शे में उछलकर सवार हो गया। जब वे चलने लगे, तो उसका ध्यान पैडल चलाते हुए रिक्शाचालक की लयात्मक गति पर गया–एक अल्पपोषित और कृश शरीर में पाँवों की मजबूत मांसपेशियाँ। उसके चेहरे ने शम्भू को प्रभावित किया। इस पर चुके हुए भोलेपन का भाव था, जैसे भीतर की आत्मा कह रही हो, पिछले जन्म में मैंने ऐसा क्या किया था जिसके कारण मैं यह सब भोग रहा हूँ? कभी-कभी उसे इस तरह के अजनबियों से सहानुभूति हो जाती थी। लेकिन उसने अपने कॉमरेड की लम्बी काया पर अपना ध्यान केन्द्रित रखा, बीच-बीच में वह रिक्शावाले से तेज चलने को कह देता था। शम्भू साधारण कद-काठी का व्यक्ति था, सामान्य कपड़े पहनता था और आसानी से भीड़ में मिल जाता था। सब-इंस्पेक्टर दहिया का ध्यान लम्बे छात्र पर बहुत अधिक था जो उसका मुख्य शिकार था। शम्भू को यह समझने में ज्यादा देर नहीं लगी कि प्रणव का पीछा किया जा रहा है। शम्भू ने अपनी दूरी बनाकर रखी, और उस तंग गली में जहाँ रेलवे क्वार्टर थे, रिक्शे से कूद गया। उसके सामने से हरियाणवी में उच्चरित एक तेज आवाज आई। इससे उसके सन्देह की पुष्टि

हो गई। चिन्ताग्रस्त होते हुए उसने पसीने से तर रिक्शावाले को छोड़ दिया, और घूमकर वापस मुख्य सड़क के लिए चल पड़ा, जहाँ उसने दूसरा रिक्शा लिया। रास्ते में वह कुछ समय के लिए रिक्शे से उतरा और सड़क किनारे की नाली में पेशाब करने के लिए ठहरा। बैग में हाथ डालकर उसने चाकुओं का बंडल निकाला और परनाले के बहते हुए पानी में फेंक दिया।

उसने कुछ समय तक स्टेशन पर प्रतीक्षा की कि शायद प्रणव आता हो। उनमें सहमति हुई थी कि यदि कोई गम्भीर दुर्घटना हो जाए तो वे अपने बारे में खुद-ब-खुद फैसला ले लेंगे। यदि उनमें से कोई एक बच सकता हो तो वे दोनों की गिरफ्तारी का खतरा नहीं उठा सकते थे। अपराध-भाव से वह दिल्ली की तरफ जानेवाली पहली ट्रेन में बैठ गया, जो मुगलसराय जा रही थी। यह जानने का उसके पास कोई साधन नहीं था कि क्या हुआ होगा, लेकिन वह शीघ्रातिशीघ्र अपने परिचित माहौल में पहुँचना चाहता था। यदि पुलिस उनके पीछे थी तो यह भी स्पष्ट था कि उसकी निगरानी की जा रही होगी और वह अपने परिवार को लेकर बहुत चिन्तित था। वह रेलें बदलता हुआ अगले दिन शाम को दिल्ली पहुँचा, उसने शास्त्रीनगर के लिए एक ऑटो रिक्शा लिया और अपने छोटे से सहन में पीछे की तरफ से घुसा। उसके घर पर ताला लगा हुआ था। उसकी चिन्ता बढ़ गई थी। वह प्रेम टेलर के अहाते में कूदा और उसका पिछला दरवाजा खटखटाया। उसने देखा कि प्रेम मोमबत्ती की रोशनी में बैठकर दारू पी रहा है, भरा हुआ गिलास सिलाई मशीन के पास की टेबल पर रखा हुआ था। 'भाईजी! तुम कहाँ चले गए थे।'–उसके दोस्त ने राकेट छाप ठर्रे का एक पैग देते हुए उससे पूछा, 'गोधूली और तीनों बच्चे दो दिन पहले ही तुम्हारे साले के साथ चले गए हैं।' उसके जाने के बाद दूसरे दिन पुलिस ने घर पर छापा मारा था। यह जानकर शम्भू को सन्तोष हुआ कि वे सुरक्षित हैं।

'क्या हुआ था?'

'तुम्हारे जाने के बाद शाम को एक इंस्पेक्टर और दो पुलिसवाले यहाँ आए थे।'

'जब वे गोधूली से मिले तब क्या तुम यहाँ थे?'

'हाँ, शुरू से ही। वे चाय की दुकान में थे और मैं बाहर खड़ा था।'

'फिर?'

'उन्होंने कहा तुम्हारा मरद कहाँ है और उसने जवाब दिया कि मुझे पता नहीं। उन्होंने पूछा कि क्या उसे कोई अन्दाज है कि वह कहाँ होगा। नहीं, वह यहाँ-वहाँ आता-जाता रहता है, मैं उसकी आवाजाही का हिसाब नहीं रखती। उन्होंने जानना चाहा कि क्या वह फिकरमन्द नहीं है? उसने कहा, उसे फिक्र क्यों होगी, क्या तुम पुलिसवाले यहाँ-वहाँ नहीं जाते? क्या तुम अपनी लुगाई से यह कहकर जाते हो कि तुम कहाँ जा रहे हो?' प्रेम इस सबको बताते हुए मजा भी ले रहा था। 'भाईजी, मैं कहता हूँ कि उस

रात भाभीजी बहुत हिम्मत से काम ले रही थी! उसने उन्हें एकाध बात ही बताई, लेकिन चिन्ता मत करो।'

'क्या उन्होंने मेरे दोस्तों के बारे में पूछा था?'

'उन्होंने पूछा कि क्या कोई बड़ा नेता वहाँ आकर रुका था, उसने कहा नहीं, नेता, कैसा नेता। तब वे जानना चाहते थे कि क्या कोई बंगाली बाबू कभी यहाँ आया था, और उसने कहा कि वह किसी को नहीं जानती। कोई बाबू उसके पति और उस जैसे किसी मजदूर से वास्ता क्यों रखेगा?'

शम्भू आश्वस्त हुआ। फिर उसने पूछा–'क्या पुलिसियों ने उसके साथ कोई बदतमीजी की?'

'जब उन्हें लगा कि उनकी पूछताछ का कोई नतीजा नहीं निकल रहा तो हवलदार चिल्लाया कि वह एक जाहिल औरत है। मुझे डर लगा कि वह उसे कहीं मार न बैठे, लेकिन सब-इंस्पेक्टर कुछ ठीकठाक आदमी था, उसने उसे शान्त किया। लेकिन चेतावनी दी कि वह और उसके बच्चों पर संकट आ सकता है क्योंकि उसके मरद की दोस्ती ऐसे लोगों से है जो खतरनाक राष्ट्रविरोधी हैं।'

'फिर क्या हुआ?' शम्भू ने जानना चाहा।

'भाभीजी ने कहा कि मैं तुम्हें बता दूँ वह बच्चों को साथ लेकर भिवानी चली गई है।' जब यह बातचीत चल रही थी, उस बीच प्रेम ने भोजन के लिए शम्भू के सामने ठंडी चपातियाँ और दाल, कटी हुई प्याज, दो बड़ी हरी मिर्च और नमक रख दिया था। राकेट छाप का एक और पैग पीने में थोड़ा सा वक्त गुजारने के बाद शम्भू ने खाना शुरू किया। तब प्रेम ने, जिसकी शम्भू की राजनैतिक गतिविधियों में किसी भी तरह की कोई रुचि नहीं थी, 'भाई जी, मेरी बात का बुरा मत मानना, तुम और तुम्हारे कॉमरेड करते क्या हैं? मेरा मतलब, क्रान्ति लाने के लिए?'

यथार्थ के बारे में शम्भू एक सपाट समझ रखता था। शुरुआती दिनों में जब युवा कॉमरेड सांस्कृतिक क्रान्ति की चर्चा करते, तो वह अभिभूत होकर सुनता रहता। रेडगार्ड, जनकम्यून, 1968 की मई, और चे ग्वेरा। ये बातें उसे दिलचस्प लगतीं, लेकिन उसे प्रभावित नहीं करती थीं। लेकिन वह कारखाने के हेकड़ सुपरवाइजरों, मक्कार यूनियन नेताओं और वियतनाम पर बम बरसाने वाले अमेरिका से घृणा करता था। 1971 की घटनाओं से वह बेअसर नहीं रहा था। वह जानता था कि पूर्वी पाकिस्तान में हो रही घटनाओं से उसके कॉमरेड चिन्तित हैं। वह इस बात से गुस्सा था कि चीन के कॉमरेड अमेरिकी साम्राजियों से हाथ मिला रहे हैं। लेकिन जब उसने प्रेम का प्रश्न सुना तो ये बातें उसके जेहन में नहीं आ रही थीं। वह कारखाने से अपने निलम्बन, छोटी-सी चाय की दुकान से जीविका अर्जित करने की निजी मुश्किलों और बच्चों के प्रति अपनी जिम्मेदारियों के विषय में सोच रहा था, जिनमें से दो स्कूल जाते थे। सच तो यह था

कि जब वह यहाँ नहीं था पुलिस उसके घर आई थी और उसने उसकी पत्नी को प्रताड़ित किया था। सचमुच यह सोचने की बात है कि वह क्रान्ति के लिए क्या कर रहा है? निश्चित रूप से यह आवश्यक है, उसे इसमें रत्ती भर भी सन्देह नहीं। लेकिन अगर वह किसी उलझन में फँस जाए या मारा जाए तो गोधूली और बच्चों के साथ क्या गुजरेगी? *क्या करें?* में इन सवालों के कोई जवाब नहीं थे। उसने सोचा कि उसे खुद इन्हें गम्भीरतापूर्वक सुलझाना पड़ेगा, लेकिन बाद में जब उसके शरीर में शराब की मात्रा कुछ कम हो।

उसने प्रेम की ओर देखा और ठहाका लगाया, 'ज्यादा कुछ नहीं! हम अपने को व्यस्त रखने के लिए इधर-उधर भटकते रहते हैं।' अगली सुबह वह बस से भिवानी चला गया। अपनी पत्नी से मिलकर शम्भू को चैन मिला, वह और उसके बच्चे सही-सलामत थे। उसने आँगन में लगे नल के नीचे स्नान किया और गरम रोटियों, काली दाल, तथा मिर्ची अचार का भोजन किया। बाद में तब क्या हुआ था, इस पर बात करने बैठे। उसने बताया कि पुलिसवाले उसे डराने की कोशिश कर रहे थे। उसने इस बात पर ध्यान नहीं दिया कि क्या उसने कोई खास बात पुलिस को बताई थी। लेकिन उसकी बेचैनी को वह समझ रही थी। उसने पूछा—'बिहार में क्या हुआ?'

'वहाँ खतरा था, मुझे जल्दी ही लौटना पड़ा।' वह अभी सारी बातें बताना नहीं चाहता था।'

'क्या वे हमें लगातार परेशान करते रहेंगे?'

'हो सकता है।'

'प्रणव कहाँ है?'

'हम बिछुड़ गए। मुझे उसकी चिन्ता है।'

'अब तुम क्या करोगे?'

'दिल्ली वापस जाऊँगा।'

'क्या तुम्हारा जाना जरूरी है?'

'हाँ, मेरे खिलाफ उनके पास कोई मामला नहीं है। मैं किसी और जगह रह लूँगा। स्वदेशी काटन मिल में मुझे बदली का काम मिल सकता है। लेकिन मुझे कॉमरेडों को सूचित करना होगा और पता लगाना होगा कि प्रणव ठीक ठाक है।' उसका चेहरा खिल उठा जब उसने अपनी बेटी कान्ता को किलकारी मारकर भागते हुए आते देखा, वह अभी चार साल की भी नहीं हुई थी, उसकी बड़ी बहन उसके पीछे थी। वह दुनिया भर की चिन्ताओं से मुक्त थी। पास से निकलते हुए उसने उसकी बाँहें पकड़ लीं—'अय छोरी! तू जानती है बंगाल में वह छोटी लड़कियों के लिए छोटे-छोटे केले बनाते हैं।' कान्ता दाँत दिखाती हुई हँसी और चिल्लाती हुई बोली—'फिर तुम मेरे लिए लाए क्यों नहीं,' पिता से बाँह छुड़ाकर वह भाग गई।

गोधूली कह रही थी–'फिर क्या ? क्या तुम वापस आओगे ? पुलिस आई तो हम क्या करेंगे ?'

'तुम अपने पिता के पास गाँव चली जाना। रजिन्दर और टूसी हाल-फिलहाल गाँव के स्कूल में पढ़ेंगे। मैं मास्टरजी से बात कर लूँगा। तुम्हारे चाचा सोहनलाल तुम्हें वहाँ ले जा सकते हैं, और एक-दो हफ्ते में मैं तुम्हारे पास आऊँगा।'

'ठीक है, अगर तुम्हें लगता है कि यही ठीक होगा।' वह एक क्षण के लिए चुप रही, फिर पूछा–'क्रान्ति का क्या चल रहा है ? क्या यह जल्दी होनेवाली है ?' शम्भू ने अनुभव किया कि जिस लहजे में उसकी पत्नी ने क्रान्ति का उल्लेख किया वह पहले से बहुत भिन्न था। लेकिन वह सोच में डूबा हुआ था। वह घर पर बनाए गए उन चाकुओं को याद कर रहा था, जो वह इतनी दूर ले गया था। वह वर्ग शत्रुओं को खत्म करने के लिए गढ़े गए थे, निर्धनों और वंचितों के एक उज्ज्वल भविष्य के लिए। क्या यह भी उचित था कि उसने उन्हें एक परनाले में बहा दिया। एक-एक पाई के लिए पसीने से भीगे हुए, अपनी मशीन के पैडल चलाते हुए रिक्शाचालक की तस्वीर उसकी स्मृति में कौंधती रही। क्या यह सब इसलिए उसे याद आ रहा था क्योंकि वह आखिरी बार प्रणव के इलाके में था ? प्रेम दर्जी और रिक्शावाले के लिए क्रान्ति क्या मायने रखती थी ?

'शम्भू!' अपने विचारों से वह बाहर आया।

उसने कहा–'क्रान्ति ? मैं कुछ नहीं जानता। मैं नहीं समझता कि जो हो रहा है, उसके बारे में नेताओं को कुछ अन्दाज भी होगा। बुद्धिमान लोग अपनी ही दुनिया में रहते हैं।'

ओ साथी रे
तेरे बिना भी क्या जीना, रे...
तेरे बिना भी क्या जीना।

दिव्य कल्पना को केवल उसके द्वारा रचे गए जीवों के विचारों से ही समझा जा सकता है। पुरुष ने सहज बोध को और स्त्री ने सुख को संसार की सबसे बड़ी चीज बताया। यह वस्तुएँ पुरुषवाची और स्त्रीवाची हैं, क्योंकि सहजबुद्धि विचार है तो सुख भावना, जब तक वे प्यार को अंगीकार नहीं करते तब तक असीम की अभिलाषा पूरी नहीं होती। लेकिन सावधान, जब से समय का प्रारम्भ हुआ है, मानवता का कभी परिणय नहीं हुआ। पुरुष का संयुग्मन तो हुआ किन्तु उसकी अपनी ही परछाँइयों से। उनके मानस में जो कामना जन्मी उसका उन्होंने अनुगमन किया, और अभी तक किसी पुरुष को स्त्री के प्रेम की जानकारी नहीं है। और स्त्रियाँ अपनी ही हृदय छाया से संविष्ट होती रही हैं, इस आसक्ति के साथ सोचते हुए कि आसपास पुरुष की बाँहों में वे आलिंगनबद्ध हैं...पुरुष एक विचार है और स्त्री एक अन्तर्बोध। उनके बीच में एक अन्तराल है जिसे भय कहा जाता है, और उन्हें सतानेवाला भय क्या है, वह यह कि उनकी शक्ति उनसे छीन ली जाएगी, और फिर वह निरंकुश नहीं रह पाएँगे...अँगुलियों के पोरों पर ईश्वर का नियंत्रण है, किन्तु शैतान सभी प्राणियों की आँखों से देखता है, ताकि वह विवेक की भूलों में भटकते रहें और इस भटकाव के लिए स्वयं का औचित्य प्रतिपादित करते रहें। पुरुष का काम्य सौन्दर्य होना चाहिए किन्तु उसने अपने मानस में एक दास को सजा रखा है, जिसे सद्गुण का नाम दिया गया है। स्त्री के लिए प्रज्ञा की वांछा करनी चाहिए, लेकिन उसके रक्त में एक जंगली पशु है, जिसे वह साहस कहती है। लेकिन वास्तव में सद्गुण तो साहस है और वास्तविक स्वातंत्र्य प्रज्ञान। प्रज्ञान विचार और अन्तर्बोध की सन्तान है। उसके नाम अबोधता, उपासना और सुख भी हैं।

(एंगस ओग–जेम्स स्टीफन कृत 'दि क्रोक ऑफ गोल्ड' में)

18

इतिहास का फरिश्ता

1990 में पहले नक्सलवादी विद्रोह को भड़के दो दशक बीत चुके थे। कॉमरेड खोखोन ने अपने दो आगन्तुकों का स्वागत संयत विनम्रता के साथ किया। अब उसमें परिवर्तन आ गए थे, यद्यपि उसके चेहरे पर अब भी जानी-पहचानी मुँह की बंकिम सिलवट थी, और वेशभूषा वैसी ही साधारण थी–खादी का कुरता और पाजामा। चश्मे के पीछे से आँखें थकी हुई झाँक रही थीं। वे तीनों सीमेंट के कुछ नम फर्श पर फैली हुई गादियों पर बैठ गए।

'मैं आपके लिए क्या कर सकता हूँ? असित दा ने बताया था कि क्रान्तिकारी आन्दोलन के प्रथम चरण में आपकी दिलचस्पी है।'

जिस व्यक्ति ने अपना नाम मोहन बताया था, कहा–'हाँ कॉमरेड, मैं इसका हिस्सा था। यह मेरा मित्र गुरुदास है। हम दिल्ली के एक ही कॉलेज में शिक्षक हैं। मैं आपसे जुलाई 1970 में नन्दन के साथ कॉलेज स्ट्रीट के कॉफी हाउस में मिला था। तब पार्टी का गठन हुआ ही था। आपको याद है? शायद नहीं...'

'दो प्रोफ़ेसरों के आगमन ने मुझे सम्मानित किया है। मुझे दुख है कि आपसे हुई भेंट मुझे याद नहीं। काफी लम्बा समय बीत गया। उस समय मिदनापुर में देबरा-गोपीवल्लभपुर अभियान चल रहा था। आप पार्टी में थे?'

'हाँ, कुछ समय के लिए पूर्णिया-माल्दा जिला समिति में, बाद में उत्तर भारत में अन्यत्र।'

'उत्तर भारत? कहाँ?' वह रुका, पीछे घूमते हुए उसने तेज स्वर में कहा–'गोपी, हमारे मेहमानों के लिए चाय तो बनाओ।'

'कुछ समय पंजाब में और फिर यू.पी. में...' वह विषयान्तर करना चाहता था, फिर उसी विषय पर जिसके लिए वे दोनों एक समय के इस प्रतिष्ठित छात्र नेता से भेंट करने आए थे–'दरअसल वर्तमान समय की राजनीति पर हम आपके विचार जानना चाहते थे। अब जबकि पहला चरण बहुत समय पहले सम्पन्न हो चुका है।'

'असित दा ने आपको भेजा है। इसलिए मैं मानता हूँ कि आप विश्वसनीय व्यक्ति

हैं। वह एक महान संघर्ष था। लेकिन पार्टी कार्यक्रम को क्रियान्वित करने के लिए हमारी हर सम्भव कोशिश के बाद भी सीएम की खत्म लाइन सफल नहीं हुई।'

'क्या यह सच है कि आपने 1971 में इसकी आलोचना की थी, लेकिन रणनीतिगत कोई संशोधन नहीं किया था। पार्टी कार्रवाई के लिए क्या मिदनापुर एक महत्त्वपूर्ण केन्द्र था?'

'बंगाल-बिहार-उड़ीसा सीमा की क्षेत्रीय समिति सर्वाधिक निष्ठावान इकाई थी। हमने सौ से अधिक वर्ग शत्रुओं को मारा। लेकिन वहाँ कोई सामान्य जागरण नहीं हुआ और जनता अलग पड़ती गई। बहुतेरे कॉमरेडों का बलिदान देना पड़ा। मैंने खुद एक मुठभेड़ के विषय में चारु दा को लिखा था जिसमें मेरे निकट के तीन कॉमरेड शहीद हुए थे। उन्होंने रुमानी ढंग से जवाब दिया कि हमें और बलिदानों के लिए तैयार रहना चाहिए, वगैरह। मैं सोचने लगा था कि हम दुस्साहसिक मार्ग पर चल रहे हैं।'

'क्या तभी विभाजन होने लगा था?'

'हाँ, और फिर पाकिस्तान का संकट पैदा हुआ और नेतृत्व ने वह लाइन ली जो चीनी कम्युनिस्ट पार्टी के विरुद्ध थी।'

आगन्तुक अन्तर्राष्ट्रीय सम्बन्धों के महीन पक्षों पर चर्चा नहीं करना चाहते थे। वे अपने पूर्व विषयों पर ही आ गए—'कॉमरेड, आपने कहा कि मिदनापुर में कई एक्शन हुए थे। क्या आप सोचते हैं कि कुछ लोगों को अनावश्यक रूप से ही मार दिया गया।'

खोखोन ने कुछ सोचा, फिर गम्भीर स्वर में उसने कहा—'हाँ।'

'हम देश की साम्प्रदायिक स्थिति और दक्षिणपन्थ के उभार पर आपके विचार जानना चाहते हैं। हमें यह फासिज्म का ही एक रूप प्रतीत होता है। हम दिल्ली में 1984 के सिख दंगा पीड़ितों के लिए आन्दोलन करते रहे हैं। अब आरएसएस और इसके मुखौटा संगठन बाबरी मस्जिद को गिराने के लिए आन्दोलन चला रहे हैं। क्या आप नहीं मानते कि इस शरारत भरे अभियान का सामना करने के लिए वामपंथियों को एकजुट हो जाना चाहिए?'

'हाँ, निश्चय ही। यही कारण है कि मैं सीपीएम से जुड़ गया हूँ। हम साम्प्रदायिक शक्तियों के विरुद्ध संघर्ष को कांग्रेस से बेहतर ढंग से कर सकते हैं। दिल्ली में इतने सारे लोग मारे गए थे, और अब पंजाब में मारे जा रहे हैं। यह प्रगतिशील शक्तियों की भारी पराजय है।'

अब गुरुदास ने खोखोन की आँखों में सीधे देखा। 'कॉमरेड क्या मैं आपसे एक निजी प्रश्न कर सकता हूँ?'

'क्यों नहीं।'

'क्या कभी आपने परिवार और बच्चों के विषय में सोचा?'

'परिवार? कॉमरेड ही मेरा परिवार थे। और शोषित वर्ग की सन्तानें मेरे बच्चे...'

वह आधे वाक्य पर रुक गया, जैसे उसे कोई बात याद आ गई हो।

'क्या आपने किसी कार्रवाई में भाग लिया? क्या कभी वर्गशत्रु की हत्या की?' प्रश्न बहुत विनम्रता से किया गया था।

वातावरण तनाव के कारण गम्भीर हो गया था। खोखोन की आँखें चमक रही थीं। उसने फिर ऊपर की तरफ देखा और बहुत शिष्टता के साथ सिर हिलाया। क्या वह उत्तर नहीं देना चाहता था?

मृतक कभी पीछा नहीं छोड़ते, तब भी जबकि उनका मरना लाजिमी था।

समकालीन राजनीति पर कुछ और विचार-विनिमय के बाद आगन्तुक जाने के लिए उठ खड़े हुए। उन्होंने कहा कि उन्हें दूसरी जगह जाना है। सभी को यह आशा थी कि फासिज्म के विरुद्ध एक संयुक्त मोर्चा बन सकेगा। खोखोन इमारत की दूसरी मंजिल के अपने फ्लैट के दरवाजे तक उन्हें छोड़ने को गया। वे जीने की ओर मुड़े और सीढ़ियों से उतरने लगे।

'ठहरिए। कृपया रुकें।'

वे पीछे मुड़े। उन्होंने ऊपर देखा। वह चला गया और कुछ क्षणों बाद सीढ़ियों के ऊपर एक प्लेट लिये दिखाई दिया जिसमें सन्देश के दो टुकड़े रखे हुए थे। गोपी नाम की लड़की उसके पीछे थी, उसके हाथों में पानी के दो गिलास थे।

'माफ करना मैं आपको कुछ खिला नहीं पा रहा हूँ!'

'शुक्रिया कॉमरेड, इसकी कोई जरूरत नहीं थी।'

'नहीं, नहीं, कृपया लें, यह हमारे बंगाल की विशेषता है।' उसने गुरुदास से कहा। मिठाई खाते और पानी पीते हुए उन्हें देखकर उसके चेहरे पर एक मुस्कुराहट तैर गई। विदा की औपचारिकताएँ फिर दुहराई गईं और अन्ततः वे चले गए। जब दोनों मित्र गली से निकलकर सड़क पर पहुँचे तो उन्होंने एक दूसरे को प्रश्नवाचक दृष्टि से देखा।

'क्या वह कुछ कहने की कोशिश नहीं कर रहा था?' मोहन से गुरुदास ने पूछा।

'हम बाहर के लोग हैं।' मोहन ने उत्तर दिया-'और शायद उससे किसी ने कभी वह सवाल नहीं किया होगा जो तुमने सीधे-सीधे कर दिया था। हो सकता है कि 1984 के बाद जीवन और मृत्यु के वे अर्थ बदल गए हों जो उन दिनों हमारे लिए हुआ करते थे। कौन जानता है?' वे बस अड्डे की तरफ बढ़े और उन्होंने विषय बदल दिया।

तुम जो हो और जो हो सकते थे, एकाकीपन उसके बीच की दूरी है।

८०

भारतीय मानसून की पहली घड़ी सदा राहत, रहस्य और रुमान लेकर बरसती है। किन्तु 1971 के बादल अनिष्टकारक थे। प्रणव के लिए मेह कोई खुशी लेकर नहीं आए। और न ही उन्होंने उसका ध्यान महाद्वीपों में हो रही घटनाओं के प्रति आकर्षित किया।

कटिहार की त्रासदी के बाद वह बिजनौर आ गया था जहाँ वह किराए के एक छोटे से कमरे में रह रहा था और गहन अवसाद ने उसे घेर लिया था। कॉमरेड उसे हौसलापस्ती कहते थे और इसका असर शरीर पर भी पड़ा था। वह जैसे नींद में चलता-फिरता हो। रात में वह सो जाता और अचानक चौंककर जाग जाने पर अपने को पसीना-पसीना पाता। पिस्तौल के मामले में वह खुद को अपराधी मानता, क्योंकि वे अपना पीछा होते हुए देख नहीं पाए थे, वे सचेत नहीं थे। सुराही को गिराने का दोषी भी वही था, क्योंकि उसने जहूर को अपने साथ ही निकल भागने को नहीं कहा। सबसे ज्यादा उसे जहूर की आँखों का वह आश्चर्यचकित भाव दिखाई देता था जब गोली उसकी छाती से टकराई थी और खून बलबलाकर बह रहा था। उस बदकिस्मत दिन की घटनाओं को याद करते-करते उसके मानस में दुस्वप्न तैरने लगते थे, अनन्त रूप से उन्हें मनचक्षुओं में दुहराते हुए वह सोचता कि चीजें कुछ और कैसे हो सकती थीं। उसने पढ़ाना फिर से शुरू कर दिया था लेकिन एकाग्र नहीं हो पाता था। कभी-कभी वह बीच वाक्य में ही क्लास खत्म कर देता था। उसके विद्यार्थी हैरान होते कि उनके अध्यापक को हो क्या गया है। उसके दिल और दिमाग में तूफान चल रहा था।

अपनी लरजती हुई भावनाओं से मुक्ति के लिए प्रणव एक सहारा खोज रहा था। एक सप्ताहान्त उसने शहर छोड़ने की व्यवस्था की और दिल्ली के लिए जानेवाली दिन की ट्रेन में बैठ गया। वहाँ वह शाम ही को पहुँच गया था। कीचड़ भरे गड्ढों से बचता हुआ वह दिल्ली के मुख्य रेलवे स्टेशन से बाहर निकला। वहाँ की गन्ध और परिदृश्य से उसे अपने विद्यार्थी जीवन की बरसातों की याद हो आई। उसने कोयल की मादक कुहुक सुनी और कई सप्ताह के बाद पहली बार चैन की साँस ली। उसे जामुन खाने की इच्छा हुई। उसने विश्वविद्यालय के सहायक तंत्र के माध्यम से दिव्या को सन्देश भेजा और किसी सुरक्षित स्थान पर मिलने का अनुरोध किया। दो दिन बाद वह दोपहर में दक्षिण दिल्ली के एक फ्लैट में गया, जिसमें एक पार्टी सिम्पेथाइजर की छोटी-सी कम्पनी का गेस्ट-हाउस था। दिव्या से उसकी भेंट फिर होनेवाली थी।

तय हुए के अनुसार प्रणव मिलने की जगह पहले पहुँच गया, और पहले माले के फ्लैट के एक हवादार शयनकक्ष में प्रतीक्षा करने लगा। उसके चेहरे पर दाढ़ी थी जो पहले नहीं होती थी। यह ठीक भी था क्योंकि परिचित उसे अब कम पहचान पाते। उसने सूती पायजामे के साथ खादी का कुरता पहन रखा था, इससे वह सामान्य दिख रहा था। वह जगह घरेलू वातावरण वाली नहीं थी और यह अच्छा ही था। वे अकेले होंगे और औपचारिक कुशलमंगल की कोई जरूरत नहीं थी। दिव्या बीस मिनट बाद पहुँची और गेस्ट हाउस का चौकीदार उसे कमरे तक पहुँचा आया। वह एक सूती साड़ी, जिस पर हल्के पीले रंग के फूल छपे थे और सफेद ब्लाउज पहने हुए थी। साड़ी कुछ मुसड़ी हुई थी। जब उसने दस्तक दी तब वह आरामकुर्सी पर बैठा हुआ था और खिड़की

से नीचे की सड़क को देख रहा था। वह उठा और उसने दरवाजा खोल दिया।

'दिव्या, यहाँ आने का कष्ट उठाने के लिए धन्यवाद। तुमसे मिलकर खुशी हुई।'

'कैसा कष्ट! तुम पागल हो क्या?' वह मुस्कुराई, वातावरण सहज हुआ। वह दुबला लग रहा है, उसने सोचा।

'मेरी समझ में नहीं आ रहा कि क्या कहूँ। मुझे तुम्हें देखकर भारी खुशी हुई है।' वह कमरे के बीच में एक दूसरे के सामने खड़े हुए थे। उसने दिव्या के कन्धे पर एक हाथ रखा। दिव्या ने साँस ली और सिर हिलाया। उसकी अभिव्यक्ति में प्रसन्नता थी और चिन्ता भी। दिव्या ने देखा कि अब वह आत्मविश्वास के साथ सिर को झटका नहीं देता जो पहले उसकी आदत थी। लेकिन कुछ कहा नहीं।

'इन दिनों क्या होता रहा है? तुम्हारे माता-पिता कैसे हैं?'

'कितना बेहूदा सवाल है। तुम एक भूमिगत क्रान्तिकारी हो और मुझसे मेरे पारिवारिक जीवन के सम्बन्ध में पूछ रहे हो?'

उसकी मुस्कुराहट विलीन हो गई। उसके पास से हटकर वह खिड़की के पास चला गया। मानो अपनी असुविधा से लड़ते हुए उसने कहा–'दिव्या मैं एक त्रासद अनुभव से गुजरा हूँ। एक कॉमरेड की हत्या मेरी आँखों के सामने हुई। मैं खुद भी मर सकता था।'

'हाँ, पवन ने मुझे बताया था, और कहा था कि मैं किसी को न बताऊँ।'

'मैं तब से सो नहीं पाया हूँ। मैं मानो नरक की आग में झुलस रहा हूँ। अब भी वही हाल है। और यह मेरी ही चूक थी।'

'ऐसा तुम क्यों मानते हो?'

'यही सच है। मैंने अपना पीछा होने दिया...कुछ बातें और भी थीं।'

जब उसने बोलना शुरू किया तो वे डबलबेड के किनारे पर जाकर बैठ चुके थे। उसने गोपनीयता और सतर्कता की परवाह किए बिना कटिहार की रेलयात्रा के समय से लेकर होनेवाली हर बात विस्तार से बताई। वह चुपचाप सुनती रही। जब वह जहूर को गोली लगने के बिन्दु पर पहुँचा तो हिचकने लगा। अपनी बाँहें अपने ही कन्धों पर रखकर वह नीचे देख रहा था, जैसे उस रक्त प्रवाह को थामने की कोशिश कर रहा हो, जो किसी दूसरे आदमी की छाती से किसी और जगह और कभी और बहा था। दिव्या खामोश रही। उसने अपने आपको शान्त किया और एक क्षण के लिए अन्तर्मुखी हो गया। फिर उसने कहा–'जब हम स्कूल में थे, तो जब भी हम रोते थे, हमारे शिक्षक हमें मर्दों की तरह बर्ताव करने को कहते थे।'

'यह छोटे बच्चों के साथ होता है। क्या तुम्हारी माँ ने भी ऐसा नहीं कहा?'

'अक्सर नहीं। मेरे पिता मजाक के लहजे में कहते थे, तुम आदमी हो या पायजामा...?'

'तुम कह रहे थे?'

'मैंने यह बात कभी किसी से नहीं कही। पर अगर इसका यही अर्थ है, मुझे पक्का पता नहीं कि मुझे मर्द होना अच्छा लगता है या नहीं...'

'यदि तुम्हें यह मुश्किल लगता है, तो सोचो हमें क्या कुछ झेलना पड़ता है। लेकिन हम इस सम्बन्ध में बात क्यों कर रहे हैं?'

'किसी बात से मैं यह सोचने पर विवश हुआ। मुझे लगता है कि मर्दानगी में कुछ खतरनाक है।'

'क्या?'

'पुरुष के लिए सबसे ज्यादा अपमानजनक यह है कि वह अपने साथियों के सामने कायर दिखाई दे। यह भाव पुरुष को भयानक बना देता है।'

'जैसे?'

'मैंने कभी किसी को नहीं बताया। ऐसा कोई अवसर ही नहीं मिला। यात्रा के दौरान शम्भू बहुत सारी बातें करता रहा था। उसने मुझे कहानियाँ सुनाई थीं कि पंजाब में क्या हुआ था। उसे कभी-कभी पार्टी के काम से पंजाब जाना पड़ता था।'

'कैसी कहानियाँ?'

'शुरू के दिनों में कुछ पार्टी इकाइयाँ थीं जो नए लोगों को भरती करने से पहले उनसे कहती थीं कि वह रात में आवारा कुत्तों की चाकू से हत्या करें।'

'क्या?'

'इससे वह रक्त और हत्या के अभ्यस्त हो जाते हैं। और फिर सच में हत्याएँ, वे डरावनी थीं। उसने मुझे बताया था कि एक दस्ते ने एक भूस्वामी की हत्या तब की जब वह चारपाई पर सोया हुआ था। उन्होंने उसे दबोच लिया और उसकी गुदा में सूजा घुसेड़कर उसे मार डाला।'

'प्रणव यह डरावना है। तुम्हारी बात सुनकर मुझे उबकाई आ जाएगी। खत्म करो ये बातें।'

'जब मैंने यह सुना था तो मुझे भी ऐसा ही लग रहा था। लेकिन यह दूर कहीं घटित हुआ था। एक कहानी थी। लेकिन कटिहार के बाद मुझे डर लगने लगा है।'

'क्या इस सबको इतना क्रूर होना चाहिए?'

'जब हम लिबरेशन में वर्गशत्रु की हत्या की रिपोर्टें पढ़ते हैं तो वह एक बात होती है। लेकिन वास्तव में एक व्यक्ति की हत्या को अपनी आँखों के सामने देखना...इससे तुम्हें कुछ हो जाता है, दिव्या। हमेशा के लिए। मैं समझ नहीं पाता कि क्या कहूँ? तुम क्या सोच रही हो?'

दिव्या ने उत्तर देने से पहले एक गहरी साँस ली–'कई बातें। तुम अपने को जिम्मेदार मान रहे हो। लेकिन पिस्तौल मैंने तुम्हें लाकर दी थी। यह सब बिल्कुल नहीं होता।

और मुझे उन बेचारे गिटारवादकों के प्रति तुम्हारा अपमान भी पसन्द नहीं आया। मैं आज भी उस हिप्पी के प्रति शर्मिन्दगी महसूस करती हूँ, जो मुझे सेलर में मिला था, जिसने मुझ पर विश्वास किया। इस विश्वास ने उसे मार दिया होता और तुम्हें भी। उनकी मूर्खता तुम्हारे लिए सहायक ही हुई, क्या यह उनका तुम पर उपकार नहीं था? कभी-कभी मैं खुद को दोषी ठहराती हूँ फिर मुझे याद आता है कि मैं तुम्हें एक सबक सिखाना चाहती थी। और मैं तुमसे पूछना चाहती थी कि तुम स्त्रियों को सन्देशवाहिका और टाइपिस्ट ही क्यों बनाए रखना चाहते हो। सच तो यह है कि मैंने कभी नहीं चाहा था कि तुम पिस्तौल छीनो।'

उसने उसे देखा। प्रणव खामोश रहा। फिर उसने कहा—'हाँ तुम जिम्मेदार हो। लेकिन जहूर का अपना चुनाव था। तुम सभी खतरे की सीमा तक पहुँच गए हो। देर-सबेर तुम्हें चोट लगना है। मैं नहीं जानती कि यह बात खूबसूरती से कैसे कहूँ पर अगर उस दिन किसी को मरना ही होता तो मुझे तब खुशी है कि वह तुम नहीं थे।' उसके स्वर में तनाव था।

'मैंने सोचा कि पार्टी के प्रति तुम्हारी सहानुभूति है। साफ-साफ कहो कि तुम सोचती क्या हो?'

'मैं कभी नहीं जान पाई कि यह किस तरह कहा जाए—तुम आमूल परिवर्तन तो चाहते हो, लेकिन तुम्हारा दिमाग बहुत संकीर्ण है।'

प्रणव ने अपनी भँवें ऊँची की–'आमूल परिवर्तन में संकीर्ण मस्तिष्क की बात क्या है?'

'मैं क्रान्ति की नहीं, क्रान्तिकारियों की बात कर रही हूँ।'

'क्रान्तिकारियों के बिना क्रान्ति नहीं हो सकती है।'

'ऐसे क्रान्तिकारी भी हैं जिन पर पार्टी गर्व नहीं कर सकती।'

'तुम कहना क्या चाहती हो?'

बहुत शान्ति के साथ तथ्यपरक तरीके से उसने कलकत्ता का अपना अनुभव सुनाया। कुछ देर तक वह अपनी प्रतिक्रिया व्यक्त नहीं कर पाया। फिर उसने कहा– 'दिव्या यह निश्चित रूप से एक संयोग ही था। यह भयानक है लेकिन एक खराब व्यक्ति के लिए तुम सभी कॉमरेडों को तो लांछित नहीं कर सकती।'

'मैं कर भी नहीं रही। लेकिन यह तो देखो कि मुझसे वही घिसी-पिटी सन्देशवाहिका आदि की भूमिका निबाहने की अपेक्षा की जा रही थी। स्वेच्छा से मैंने किया भी और देखो क्या हुआ।'

'घटना का कारण तुम्हारी भूमिका नहीं थी, एक निर्लज्ज व्यक्ति था! तुम तर्क का इस्तेमाल नहीं कर रही हो।'

वह क्षुब्ध थी। 'तुम सभी विवेक और तर्क की बहुत बातें करते हो, क्या तुम्हारी

समझ में यह नहीं आता कि मैं कह क्या रही हूँ ? महिला कॉमरेड पुरुष कॉमरेडों के बराबर नहीं हैं। तुम्हारे पास लक्ष्य है। हमारा काम है कि लक्ष्य की सेवा करें। कुछ लोग क्रान्ति की सेवा को दूसरी तरह से देखते हैं। क्या नहीं ?'

'तुम कठोर बातें कर रही हो।'

'मुझे चिन्ता नहीं। तुम दुनिया को लेकर बहुत भावुक हो, लेकिन तुम भावनाओं को नहीं समझते। तुम नहीं जानते कि तुम किस ऊँचाई पर खड़े होकर बात करते हो। क्या तुम मानवता का हिस्सा बनकर उसकी सेवा नहीं कर सकते ? तुम सहज जीवन छोड़ने के लिए इतने उतावले क्यों रहते हो ? तुम इस सबको इतना खरतनाक बना देते हो और फिर चाहते हो कि स्त्रियाँ मातहत की तरह तुम्हारे साथ काम करें। मृत्यु के भय पर काबू पाना एक बात है, हालाँकि मुझे नहीं पता कि इसमें कौन सी महानता है। मैं सच में नहीं चाहती कि समय से पहले मर जाऊँ। ज्यादातर लोग बेहतर जीवन चाहते हैं, लेकिन हिंसा को बढ़ाए बिना। क्या पहले ही इतनी ज्यादा हिंसा नहीं है ? क्रान्ति के लिए तुम्हें साधारण लोगों को संकट में डालना जरूरी क्यों लगता है ?'

प्रणव की प्रतिक्रिया उत्तेजनारहित थी। 'हम उन्हें खतरे में नहीं डाल रहे। यह व्यवस्था है जो हर जगह संकट उत्पन्न कर रही है। हम कार्रवाई इसलिए करते हैं क्योंकि दूसरे सभी रास्ते बन्द हो चुके हैं। हम केवल शोषकों के ही लिए खतरा हैं।'

उसकी आवाज उत्तेजना से ऊँची हुई–'क्या राजनीति ने तुम्हें बहरा कर दिया है ? तुम ऐसे लोगों को ज्यादा-से-ज्यादा खतरे में डाल रहे हो जो तुम्हारे समाधानों से सहमत नहीं हैं, और तुम मुझे बहुत दुखी कर रहे हो।'

उसने खुद को उस ऊँचाई से गिरते हुए देखा जहाँ खड़ा होकर वह इतने लम्बे समय से दुनिया को देखता रहा था। उसने पहली बार उसकी नजरों से नजरें मिलाकर देखा–'यह क्या है दिव्या ?'

'तुम जानते हो कि यह क्या है ! मैं तुम्हें चाहती हूँ, भले तुम एक छोटे बच्चे हो या आधे पुरुष। क्या तुम अपना हीरोपना कुछ कम नहीं कर सकते ? मेरी निगाह में तुम्हें कुछ सिद्ध नहीं करना है, मैं चाहती हूँ कि तुम जीवित रहो। सिर्फ जीवित !' उसके ओठ काँप रहे थे, वह दूसरी तरफ देखने लगी। 'क्या तुम जैसे आदर्शवादी के लिए यह एक बड़ा यूटोपिया है ?'

उसने अपना हाथ बढ़ाया और उसके चेहरे को सहलाने लगा। उसे याद आया कि वह आखिरी क्षणों में जहूर के चेहरे को भी इसी तरह सहलाना चाहता था। विगत की पीड़ा वर्तमान की राहत के साथ मिल गई, और उसने अनुभव किया कि उसका हृदय काँप रहा है। उसने उसकी हथेलियों में अपने गाल धँसा दिए। वे बिस्तर पर लेट गए और उन्होंने एक दूसरे को कस के जकड़ लिया, एक ऐसी भावुकता के साथ जो ताजा तो थी लेकिन साथ में जानी-पहचानी भी थी। उसने अपना सिर उसके वक्षस्थल पर

रखा, और कपड़ों के भीतर उसे कोमलता के साथ चूमा और एक गहरी साँस ली। उसकी देह मादक गन्ध से भरपूर थी, पहली बार वह उसके लिए अपनी चाहत को लेकर शर्मिन्दा नहीं हो रहा था। उसने उसे देखा और भीगी आँखों में मुस्कुराई, उसके बालों को सहलाते हुए उसकी छाती पर अपने हाथों को फेरा। तब उसने अपना सिर हिलाते हुए कहा—*नहीं, यहाँ नहीं...यह ठीक जगह नहीं है।* उसके बालों की कोमलता से राहत अनुभव करते हुए उसने अचानक अनुभव किया कि घर एक जगह भर नहीं है, बल्कि पूरे विश्वास की एक अनुभूति है। किसी ऐसे का साथ जिसके साथ समय मापना सम्भव नहीं। *यह क्रान्ति में शामिल होने की तुलना में कठिन क्यों था?* वे कुछ देर चुपचाप पड़े रहे। प्रणव बिस्तर पर पड़ा था जिस पर रंगीन चादर बिछी हुई थी। वह खिड़की के बाहर बादलों से ढके आकाश को देख रहा था। दिव्या किनारे बैठी थी।

अनपेक्षित रूप से उसने प्रश्न किया—'दिव्या मुझे क्या करना चाहिए?' उसने उसे देखा। पहले कभी उसने उसकी सलाह नहीं माँगी थी।

'मैं सोचती हूँ कि तुम्हें बाहर आ जाना चाहिए प्रणव। नेताओं और हेडमास्टर को नाराज किए बिना। उनसे कहो कि इस समय तुम बहुत कन्फ्यूज्ड हो और निकल आओ।'

'कौन से नेता, हम बहुत छोटे लोग हैं। मेरा किसी नेता से सम्पर्क नहीं है। मुझे पवन और दिल्ली समिति के अन्य लोगों से बात करनी होगी।'

'मोहन और रथिन कहाँ हैं?'

'रथिन बिहार में है, और मोहन जी.टी. रोड पर दौड़ रहे किसी ट्रक पर। मैं उनसे सम्पर्क नहीं कर सकता। ज्यादा-से-ज्यादा मैं अपने पतों पर एक सन्देश छोड़कर उम्मीद कर सकता हूँ कि वह उन्हें मिल जाएगा। यह जानने का कोई साधन नहीं है कि कब, और मान लो कि उनसे मेरी बात भी हो जाती है तो मैं कहूँगा क्या?'

दिव्या कह रही थी, 'यह बहुत बुरी बात है, लेकिन मुझे लगता है कि तुम तब तक आगे नहीं बढ़ सकते जब तक तुम्हारे दिमाग में यह बात साफ न हो कि तुम क्या करना चाहते हो, और क्यों करना चाहते हो। बांग्लादेश के विषय में तुमने जो बताया उससे लगता है कि पार्टी भी विभ्रमित है। यदि कलकत्ता में उतना खतरा नहीं है तो तुम्हें अपने माता-पिता से मिलने की कोशिश करनी चाहिए—क्या तुम गिरफ्तार हो जाओगे?'

'शायद नहीं।' पुलिस ने कभी भी मेरी गिरफ्तारी का वारंट जारी नहीं किया। शायद हो भी तो मुझे उसका पता नहीं। लेकिन मेरे पिता...मैं उन्हें उलझन में नहीं डालना चाहता।'

'उलझन में डालना?' उसने कहा—'मुझे विश्वास है कि तुम्हारी माँ और वे तुम्हें देखकर खुश हो जाएँगे। उनके सामने तुम भले उलझन महसूस करो। क्या तुमने उन्हें

बताया है कि तुम जीवित हो?'

प्रणव ने स्वीकार किया कि माँ को कई महीने पहले लिखी गई चिट्ठी के बाद से उसने कुछ नहीं लिखा। 'इससे दोनों पक्षों के लिए खतरा हो सकता था। इसलिए मैंने सोचा कि चुप ही रहना ठीक होगा। आखिर वे एक पुलिस अधिकारी हैं। उन्हें मेरे पत्र से मेरी गतिविधियों के सुराग मिल सकते थे...'

'प्रणव क्या तुम कल्पना कर सकते हो कि यह उनके लिए कितना कष्टदायक रहा होगा? तुम यह क्यों नहीं समझते कि कुछ चीजें इतनी महत्त्वपूर्ण होती हैं कि उनका विश्लेषण नहीं किया जा सकता?'

वे टुकड़ों-टुकड़ों में बात कर रहे थे, विश्वास दिलाने के लिए उन्होंने हाथों को थामा हुआ था और एक दूसरे की उपस्थिति से वे खुश थे। यह सीधा-सरल सुख था, उससे अलग जिसके बारे में वह और उसके कॉमरेड बातें करते रहते थे। जब चलने का समय आया तों प्रणव ने दिव्या का मुँह अपनी तरफ खींचा। उन्होंने चुम्बन लिए और एक आनन्दमय क्षण में महसूस किया कि वह उसके भीतर पिघल रही है। सुरक्षा की दृष्टि से वह फ्लैट से अलग-अलग बाहर आए। वह जानता था कि वह एक दूसरी ही तरह का फैसला करनेवाला है। जिसका ऐतिहासिक प्रयोगों और मानवीय प्रगति से कोई सम्बन्ध नहीं था। यह भी सम्भव है कि यह कोई निर्णय ही न हो।

१०

स्प्रिंग थंडर के एक चौथाई सदी के बाद भी मौलिक अहोमिया पगले के दिमाग को चैन नहीं था। एक व्यावसायिक दौरे पर जब वह दिल्ली में था तो उसने अपने प्राचीन मित्रों से भेंट करने का फैसला किया। रास्ते में उसने 'लुकआउट' पत्रिका की एक प्रति ले ली। यह पत्रिका जनहित में निर्भीक होकर (अधिकांशत:) सत्य को उद्घाटन करने के प्रति समर्पित थी।

एक शाम वह मोहन के पूर्वी दिल्ली के फ्लैट में बिना पूर्व सूचना के दाखिल हुआ-'प्यारे यार!'

'नहीं, क्या पुलिस जानती है कि तुम यहाँ हो?'

'यह मिनर्वा के उल्लुओं का मामला क्या है?' पगले ने भोजन के विषय को त्यागकर मुद्दे पर सीधे आते हुए पूछा।

'उल्लू कहाँ के...तुम्हें क्या हुआ है? इनके बारे में क्या?'

'क्या मार्क्स ने उल्लुओं के विषय में कुछ नहीं कहा?'

'नहीं। हीगल ने कहा था मिनर्वा के उल्लू शाम को उड़ते हैं।'

'सुबह नहीं?'

'तुम भी चीप चैप! इसका मतलब है कि समझदारी देर से आती है। मिनर्वा रोम

की प्रज्ञादेवी का नाम है।'

'गोधूलि के बाद रात होती है ?'

'ऐसा मैं सोचता हूँ।'

'रात का सभय माने बात का समय ?'

'यह निर्भर करता है।'

'तब ठीक है। लेकिन मेरी समझ में यह अभी तक नहीं आया कि हिन्दुस्तानी उल्लुओं को बेवकूफ क्यों समझा जाता है।'

'मुझे कुछ पता नहीं।'

'लेकिन सुनो। हम सोचते थे कि हमारे नेता बुद्धिमान हैं, क्या नहीं ? जैसे मिनर्वा के उल्लू।'

'हाँ, लेकिन चीप चैप, तुम किस तिकड़म में पड़े हो ?'

'और हिन्दी में पट्ठे का मतलब होता है नौजवान पहलवान ?'

'हाँ, कुछ ऐसा ही।'

'यानी कि हम उल्लू के पट्ठों का एक गिरोह थे ?'

'हाँ...बहुत खूब। पर इस बारे में अब बात मत करो।'

'लेकिन यार!'

'क्या ?'

'हम व्यवस्था को किधर से बदल रहे थे, भीतर से या बाहर से ?'

'मैं सोचता हूँ, बाहर से।'

'तुम्हें उस मोटू की याद है, कॉमरेड रीतेश सकलेचा। जो अपने साथ रामपुरी रखता था। सेक्सी सकलेचा ?'

'वह मोटू नहीं था। बस तन्दुरुस्त था। उसके बारे में क्या ?'

'लुकआउट में उसके बारे में एक मजेदार कहानी है। फोटो वगैरह भी—अपने विद्यार्थी काल में क्रान्तिकारी मार्क्सवादी होने के एक दौर के बाद सकलेचा ने अवैध गतिविधियों की अपनी जहाँ-तहाँ जानकारी को आकर्षक उपयोग में बदल दिया। चिट फंड से शुरू करके वह बैंकाक में स्टॉक मार्केट के सट्टे में गया और फिर ब्रिटिश साहसिकों के साथ काँगो से हीरों की तस्करी में लग गया।'

'क्या ? सेक्सी ? यह नहीं हो सकता।'

'क्यों नहीं ? वह एक प्रतिभावान व्यक्ति था यार। इतना ही नहीं।'

'हाँ, आगे क्या लिखा है ?'

'लिखा है। एशियन टाइगर के पतन में एक बड़ी भूमिका निबाहने के बाद अरब शस्त्र विक्रेता खाशोग्गी, एमआई-6 और थाई पुलिस, सभी की उससे दुश्मनी हो गई।'

पगला रुका। 'लगता है मेरा यार खाशोग्गी की बेटी पर लाइन मार रहा था। सेक्सी

के पास दमखम है!' उसने पढ़ना जारी रखा–'उसके लिए खुशकिस्मती यह थी कि उसके तमाम दुश्मन आपसी तालमेल के साथ काम नहीं कर रहे थे। उनसे एक कदम आगे निकलकर अब वह वेनकुवर के तट पर कहीं है।' पगले की आँखों में प्रशंसा की एक चमक आ गई। 'काँगो! बैंकाक! बेनकुवर! कहाँ-कहाँ चला गया, वह व्यक्ति।'

'उसका रुझान हमेशा ही अंडरवर्ल्ड के लिए था।'

'क्या बकवास है, अंडरवर्ल्ड। हमने बाहर से व्यवस्था को भंग करने में अपनी कमर तोड़ दी। वह उसे भीतर से तोड़ रहा था। उसने सही लाइन पकड़ी थी, सेक्सी ने, तुम्हारे बुद्धिमान उल्लुओं की तरह दिन के आखीर में।'

'तुम नहीं सुधरोगे।'

'लेकिन यार!'

'तुम अब भी यहीं हो।'

'मजाक छोड़ो। हमने जो कुछ किया, अच्छे मकसद से किया?'

'हाँ सिन टॉ, वह एक अच्छे मकसद के लिए ही था।'

'मानवता के कल्याण के लिए?'

'हाँ यही सोच थी हमारी।'

'और यार!'

'क्या?'

'वर्गशत्रु भी मानवता का ही हिस्सा थे?'

'शायद ऐसा ही होगा!'

'इसलिए उनका मारा जाना उनकी ही भलाई के लिए था?'

'यहाँ तुमने मुझे फँसा लिया...'

℘

बिजनौर में अपने लिखने की टेबल पर फुलस्केप कागज फैलाकर बैठा प्रणव सोच रहा था कि यह और भी कठिन है। सदा की तरह बिजली नहीं थी और उसे अपनी हरिकेन लालटेन से काम चलाना पड़ रहा था। वह जानता था कि कम-से-कम तात्कालिक निकट भविष्य में उसे क्या करना है। वह अपने पिता से सुलह करना चाहता था, अपने माता-पिता को अपनी सुरक्षा का विश्वास दिलाना चाहता था, माँ से मिलना चाहता था और फिर...उसके बाद हो सकता था कि सक्रियता की कोई राह सामने निकल आए। इस पर उसे कॉमरेडों से विचार-विनिमय करना होगा। लेकिन अपने जीवन के पुनर्विचार के सम्बन्ध में कागज पर लिखकर अपने को वचनबद्ध करना लगभग असम्भव था। वह क्या कहेगा? उन्हें अलग करनेवाली खाई बहुत गहरी थी। क्रान्तिकारी आन्दोलन

का विस्तार हो रहा है या यह विलुप्त होने के कगार पर है? क्या राज्य के पास पहल आ गई है? वह कैसे कह सकता था कि उसके मानस में क्या है? तब उसे दिव्या की साफगोई का स्मरण हो आया। दुनिया के बारे में विस्तार से लिखने की कोई जरूरत नहीं थी, खुद का औचित्य साबित करने का एक और उपक्रम। उसे तो केवल अपने अभिभावकों की दुश्चिन्ता को हटाकर उनका बेटा बनना था। उसने भौंहों का पसीना साफ किया और लिखना शुरू किया :

प्रिय बाबा, कैसे हैं आप? मैं आशा करता हूँ कि आप और माँ सकुशल हैं। मैं जानता हूँ कि आप दोनों मेरी चिन्ता कर रहे होंगे—

मुझे इसका अफसोस है कि मैं सम्पर्क में नहीं रहा। आप सोच सकते हैं कि यह कठिन था। मैं यह भी जानता हूँ कि मुझसे संवाद करना आपके लिए भी मुश्किल था। इन बाद के महीनों में मुझे कई स्थानों पर रहना पड़ा, लेकिन अभी मैं कुछ कह नहीं सकता। मुझे प्रायः आपकी याद आती है। मैं और मेरे कॉमरेड ठीक हैं। कृपया चिन्ता न करें। मैं अपना ध्यान रख रहा हूँ। चाचाओं और चाचियों को प्रणाम कहें। मैं जब तब लिखने की कोशिश करता रहूँगा। प्यार के साथ।

सादर आपका
प्रणव

पुनश्च : माँ, मिलना बहुत अच्छा रहेगा, लेकिन तभी जब आपको और बाबा को लगे कि यह ठीक होगा। मैं कोशिश करूँगा और एस. की सहायता से सम्पर्क करूँगा ताकि आप मुझे सन्देशा भेज सकें।

उसने चिट्ठी को एक लिफाफे में रखकर उस पर पवन का नाम लिखा कि इसे उसके पिता के पते पर भेज दे। उसे दूसरे लिफाफे में रखकर रमेश चोपड़ा की दुकान का पता लिखा। कल वह लम्बी छुट्टी माँगेगा। प्रिंसिपल शर्मा हमेशा जानता था कि उसे कभी भी बुलाया जा सकता है। वह उसे इतना समय तो देगा कि उसका स्थानापन्न खोजा जा सके। एक बार उसे पता चल जाए कि उसका पत्र पहुँच गया है तो वह दिल्ली चला जाएगा और कलकत्ता जाने की व्यवस्था करेगा, इस बीच वह दिव्या से भी मिलेगा।

अगस्त 1946 में कलकत्ता संहार के प्रत्यक्षदर्शी एक सैन्याधिकारी से वार्ता की अनुलिपि :

हमारी तब नई-नई शादी हुई थी। तुम्हारी माँ अभी बाइस साल की भी नहीं थीं। मैं फोर्ट विलियम के तीन भारतीय अधिकारियों में से एक था। वहाँ से हमारा तबादला पानागढ़ के एक डिपो में कर दिया गया, जहाँ हमें अपने पहले वैवाहिक घर के रूप में एक छप्परवाली झोंपड़ी में रहना पड़ा। हम कुछ समय के लिए सेंट पॉल में मेजोमामा के फ्लैट में रहे थे जो वहाँ अंग्रेजी साहित्य के प्रोफेसर थे। नीरामेष भी प्रोफेसर था और अर्थशास्त्र पढ़ाता था। 1946 में मैं सोलह अगस्त की सुबह काम पर निकला था। यह जिन्ना के डायरेक्ट एक्शन का दिन था, कैबिनेट मिशन योजना में ज्यादा-से-ज्यादा सत्ता का जुगाड़ करने का एक हिस्सा। सुबह से ही मार-काट की खबरें आना शुरू हो गई थीं, सेना के नियंत्रण कक्ष के तीनों टेलीफोन लगातार बज रहे थे। हमारी दीवार पर शहर का एक विशाल नक्शा लगा था जिस पर लाल पिनें लगी हुई थीं। इन्हें उन नई जगहों पर लगाया जा रहा था जहाँ दंगे भड़क रहे थे। चुने हुए इलाकों में पूरी तरह हथियारों से लैस सुहरावर्दी के गुंडों ने आकर अन्धाधुन्ध मार-काट शुरू कर दी थी। कर्तव्य से डिगने की बात करते हो! यहाँ एक प्रधानमंत्री अपनी ही राजधानी में हिंसा फैला रहा था। यहाँ तक कि ब्रिटिश कमांडेंट बुचर भी कहता था कि सुहरावर्दी पूरी तरह से पूर्वाग्रही था। कुछ लोगों का कहना है कि जिन्ना को इसका पता नहीं था। क्या बेहूदगी है! हर ऐरा-गैरा राजनीतिज्ञ इस देश में अच्छी तरह से जानता है कि जब आप 'डायरेक्ट एक्शन' की आवाज देते हैं तो क्या होता है। दो चाँदी के सिक्कों के लिए हत्या और अंग-भंग। जो भी रहा हो, लोग बदहवास थे, तत्काल सहायता के लिए पुकार रहे थे, कृपा कर अभी आइए, एक हथियारबन्द भीड़ ने हमला कर दिया है, मेरे घर में आग लगा दी गई, सड़क पर हत्याएँ हो रही हैं, हमारी मदद करो, हमें बचाओ। हम अपनी तरफ से पूरी कोशिश कर रहे थे, लेकिन हम कुछ नहीं कर सकते थे। हमारा जीवन विश्वास पर कितना निर्भर करता है! जब विश्वास टूट जाता है तब हमें पता चलता है कि यह कितना असाधारण है। बाद में हमने सुना कि उस दिन खुद हरामजादा सुहरावर्दी पुलिस के नियंत्रण कक्ष में मौजूद था अपने मुस्लिम लीग के मित्रों के साथ। उसकी घृणास्पद बातचीत को समझना आसान था। मैंने हमेशा कहा है सत्ता में बैठे हुए लोगों को जवाब देना होगा। अन्तत: हमने छह इन्फेन्ट्री और तीन सशस्त्र सैनिकों की बटालियनें शहर में उतार दीं। यह भी काफी नहीं था। हजारों लोग मारे जा चुके थे, सैकड़ों घर और दुकानें

ध्वस्त हो गई थीं। महासभा वाले जल्दी ही उपद्रव में टूट पड़े और सिख ट्रक ड्राइवर भी। यद्यपि उनमें से कुछ ने लोगों को बचाने के लिए अपनी गाड़ियों का इस्तेमाल भी किया था। गुंडे असहाय लोगों की हत्या कर रहे थे : रिक्शाचालक, सब्जी बेचनेवाले, दिहाड़ी मजूर, राहगीर, छोटे दुकानदार। सड़कों पर से लाशों को हटाना असम्भव हो गया था, लावारिस लाशों को उठाना प्रशासन की जिम्मेदारी थी। नालियाँ जम गई थीं और हमें कलकत्ता से बाहर के अंत्यज सफाईकर्मियों को लाशों को निकालने के लिए बुलाना पड़ा था। कितनी सारी लाशें, उनमें कुछ तो अभी जीवित थीं, क्या तुम कल्पना कर सकते हो? च् च्, मैं अब तक नहीं समझ पा रहा कि मनुष्य इतना बेरहम कैसे हो जाता है। मैं तुम्हारी माँ को लेकर चिन्तित था। सभी लाइनें कट गई थीं। मुझे यह भी नहीं मालूम था कि वह जीवित है या मर गई। घटनाएँ शुक्रवार को शुरू हुईं, शनिवार को चरम पर पहुँची और रविवार को समाप्त हो गईं। एरिया कमांडर ने, जिसका नाम सिक्स्मिथ था, मार्शल ला लागू कर दिया, और बिना किसी रहम के देखते-ही-देखते गोली मारने का आदेश दिया। रिपोर्टें आने लगीं। मुझे अब भी याद है कि न्यूमार्केट में प्लाटून कमांडर ने दंगाई भीड़ पर गोली चलाने का निर्देश दिया था और दो या तीन लोग मारे गए। हम कंट्रोलरूम में बेंचों पर सोते थे, और हिंसा के तांडव के तीन दिन बाद सोमवार को...मैंने जाने की इजाजत माँगी। सौभाग्य से एक ब्रिटिश मेजर को लेकर एक ट्रक एमहर्स्ट स्ट्रीट जा रहा था जो मेरे रास्ते पर था। टॉमी मुझे ले नहीं जाना चाहते थे, लेकिन मेरे अधिकारी होने के फीतों ने बात बना दी। ईश्वर की दया से मैं निकल सका। उन्होंने कहा कि अगर कोई परेशानी हो तो मैं लौटकर आ सकता हूँ, लेकिन फोर्ट विलियम लौटना मेरे लिए अभिशाप होता। हम पार्क स्ट्रीट, पार्क सीमेट्री, सियालदा, बोऊबाजार और हेरिसन स्ट्रीट होते हुए एमहर्स्ट स्ट्रीट पहुँचे। सारे रास्ते में, विशेष रूप से लोअर सर्कुलर रोड पर लाशें फुटपाथों और रेलिंगों से लटकी हुई थीं। मकान पूरी तरह जला दिए गए थे। जब हम सेंट पॉल पहुँचे तो विद्यार्थी चीखते हुए दौड़कर आए और हमसे घर पहुँचाने की प्रार्थना करने लगे। राष्ट्रवादी भावनाएँ पूरी तरह खत्म हो चुकी थीं, लोग अंग्रेजों से प्राण बचाने की भीख माँग रहे थे। द्वार के पास एक मुस्लिम बस्ती थी और उसके निकट एक हिन्दू बस्ती। सारी रात हमें खून जमा देनेवाली चीत्कारें सुनाई देती रहीं। मैं दूसरी मंजिल पर मेजो के फ्लैट में पहुँचा और ईश्वर को धन्यवाद दिया, मम्मी सुरक्षित थीं। पूरा परिवार वहाँ था, सभी भयभीत थे। मेरा गोरखा अर्दली हीरा फर्श पर पालथी मारकर बैठा हुआ था, उसके एक हाथ में खुखरी थी और सामने भगवद्गीता, उसके पन्ने उलटते हुए वह झूले की तरह आगे-पीछे झूम रहा था। मैं सिविल लाइंस के रौरव नर्क से जल्दी ही बाहर निकल आया। तीन महीने तक हम फोर्ट विलियम के कैम्प में रहे। हे भगवान! वह कैसा समय था, मैं उसे कभी भूल नहीं पाऊँगा। कलकत्ता अब कभी वैसा नहीं होगा।

19

अश्वत्थामा

जब से मोहन भूमिगत हुआ था, तभी से हरीश सहाय चिन्ताग्रस्त थे। पत्रकार होने की वजह से उनके सम्पर्क पुलिस में थे और वह उनके द्वारा क्रान्तिकारी हलकों में चल रही गतिविधियों पर नजर बनाए रखते थे। यह आसान नहीं था। वरिष्ठ पुलिस अधिकारी उनके साथ सावधानी बरतते थे, जैसे पुत्र के उस राह जाने की थोड़ी-बहुत जिम्मेदारी उन पर भी हो। जब मोहन की सुरक्षा से आगे जाकर वे सोचते तो वे जीवन के अजूबों को व्यंग्यात्मक तिर्यक दृष्टि से देखते कि कैसे राजनैतिक परिवर्तनवाद ने उनके अपने पुत्र को अलग प्रभाव में जकड़ लिया है। 1970 के अन्त में उन्होंने रणवीर बागची से जानकारियाँ लेने का प्रयास किया था, जिन्हें वे मोहन के मित्र प्रणव के पिता के रूप में जानते थे, लेकिन सफल नहीं हुए। हरीश ने सोचा शायद वह व्यक्ति अपनी ही समस्याओं में उलझा हो।

दक्षिण एशिया में होनेवाली घटनाओं ने उनके कार्यभार को बढ़ा दिया। लेकिन हृदय के उत्साह से यह हलका हो गया था। अन्ततः एक भारतीय नेता ने पाकिस्तान का सामना करने की हिम्मत जुटाई थी। हजार वर्षों में पहली बार मुसलमानों को सबक सिखाया जा रहा था। प्रधानमंत्री इन्दिरा गांधी चीनियों और अमरीकनों को भी उनकी औकात दिखा रही थीं। इसमें सोवियतों की भूमिका थी लेकिन भारत एक विश्वशक्ति बनकर तेजी से उभर रहा था। लेकिन उसके साथ ही वह एक सतत बढ़ती हुई व्याकुलता का भी अनुभव करते थे। जब भी वे एशिया में भारत के प्रभाव की सम्भावनाओं पर खुश होते तभी उन्हें मोहन का विचार ग्रस लेता। करुणा कभी उन्मनी होती तो कभी अनासक्त। वह बार-बार अपने पति से यह पता लगाने को कहती कि मोहन कहाँ है, क्या उसे कुछ रुपयों के साथ एक चिट्ठी पहुँचाई जा सकती है, घायल होने या बीमार पड़ने पर वह क्या करेगा, वह पूछती। यदि उसे हमारी सहायता की जरूरत हुई तो क्या होगा?

अक्टूबर 1971 में युद्ध होकर रहेगा, ऐसा लगने लगा था। सहाय ने बागची को फिर से फोन किया। इस बार उसके स्वर की व्यग्रता से पुलिसवाला पिघला और उसने

सहानुभूति से बात की। हाँ उसे प्रणव से सन्देश मिला है। पत्र की एक पंक्ति से संकेत मिलता है कि उसके कॉलेज के दिनों के मित्र अभी भी सक्रिय हैं। हरीश ने भरोसा कर लिया कि मोहन सुरक्षित है। जब उन्होंने पत्नी को यह बताया तो बातचीत एक अनपेक्षित दिशा में मुड़ गई।

'तुम्हें कैसे मालूम कि वह सुरक्षित है?' उन्होंने पूछा। उत्तर की प्रतीक्षा किए बिना ही, फिर कहा–'काश मैं प्रणव की माँ से मिल पाती।'

'उससे क्या होगा।'

'तुम नहीं समझ सकोगे, क्यों? मैं उनसे पूछूँगी कि वह अनिश्चितता को किस तरह सहन करती है। यदि मुझे मालूम हो कि मेरा बेटा मर चुका है तो मैं आँसू बहा सकती हूँ, लेकिन मैं तब क्या कर सकती हूँ जब मैं कुछ जानती ही नहीं? वह बीमार है, उसे चोट लगी है, वह जेल में है, या वह कष्ट में है? वह रात में कहाँ सोता है? मैं एक सुरंग में फँसी हूँ, जहाँ कोई रोशनी नहीं है, हम अँधेरे में जी रहे हैं! यह बरदाश्त से बाहर है!'

हरीश ने माथे पर आया हुआ पसीना पोंछा। कई महीनों से करुणा ने इस तरह की हताशा व्यक्त नहीं की थी। उन्होंने अनुभव किया वे उसके प्रार्थनावत् मौन को संयम समझ बैठे थे। वह फिर बोली–'प्रणव की इस चिट्ठी में मोहन के विषय में कुछ लिखा है क्या?'

'नहीं, लेकिन अगर मोहन पर कोई संकट होता तो वह जरूर कुछ कहता। तुम जानती हो वे अभिन्न मित्र हैं।'

'निश्चय ही वह संकट में है, वे सबके सब संकट में हैं। तुम क्या कह रहे हो हरीश? अब पाकिस्तान से लड़ाई होगी। मोहन बंगाल में हो सकता है, और गोलियों की बौछार के बीच में आ सकता है! कौन जानता है कि क्या होनेवाला है?

हरीश इस बात से इनकार नहीं कर सकते कि इस क्षेत्र की स्थितियाँ अस्थिर हैं। और पूरे पैमाने पर होनेवाला युद्ध इन्हें और खतरनाक बना देगा। सारी अस्त-व्यस्तता में मोहन का पता लगाने की सम्भावनाएँ और भी कम हो जाएँगी। लेकिन वह अपनी पत्नी को सांत्वना देना चाहते थे। चेहरे पर अविचल भाव के बावजूद उन्हें स्वयं भी दिलासे की जरूरत थी। उन्होंने इसके लिए मोहन की समझ और उसके लालन-पालन का सहारा लिया–'मोहन एक समझदार लड़का है। वह जानता है कि इस सारे गड़बड़झाले में चरमतावादी कार्यक्रम को क्रियान्वित करने का कोई लाभ नहीं है। इस संकट में ही उसे होश आ जाएगा।'

'कैसा होश? तुम तो उस संकट से खुश होगे। न जाने कब से तुम चाहते रहे हो कि भारत पाकिस्तान को एक सबक सिखा दे। एटम बम, राकेट और हवाई प्रक्षेपास्त्र के साथ तुम्हारी भी चरमतावादी योजनाएँ हैं! अब तुम्हारे सपने पूरे हो रहे हैं। अब युद्ध

होगा और खून बहेगा। और हम अपने बेटे को खो सकते हैं।'

'करुणा तुम्हें इस तरह नहीं सोचना चाहिए। मोहन सुरक्षित रहेगा। और रक्तपात से मुझे खुशी नहीं होती है।'

'तुम्हें हमेशा यह शिकायत रहती है कि भारत के साथ हुए अन्याय को दूर करने के लिए अब पर्याप्त संख्या में हीरो नहीं हैं। ठीक है, मेरा मोहन इस खालीपन को भर रहा है, क्या ऐसा नहीं है? एक युवक वीरता के साथ अन्याय से लड़ रहा है। लेकिन वह गलत पक्ष में है। वह एक राष्ट्रविरोधी तत्त्व है—चीन का एजेंट! तुम्हारे संघी दोस्त चीनी एजेंटों और राष्ट्र विरोधियों के साथ क्या करनेवाले हैं?' करुणा प्रत्यक्षत: तो अपने पति से बात कर रही थी, लेकिन लगा कि वह खुद से ही संवाद कर रही है।

नवम्बर 1971 तक राज्यपाल के विशेष सलाहकार के शासन में कलकत्ता में आतंक सर्वत्र व्याप्त था। पाकिस्तान से मिलनेवाले समाचार भयावह थे। समूचे पश्चिम बंगाल में भीड़ भरे शरणार्थी शिविर लगातार उस राजनैतिक संकट की याद दिलाते रहते थे जो उपमहाद्वीप पर मँडरा रहा था। एक दिन तीसरे पहर जब अपने चाचा को शिप्रा ने चाय का प्याला पकड़ाया, जिसके लिए उन्होंने स्वयं इच्छा व्यक्त की थी तो उसने वह प्रश्न पूछ ही डाला जो उसके मस्तिष्क को तभी से मथ रहा था जब उसका सामना पुलिस से हुआ था।

उसने कहा—'अबनि काका, आपने महात्मा गांधी को तो देखा ही होगा।' वह अध्ययन कक्ष की कुर्सी पर बैठ गई और अपने बाल सिर के पीछे सँवारते हुए पूछ रही थी—'आप उनके बारे में क्या सोचते थे?'

उन्होंने लिखने की मेज से अपनी कुर्सी तनिक सरकाई और उसकी तरफ मुड़े, 'हाँ, मैंने उन्हें देखा था। अगस्त 1947 में मैं उनकी कुछ प्रार्थना सभाओं में उपस्थित था। यह एक बड़ा सवाल है। अचानक तुम्हें उनकी याद कैसे आ गई?'

'वे इतनी चरम प्रतिक्रियाएँ उत्पन्न करते हैं। मुझे याद है कि आपने विभाजन के दिनों में उनके कलकत्ता के अनशन के विषय में बताया था। आज कितना खून बह रहा है। मैं समझ नहीं पाती कि वे इसके बारे में क्या सोचते?'

'वास्तव में हिंसा की शुरुआत तो 1945 में हो गई थी, और यह 1947 तक बार-बार भड़कती रही। 1946 में हालत सबसे खराब थी। भगवान जाने किसने उसे महान कलकत्ता नरसंहार का नाम दिया था। वे क्या सोचते? निस्सन्देह वे दुखी हुए होते। चाहे कोई माने या न माने, भारतीयों ने उनसे एक सबक सीखा है। इसीलिए तुम्हारे कथनानुसार वे चरम प्रतिक्रिया उत्पन्न करते हैं। वे भी जो उनसे घृणा करते हैं, उनसे मुक्त नहीं हो पाते। देखो, मैं समझाने की कोशिश करता हूँ। क्या तुम्हें महाभारत में

अश्वत्थामा की कथा याद है? द्रोणाचार्य का पुत्र अश्वत्थामा। वह इसलिए क्रोधित था कि पांडवों ने धोखा देकर उसके पिता को मार डाला। उसने भी द्रौपदी के सोते हुए पुत्रों और भाइयों की हत्या करके वीरों की मर्यादा भंग की। तब कृष्ण ने उसे श्राप दिया कि वह चिरंजीवी होकर पृथ्वी पर सदा सर्वदा रहेगा, एक पिशाच जो कभी मर नहीं सकता।'

'इसका उससे क्या लेना-देना...'

'ठहरो। अश्वत्थामा के माथे की मणि, उसकी चिन्तामणि, द्रौपदी को सन्तुष्ट करने के लिए निकाल ली गई थी। क्या तुम्हें इसका महत्त्व पता है?'

'क्या यह घावों से रक्षा नहीं करती थी?'

'हाँ, वह उसकी शस्त्रों-अस्त्रों, रोगों और दरिद्रता से रक्षा करती थी। इसके साथ ही वह उसकी मेधा और विवेक का आधार भी थी। क्या तुम्हें यह रोचक नहीं लगता कि इसे महाभारत की अन्याय का शिकार हुई स्त्री, द्रौपदी को दे दिया गया?'

'काका, मुझे कुछ समझ में नहीं आ रहा है।'

उनकी आँखें कहीं दूर देख रही थीं–'अश्वत्थामा आज भी पृथ्वी पर भटक रहा है, उसके पास हाथियों का बल है, माथे के घाव की पीड़ा उसे पागल बना रही है, वह विचारशून्य है, उसका कोई साथी नहीं है और उसके पास शब्द नहीं हैं, हममें से किसी को भी वह सड़क चलते मिल सकता है।'

शिप्रा ने उन्हें असहाय दृष्टि से देखा, काका अपने दिवास्वप्न में प्रवेश कर रहे थे। उन्होंने टेबल पर से कप उठाया और चाय के दो घूँट लिये। फिर उन्होंने चश्मा उतारा और अपनी भतीजी को देखा–'यदि तुम्हें क्षितिज को परिभाषित करना हो तो तुम क्या कहोगी?'

'क्षितिज? यह एक काल्पनिक रेखा होती है जो दृष्टि की सीमाओं द्वारा निर्धारित होती है और समुद्रतल से चौदह मील की दूरी पर होती है।'

'ठीक है, ठीक है। मेरे दिमाग में कुछ और है। क्या क्षितिज उत्तर में है, या पूरब में, पश्चिम में, या दक्षिण में? या फिर यह हमारे आसपास सभी तरफ है?'

'काका, मैं समझ नहीं पा रही हूँ कि आप कह क्या रहे हैं?'

'शब्द 'उद्देश्य' पर सोचो। उद्देश्य एक लक्ष्य हो सकता है, जैसे तुम्हारे मित्र जिसके लिए संघर्ष कर रहे हैं। इसका एक अर्थ प्रेरणा भी होती है, एक चालक शक्ति। इस तरह उद्देश्य एक प्रारम्भ भी है और अन्त भी।'

'मैंने इस तरह कभी नहीं सोचा।'

'समय भी वैसा ही है। यह हमें अपने घेरे में लिये हुए है, और अतीत तथा भविष्य के प्रश्नों को उघाड़ता चलता है। हर पीढ़ी जानना चाहती है कि *उसकी* क्षितिज के पार क्या है। पर सोचो तो क्षितिज दिशाविहीन है। दार्शनिकों के 'सीमापार' के उत्स

की कल्पना अति प्राचीन रूप में की जा सकती है और यह भी कि यह भविष्य में अनन्त छोर पर है। क्या यह विचित्र बात नहीं है कि काल एक सीधी रेखा में दिखाई देता है और वर्तुल भी।'

'काका आप धार्मिक व्यक्ति की तरह बात कर रहे हैं!'

'ऐसा ही सही, मेरी बच्ची! हम काल के विषय में तब सोचना शुरू करते हैं जब हमें मिला समय चुक रहा होता है। हीगेल और मार्क्स से पहले भी लोगों ने उन प्रश्नों पर सोचना शुरू कर दिया था जिनका कोई समाधान नहीं हो, यह तुम भी जानती हो। वह भी समस्याओं को अपने पीछे छोड़ गए। कुछ ने शुभ और अशुभ के परे जाकर समय का एक स्वप्न देखा, तुमने नीत्शे की किताब के बारे में सुना होगा?'

'हाँ, काका।'

'ये लोग खोई हुई अबोधता का स्वप्न देख रहे हैं। बाइबल का प्रारम्भ ईडन के बगीचे और वर्जित फल के वृक्ष से होता है। इसे चखकर आदम और ईव को शुभ और अशुभ का ज्ञान मिला था। इसे अनुकम्पा से पतन के रूप में चित्रित किया गया है। हो सकता है कि मनुष्य सदा से ही उस अबोधता को फिर से पा लेना चाहता हो।'

'क्या तब हम उचित और अनुचित समझने की अपनी क्षमता नहीं खो बैठेंगे?'

'निश्चित रूप से। 'सीमा पार' यानी नीत्शे के *बियौंड* के राजनैतिक सपने देखनेवाले स्वयं को नैतिकता के बाहर स्थापित करते हैं...'

'मुझे आपकी बात समझ में नहीं आ रही।'

'वे भविष्य की इतनी चिन्ता करते हैं कि वर्तमान को भुला देते हैं। वे दावा करते हैं कि वे उस भविष्य को जानते हैं जिसे साधारणजन नहीं जानते, इसलिए वे अपने को साधारण नैतिक मानकों से परे मान लेते हैं, वे हमेशा के लिए अबोध होते हैं।'

'लेकिन कुछ होते हैं जो एक बेहतर समाज की कल्पना करते हैं और इसे बनाने के लिए काम करते हैं। इसमें अनुचित क्या है? क्या लेनिन और माओ को स्वप्नदर्शी नहीं कहा जा सकता? उन्होंने कुछ तो हासिल किया, क्या नहीं?'

'निस्सन्देह। लेकिन हम उन्हें उनके किए के लिए याद करते हैं, सिर्फ उनके स्वप्नों के लिए नहीं। क्या तुम नहीं सोचती कि यदि भविष्य अभी प्रारम्भ हो रहा हो तो साधन और साध्य मिश्रित अवस्था में हैं। समस्याएँ तब उत्पन्न होती हैं जब हम सुदूर उज्ज्वल भविष्य की कल्पना करते हैं, वह भविष्य जो एक निरन्तर पीछे सरकती जा रही दीवार के पार है। इस तक पहुँचने से पहले हमारे तमाम अपराध क्षम्य हैं क्योंकि हम एक अच्छे उद्देश्य के लिए संघर्ष कर रहे होते हैं। जब हम इसे पार कर लेंगे तो एक सुन्दर समाज होगा जिसमें अपराध नहीं होंगे। चूँकि हमें यह ज्ञात नहीं है कि वह दिन कब आएगा, इसलिए हम खुद को एक कोरा चेक दे देते हैं कि हम जो चाहें वह करें। तुम देख सकती हो कि कुछ आदर्श किस तरह सुन्दर सपनों को दुःस्वप्नों में बदल सकते

हैं। मैं इसीलिए रवीन्द्रनाथ को पसन्द करता हूँ। उन्होंने भविष्य के लिए एक साधारण प्रार्थना की थी–जहाँ मस्तिष्क बिना किसी भय के रह सके।'

'मैं कन्फ्यूज्ड हूँ काका। कोई भी एकदम सही नहीं है। मैंने इतनी जिन्दगी नहीं देखी जितनी आप जी चुके हैं, लेकिन मैं जानती हूँ कि अच्छे लोगों को अक्सरहा बुरे काम करने पर विवश होना पड़ता है। एक नजरिए से जो बात सही है वह दूसरे नजरिए से गलत दिखाई पड़ सकती है। कौन तय करेगा?'

'हाँ, जीवन जटिल चुनावों से भरा हुआ है। और इसलिए हमें कुछ मानकों की आवश्यकता होती है। उनके बिना हम शुभ और अशुभ का अन्तर नहीं कर सकेंगे, जैसा कि तुमने अभी कहा। क्या हमारे कर्मों को उसके सार रूप में देखा जाए या करनेवालों के सामाजिक स्तर से?'

शिप्रा के चेहरे पर विचार की एक गहरी लकीर खिंच गई। थोड़ा चुप रहने के बाद उसने कहा–'मैं नहीं समझ पा रही, एक भूखा मरते हुए व्यक्ति के द्वारा मुट्ठी भर चावल चुरा लेने की तुलना कैसे एक भ्रष्ट व्यापारी या राजनेताओं से की जा सकती है?'

'तुम सही कह रही हो। कुछ लोग दूसरों से ज्यादा दोषी होते हैं। इसीलिए हम कम बुरे की बात करते हैं। कठिन परिस्थितियों में किए जानेवाले अपराधों के लिए हम प्रायः अपने या दूसरों को क्षमा कर देते हैं। लेकिन बुराई को समझना एक बात है, और उसे महिमामंडित करना दूसरी। हमेशा उसका लेखा-जोखा होता रहना चाहिए।'

'लेखा-जोखा? किसके लिए?'

'अपनी अन्तरात्मा के लिए, अपने संगी-साथियों के लिए, अपनी सन्तति के लिए...'

शिप्रा को सन्देह था। 'वास्तविकता से उसका क्या सम्बन्ध है? देखिए, पाकिस्तानी सेना ने ढाका में क्या किया। यदि जनता प्रतिरोध नहीं करती तो उसका कोई भविष्य नहीं है!'

'हाँ, लोगों को जीवन और गरिमा की रक्षा करनी ही चाहिए। लेकिन उनके शत्रुओं ने उनके साथ जो किया, क्या वही वह अपने शत्रुओं के साथ भी करेंगे? यदि यह पहले मामले में अनुचित था तो दूसरे में कैसे उचित हो जाएगा? किन्हीं भी परिस्थितियों में बलात्कार या प्रतिशोध, निर्दोष लोगों की हत्या को उचित कैसे ठहराया जा सकता है? लेकिन फिर भी यह होता है, क्योंकि एक बार उनके शुरू होने पर उनमें अपनी ही गति आ जाती है। हम सब यह जानते हैं। और फिर, हमें सिखाया जाता है कि युद्ध में मानवीय संवेदना की अपेक्षा आज्ञा और कर्तव्य पालन श्रेष्ठ है। पाकिस्तानी सैनिकों ने शुरुआत आदेश के पालन से की होगी। अपने कर्तव्य का पालन किया होगा। मनुष्यों को रक्तपात के बीच भी नैतिकता की जरूरत होती है। इसीलिए हमने हत्या को न्यायोचित ठहराने के लिए धर्म-मीमांसाओं की रचना कर डाली है, क्योंकि केवल हम ही वो प्रजाति

हैं जो अपने ही सदस्यों को निरन्तर उत्पीड़ित करती है। सबसे बड़ा सवाल यह है कि हमें किस नैतिकता का चयन करना चाहिए?'

'आप क्या कहते हैं?'

'हमें एक ऐसे भविष्य की कल्पना करनी चाहिए जो शुभ और अशुभ को समाप्त न कर दे, बल्कि इसका ज्ञान रखता हो। उसके लिए वर्तमान के प्रति एक भिन्न समझदारी चाहिए। अधिक सम्मान के साथ। ऐसे भविष्य का अब बीज-वपन होना चाहिए।'

'हम भविष्य के बीज कैसे बो सकते हैं?'

'अपने सम्बन्ध में सच्चाई का सामना और तदनुसार अपने आचरण को बदल करके। तुमने गांधीजी के विषय में जानना चाहा। वे सत्य के प्रति समर्पित थे, उन्होंने सत्य को दिव्यता के समकक्ष रखा। और इसी के साथ, आसपास अहिंसा को भी स्थान दिया।'

'लेकिन काका यह सब बहुत अस्पष्ट है! सत्य एक विशाल शब्द है, हर व्यक्ति कह सकता है कि वह सत्य का अनुगमन कर रहा है। फिर अखबारों, विश्वविद्यालयों, वैज्ञानिकों और ऐतिहासिक शोध का क्या स्थान होगा?'

'हिंसा ज्ञान को विषाक्त कर देती है। यदि ज्ञान का उपयोग प्रकृति, जन, अथवा विगत पर अधिकार जमाने के लिए किया जाए तो ज्ञान भी प्रदूषित हो जाता है। उदाहरण के लिए परमाणु बम बनाने का विज्ञान एक बुरी आदत बन चुका है। इसने राष्ट्रों को दास बना दिया है। जहाँ तक इतिहास का सम्बन्ध है, मैं केवल इतना कह सकता हूँ कि अधिकांश राजनैतिक भविष्यदृष्टाओं ने इतिहास को एक औजार बनाकर इस्तेमाल किया है। वे युवा मानसों को चुप्पियों और गल्पों से भर रहे हैं।'

'मैं आपकी बात समझ नहीं पा रही।'

'शिप्रा, आज दिन तक कुछ पाठ्य पुस्तकें महात्मा गांधी की हत्या करनेवाले व्यक्ति को पागल बताती हैं। लेकिन नाथूराम गोडसे एक बहुत समझदार आदमी था। उसने पूरी तरह निर्मम तैयारी के बाद गांधीजी की हत्या की। उसके प्रशंसक अनेक हैं, कुछ वामपन्थी भी। उसके अपराध का इतिहास छल में डूबा हुआ है, क्योंकि इसे करनेवाले इस काम का श्रेय तो लेना चाहते थे, लेकिन तकनीकी तौर पर इसकी जिम्मेदारी से बच रहे थे। और मुख्य षड्यंत्रकारी, सावरकर नाम का व्यक्ति, बच निकला। भारत की न्याय प्रणाली का विचित्र उद्घाटन! जहाँ तक विश्व का सम्बन्ध है, हम कहाँ से शुरू करें। पश्चिम हिटलर की पराजय को आंग्ल-अमेरिकी विजय का उत्सव मानता है और सोवियत यूनियन के बलिदानों की हेठी करता है। जापानी उन क्रूरताओं को अस्वीकार करता है जो उसने चीन पर आक्रमण के समय की। कम्युनिस्ट भी इतिहास के साथ ऐसी ही अवहेलना का व्यवहार करते हैं। जो कोई भी रूसी और चीनी क्रान्ति के अधिकृत इतिहास पर प्रश्न उठाता है उसे शत्रु समझा जाता है। कांग्रेस ने गांधीजी

को ऐसे मंच पर खड़ा कर दिया है जो कूड़ेदान से बेहतर नहीं है। गांधीजी ने स्वयं एक अवसर पर कहा था कि 'महात्मा' शब्द से उन्हें दुर्गन्ध आती है। तुम मेरा आशय समझ रही हो ? राजनीति ने इतिहास के साथ बहुत गड़बड़ की है। असुविधाजनक तथ्यों के स्थान पर सबके सब परियों की कहानियों को पसन्द करते हैं।'

उनकी मानसिक यात्रा के साथ चल पाने में शिप्रा को कठिनाई हो रही थी, उसने कहा–'लेकिन काका!'

'मैं गांधीजी का मूल्यांकन किस तरह करता हूँ? एक ऐसा व्यक्ति जिसका तालमेल अपने समय के साथ नहीं था। लेकिन हमें उसकी आवश्यकता थी। वह आवश्यकता आज भी है। क्योंकि आज भी हम उन्हीं परिस्थितियों से जूझ रहे हैं जो उनके जीवनकाल में थीं। वे एक परम्परावादी हिन्दू थे, जो न्याय के प्रति इस्लाम और ईसाइयत के आग्रहों को समझता था। मैंने महाभारत का उल्लेख किया, क्योंकि यह शुभ और अशुभ की निकटता की हमें शिक्षा देता है। कोई भी चरित्र ऐसा नहीं आता है जिस पर दाग न हो, यहाँ तक कि कृष्ण भी नहीं। जहाँ तक शिव का प्रश्न है, उन्होंने अश्वत्थामा की आत्मा में प्रवेश कर लिया और उसे वह करने की शक्ति दी जो उसने किया। अश्वत्थामा समूची मानवता का प्रतिनिधित्व करता है। गांधीजी इन बातों को समझते थे। उनका कहना था कि शुभ के अभाव में अशुभ का अस्तित्व सम्भव नहीं है। सच तो यह है कि वह शुभ पर ही पलता है।'

'तो ? यदि महान व्यक्ति और देवता बुरे काम करते हैं, तो ये तर्क हमें कहाँ ले जाएँगे ?'

'मैं तुम्हें वह बात बताना चाहता हूँ जिसे समझने में मुझे बहुत लम्बा अर्सा लगा। लोग चाहते हैं कि सारा शुभ एक ही पलड़े में हो। वे सरलीकरण की भाषा में सोचते हैं। वे कभी स्वीकार नहीं करते कि उनका समुदाय, या उनकी पार्टी, या उनकी वह जगह जहाँ से वे आते हैं, कोई भी बुरा काम कर सकती है। हमारी नैतिक क्षमता अस्थिर है, इसे स्वीकारने से बचने के लिए वे जाने कितनी कहानियाँ और झूठ अपने बच्चों को सुनाने के लिए गढ़ लेते हैं। वे इसे छुपा जाते हैं कि वे भी दूसरे पक्ष की तरह ही बुरे कर्म करते हैं और कर सकते हैं।'

शिप्रा दूसरी तरफ देखते हुए साड़ी के छोर से खेलने लगी। काका ने चाय खत्म की और कप-तश्तरी को सामने से सरका दिया। फिर उन्होंने कहा–'झूठ के परिणामों पर बहस की जा सकती है, लेकिन अपने आप से झूठ बोलने की आदत का नतीजा हमेशा हमें अँधेरे में ले जाता है। महाभारत हमें नैतिक शून्य में नहीं छोड़ देता। वह हमें सोचने पर बाध्य करता है। वह नियति के खेल को प्रदर्शित करता है, लेकिन साथ ही वह यह भी बताता है कि व्यक्ति नैतिक चयन भी कर सकता है। यह मानवीय दुचित्तेपन और आक्रामकता को भी प्रस्तुत करता है। किन्तु यह शुभ और अशुभ के अन्तर को

भी बताता है। इसने सर्वोच्च सद्गुण का प्रश्न उठाया है और इसका उत्तर भी दिया है। हम उसे स्वीकार करते हैं या अस्वीकार यह हम पर निर्भर है।'

'आपको मुझे बताना होगा। मैंने केवल कहानियाँ और कामिक्स ही पढ़े हैं।'

'यक्ष को दिए गए युधिष्ठिर के उत्तरों को पढ़ो, जिसने बिना अनुमति पानी पी लेने के कारण चार पांडवों के प्राण हर लिए थे। अन्ततः युधिष्ठिर ने उन्हें जीवित करने के लिए उसके प्रश्नों के उत्तर दिए। एक प्रश्न सर्वोच्च सद्गुण के सम्बन्ध में है।'

'उत्तर क्या है?'

'खुद पढ़ो और जानो।'

'ठीक है काका!'

'महाभारत घरेलू संघर्ष की महाकाव्यात्मक त्रासदी है, और इसके सबक आज भी समीचीन लगते हैं। इनका आन्तरिक पक्ष महत्त्वपूर्ण है।'

'क्यों?'

'इस महाकाव्य के प्रतिद्वन्द्वी एक ही बड़े परिवार के सदस्य थे। त्रासदियाँ हमें उन लोगों के संघर्ष की याद दिलाती हैं जो कभी साथ थे। एक पुरानी गाथा का नया अध्याय भारत का विभाजन है। यही बात पाकिस्तान के विभाजन के लिए भी कही जा सकती है।'

'मुझे दुखान्त कहानियाँ कभी अच्छी नहीं लगीं।'

'क्या कर सकते हैं? महाकाव्य कभी भी महान नहीं होंगे यदि वह त्रासद अनुभवों को छोड़ दें। लेकिन वे हमें हमारी क्षमताओं का स्मरण करवाते हैं। हमारी असफलताओं और शक्तियों को प्रदर्शित करके वे बेहतर जीवन के प्रति हमारी आस्थाओं को पुष्ट करते हैं।'

'और?'

'गांधीजी ने जीवन के अन्तिम समय तक अपनी शिशुवत् अबोधता बनाए रखी। जनता की निगाहबीनी में रहते हुए, सशस्त्र सुरक्षा को ठुकराते हुए वे अपने लोगों के इतना निकट रहे जितना शायद ही कोई नेता रह सकता है। उनमें असीम शारीरिक साहस था। हम उस रूप में उन्हें नहीं देखते, पर कल्पना करो कि एक बूढ़ा आदमी अपनी छाती पर तीन गोलियाँ खाकर भी ईश्वर का नाम लेते हुए गिरे। एक ऐसा मनुष्य जिसने कभी किसी को मार दिए जाने के लिए नहीं कहा। हाँ वह गर्वीला और सनकी था, कभी-कभी निरंकुश भी। लेकिन मैं उस अकल्पनीय क्रूरता को नहीं भुला सकता जो हमारी सदी ने देखी है। जब हम जनसंहारकों से उनकी तुलना करते हैं तो उसकी कमियों को नजरअंदाज किया जा सकता है। मेरी पीढ़ी आशा करती थी कि विश्वयुद्ध का अन्त शान्ति के नूतन युग का सूत्रपात करेगा। अब मैं भविष्य को लेकर भयभीत हूँ। युद्ध से हमें शान्ति तो नहीं मिली और युद्ध जरूर मिले। लोगों के लिए युद्ध जीवन

का मुहावरा हो गया है। बच्चों की समूची बटालियनों को घृणा में प्रशिक्षित किया जा रहा है। गांधीजी मानते थे कि जीवन एक उपहार है जिसे सहेजना चाहिए। जीवन की समस्याओं का समाधान जीवन को पूरी तरह जीकर ही किया जा सकता है, न कि मृत्यु के पाश में बँधकर। वह मानवता से अश्वत्थामा को अन्तिम विश्रान्ति दिए जाने का आग्रह कर रहे थे। और मुझे लगता है कि वे पांचाली से अनुरोध कर रहे थे कि वह मनुष्य के मस्तिष्क में चिन्तामणि को पुनः स्थापित कर दे। बस मुझे यही कहना है।'

अध्ययन कक्ष में शान्ति थी। केवल टेबिल पर रखी घड़ी की टिक्-टिक् सुनाई दे रही थी, और छत के पुराने पंखे की धीरे-धीरे घूमने की खड़खड़ाहट जिसे बस आदतन चलाया जा रहा था, क्योंकि अब उतनी गर्मी नहीं थी। शिप्रा उठकर खिड़की के पास गई, उसने परदे सरकाए गोया उसे बाहर झाँकना हो। आँखों पर उँगलियाँ फेरते हुए वह घूमी और उसने काका की ओर मुस्कराकर देखा।

20

चटकता हुआ दर्पण

हमसे मत पूछो कैसे मन्दिर टूटा सपनों का
लोगों की बात नहीं है, यह किस्सा है अपनों का

सच्चे क्रोध से लुभावनी कोई चीज नहीं होती। इसके बिना धर्म-मीमांसकों का कोई भविष्य नहीं है। इसके अतिरिक्त विचारों पर भावनाओं की जीत से चिन्तन के बोझ से मुक्ति मिल जाती है। इसकी चरम शक्तिशाली विमुग्धता इस रूप में व्यक्त होती है कि मेरी परम उपादेयता इस तथ्य का प्रमाण है कि दूसरे सब-के-सब अनुपयोगी हैं। इससे प्रतिशोध को युगान्तरकारी शक्ति मिली है और क्रान्ति, प्रतिक्रान्ति, साम्प्रदायिकता और फासीवाद के लिए यह भावनात्मक ऊर्जा स्रोत रही है। इसने साम्राज्य-निर्माताओं और राष्ट्रवादियों को प्रेरणा दी है। इसकी चारदीवारी के भीतर ऐसी कोई आवाज कभी नहीं उठती जो देर-सबेर शुद्ध आत्माओं के बीच तीखी प्रतियोगिता नहीं बन जाती हो। विवादों की नकारात्मकता के तेज खंजरों को यह धार देती है, इतना संघातक मानसिक हथियार जो यदि एक पीढ़ी में खुला छूट जाए तो अनन्त काल तक फिर-फिर तब तक चलता रहता है जब तक सर्वाधिक मानवीय और आशावादी संचेतना अपने आप में टूटकर बिखर नहीं जाती या लुप्त नहीं हो जाती। दुर्भाग्य से इसके अपने उपयोग भी हैं। अच्छाई के आवेश के तिनकों के सहारे ही कॉमरेड उस ज्वार से निकल रहे थे जो अज्ञात इतिहास के उस घटनाक्रम की लहरों से उत्पन्न हुआ था, जिन पर उनका कोई नियंत्रण नहीं था। 1971 के अन्तिम सप्ताह की परिस्थिति कुछ इस तरह की थी।

लेकिन हम अपनी कहानी से कुछ आगे निकल आए हैं। मानसून के बाद दिल्ली वापस आने पर मोहन को उन घटनाओं का पता चला जो कटिहार में घटित हुई थीं। एक शाम वह रोशनआरा रोड पर कॉमरेड दि हट्टी की तरफ निकल गया। महीनों बीत गए थे वह किसी कॉमरेड से नहीं मिला था। उसे ज्ञात हुआ था कि स्थानीय पार्टी इकाई और कॉमरेड पवन को कटिहार के गोलीकांड और पिस्तौल न पहुँचा पाने की अपनी विफलता की जानकारी देने के लिए प्रणव दिल्ली आया था। पिस्तौल अभी भी उसके

पास थी। इस त्रासदी ने मोहन को विचलित कर दिया था। लेकिन वह जहूर से कभी मिला नहीं था, और वह प्रणव जितना दुखी नहीं था। और शायद उतना भी नहीं जितना रथिन होगा, जिससे इन दिनों उसका कोई सम्पर्क नहीं था। वह इसी चिन्ता में था कि हर मुश्किल के बावजूद हथियार को पहुँचाने का अपना कर्तव्य किस तरह पूरा किया जाए, और उसने तय किया था यदि रथिन से वह मिलकर प्रारम्भिक व्यवस्था कर सके तो वह इसे कलकत्ता ले जाएगा। वह उससे मिलना चाहता था। उन्हें भूमिगत हुए कई महीने बीत गए और वे अभी तक अपने अनुभवों को साझा नहीं कर पाए थे। यह एक अवसर होगा। मुलाकात की व्यवस्था करने में समय लगा क्योंकि संवाद के साधन धीमी गति के थे। उसने रथिन को सन्देश भेजकर पहल कर दी थी और दिसम्बर में मुलाकात के लिए दो वैकल्पिक तारीखें सुझाई थीं। हथियार का उल्लेख नहीं किया गया था क्योंकि यह बुद्धिमानी नहीं होती और ऐसा करना जरूरी भी नहीं था।

इस तरह की स्थितियों में व्यक्तिगत सम्पर्क उपयोगी रहते हैं, और मोहन जानता था कि रथिन के रिश्तेदार कलकत्ता में हैं। यदि सन्देशा उस तक पहुँच गया तो मुलाकात की व्यवस्था करना कठिन नहीं होगा। शहर में उसके परिचित भी थे जैसे पार्टी से सहानुभूति रखनेवाला नन्दन जिससे वह पहली बार एक साल पहले कॉलेज स्ट्रीट के कॉफी हाउस में मिला था। जब वह ट्रक से जुड़ा तो उसका कलकत्ता आना-जाना बढ़ गया और उसने यह सम्पर्क फिर स्थापित किया और अक्सर नन्दन से उसकी भेंट होने लगी। इन मुलाकातों से मोहन को राजनैतिक गतिविधियों की जानकारियाँ और पार्टी साहित्य पढ़ने की सुविधा मिलने लगी।

समय बीतने पर रथिन ने मोहन के सन्देश का उत्तर दिया और दिसम्बर मध्य की तारीखें तय हो गईं। दोनों को यह अन्दाज भी नहीं था कि जब वे मिलेंगे तब तक उपमहाद्वीप वैश्विक संघर्ष की रंगभूमि में बदल गया होगा, और वे इस सबको एक विचित्र दृष्टिकोण से देख रहे होंगे।

दिसम्बर 1971 की तीसरी तारीख को भारत और पाकिस्तान के बीच युद्ध भड़क उठा। दोनों ने एक दूसरे पर हमलावर होने का आरोप लगाया। पूर्वी पाकिस्तान के संकट के चलते और मार्च से जारी छापामार युद्ध को देखते हुए युद्ध पहले से ही निर्धारित था। कुछ दिनों बाद मोहन का ट्रक कलकत्ता पहुँचा, एक दिन बाद मुलाकात होनी थी। वह मान रहा था कि रथिन कुछ दिन वहाँ रुकेगा, क्योंकि उसका प्रवास अकस्मात् होता था और अकल्पनीय बातों पर निर्भर था। वहाँ पहुँचकर, उसे और ड्राइवर को मालूम हुआ कि बांग्लादेश कार्रवाई को गोला-बारुद्ध पहुँचाने के लिए सेना ट्रकों को कब्जे में ले रही है। हरदीप ट्रक सोनागाछी पेट्रोल पम्प पर ले गया और क्लीनर की मदद से उसके पिछले पहियों को ऊपर उठाकर उसे ईंटों पर खड़ा कर दिया ताकि उसे जब्त न किया जा सके और तब उसने उससे रातभर के लिए गायब हो जाने को कहा। मोहन

ने खुले नल के नीचे जल्दी से नहाकर साफ़ कमीज और पायजामा पहना। पिस्तौल एक कपड़े के थैले में थी, जो केबिन की छत पर मिले-जुले कबाड़ के नीचे रखा हुआ था। इस थैले को गले में लटकाकर उसने नन्दन के घर के लिए एक टैक्सी ली, जो बालीगंज की एक मध्यमवर्गीय इमारत में था। वहाँ उसे लोग पहचानते थे इसलिए नन्दन के कमरे में बैठकर उसे इन्तजार करने की अनुमति मिल गई। नन्दन घंटे भर बाद आया। वह तनाव में था। और सोच रहा था कि उसके पैतृक निवास में यह कॉमरेड कितनी देर तक ठहरेगा। उसका परिवार निश्चित रूप से भूमिगतों से उसके सम्बन्धों को जानता था।

जब वे मिले तो उसने नन्दन को रथिन की शहर में सम्भावित उपस्थिति की सूचना दी। और यह भी बताया कि वह उसे पूर्णिया-माल्दा सीमा क्षेत्र में इस्तेमाल के लिए एक पिस्तौल देनेवाला है। हालाँकि रथिन को इसका पता तभी चलेगा जब वह इसे उसको देगा। इसके अलावा उनके परिचितों में पिस्तौल की उपस्थिति एक बोझिल रहस्य बन गई थी, इसे दूसरे कॉमरेड को सौंप देना इस बोझ को उतार देने जैसा था। यह सुनकर नन्दन उत्तेजित हुआ।

'यह अच्छा है मोहन! मुझे बताओ कि क्या कॉमरेड रथिन को तत्काल इसकी जरूरत है?'

'मैं नहीं जानता। कई महीने पहले उसने इसकी माँग की थी। तुम यह क्यों पूछ रहे हो?'

'यहाँ की परिस्थिति तुम जानते हो। हर रोज छापे पड़ते हैं और मुठभेड़ें होती हैं। सीनियर कॉमरेड लगातार इधर-उधर आते-जाते रहते हैं और उनकी सुरक्षा के लिए हमें समुचित आग्नेयास्त्रों की आवश्यकता है। पाइप-गन बहुत खतरनाक है।'

'हम उससे पूछ सकते हैं।'

मोहन का पिस्तौल से कोई मोह नहीं था। यदि स्थानीय कॉमरेडों को इसकी जरूरत है, तो वह सोचता था कि रथिन को इसमें कोई आपत्ति नहीं होगी कि यह कलकत्ता में ही रहे। वैसे भी काफी समय से इसका कोई इस्तेमाल नहीं हुआ था। आखिर यह लक्ष्य के लिए ही थी और शहर के कॉमरेडों पर बहुत दबाव था। उसने एक नम्बर लगाया और कई महीनों बाद रथिन की आवाज सुनकर उसे प्रसन्नता हुई। उसे ज्ञात हुआ कि रथिन पहले ही पहुँच चुका है। उनमें एक स्कूल शिक्षक के घर मिलने पर सहमति हुई जिसे नन्दन जानता था। यह सिम्पथाइजर निम्न मध्यमवर्गीय बस्ती के एक छोटे किन्तु व्यवस्थित क्वार्टर में रहता था। मोहन और नन्दन एक मिनी बस से वहाँ पहुँचे, रथिन अलग से आया था। प्रारम्भ में मैत्रीपूर्ण आत्मीयता के साथ इधर-उधर की बातें हुईं। रथिन और नन्दन पहले कभी नहीं मिले थे। रथिन और मोहन ने एक दूसरे को तभी से नहीं देखा था जब वे भूमिगत होने के लिए बिछुड़े थे। बतियाने के लिए उनके पास

बहुत कुछ था। सिम्पेथाइजर कॉमरेड उन्हें एक कमरे में ले गया, जहाँ एक टेबल, दो सीधी कुर्सियाँ और एक पलंग था। वह गरम चाय भी उनके लिए लाया जिसकी चुस्कियाँ लेते हुए वे बातें करने लगे। कुछ ही देर बाद उनके आसपास जो घट रहा था उसकी गम्भीरता ने वार्ता को बोझिल बना दिया। तालियाँ बजाना और ठहाके लगाना एक बात थी, लेकिन उनके पास सवालों का एक खजाना भी था जिसे वे सँभाले हुए थे। मोहन यह जान चुका था कि कॉमरेड आपस में अपनी गहन समस्याओं की चर्चा नहीं करते हैं, उनके क्रान्तिकारी अहम् के लिए यह असहनीय आघात होगा यदि वह संशय की भाषा में बोलने लगे।

आधा घंटा बीत गया था। जब पिस्तौल का व्यावहारिक प्रश्न उठा तो मोहन ने रथिन के चेहरे पर अस्वीकृति और यहाँ तक कि अप्रियता के भाव देखे। वह एकदम इसे नन्दन की स्थानीय समिति को देने पर सहमत हो गया। सड़क से आती आवाजों के बीच उन्हें टीन की छत से टकराती बौछारों की ध्वनियाँ सुनाई दीं। कमरे की एकमात्र खिड़की पर पड़े कपड़े के पर्दों को धकेलकर बरसाती हवा का झोंका उसमें भर गया। बाहर अन्धकार और नमी थी। जब वे बातें कर रहे थे, उसी बीच मोहन ने थैले से सेलफोन में मजबूती से बँधा हुआ पैकेट निकाला और नन्दन को दिखाया। उसने हौले से कहा–'इसके भीतर कुछ गोलियाँ भी हैं।' नन्दन ने बिना कुछ कहे इसे ले लिया, अपने हाथों में उसे उलटा-पलटा और बैग में रख लिया। वे बातें करते रहे।

रथिन ने मोहन का कार्यक्रम पूछा ताकि अपनी योजना तय कर सके। जब मोहन ने सेना द्वारा ट्रकों के अधिग्रहण की बात बताई तो यह स्पष्ट हो गया कि उसे युद्धक्षेत्र में प्रवेश करने का अवसर मिल रहा है। खतरा अब उन तीनों के घेरे में आ पहुँचा था।

नन्दन ने कहा–'तुम्हें जाना चाहिए कॉमरेड। यह एक स्वर्णिम अवसर है जब तुम पूर्वी पाकिस्तान के कॉमरेडों से मिल सकोगे। लिबरेशन ने हाल में सूचना दी थी कि पूर्वी पाकिस्तान में एक क्रान्तिकारी पार्टी की नींव पड़ चुकी है, जो मुजीबुर्रहमान और उसकी अवामी लीग के बंगाली शॉवनिज्म और पाकिस्तानी सरकार की सामन्ती प्रतिक्रिया के विरुद्ध सशस्त्र संघर्ष का आगाज कर चुकी है। खुलना और राजशाही में कार्रवाइयाँ चल रही हैं और जनसमितियों का निर्माण हो चुका है।'

'निश्चित रूप से केन्द्रीय पार्टी उनके सम्पर्क में होगी।' मोहन ने कहा–'इन परिस्थितियों में स्पष्ट निर्देशों के बिना वहाँ जाना मुश्किल होगा। क्या सीमा पार तुम्हारे कोई सम्पर्क हैं?'

'मुझे नहीं लगता, लेकिन मैं तलाश कर सकता हूँ।'

दरवाजे पर दस्तक देने के बाद जब सिम्पेथाइजर ने कमरे में प्रवेश किया तो वहाँ शान्ति हो गई। वह जानना चाहता था कि क्या वे और चाय लेंगे। उसे धन्यवाद दिया गया और फिर ताजा चाय के तीन और प्याले आ पहुँचे। तब रथिन ने कहा–'नन्दन

मैंने वह निबन्ध पढ़ा है जिसका उल्लेख करते हुए तुमने पूर्वी पाकिस्तान की नई पार्टी की जानकारी दी। यह साल के मध्य में लिखा गया था। इसमें रज़ाकारों के अत्याचारों और क्रान्तिकारियों द्वारा उनके प्रतिरोध की बात कही गई थी। लेकिन कॉमरेड खोखोन और अन्य ने एक अलग लाइन ली है। उन्होंने नई पार्टी के नाम को लेकर सवाल उठाया है, उनका प्रश्न है कि पाकिस्तान एमएल पार्टी के साथ 'पूर्व' शब्द क्यों जोड़ा गया है। उनका कहना है कि इस नाम का प्रयोग करके हम पाकिस्तान की अखंडता को प्रश्नांकित कर रहे हैं। पार्टी केन्द्र में भी भ्रामक स्थिति है। चारु के सितम्बर पेम्फलेट का सम्बोधन है–'पूर्व बंगाल से आए हुए मित्रों' और उसमें उनसे ईस्ट पाकिस्तान कम्युनिस्ट पार्टी (मार्क्सवादी-लेनिनवादी) के समर्थन का आह्वान किया गया है। एक शरणार्थी इस पेम्फलेट का क्या अर्थ निकालेगा?'

नन्दन ने इस प्रश्न को रथिन के उन सन्दर्भों से जोड़ा जो उसने सम्भ्रमित नेतृत्व को लेकर दिए थे, 'उस पेम्फलेट की लाइन बहुत साफ है कॉमरेड! यह भारत में किसी सम्मानित जीवन के किसी भ्रम की आलोचना करती है, और रिफ्यूजियों का आह्वान करती है कि वह पश्चिम बंगाल की क्रान्तिकारी शक्तियों से जुड़ जाएँ, या फिर लौटकर ईपीसीपी (एमएल) के नेतृत्व में सीमा पार चल रहे संघर्ष में शामिल हो जाएँ। यह सर्वहारा के अन्तर्राष्ट्रीयतावाद के उच्चतम आदर्श के अनुसार ही है।'

'लेकिन शरणार्थी अपनी जान गँवाने के भय से सन्तप्त होकर भारत आए हैं, उन्होंने उन हत्यारे गिरोहों से अपनी जान बचाई है जो पाकिस्तानी सेना ने वहाँ खुले छोड़ दिए हैं। क्या यह यथार्थपरक होगा कि हम उनसे अपने आन्दोलन में आने को कहें, जब कि वे शिविरों में सड़ रहे हैं, और उन्हें यह पता नहीं है कि उन्हें अगला भोजन कहाँ से मिलेगा? इस बीच कुछ कॉमरेडों ने जनरल याह्या खान की तुलना कम्बोडिया के प्रिंस सिंहानुक से की है। उनका कहना है कि वह पाकिस्तान की सम्प्रभुता की रक्षा कर रहा है जिसे भारत के विस्तारवाद से खतरा उत्पन्न हो गया है। पूर्वी पाकिस्तान के कॉमरेडों में भी इस मुद्दे पर विभाजन है। उनमें से कुछ तो वस्तुतः याह्या खान का समर्थन भी कर रहे हैं। शरणार्थियों से ऐसी लाइन के समर्थन की उम्मीद किस तरह की जा सकती है?'

नन्दन के स्वर में खीज थी। 'इस लाइन को खोखोन और एस.एन.एस. ने भी माना है। चारु दा ने इसकी आलोचना की है। पार्टी की लाइन यह है कि मुजीब और याह्या दोनों का विरोध किया जाए। जनता को पाक सेना के दमन का प्रतिरोध करना चाहिए और पाकिस्तान के आन्तरिक मामलों में भारतीय राज्य के बेशर्म हस्तक्षेप का भी।'

'यह हमारी लाइन हो सकती है लेकिन क्या साधारण लोगों को यह समझ में आएगी? हम जनता से मुजीब का विरोध करने के लिए कैसे कह सकते हैं जबकि वे राष्ट्रीय चुनाव जीतने के बाद जेल में है? चारु ने पाकिस्तानी प्रतिष्ठान के सुधारविरोधी

रवैये की आलोचना की है, किन्तु बांग्लादेश आन्दोलन को भी एक छद्म आन्दोलन बताया है और भारत को सोवियत उपग्रह कहा है। स्थिति हर दिन बदल रही है। पूर्वी पाकिस्तान के कॉमरेड न तो संगठित हैं और न ही एक शक्ति के रूप में उभर पाए हैं। भारतीय सेना और मुक्तिवाहिनी तेजी से लगातार आगे बढ़ रही है। अब पार्टी की क्या लाइन होगी ? खोखोन और एसएनएस अभी भी सीपीआई (एमएल) के सदस्य हैं, नहीं हैं क्या ? हम इससे इनकार नहीं करते कि हमारा नेतृत्व विभाजित है। मोहन, नहीं, यदि सेना तुम्हारे ट्रक को हथिया लेती है, तो तुम किसी से सम्पर्क करने की कोशिश मत करना। यह बहुत खतरनाक होगा।'

व्यक्तिगत मित्रता और लक्ष्य के प्रति निष्ठा के बीच में झूलता हुआ मोहन आत्मकेन्द्रित होता गया। जनवादी चीन एक ठोस आधार था जिस पर उसने अपनी विश्वदृष्टि की रचना की थी। कुछ महीने पहले प्रणव के साथ हुए उसके विमर्श ने उसे अस्थिर कर दिया था, लेकिन उसकी आस्था नहीं डिगी थी। चीन एक विश्वस्त मित्र और शोषित मानवता का साथी था। वह अचानक अपने सुस्पष्ट राजनैतिक दृष्टिकोण को कैसे बदल सकता था ? नहीं, यह सच नहीं हो सकता, यह सच नहीं है। भ्रामक स्थितियाँ उत्पन्न हो सकती हैं, और ऐसे क्षणों में क्रान्तिकारियों को अपनी प्रतिबद्धताओं के प्रति दृढ़ रहना चाहिए। दूसरी तरफ रथिन था और शीशे की तरह साफ उसके सवाल थे। शायद यह ठीक नहीं था कि इन दोनों की भेंट आयोजित की गई।

रथिन और नन्दन के बीच का विवाद कटु होता जा रहा था, और वह चुप हो गया। रेडियो पेकिंग ने पूर्वी पाकिस्तान में भारत के हस्तक्षेप की भर्त्सना की थी और हर भूमिगत क्रान्तिकारी इस बात से अवगत था। वे ये भी जानते थे कि नेताओं के बीच एक गम्भीर राजनैतिक विवाद चल रहा है, जिसके मूल में किसिंगर की पेकिंग यात्रा है, निक्सन की होनेवाली यात्रा, और चीन की नीति में बदलाव कि वह दोनों महाशक्तियों का विरोध करने की जगह अमेरिका से मित्रता कर रहा है और सोवियत संघ के विरोध की नीति पर चल रहा है। कॉमरेड नहीं समझ पा रहे थे कि वह पाकिस्तान के बंगालियों का साथ दें या पाकिस्तान के सैन्य शासकों का समर्थन करनेवाली चीन की नीति को अपनाएँ। क्रान्तिकारी राजनैतिक मनोविभ्रम के एक और दौर से गुजर रहे थे।

नन्दन नेतृत्व में अपने अटूट विश्वास को खंडित होने देने के लिए तैयार नहीं था। 'हो सकता है कि पूर्वी पाकिस्तान में क्रान्तिकारी शक्तियों को अभी कोई रास्ता न मिल पाया हो। हम वस्तुस्थिति को कैसे जान सकते हैं जब सारे सूचना सूत्र प्रतिक्रियावादियों के नियंत्रण में हैं ? भारतीय सेना का अभियान एक विस्तारवादी चाल है जिसे सोवियत समाज-साम्राज्यवादियों ने उकसावा दिया है और जिनका इरादा समाजवादी चीन की

घेराबन्दी है। हमें इसका विरोध करना ही होगा।'

इसके प्रत्युत्तर में रथिन ने कुछ ऐसा कहा जो स्पष्ट रूप से उसके मानसिक विक्षेप को व्यक्त करती थी। कुछ बाहर आ रहा था। 'कॉमरेड क्या हमारी चिन्ता सिर्फ इतनी-सी है? चीन की घेराबन्दी? यहाँ एक युद्ध चल रहा है। निर्दोष लोग मारे जा रहे हैं। लाखों लोग विस्थापित हो गए हैं। क्या चीन की कम्युनिस्ट पार्टी ने भारत-विभाजन का वर्ग-विश्लेषण किया है, मैंने तो अब तक नहीं सुना। क्या उन्हें इससे कोई फर्क पड़ता है कि भारत को साम्राज्यवादियों और प्रतिक्रियावादियों ने विभाजित किया, उस समय जब कोई वयस्क मताधिकार नहीं था? उन्हें यह अपेक्षा क्यों होनी चाहिए कि भारत के क्रान्तिकारी पाकिस्तान की अखंडता की रक्षा करेंगे? वे क्या पागल हो गए हैं? समाजवादी नैतिकता को भूल जाओ, उन्हें वास्तविकता की समझ भी नहीं रह गई है। हम पाकिस्तान की अखंडता की चिन्ता क्यों करे जब उसका अपना ही बहुमत अलग होना चाहता है? यदि चेयरमैन माओ का पाकिस्तानी जनरलों से इतना याराना है तो वे उनसे यह क्यों नहीं कहते कि उन्हें उनके चुनाव नतीजों का सम्मान करना चाहिए?'

नन्दन ने गहरी चिढ़ के साथ उत्तर दिया–'इसलिए, क्योंकि वे उसकी सम्प्रभुता का सम्मान करते हैं।'

'सम्प्रभुता? तब तो 'सारे देशों के श्रमिक एक हो जाओ' का नारा एक बकवास है। मार्क्स ने कहा था श्रमिकों का कोई देश नहीं होता। अन्तर्राष्ट्रीय कम्युनिस्ट आन्दोलन ने हरेक की सम्प्रभुता का उल्लंघन किया है। हमारी पार्टी ने यह क्यों कहा था कि चेयरमैन माओ हमारे चेयरमैन हैं? क्या वे पाकिस्तान के भी चेयरमैन हैं?'

'मार्क्सवादी सिद्धान्त को ठोस परिस्थितियों के साथ देखा जाना चाहिए, यथार्थ के साथ! यह देखकर अच्छा लगा कि तुम वयस्क मताधिकार का इतना आदर करते हो, जबकि पार्टी स्पष्ट रूप से बुर्जुआ जनतंत्र को जनता के साथ छल मानती है। सम्प्रभुता एक प्रश्न है क्योंकि पाकिस्तान पर एक विस्तारवादी शक्ति ने आक्रमण किया है। भारत सोवियत समाज-साम्राज्यवादियों का एक दलाल है जो इसका उपयोग अपना प्रभावक्षेत्र बढ़ाने के लिए कर रहा है।'

'क्या सचमुच? दलाली के लिए तुम्हारे चुनिंदा पैमाने हैं। पाकिस्तान कई दशक से कम्युनिस्ट विरोधी सैन्य गठबन्धनों का हिस्सा रहा है। तुमने सेंटो और सियाटो के बारे में सुना है? क्या हमारी पार्टी लाइन यह है कि पाकिस्तान हमेशा के लिए अमेरिका की सैनिक छावनी बना रहे? बुर्जुआ लोकतंत्र जनता के साथ धोखा है, लेकिन क्या सैनिक तानाशाही अच्छी है। आश्चर्यजनक मार्क्सवादी तर्क! चीन की कम्युनिस्ट पार्टी ने ख्रुश्चेव की निन्दा इसलिए की क्योंकि वह पूँजीवादी विश्व के साथ शान्तिपूर्ण सह अस्तितव की सलाह दे रहा था। अब वे भी यही करेंगे और हम उनके समर्थन के लिए

कुछ भव्य तर्क खोज निकालेंगे। मार्क्सवादी कम्युनिस्ट पार्टी तक हम से बेहतर स्थिति में है। आज वियतनाम साम्राज्य की विरोधी शक्तियों का नेतृत्व कर रहा है, लेकिन वह भी सोवियत संघ को समाज-साम्राज्यवादी नहीं कहता।'

'किसिंगर घुटनों के बल चलता हुआ पेकिंग पहुँचा था!' नन्दन का क्रोध चेहरे पर उभर आया था।

'इसकी जगह उन्होंने उस कमबख्त को रेंगते हुए हनोई क्यों नहीं भेज दिया? उन्होंने बम वर्षा के बीच उसका स्वागत किया। वियतनामी कॉमरेडों के पास ठोस कारण हैं और वह सोवियतों और चीनियों के बीच पक्ष लेने से बचते हैं।'

'हनोई को उसका सबक सीखना पड़ेगा।'

'और माओ, मार्क्स और लेनिन के बाकी स्वयंभू अवतारों को भी।'

नन्दन ने उसकी ओर अविश्वास-भरी निगाहों से देखा। कमरा तनाव से भर गया था। दोनों वार्ताकार इस बात की सावधानी बरत रहे थे कि उनकी आवाजें ऊँची न हों, इस बात ने इस तनाव को अधिक आवेशित कर दिया था। मोहन अपनी कुर्सी पर कसमसा रहा था।

'तुम चेयरमैन के अधिकार को चुनौती दे रहे हो?!' नन्दन ने कहा।

'हाँ, मैं दे रहा हूँ। हम कम्युनिस्टों के लिए प्रश्न उठाना कब से वर्जित हो गया है? क्या सीसीपी हमसे ज्यादा हमारी परिस्थितियों के बारे में जानती है? क्या हमारा आन्दोलन इसलिए है कि सच को पूरी तरह से समाप्त कर दिया जाए? चीन के कामगारों को बिल्कुल भी यह पता नहीं कि याह्या खान और टिक्का खान पूर्वी पाकिस्तान में क्या कर रहे हैं। कम-से-कम चीनी प्रेस तो इन जुल्मों की रिपोर्टें छाप सकती हैं। इन दिनों पेकिंग रेडियो को सुनकर देखो। झूठ और प्रचार!! हम आपस में बात भी नहीं कर सकते क्योंकि हर मुद्दे पर तुम चीन की लाइन लेते हो। हम कठपुतली बन गए हैं!'

'यह बरदाश्त से बाहर है। तुम जो कुछ कह रहे हो वह उन सारी बातों के साथ विश्वासघात है जिनका प्रतिनिधित्व पार्टी करती है। हममें से कुछ लोग हैं जो अन्तर्राष्ट्रीय राजनीति की जटिलताओं को नहीं समझते। लेकिन उससे क्या फर्क पड़ता है? इसीलिए हमारे पास एक नेतृत्व है, क्या नहीं? हर कॉमरेड के पास जानकारियाँ और बुद्धिमत्ता नहीं होतीं, जो सही रास्ता चुनने के लिए आवश्यक हैं। सीसीपी एक महान पार्टी है। चीन के किसानों-कामगारों की मुक्ति के लिए उसका योगदान ऐतिहासिक है। चीन के कम्युनिस्ट हमेशा साम्राज्यवाद से लड़ते रहे हैं और अब भी वियतनाम का समर्थन कर रहे हैं।'

'कितने दयालु हैं वे!'

इस कथन की नन्दन ने अरुचि के साथ अनदेखी की। 'चीन के समर्थन के बिना

वियतनाम कहीं नहीं होता। यदि सीसीपी का निष्कर्ष है कि इस समय सोवियत समाज–साम्राज्यवाद ज्यादा खतरनाक है तो तुम इस पर आपत्ति उठानेवाले कौन होते हो? यह दबी–छुपी बात नहीं है कि क्रेमलिन के नए जारों ने 1968 में चेकोस्ला–वाकिया पर हमला किया और 1969 में चीन पर। तुम उस समय क्या सो रहे थे? यदि भारत के प्रतिक्रियावादियों को पाकिस्तान को तोड़ने दिया जाता है तो हमारा आन्दोलन एक बड़े खतरे में पड़ जाएगा। हमें पूर्वी पाकिस्तान की जनता के साथ सहानुभूति है, लेकिन वहाँ क्रान्तिकारियों को अपना रास्ता खुद तैयार करना होगा।'

क्रोध से रथिन के ओठ काँप रहे थे। 'क्या मजाक है? पाकिस्तान पहले ही टूट चुका है कॉमरेड! क्या तुम सपना देख रहे हो? हम जो भी करें या कहें, बंगालियों ने अपना रास्ता चुन लिया है। लेकिन चीन चाहता है कि वे झुक जाएँ और अपनी तमाम आकांक्षाओं का समर्पण कर दें। लाखों लोग बर्बाद हो जाएँ क्योंकि उनका प्रतिरोध चैयरमैन माओ को पसन्द नहीं है। और हम अपने आपको कम्युनिस्ट कहते हैं?! बेहूदी बकवास! *हमारा इस्तेमाल अमेरिकी साम्राज्यवाद की रक्षा के लिए किया जा रहा है!* उसकी आँखें बाहर निकल आई थीं और स्वर असहज रूप से तीखा हो गया था। मोहन ने कभी उसे इतने गुस्से में नहीं देखा था।

नन्दन एक इंच भी नहीं हिला। इतना सुनते ही उसने रथिन को घृणा के साथ घूरा, यह बात आखिरी तिनका साबित हुई। 'हम घेराबन्दी में हैं। होम गार्ड कहलानेवाले पुलिस के कुत्तों और कांग्रेस तथा सीपीएम के गुंडों ने बड़ानगर में सैकड़ों कॉमरेड और सिम्पेथाइजरों तथा जनता को मार गिराया। रक्त बहाती लाशों को परनालों में फेंक दिया गया। हुगली पर लाशें तैर रही थीं। महान भारतीय लोकतंत्र अपने काम में व्यस्त है! अभी कल ही पुलिस और फौज की संयुक्त कार्रवाई में पाँच कॉमरेड मारे गए। क्या तुम जानते हो कि मरते हुए कॉमरेड का उपचार करने के लिए डॉक्टर तक खोज पाना कितना कठिन होता है? या उसके परिवार तक यह सूचना पहुँचाना कि वह शहीद हो गया है? और अब तुम हमें वयस्क मताधिकार पर व्याख्यान देने के लिए कलकत्ता पधारे हो। हमें पार्टी के नेतृत्व और चेयरमैन माओ के विवेक में पूरा–पूरा विश्वास है। कुछ लोग क्रान्ति में अपनी जान गँवा रहे हैं और कुछ दूसरे हैं जो ऊँचे सैद्धान्तिक बहस कर रहे हैं। इससे कोई फर्क नहीं पड़ता। हम प्रतिक्रियावादी हरामियों को उन्हीं की भाषा में जवाब देंगे। मुझे विश्वास है कि बुर्जुआ प्रेस तुम्हारा इंटरव्यू छापना पसन्द करेगा, उन्हें बुला लो। लेकिन अब मुझे चलना चाहिए। मेरे पास नकचढ़े बुद्धिजीवियों से विश्व राजनीति पर चर्चा करने का समय नहीं है। लाल सलाम, कॉमरेड!' उसने कहा। कुर्सी से उठते हुए वह विशेष रूप से मोहन को देख रहा था।

इसके बाद कोई कुछ नहीं बोला। वोल्टेज के उतार–चढ़ाव से टेबल के ऊपर लटका हुआ पीली रोशनी का बल्ब कुछ टिमटिमाया। नन्दन ने अचानक वह थैला उठाया जिसमें

पिस्तौल थी और कमरे से बाहर चला गया। दोनों मित्रों ने सुना कि वह सिम्पेथाइजर को धीमी आवाज में धन्यवाद दे रहा है, और उसके जाने के बाद बाहर का दरवाजा बन्द कर लिया गया है। अचानक घिर आई खामोशी से पता चला कि बरसात रुक गई है, बाहर से आनेवाली आवाजें अब इतनी तेज नहीं थीं। अब समय था कि वे अपने-अपने बसेरों में लौटकर थोड़ी-बहुत नींद लें।

21

मिनर्वा का उल्लू

लेकिन मेरे सपने, वे इतने रिक्त नहीं हैं
जितनी मेरी आत्मा प्रतीत होती है।

दोनों मित्र इतने अन्तराल के बाद मिल रहे थे जो वर्षों का लग रहा था, लेकिन पिछली शाम उनके बीच ज्यादा बातचीत नहीं हो पाई थी। रथिन का मूड खराब था। उसने अपने क्षेत्र में लौटना तय किया, जहाँ जाकर वह अपने काम के बारे में फिर से सोचना चाहता था। मोहन ने कहा अपने ट्रक पर लौटने से पहले वह उससे फिर मिलेगा। वे एक व्यस्त बस अड्डे पर मिले और सियालदा स्टेशन पहुँचने में उन्हें खासा समय लगा। ऐसा करते हुए उन्होंने इसी तरह से बातें करना शुरू कर दिया जैसे वे विद्यार्थी जीवन में करते थे। उनके अलगाव ने इसमें कई महीनों का व्यवधान डाल दिया था। कुछ सामान्य अनुभव थे जिन्हें कहना-सुनना था। और भूमिगत जीवन के कटु यथार्थ, जिसका सामना उन्होंने किया था। अनिश्चित अस्तित्व के बावजूद रोजमर्रा की चीजें, बच निकलने के मजेदार किस्से, पेट की गड़बड़ियाँ, सिर दर्द, चिन्तित घर वालों के समाचार। और इन सबके साथ-साथ भयावह दुश्चिन्ता। पार्टी के सैद्धान्तिक मतभेद अब खुलकर सामने आ रहे थे, पिछली शाम की विवादपूर्ण टकराहट पार्टी में व्याप्त अशान्ति का उदाहरण भर थी। उन्होंने वह दृढ़ विश्वास बनाए रखने की भरसक कोशिश की जिसके साथ उन्होंने अपने अभियान की शुरुआत की थी। लेकिन आस्था को सन्देह स्वीकार्य नहीं है और निश्चयात्मकता का तो स्वभाव ही है कि वह या तो पूरी-पूरी होती है या फिर बिल्कुल नहीं होती। दोनों अनुभव कर रहे थे कि वह उथल-पुथल के बिन्दु पर हैं। स्टेशन पहुँचने पर उन्हें शरणार्थियों के हुजूम दिखाई दिए, जहाँ तक उनकी नजर जाती थी वे फैले हुए थे। गतिशील जीवन का कर्णकटु शोर छतों को विदीर्ण कर रहा था। परिवार छोटी-छोटी जगहों में सिमटे हुए थे, उनकी गृहस्थी के छोटे-छोटे ढेर जहाँ-तहाँ लगे हुए थे, कपड़े के टुकड़ों में बँधे या बाल्टियों में अथवा बोरियों में ठुँसे, पानी की सुराहियाँ और रसोई के बर्तन। सभी उम्रों के बच्चे भागदौड़ कर रहे थे। यह लाखों दुखी लोगों का एक छोटा सा हिस्सा था जिन्हें अज्ञात भविष्य में धकेल देने का षड्यंत्र

राज्य व्यवस्थाओं ने किया था।

वे एक विशाल हाल में पहुँचे, जिसके सिरे पर खिड़कियों की एक कतार थी, और अनारक्षित टिकटों के लिए लाइनें लगी हुई थीं। उनके पास की दीवार पर भड़कीले अक्षरों में एक विज्ञापन था जिसमें बड़े-बड़े अक्षरों में *सेक्स* और *गैस* शब्दों के साथ *खानदानी दवाखाना* लिखा हुआ था। इसके एक कोने में एक अधेड़ व्यक्ति का चित्र प्रमुखता के साथ छपा था, सफेद होती हुई दाढ़ीवाला यह आदमी उदार दृष्टि से देख रहा था, उसकी तर्जनी बुद्धिमानी और सीख की मुद्रा में उठी हुई थी। विज्ञापन में हारुन हकीम की यूनानी और आयुर्वेदिक औषधियों में निपुणता की घोषणा थी और हिन्दुस्तानी मर्दों को लगातार होनेवाली इन बीमारियों से मुक्ति का आशाजनक सन्देश था। सेज के उत्तेजक आनन्द और गैसरहित पेट की सफाई आसानी से पहुँच में थी। कहने की बात नहीं उत्तेजक पेट की सफाई और गैसरहित सेज का आनन्द। इसके बिल्कुल पास एक छोटा-सा विज्ञापन था, जिसमें *सभी समस्याओं के हल के लिए* तांत्रिक मास्टर हीरेन चट्टोपाध्याय की सिफारिश की गई थी, समस्याओं की सूची भी उल्लिखित थी–व्यापार, शिक्षा, रोजगार, परीक्षा, कर्ज, प्रेम, शादी, सन्तानहीनता, रोग, पासपोर्ट, विदेश यात्रा इत्यादि। उन्होंने विज्ञापन पढ़े और झेंपते हुए एक-दूसरे को देखा, दोनों एक-दूसरे के मन को पढ़ने की कोशिश कर रहे थे। इन सारे झंझटों की जरूरत ही क्या थी? सिर्फ हारुन मियाँ और चट्टो दा तक जाने की जरूरत थी और जिन्दगी खुशगवार हो जाती!

रथिन कटिहार के लिए अपना टिकट लेकर घूमा ही था कि उसके कानों में आवाज आई–कान साफ करा लो! पास से एक कान साफ करनेवाला कनमैलिया गुजर रहा था, जिसके सिर पर लाल रुमाल था और ओठ खैनी से रँगे हुए थे। उसने उसे रोका। वे तीनों शोरगुल और भड़भड़ की अनदेखी करते हुए प्लेटफार्म पर भीतर जाकर बैठ गए। कनमैलिए ने प्लेटफार्म पर पीले तेल से भरी हुई एक शीशी रखी और एक कपड़ा खोला जिसमें छोटे-छोटे पीतल के औजार थे। इनमें से दो उसने अपने कानों के पीछे अटका दिए फिर उसने अपने ग्राहक से सिर झुकाने का विनम्र आग्रह किया। ताकि वह अपना काम शुरू कर सके। सिर झुकाते हुए रथिन ने कहा–'तुम्हें मालूम है कि ब्रेख्त ने शरणार्थियों की व्याख्या किन शब्दों में की है?'

'तुम्हारे पास हर अवसर के लिए एक पंक्ति होती है। नहीं जानता, क्या है वह?'

'बुरी खबर के सन्देशवाहक।'

'बेचारे! और बुरी खबर लानेवालों को कोई पसन्द नहीं करता।' मोहन की प्रतिक्रिया थी। रथिन की चिन्ता में वह भी शामिल हो गया। 'ईश्वर ही जानता है कि कैसा-कैसा आतंक उन्होंने भोगा है।' दोनों जानते थे कि अगला पिछली शाम के बारे में सोच रहा है। मोहन ने उस छोटे लड़के को देखा जो उसकी कमीज खींच रहा था।

उसने उसे दस पैसे का एक सिक्का दिया। रथिन थोड़ा हिला क्योंकि उस आदमी ने उसके कान में सलाई डाल दी थी। फिर उसका सिर ऊपर के कोण पर कर दिया गया था और उसकी निगाह स्टेशन की छत के नीचे लगे लोहे के गार्डरों पर पड़ी। उसने कहा, 'यार वह भयानक था। पहली बार मैं मौत के करीब पहुँच गया था। मेरा मतलब, वहाँ जहाँ कोई मारा गया।'

'तुम जहूर की बात कर रहे हो?'

'हाँ, सबसे खराब बात तो यह थी कि हमें एक सुरक्षित दूरी बनाकर रखनी थी, उसे देख पाना मुश्किल था। हम निगरानी रखे हुए थे। वहाँ बहुत हलचल थी। जिस शाम यह हुआ, मैं वहाँ दौड़ा-दौड़ा गया। यह मेरी बेवकूफी थी। जब पुलिस के सिपाही उसे बाहर ला रहे थे तो मैंने एक झलक देखी। भयानक! मैंने उसके परिवार के पास जाने के बारे में भी सोचा, लेकिन मेरे पास उनका पता नहीं था। उसने शायद कुछ पत्र रख छोड़े हों, भीतर जाकर उन्हें खोजना असम्भव था...'

'और?'

'और क्या? मैं चाहता था कि कोई उसका सामान उसके पिता तक पहुँचा देता। तुम जानते हो कि वह मर गया। पार्टी कमेटी के सामने तमाम सफाई देनी पड़ी। मैंने बताया कि मैंने ही पिस्तौल को हम तक पहुँचाने के लिए कॉमरेडों से कहा था। मेरी वैयक्तिक गतिविधियों से कॉमरेड बहुत नाराज थे।'

'तुमने यह नहीं बताया कि हम गोपनीयता रखते हुए हथियार वहाँ पहुँचाना चाहते थे जहाँ इनकी जरूरत है?'

रथिन ने अपने कॉमरेड की निगाहों में सीधे देखा। जब उसने जवाब दिया तो उसकी आवाज में अजनबियत थी, ठंडापन, शोक और गहन क्रोध से मिश्रित। 'कोई बात नहीं।' उसने कहा और कनसफिया को हटने के लिए कहकर उसने अपने हाथ से सिर को सहलाया। 'मैं वह सब नहीं दुहराऊँगा, जिस पर पार्टी में चर्चा हुई, फिर बहुत कुछ मुझे याद भी नहीं है। पार्टी का काम प्रभावित हुआ था। उस सब को छोड़ो। लेकिन उसे मरना क्यों चाहिए था। वह आदमियों में हीरा था। खामोशी से काम करता था और जिन्दगी जीता था। मैं उसे सचमुच पसन्द करता था। जिन्दगी की ऐसी भयानक बर्बादी। मैं कभी इसे भुला नहीं पाऊँगा।'

'इतने लम्बे रास्ते से कटिहार तक उस कमबख्त पिस्तौल को भेजने का मतलब क्या था। क्या इससे कोई फर्क पड़नेवाला था। बेचारे प्रणव ने यह सब अपनी आँखों देखा था। यह दूसरी बार था कि गोली उसके बिल्कुल पास से निकल गई। मैं सोचता हूँ कि वह कैसा है?' लगता था कि रथिन ने सुना नहीं। अचानक उसने कहा–'मैंने सोच लिया है। मैं इस पलायनवादी राजनीति में अब नहीं पड़ना चाहता।'

'पलायनवाद मतलब?'

'अन्धी राजनीति। चरमतावादी समाधान यथार्थ को नकारना है।'

'क्रान्ति यथार्थ का एक नकार है...'

'हाँ, वह सब मुझे भी मालूम है। हमारे चाहने भर से चीजें बदल नहीं जाएँगी, कम-से-कम उस तरह तो नहीं जैसी हम चाहते हैं। जो भी हो। यथार्थ में गोधूली और उसके बच्चे भी शामिल हैं। मृत्यु का आलिंगन एक भव्यता हो सकती है, लेकिन हमारे पास ऐसा कौन-सा अधिकार है कि हम दूसरे लोगों की जान जोखिम में डालें।'

मोहन चुप हो गया।

रथिन कह रहा था, 'यह अहंकार है, पतन से पहले अभिमान आता है।'

'तुम यही कहना चाहते हो?'

'मानवता से प्रेम का मतलब ही क्या है जब हम इस बात की परवाह नहीं करते कि वास्तविक मनुष्यों के साथ क्या गुजर रही है? टूसी के लिए इसका अर्थ क्या होगा? हमारी महान योजना में उसकी जगह कहाँ है?'

मोहन ने कहा, 'मैंने कभी कल्पना नहीं की थी कि चीन यांकियों के साथ गलबहियाँ डालेगा। मुझे अब भी इस पर विश्वास नहीं हो रहा।'

'या याह्या का समर्थन करेगा? या खूनी भंडारनायके का? लेकिन मेरी चिन्ता कुछ और ही है।'

'मुझे मत बताओ। हम केवल नेतृत्व की गलतियों के लिए अपनी नीतियों को तो छोड़ नहीं सकते।'

'हाँ, गलतियाँ। महान व्यक्तियों के अपराध उनके पैरवीकारों की जुबान पर आकर गलतियाँ बन जाते हैं। हमारे सिद्धान्तकार चीन की कम्युनिस्ट पार्टी को सही ठहराने के लिए रात-दिन एक कर रहे होंगे। हम बातें तो वस्तुगत यथार्थ की करते हैं लेकिन व्यवहार प्लेटोनिक तानाशाह की तरह करते हैं।'

'प्लेटोनिक? तुम क्या कह रहे हो?'

'क्या तुम नहीं जानते कि प्लेटो ने अपने दिमाग में जन्मी योजनाओं को साकार करने के लिए तानाशाहों को पटाया था।'

मोहन ने सोचा कि यह दार्शनिक की वापसी है, 'तुम किस नतीजे पर पहुँच रहे हो?'

'पार्टी लाइन धर्म की तरह है। हम आत्मश्लाघा में रहते हैं और जनता को केवल अर्द्धसत्य ही बताते हैं। हम कसम तो वैज्ञानिक समाजवाद की उठाते हैं लेकिन हमारा व्यवहार नेताओं की उपासना का है। यह सब केवल विखंडन का रास्ता है।'

'रुको। क्रान्तिकारी समाजवाद इतिहास के मार्क्सवादी सिद्धान्त पर आधारित है। रणनीतिगत मतभेद तो होने ही हैं।'

'कौन-सा मार्क्सवादी सिद्धान्त। 'द्वन्द्वात्मकता', 'वर्गचरित्र' और 'अर्द्धसामन्तवाद'

जैसे शब्दों का जाप कोई भी कर सकता है। उनसे कोई सवाल पूछो तो वे थूक उड़ाने लगते हैं।'

'क्या ये सब सिद्धान्त फालतू के हैं?'

'नहीं, लेकिन जिस तरह हम उनका प्रयोग करते हैं उससे मुझे चिन्ता होती है। बजाय इसके कि हम उनका प्रयोग विमर्श को आगे बढ़ाने के लिए करें, हम उनका उपयोग चिन्तन से पलायन के लिए करते हैं। हम यह कहते हुए कैसे शुरू कर सकते हैं–'पहले माओ की सर्वोच्चता मानो और तब हम विमर्श करेंगे।' हम एक दूसरा चर्च स्थापित क्यों नहीं कर देते? पार्टी का लोकतंत्र एक बहाना है उन फैसलों का जो कहीं और किए जाते हैं!'

'यह एक क्रान्तिकारी आन्दोलन है, मिशन कॉलेज की वाद-विवाद सभा नहीं। निश्चय ही मतभेद हैं। और इसीलिए हमें क्रान्तिकारी सत्ता की जरूरत है। नियम-कानून लक्ष्य की पूर्ति के लिए होते हैं, न कि इसके उलट। कभी-कभी उन्हें स्थगित भी करना पड़ता है...खुदा के वास्ते तुम्हें भी यथार्थ को समझना होगा।'

रथिन का ऊपरी ओठ व्यंग्य में सिकुड़ा। मोहन को होस्टल के कमरों में देर रात की बहसें याद हो आईं। 'क्रान्तिकारी सत्ता, वाह वाह। तुम मुझे एक बात बताओ, क्या हम किसी के प्रति जवाबदेह भी हैं या हम सिर्फ यह जानते हैं कि मानवता के लिए सबसे सही क्या है? हम किसी की भी हत्या गोपनीय ढंग से कर देते हैं और लोगों को उसका परिणाम भुगतने के लिए छोड़ देते हैं। हम यह कैसे जानेंगे कि यह कार्य उन्हें स्वीकार्य था? हम कहते हैं कि हमारी लाइन ही उचित है। लेकिन यह सिद्ध करने का हमारे पास कोई उपाय नहीं है सिवाय उन मुट्ठी भर लोगों की वाहवाही के जो हमसे सहमत हैं। जो सहमत नहीं होता उसकी असहमति इस बात का सबूत है कि वह वर्गशत्रुओं का प्रतिनिधि है। यदि यह दुष्चक्र नहीं है तो मैं दुष्चक्र का मतलब ही नहीं जानता।'

मोहन का धीरज चुक रहा था। 'कम्युनिस्ट आन्दोलन में विचार-विमर्श का एक लम्बा इतिहास है। नेता पार्टी लाइन का आविष्कार नहीं करते, उसका द्वन्द्वात्मक विकास होता है। उसकी एकमात्र सही राजनीतिक विधि है, लेनिन का बहस में लोकतांत्रिक सिद्धान्त और एक्शन में केन्द्रीकरण।'

रथिन जैसे गहरे पानी से निकलकर साँस ले रहा हो–'बकवास! ऐसे कितने बड़े फैसले हैं जो कार्यकर्ताओं से चर्चा के बाद किए गए हों। वरिष्ठ कॉमरेड तक एक दूसरे को गाली दिए बिना विचार-विमर्श नहीं कर सकते। 1964 में कम्युनिस्ट पार्टी का विभाजन हुआ। लेकिन मुझे यकीन है कि नेता कुत्ते-बिल्लियों की तरह बहुत पहले से लड़ रहे थे। 1967 में मार्क्सवादी कम्युनिस्ट पार्टी टूटी और हमारे धड़े ने सीपीआई एमएल गठित करने का निर्णय किया। यह हो पाता इससे पहले ही नागी रेड्डी चारु

से असहमत हो गया और हमने उसकी निन्दा की। नौकरशाही और तानाशाही के लिए हरेक कोई हरेक की आलोचना कर रहा था। और वे सब के सब सही थे। और अब पाकिस्तान पर मतभेद की वजह से हम एक-दूसरे को मार रहे हैं। सभी गम्भीर सवालों के लिए वर्गशत्रु जिम्मेदार हैं। सत्तावर्ग को फासिज्म का सहारा लेने की जरूरत ही नहीं है—हम उनका काम खुद कर देंगे।'

'किसी ने यह नहीं कहा कि क्रान्ति में पीड़ा नहीं होती। यह एक महान काम है, और ये सब नई व्यवस्था की प्रसव-पीड़ाएँ हैं।'

'*प्रसव-पीड़ा?* ऑरवेल का वाग्जाल। तुम जीवन और आशा से जुड़े हुए शब्दों का इस्तेमाल मृत्यु और विनाश का वर्णन करने के लिए कर रहे हो। लेनिन का लोकतंत्र मेरे ठेंगे पर। चीन के नेताओं के बीच जानलेवा संघर्ष हुआ था, उनका अपना प्रचारतंत्र उसे छुपा नहीं पाया। चेयरमैन माओ की हत्या की साजिश के बाद वाइस-चेयरमैन लिन पिआओ को मार गिराया गया। क्या माओ ने लिन को अपना उत्तराधिकारी घोषित नहीं किया था? यदि भारत अर्द्धसामन्ती है, तो साला चीन क्या है? महान सर्वहारा सांस्कृतिक क्रान्ति का अन्जाम महल के हिजड़ों की महान क्रान्ति में हो गई। लोकतांत्रिक केन्द्रीयता के बारे में मुझे कुछ और भी बताओ?'

'समाजवादी खेमा खतरे में है। इस तरह की कलहें होंगी ही।'

'मुद्दे को दरकिनार मत करो। इससे क्या फर्क पड़ता है कि लिन ने माओ को उखाड़ने की कोशिश की या माओ ने लिन की हत्या की? वे उत्तराधिकारियों को हटा रहे हैं और असन्तुष्टों को समाप्त कर रहे हैं। हमारे टिप्पणीकार कल लिन की तारीफ में आसमानी कुलाबे रच रहे थे, और आज वे उसके विश्वासघात को कोस रहे हैं। जल्दी ही लिन-समर्थक और लिन-विरोधी धड़े बन जाएँगे और नए शत्रु हमारे भीतर घुस आएँगे।'

'एक दो मामलों के आधार पर सामान्यीकरण। तुम सिनिक हो गए हो।'

'एक या दो मामले? पूँजीवाद मानवीय मस्तिष्क को ध्वस्त कर रहा है, और हम इस प्रक्रिया का हिस्सा हैं। हम धर्मान्तरितों को प्रवचन देते हैं, तथ्यों को छोड़ देते हैं और अपनी ही आवाज के अलावा कुछ और नहीं सुनते। हम मशीनी मानवों का समाज गढ़ रहे हैं।'

'इसे पूँजीवादी संस्कृति कहेंगे।'

'हम उनमें शामिल हो गए हैं। विज्ञापन और प्रचार, प्रलोभन और नारेबाजी। वैसा ही तरीका। धर्म जनता के लिए अफीम है, और पार्टी लाइन कैडर की अफीम है। मैं अपने गाँजे का कश ज्यादा पसन्द करूँगा। मुठभेड़ों में मौत पर तुम्हारी लाइन क्या है?'

'मेरी लाइन से तुम्हारा मतलब क्या है। हम सब जानते हैं कि वह क्या है...'

'हम सब क्या जानते हैं?'

'जब कानून से परेशानी होने लगती है तो सत्तावर्ग कानूनी तौर-तरीकों को उखाड़ फेंकता है।'

'तौर-तरीके। तुम चाहोगे कि वे कानून के तौर-तरीकों का पालन करें? क्यों जबकि यह सब धोखा ही है? क्या यह ठीक नहीं रहेगा कि वे दिखावे को त्याग दें और सिर्फ बन्दूक के जोर पर शासन करें?'

मोहन को गुस्सा आ गया था, 'उन्होंने दिखावे को *वाकई* त्याग दिया है और यह सब धोखा है। मेरा जमींदार अपने मजदूरों को मार सकता था और कोई कुछ नहीं कर पाता। मैंने राजमार्गों पर पुलिस अधिकारियों और मजिस्ट्रेटों को वसूली करते देखा है। लूट और राहजनी। और वे हमें समाज विरोधी कहते हैं। वे देशभक्त हैं और हम अपराधी तत्त्व हैं। बेशर्म हरामी। तुमने कभी देखा है कि वे अपने श्रमिकों से कैसा व्यवहार करते हैं? जैसे वे टट्टी-पेशाब हों। जात का घमंड उनके दिमागों को जकड़े हुए है। मध्यवर्गीय चूतिया ही कानून पर भरोसा करते हैं, लेकिन जनता जानती है कि कुछ लोग हत्या करने के बाद भी बच निकलेंगे, क्या तुम सोचते हो कि वे न्याय पाने के लिए अपीलों में अपना वक्त बर्बाद करनेवाले हैं?'

रथिन ने अपने दोस्त को मानीखेज निगाह से देखा–'पंचायतें प्रेमियों की हत्या करती हैं, माता-पिता वेश्यालयों में अपनी सन्तानें बेचते हैं, और आज भी नरबलि की प्रथाएँ जारी हैं। इस सब के लिए किसी को दंड नहीं मिलता। और साम्प्रदायिकों के नरसंहार भी। हम कुछ नहीं कहते। कुछ अत्याचार हमें बेचैन क्यों कर देते हैं, और कुछ के प्रति हम अचेत रहते हैं, क्यों? और समाजवाद में मानवाधिकारों की क्या जगह होगी? क्या तुम मानते हो कि लेनिन के कॉमरेडों में अधिकांश साम्राज्यवाद के एजेंट थे जिन्हें मार दिया जाना चाहिए था? यह आलसी स्टालिन की लाइन है। इस पर चारु और सीपीएम के बीच कोई अन्तर नहीं है। यदि पूँजीवादी वैधानिकता एक धोखा है तो समाजवादी वैधानिकता एक सर्कस है। और अब तुम मजदूरों-किसानों के चुनाव में भाग लेने की व्याख्या किस तरह करोगे?'

'मतदाताओं में से आधे वोट नहीं डालते। लोगों को किसी बात में भरोसा करना होता है, वे किसी भी चीज को आजमाना चाहेंगे। लेकिन ऐसा चलनेवाला नहीं है। चुनावों में भरोसा एक मिथ्या चेतना है।'

'जब भी तुम्हें सोचना चाहिए, तुम एक नींद की गोली गटक लेते हो, जिसका नाम 'मिथ्या चेतना' है। सत्य के प्रति तुम्हारा रवैया धार्मिक है, और दूसरों की मिथ्या चेतना की बात करते हो। *तुम्हारी* अहमक चेतना में ऐसा महान क्या है? तुम यह कैसे जानते हो कि तुम भ्रान्ति में नहीं जी रहे?'

'कौन सा धार्मिक रवैया? किसी ने यह दावा नहीं किया कि मार्क्स और लेनिन से गलतियाँ नहीं हो सकतीं। समाजवाद एक जीवन्त विज्ञान है, जिसमें नवीनतम योगदान

माओ का है।'

रथिन का कान साफ करनेवाले को बार-बार उसकी क्षुब्ध प्रतिक्रियाओं के लिए कान को ढीला छोड़ना पड़ता था। वह अपने छोटे थैले को खँगालता या फिर कपड़े की एक चिन्दी को बोतल में डुबाकर अपनी सलाई को साफ करता। वह अपना समय ले रहा था, गरमागरम और समझ में न आनेवाली बहस का मजा लेने का भाव उसके चेहरे पर था। अब वह एक कान को पूरा साफ कर चुका था और पैंतरा बदलकर उसने दूसरे कान पर काम शुरू किया। उसने कहा–'भैया शान्त हो जाओ। क्या चाऊ-माऊ भी अंग्रेजी बोलते हैं?'

रथिन ने अपना सिर थोड़ा घुमाया, 'नहीं भाई, सिर्फ हम जैसे मूर्ख ही बोलते हैं।' और वह मोहन की ओर मुड़ा–'निस्सन्देह जीवित विज्ञान। इतिहास का विज्ञान। वैज्ञानिक प्रयोग करते हैं, हम लोगों की हत्या करते हैं यह जानने के लिए कि क्या यह हमें समाजवाद तक पहुँचाएगा। बहुत बुरी बात यह है कि वैज्ञानिक अब आपस में लड़ रहे हैं। अब यह कैसे कहा जाए कि इनमें कौन-सा वैज्ञानिक जीनियस है और कौन सा वज्र मूर्ख?'

'गालियों पर उतरने की जरूरत नहीं है। क्रान्ति में शामिल होकर ही लोगों में समझदारी आएगी। पार्टी लाइन हमेशा व्यवहार में ही परखी जाती है।'

'कैसा व्यवहार। निस्सन्देह ट्रक चलाने का सही तरीका तुम तभी सीख सकते हो जब ट्रक को चलाओ, और सही तरह से वर्गशत्रु को कैसे मारा जाए, यह उन्हें मारकर। सहीपन मात्र तकनीकों का मामला है। हमारी दिलचस्पी सिर्फ इसी में है, हम वैज्ञानिक हैं। हम बौद्धिक गलतियाँ तो मान लेते हैं, लेकिन अपराधों को नहीं। नैतिक प्रतिमानों का क्या होगा?'

'हा-हा, शोषितों को नैतिकता की शिक्षा देना वैसा ही है जैसा शैतान का धर्मग्रन्थ पढ़ना। समूची पूँजीवादी व्यवस्था अनैतिक है। हर जगह अन्याय फैला हुआ है। इसको देखने के लिए तुम्हें बड़े-बड़े सिद्धान्तों की जरूरत नहीं है, यह तो साफ है।'

'हम शोषित नहीं हैं। हम वे हैं जो शोषितों को पकी-पकाई लाइन पिला रहे हैं। यह हमें मिली कहाँ से? तुम कहते हो कि सत्य बिल्कुल साफ है। कल तक यह जाहिर था कि चीनी कम्युनिस्ट पार्टी सच की आकाशवाणी थी। अब हमें इतना भरोसा नहीं है, है क्या?'

'तुम कहना क्या चाहते हो?'

'तुमने कहा मुठभेड़ों में लोगों का मारा जाना यह दिखाता है कि राज्य कानूनों की परवाह नहीं करता। यदि तुम राज्य के मनमाने कामों पर आपत्ति करते हो तो इसका अर्थ है कि तुम चाहते हो कि वह अपने नियमों का पालन करे। ऐसा लगता है कि तुमने उसके कानून बनाने और लागू करने के अधिकार को स्वीकार कर लिया है।'

मोहन ने कहा–'नहीं, मैंने स्वीकार नहीं किया। हम राज्य को उसके अपने दावों पर जाँच रहे हैं, इसके लिए उन पर विश्वास जरूरी नहीं है। शासकों में अगर हिम्मत है तो वह कानून के सामने बराबरी का पालन करके दिखा दे। यदि वे सचमुच बोलने की आजादी में विश्वास करते हैं तो वे क्रान्तिकारी विचारों को पनपने दें!'

रथिन ने उसे दयाभाव से देखा, 'तो लोकतांत्रिक व्यवस्था का पैमाना होगा सशस्त्र संघर्ष के द्वारा उसे उखाड़ फेंकने की स्वतंत्रता? क्या समाजवादी सरकारें विद्रोहियों को हत्या करने की इजाजत देती हैं? हो सकता है कि समाजवादी व्यवस्था इतनी अच्छी हो कि जनता को असहमति व्यक्त करने के अधिकार की जरूरत ही नहीं होती हो?'

मोहन ने खीजकर कहा, 'हम लोकतांत्रिक व्यवस्था के कर्तव्यों पर तब चर्चा करेंगे जब हम उसे हासिल कर चुके होंगे। कानून का शासन निरा-पाखंड है। तुम सोचते हो कि न्यायपालिका वर्गीय हितों से ऊपर है? उनकी तथाकथित तटस्थता एक मुखौटा है जालसाजी को छिपाने के लिए। यदि तुम उनके पूर्वाग्रहों की आलोचना करते हो तो तुम पर अवमानना का आरोप लगा दिया जाएगा, लेकिन कानून की अवमानना खुद वकीलों से ज्यादा कोई नहीं करता। वे ही न्यायाधीश बनते हैं। पैसा और प्रभाव न्याय को किसी भी दिशा में ले जा सकते हैं। जब गरीबों को न्याय नहीं मिलेगा तो तुम सोच लो कि क्या हो सकता है? क्या होना चाहिए? उनके पिछवाड़े बम की भाषा ही सत्तावर्ग को समझ में आती है! यदि हमारी राजनीति धर्म की तरह है तो तटस्थ न्यायपालिका में विश्वास एक अन्धविश्वास है जो ज्योतिष की खोज के समय से चला आ रहा है। कानून सत्तावर्ग का एक हथियार है।'

'बढ़िया भाषण! हम बिल्कुल ही कानून के बिना काम क्यों न करें। सुनो कॉमरेड, सभी संघर्षों को आवेश के जरिए नहीं सुलझाया जा सकता। क्या चीन और सोवियत यूनियन में जज नहीं हैं? क्या क्रान्तिकारी राज्य को कानून की जरूरत नहीं होगी?'

'मुद्दा यह नहीं है, बुर्जुआ न्यायपालिका, पूँजीवादी व्यवस्था की रक्षा करती है। यही उनका काम है, और वे कमबख्त अच्छी तरह जानते हैं कि उन्हें चुपड़ी कहाँ से मिलेगी। बाकी सब खींचतान है। हमेशा ही अपने उच्च आदर्शों का राग अलापा जाता है, तो फिर हम उनसे कैसे उम्मीद करें कि वे गरीबों की गरिमा का सम्मान करेंगे? जब तक हमारे पास न्याय की एक नई प्रणाली नहीं होगी तब तक कामगारों और किसानों को न्याय नहीं मिलेगा। अर्द्ध औपनिवेशिक न्यायिकता धोखा है और इसकी कोई वैधता नहीं है।'

रथिन ने कहा–'इसीलिए हमने सशस्त्र संघर्ष शुरू किया है। तब फिर तुम यह क्यों चाहते हो तंत्र अपना काम करे? अगर इन्दिरा गांधी चुनाव रद्द कर देती हैं तो क्या हम तटस्थ बने रहेंगे? अगर राज्य अवैध है तो नियमों का पालन न करने पर शिकायत क्यों? इसकी क्या गारंटी है कि नई व्यवस्था इतनी ही कपटी नहीं होगी?'

मोहन ने कहा–'लोगों को जीना है। यदि ऐसे कानून हैं जिनका मजदूर अपने लाभ के लिए इस्तेमाल कर सकते हैं तो उनका फायदा क्यों न उठाया जाए? पूँजीवादी राज्य मजदूरों को अर्थव्यवस्था पर कोई नियंत्रण नहीं देता, हालाँकि वह उनके बिना एक दिन भी चल ही नहीं सकता। इसीलिए यह अवैध है। केवल कम्युनिस्ट ही उनके सचमुच के हितों का प्रतिनिधित्व करते हैं।'

'लीडर इज राइट, फ्यूचर इज ब्राइट! तुम किस कम्युनिस्ट की बात कर रहे हो? ऐसी दर्जनों पार्टियाँ हैं जो मजदूर वर्ग का प्रतिनिधि होने का दावा करती हैं। अपने इन दावों को साबित करने के तरीकों तक में इनमें सहमति नहीं है। कोई भी नेता खुद मजदूर नहीं हैं, तो उनकी विचारधारा सर्वहारा कैसे हो सकती है?'

'यह तर्क करने का मशीनी तरीका है। ऐसा नहीं है कि केवल मजदूरों के पास ही समाजवादी सोच होगा। मध्यवर्गीय लोगों ने मजदूर आन्दोलनों का नेतृत्व किया है। तुम किस वर्ग के प्रतिनिधि हो, यह तुम्हारे राजनीतिक चयन से तय होता है।'

'कैसा चयन? क्या मजदूरों ने हमें अपने वर्गशत्रुओं की हत्या करने का हक दे दिया है?'

'और उनका क्या जो राष्ट्र के शत्रुओं की हत्या करते हैं? उन्हें किसने यह हक दिया है?'

'पुराने जमाने में क्रान्तिकारी उग्रवादी राष्ट्र के नाम पर इकतरफा कार्य करते थे। हमारा दावा है कि हम मजदूरों और किसानों के लिए काम करते हैं। फिरकापरस्त हिन्दुओं, मुसलमानों आदि के लिए काम करते हैं। हरेक यह कहता है कि उसे किसी और की तरफ से किसी तीसरे को मारने का हक है। क्या ये क्रूसेडर लोगों को यह कहने की छूट देंगे कि नहीं, धन्यवाद, हम नहीं चाहते कि आप हमारा प्रतिनिधित्व करें। क्या वे प्रश्नों का उत्तर देते हैं, या प्रश्नकर्ता को ही झिड़क देते हैं?'

'यह हवाई बकवास है। कम्युनिस्ट आन्दोलन की वैधता औपचारिक नहीं है, यह सालोंसाल मजदूरों-किसानों की सेवा के बाद उसे मिली है। यह वास्तविक हितों पर आधारित है, न कि हिन्दू-एकता, मुस्लिम-एकता जैसी कल्पनाओं पर। समय आने पर जनता हमारी भूमिका को समझेगी।'

'समय आने पर। ठीक है। और तब तक हम हत्याएँ करते रहेंगे। चारु ने हमें यह आजादी दी है कि हम यह तय कर लें कि किसको और कहाँ मौत के घाट उतारना है। कोई मुकद्दमा नहीं, बेकसूर होने का कोई विकल्प नहीं। हम जज हैं, जूरी हैं और जल्लाद भी। थ्री इन वन, एक साथ तीन-तीन।'

'बेकसूर होने का विकल्प? तुम चूतिया बुर्जुआ वकील जैसे लग रहे हो। जनता का शोषण इसलिए नहीं होता कि उन्होंने कोई अपराध किया है, बल्कि इसलिए क्योंकि वह असहाय है। क्रान्ति इस मजबूरी का अन्त है। जनता वर्गशत्रुओं को पहचानती है,

उनके अपराध ही उन्हें अलगा देते हैं। इन हरामियों को व्यवस्था का संरक्षण प्राप्त है। यह *उनकी* व्यवस्था है। जज जमींदारों और पूँजीपतियों को कभी दंडित नहीं करेंगे, भले ही वे कानून तोड़ते रहें। हर बात पहले से तय है। हमेशा और हमेशा। तुम चाहते हो जनता हर अन्याय को चुपचाप सहन करती रहे? जब पुलिस कॉमरेड के घर जबरन घुसती है और अन्धाधुन्ध गोलियाँ बरसाती है, तब हमें क्या करना चाहिए? क्या केस दर्ज करें? *यह युद्ध है।* युद्ध में आप शत्रु के पास जाकर न्याय की गुहार नहीं लगाते, आपके सिर में गोली उतार दी जाएगी।'

रथिन विचारमग्न दिखाई दिया। 'हाँ व्यवस्था में सबकुछ पहले से तय है। पर तुम जानते हो मुझे एक बात अभी-अभी सूझी है। हम एक घेरे में फँस गए हैं। सत्तावर्ग अपने गैरकानूनी कामों को छिपाने के लिए कानून का परदा डालता है, और क्रान्तिकारी कानून को उखाड़ने के लिए गैर कानूनी कामों का सहारा लेते हैं।'

मोहन के पास तर्क नहीं थे। कुछ देर बाद उसने कहा–'क्या? तुम कहना क्या चाहते हो?'

'कॉमरेड, कानून तो पहले ही डूब चुका है। भारत का सत्तावर्ग यही चाहेगा कि कानून से पीछा छूट जाए। हम इसमें उसकी सहायता कर रहे हैं। यहाँ हर किस्म के संदिग्ध नियम बनते रहते हैं, उन्हें समझने की कोशिश में मार्क्स भी पगला गए होते। बुर्जुआ कानून और समाजवादी कानून को भूल जाओ। कानून और न्याय दो अलग-अलग चीजें हैं। सिर्फ अपने दिमाग का इस्तेमाल करो। यदि पुलिस की कार्रवाई गलत है तो हमारे काम कैसे ठीक हो सकते हैं? बेहतर जानकारी के आधार पर किसी की हत्या कर देना सिर्फ तानाशाही और ब्राह्मणवादी क्रूरता है।'

'तुम भटक रहे हो। हम केवल जमींदारों और शोषकों को ही मारते हैं।'

'तुम झूठ बोल रहे हो। हम पुलिस के कुत्ते और मुखबिर का नाम देकर साधारण जनों को भी मारते हैं।'

मोहन ने अपने पाँव फैलाने के लिए पहलू बदला और अपना क्रोध छुपाने के लिए दूसरी तरफ देखने लगा। उसने गहरी साँस ली और फिर दोस्त की आँखों में आँखें डालकर उसने कहा–'रथिन, तुम हमेशा से ही तर्क अच्छे करते रहे हो, जिसका भी पक्ष तुम लो। लेकिन यदि हमारा अहंकार सचमुच एक समस्या है, तो नौकरशाही के अहंकार को तुम क्या कहोगे? वे अपनी-अपनी जेबें भरने के लिए अपनी शक्ति को बेचते हैं और फिर हमसे संविधान का सम्मान करने को कहते हैं। हमें उस चीज का सम्मान क्यों करना चाहिए जिस पर वे और उनके कारिन्दे हर रोज थूकते हैं? देश को लूटने के लिए आईएएस में शामिल हो जाओ। क्रान्ति हो या न हो, जब तक सत्ता वर्ग हत्या करके भी बचा रहेगा तब तक कभी-न-कभी उसे उसी मुद्रा में इसकी कीमत चुकानी पड़ेगी। यही होना है।' वह विवाद को खत्म करना चाहता था। जीवन का जो

बड़ा फैसला लिया गया था, उसके सम्बन्ध में महीनों से बात नहीं हुई थी। ऐसे प्रश्न जो अनेक कॉमरेडों को परेशान कर रहे थे, वे आस्था और भय की परतों के नीचे कुचल दिए गए थे। जो घटनाएँ घट रही थीं उनसे उन्हें तात्कालिकता मिली थी। उसे लगा कि उसका दिमाग सुन्न होता जा रहा है, और वह चुप हो गया।

कनसफिया रथिन के कानों पर काम पूरा कर चुका था, उसने पूछा कि क्या वह नाखून भी कटवाएगा। रथिन ने सिर हिलाकर एक हाथ आगे कर दिया। उसने औजारों के अपने थैले में खोजकर स्टील की तेज धारवाली एक छोटी छुरी निकाली। ग्राहक की अँगुली पकड़कर उसने तेजी से कुशलतापूर्वक अपना काम शुरू कर दिया।

रथिन अपने प्रवाह में लौटा–'हम भी हत्या के बाद बच निकलते हैं। सामान्यजनों को कीमत चुकानी पड़ती है, शासन वर्ग को नहीं। हम ऐसा व्यवहार करते हैं जैसे सत्य उसके साथ है जो अपना छुरा पहले घुसेड़ता है। यह कोरा पागलपन है। हमने मौजूदा व्यवस्था के खिलाफ विद्रोह किया था और अब हम तोतारटंत करते हैं। कल तुमने नन्दन की बात नहीं सुनी थी ? हम खुद अपने सबसे बड़े दुश्मन बन गए हैं।'

उसने स्टेशन पर फैले दरिद्र लोगों की भीड़ को रुककर देखा, जो हँस रही थी, लड़ रही थी, खा-पी रही थी और हग-मूत रही थी। आँखों में निराशा का भाव लेकर उसने मोहन को सीधी निगाह से देखा और कहा–'त्रासदी तुम्हारे वजूद को खत्म कर सकती है, जानते हो, जहूर का बाप उसी रात मर गया था जब उसने सुना कि उसका बेटा मारा गया है।'

दोनों ही खामोश थे। उनमें से प्रत्येक सोच रहा था कि सामनेवाला बुढ़ा गया है। एक चाय बेचने वाले लड़के से उन्होंने मिट्टी के कुल्हड़ों में दो चाय खरीदी। पहला घूँट लिया। मोहन बोला–'मैं यह नहीं मानता कि यह सब समय की बर्बादी थी। किसान अब फसलों पर कब्जा कर रहे हैं। बुर्जुआ पार्टियाँ भूमि वितरण की बात करने लगी हैं। क्या यह नहीं बताता कि हमने एक दरार पैदा कर दी है।'

'हाँ, आन्दोलन ने कुछ सुधार हासिल किए हैं। अच्छा है। लेकिन फिर तुम यह भी कहते हो कि पूरी व्यवस्था ही बेकार है और हमें वह करते जाना चाहिए जो हम कर रहे हैं। क्या तुम्हारी बातों में अन्तर्विरोध नहीं है ?'

'तुम्हें हमेशा से बाल की खाल निकालने की आदत है। हाँ यह व्यर्थ है। हम गांधीवादी नहीं हैं। सशस्त्र संघर्ष की वजह से ही राज्य को न्यूनतम मजूरी देने पर बाध्य होना पड़ा। वे कभी कोई रियायत तब तक नहीं देते जब तक उन्हें क्रान्ति का भय न सताता हो।'

'वे सड़क निर्माण के रूप में ही केवल रियायत देंगे, और मजदूरों को पत्थर तोड़ने होंगे, जो वे हमेशा से करते रहे हैं। वह सब भूल जाओ। मैं अब नहीं मानता कि आजादी और खून की प्यास का कोई साथ है। अगर हमारा बर्ताव ऐसा ही रहा, तो कोई क्रान्ति

नहीं होगी, घृणा और प्रतिशोध का अन्तहीन चक्र ही चलता रहेगा। क्या इन दिनों तुमने लिबरेशन पढ़ा है? नेताओं में मार्क्सवाद को काली पूजा से कन्फ्यूज कर लिया है। तुम्हें मालूम है कि खोखोन को लिखी चिट्ठी का अन्त चारु ने किन शब्दों में किया था? "शहीदों के खून से लीपे रास्ते पर आगे बढ़ो।" हर प्रश्न का उनके पास एक ही जवाब है और वह यह कि और ज्यादा-से-ज्यादा लोगों को मारना हमारे लिए जरूरी है।'

'तो...तुम्हें क्या लगता है कि क्या होनेवाला है?'

'ईश्वर जानता है। मैं तो बस इतना जानता हूँ कि पार्टी को 1975 और यहाँ तक कि 1995 तक में सत्ता नहीं मिलने वाली। राज्य शक्तिशाली होता जाएगा, और क्रूर भी। भारत की तुलना 1920 के चीन से करनी बेवकूफी है। पर बेवकूफी हमारी पद्मभूषण बन गई है। जल्दी ही सर्टिफाइड पागल क्रान्ति की अगुवाई करने की अर्हता पा लेंगे।'

जब मोहन ने अपने मित्र को देखा तो उसके चेहरे पर नाटकीय व्यंग्य था। सावधानी से अपने शब्दों को चुनते हुए उसने कहा–

और हम यहाँ अँधेरे से घिरे मैदान में हैं।
संघर्ष और पलायन की हवाओं से घिरे हुए।
जहाँ टकराएँगी मूर्ख सेनाएँ रात के अँधेरे में।

'यह तुम्हें कहाँ से मिली?'

'छोड़ो उसे। जानते हो कुरुक्षेत्र के महायुद्ध से ठीक पहले युधिष्ठिर ने कृष्ण से कहा था सैनिक के कर्तव्य में बुराई अन्तर्निहित होती है। पेशेवर हत्यारे अपने भी कुछ अंश की हत्या कर देते हैं। वह सही था, हमने अपने दिमागों की हत्या कर दी है–पार्टी भी तो इस बात की शेखी बघारती है कि हम किस तरह पुस्तकों को जलाते हैं। जब यह सनकभरी योजना पूरी होगी तो बचा रह गया आखिरी साथी एक विशाल ब्लैक होल होगा।'

'फिर से दर्शन?'

'यह सब महाभारत में लिखा है। विजेता कभी पूर्वावस्था में नहीं लौट पाए। सच तो यह है कि इस युद्ध का आयोजन विष्णु ने किया था जो सैनिकों के वर्ग को समाप्त करना चाहता था, उनका अस्तित्व पृथ्वी के लिए एक बोझ बन गया था। हम समस्या हैं, समाधान नहीं। नवीनतम तात्विक धर्मयुद्ध के प्यादे।'

'तात्विक? तुम कह क्या रहे हो?'

'दार्शनिक कीमियागरी! तत्वविज्ञान जीवन के लिए प्रेम को मृत्यु के लिए आकर्षण में बदल देती है। कम-से-कम इसके हमारे संस्करण में।'

मोहन को कुछ याद आया। 'इसी बात पर, क्या कभी तुमने कोई एक्शन करवाया?'

'हाँ, लगभग।'

'लगभग से तुम्हारा मतलब?'

'क्या तुम सचमुच जानना चाहते हो?'

'कोई छोटी-से-छोटी बात भी नहीं छोड़ना।'

'पूर्णिया के पश्चिम के एक गाँव में हमने—मैंने और एक भूमिहीन कॉमरेड ने एक जोतदार के खत्म करने की योजना बनाई। वह अकेला था जिसमें पर्याप्त वर्ग चेतना थी या जैसा कि मुझे लगा। उसे हथियार जुटाना था, लेकिन...'

'लेकिन क्या?'

'वह एक जेबी चाकू ही लाया।'

'जेबी चाकू?'

रथिन ने व्यंग्यात्मक नाटकीयता के साथ एक भौंह उठाई। 'होरेशियो, पृथ्वी और आकाश में उससे कहीं ज्यादा चीजें हैं जिनकी कल्पना तुम्हारी फिलोसफी कर तक पाती है। और वह भी बुरी तरह जंग खाया हुआ चाकू।'

'तुमने एक जोतदार की हत्या *जेबी चाकू* से करने की योजना बनाई थी?'

'मुश्किल था। हाँ, मुझे डान किहोटे और साँचो पांजा की याद आ गई। इसके लिए यदि वर्ग शत्रु के सहयोग की नहीं तो कम-से-कम कुछ स्वीकृति का होना आवश्यक था। काम को देखते हुए यह एक प्रकार का वर्गसहयोग था जिससे कोई फल नहीं मिलने वाला था।'

'फिर क्या हुआ?'

'क्या हुआ? हम ताड़ी पीने निकल गए।'

इस क्रूर मजाक पर दोनों मुस्कुराए। आसपास के शोर-शराबे को देखते हुए मोहन ने कहा—'जब पिछली बार प्रणव यहाँ आया था, वह शिप्रा से मिला था। तुम्हें याद होगा शिप्रा में उसकी गहरी दिलचस्पी रही थी? पिछले साल मैं उससे और नन्दन से कॉलेज स्ट्रीट के सीएच में मिला था। वह सचमुच अच्छी है और आकर्षक भी। पुरानी दोस्ती की भावनाओं के अलावा उसे उसने कोई लिफ्ट नहीं दी। वह निरा मूर्ख है। दिव्या के मन में उसके प्रति लगाव है। उसने मुझे बताया कि शिप्रा के काका ने, वह बुड्ढा जो दूसरे विश्वयुद्ध के विषय में कयास लगाता रहता है, इतिहास के एक फरिश्ते के सम्बन्ध में एक अजीब लाइन दी थी। यह फरिश्ता सभ्यता के अपने सामने इकट्ठे हो रहे ध्वंसावशेषों से पीछे की धकेला जा रहा है। ऐसा लगता है कि हम यहाँ सियालदा में एक और ध्वंसावशेष देख रहे हैं।'

कनसफिया ने अपना सामान समेट लिया था। अचानक उठकर वह प्लेटफार्म के किनारे तक गया और वापस आने से पहले उसने खून जैसा लाल थूक फेंका। 'साहब मैं कुछ कहूँ।' उसने कहा, उसकी सिकुड़ी हुई आँखों से एक मुस्कान झर रही थी। उन्होंने गर्दन हिलाकर सहमति दी। 'आप पढ़े-लिखे भद्रजन हैं। और इस गँवार को

माफ करेंगे। जब आपको किसी चक्रव्यूह में प्रवेश करना हो तो एक धागा साथ में रखें। नहीं तो आप यह भूल जाएँगे कि आप कहाँ से चले थे और फिर बाहर नहीं आ सकेंगे।'

दोनों ने ठहाका लगाया, 'शुक्रिया इस मार्गदर्शन के लिए दोस्त!' रथिन ने मोहन की तरफ मुखातिब होने से पहले कहा–'उसने सही जगह नस पकड़ी है, हम बहुत पहले ही सूत्र को खो चुके थे। अब हमें मुनीम धागा चाहिए।'

कनसफिए से उसने पूछा–'कितना हुआ?'

'दो रुपए।'

जब रथिन पैसा निकाल रहा था, तभी सर्वहारा के कान का मैल निकालने वाला अपने दार्शनिक की भूमिका पर मुग्ध होकर फिर से बोला।

'बन्धु एक बात और भी है।' सिक्कों को अपने रुमाल में सहेजते हुए उसने कहा।

'क्या?'

'पानी बरसने पर ही पता लगता है कि तुम्हारे छाते में छेद है।' इस बार वह जोरों से हँसा। उसके रँगे हुए दाँत दिखाई दिए। उसने बाएँ कन्धे पर अपना कपड़े का थैला लटकाया, एक लोहे के खम्भे के नीचे थूका और नए ग्राहक की तलाश में चल पड़ा। वे उसे भीड़ में गुम होते हुए देखते रहे।

रथिन मोहन से मुखातिब हुआ, 'पीछे की तरफ उड़ता इतिहास का फरिश्ता?' नीत्शे ने कहा था–मानवता कदम-दर-कदम अपने पतन की दिशा में बढ़ने के लिए अभिशप्त है। नितम्ब पहले या लिंग सामने, एक ही बात है।'

'तुम्हारा मतलब है *नत्था सिंह एंड प्रेम सिंह...*।'

'हाँ, *वन एंड द सेम थिंग*!'

डोंट बी फसी

'तत्वं असि!'

'विसंगति ने त्रासदी को ढँक लिया।' उन्होंने फिर ठहाका लगाया, इस बार अधिक मुखर। तनाव से उनकी मांसपेशियाँ मुक्त हो चुकी थीं।

मोहन ने पूछा–'अब तुम क्या करोगे?'

'मैं पूर्णिया वापस जा रहा हूँ और कॉमरेडों से बात करूँगा। लेकिन सच तो यह है कि मुझे कोई उम्मीद नहीं है। उन्हें बात समझ में नहीं आएगी और मेरे लिए भी मुश्किलें पैदा हो सकती हैं। और मैं इस सबसे उकता गया हूँ। यदि इतना खून-खराबा नहीं होता तो यह एक स्वाँग होता। मैं जहूर की पत्नी और बच्चों को खोजना चाहता हूँ, खुदा जाने कि मैं उनसे क्या कहूँगा, लेकिन मैं ऐसा करना चाहता हूँ।' वह ठहरा, फिर बोला–'सुनो उस चीप चैप का क्या हुआ?'

'वह इम्तिहानों के बाद आसाम जाना चाहता था। वहाँ की स्टेट कमेटी ने उसे

कुछ सम्पर्कों का पता देने का वायदा किया था, लेकिन मैं नहीं जानता कि उसने उनका क्या किया। वह बिना कोई निशान छोड़े गायब हो जानेवाला आदमी है। काश हम उसे खोज सकें।'

रथिन दुखी लग रहा था। फिर उसके चेहरे पर चमक आ गई–'तुम उसे पसन्द करते हो न कॉमरेड ?' आँखों में शरारत के साथ उसने पूछा–'तुम उसे चाहते हो, मेरा मतलब शिप्रा से है।'

'क्या बकवास है, ओके हो भी सकता है, शायद।' मित्र ने उत्तर दिया, उसके कान लाल हो गए।

'शायद का क्या अर्थ। तुम इस बारे में क्या करने जा रहे हो ? क्या पिछले साल तुम्हारी फिर उससे भेंट हुई ?'

'हाँ, एक बार मुझे उस्ताद ने एक दिन की छुट्टी दी थी और मैंने उससे सम्पर्क किया। हमने कॉलेज स्ट्रीट पर मिलने का तय किया। हमने कॉफी पी, लेकिन मुझे जल्दी ही निकलना पड़ा। बहुत पुलिसवाले वहाँ थे।' वह निराश लगता था। 'लड़कियों के मामले में मैं कभी खुशकिस्मत नहीं रहा। उन्हें लगता है कि मैं एक जोकर हूँ।'

'ऐसा इसलिए है, क्योंकि तुम्हारा सिर हमेशा आसमान में रहता है! तुम कहीं होकर भी नहीं होते। तुम लाइन देते मँडराते फिरते हो। धरती पर आओ। जीने का ऐसा तरीका तलाशो जिसमें उसकी भी जगह हो।'

'बुद्धिमत्ता की दुम, बात बनाने में तुम तेज हो। तुम्हारी प्रतिभा से लोग इतनी बुरी तरह प्रभावित हैं, कि कोई औरत यह यकीन नहीं करेगी कि तुम सचमुच उसके सामने चारा फेंक रहे हो। कांट और हीगेल के साथ हमबिस्तर होना कौन चाहता है ?'

'बेटा तुम समझ नहीं रहे। दिमाग में घुसना केवल पहला कदम है।'

'हाँ...केवल वही...' एक सीटी की आवाज ने उनका ध्यान बँटाया। गाड़ी की रवानगी से पहले प्लेटफार्म की हलचल बढ़ गई। वे गले मिले पर बोले कुछ नहीं। रथिन निकटतम डब्बे की ओर भीड़ को धकियाता हुआ चला। और अपना केनवास होल्ड आल पकड़कर रास्ते में खड़ा हो गया। विदा करने आए लोगों की भीड़ के धक्कों में वह इस या उस पैर का सहारा लेता। रेलवे–स्टेशनों की भारी भीड़ को देखकर मोहन को वह पहली विदाई याद आई, जब उनमें से कुछ रवाना हो रहे थे इस विचार के साथ कि उनकी यात्रा का अन्तिम पड़ाव लगभग मुक्त हो चुके लाल क्षेत्र हैं। *कहीं से भी नई जिन्दगी की शुरुआत हो सकती है–यहीं से क्यों नहीं। प्यारे दोस्त संसार में बने रहो।* सीटी दो बार जोर–जोर से बजी, और रेल सरकने लगी। उसने आखिरी बार रथिन का सर किसी अज्ञात काँख के नीचे से झाँकता देखा।

चल उड़ जा रे पंछी
जमाना हो गया बेगाना।

कार्प्स आफ इंजीनियर्स के एक सेवानिवृत्त कर्नल के साथ वार्ता की अनुलिपि।

नवम्बर 1971 के एक दिन का एक तीसरा पहर था। पठानकोट में तैनात टुकड़ी चल पड़ने के आदेश का इन्तजार कर रही थी। मेरी नियुक्ति मुख्यालय में थी। मुझे अपने मुखिया से सन्देश मिला, जिसने मुझे निर्देश दिया कि मैं स्थानीय खुफिया ब्यूरो से सम्पर्क करूँ, जिसने एक संदिग्ध विदेशी जासूस के पकड़े जाने की सूचना भेजी थी। मैं पठानकोट के पुलिस मुख्यालय पहुँचा और अपना परिचय दिया। मुझे तत्काल एक आईबी ऑफिसर के पास ले जाया गया, जो मुझे एक दूसरी इमारत में ले गया। यह वह जगह थी जहाँ कैदियों को पूछताछ के लिए रखा जाता था। उस आदमी के गालों पर क्रूरता चिह्नित थी, उसकी भौंहें घनी थीं और आँखों में अंगारों की दहक थी। मुझे याद है कि उसके चेहरे ने मुझे स्तब्ध कर दिया—इसमें कुछ-कुछ पाशविकता थी। जब हम गलियारे से गुजर रहे थे तो उसने मुझे अपनी पृष्ठभूमि की जानकारी दी। दो दिन पहले उन्होंने एक अंग्रेजी बोलनेवाले गोरे को पकड़ा था जो सेना के परिवहन डिपो के आसपास घूम रहा था। उसने वहाँ होने की असन्तोषजनक सफाई दी और शायद पाक एजेंट था। उन्होंने प्रक्रिया के अनुसार सेना मुख्यालय को इसकी सूचना दे दी थी।

हम एक छोटे कमरे में दाखिल हुए। मैं समझ गया यह यातना-कक्ष है, वहाँ एक युवक एक लकड़ी के तख्त पर लेटा हुआ था। उसके हाथ जंजीरों में और पाँव बेड़ियों में थे ताकि वह हिल-डुल न सके। वह बीसादी से अधिक उम्र का नहीं हो सकता था। मैं उसके पास बैठ गया। खुफिया अधिकारी आसपास ही था, इसलिए मैंने उससे कहा कि क्या वह हमें अकेला छोड़ देगा। वह गुर्राया—यह ठीक है श्रीमान्, मैं आपके लिए नोट्स लेता रहूँगा। मैंने कहा इसकी कोई जरूरत नहीं है। मैं स्वयं ही कैदी से बात करना चाहूँगा। मैंने हथकड़ियाँ निकालने को कहा, लेकिन उसके पाँव वैसे ही गतिशून्य थे। वह कौन सा नुकसान पहुँचा सकता था? मैंने जो चाहा उसे करने के बाद अनमने मन से वह चला गया। मैं लड़के की तरफ मुखातिब हुआ और पूछा वह कौन है, क्या वह अंग्रेज है? उसने हाँ कहा। उसकी देह जब तब ऐंठ रही थी और अपने हाथों से पाँवों को रगड़ता था। उसके चेहरे पर बेबसी का भाव था, उसके बाल और आँखें हल्की भूरी थीं और अन्य लक्षण मोहक। एक प्यारा सा

लगनेवाला लड़का। वह यहाँ क्या कर रहा था? क्या वह यह नहीं जानता था कि यह युद्धक्षेत्र है? मैंने पूछा, वह घर से इतनी दूर यहाँ क्या कर रहा है? उसने कहा कोई गलतफहमी हुई है, वह कोई गलत काम नहीं कर रहा था, बस अपने पिता को खोज रहा था। क्यों? मैंने पूछा। उसने अपनी कहानी मुझे सुनाई। उसकी एंग्लो-इंडियन माँ एक नर्स थी। विभाजन से पहले दो वर्षों तक उसने कश्मीर में काम किया था, जहाँ वह एक कश्मीरी नेता के प्यार में पड़ गई। उसका जन्म इन प्रणय सम्बन्धों का परिणाम था और राजनेता ने नर्स का त्याग कर दिया था। वह बाद में यूके चली गई और उसने कभी भी पुत्र को यह नहीं बताया कि उसका पिता कौन है। हाल में उसे कैंसर हो गया था। मृत्युशय्या पर उसने उसे पूरी कहानी सुनाई और एक फोटो दिया जिसमें वे तीनों हैं। जब उसकी मृत्यु हो गई, तो उसने अपने पिता को खोजने का निर्णय किया। और थोड़े से पैसे लेकर वह भारत चला आया, अपनी तलाश में सहायता के लिए उसके पास सिर्फ वह तस्वीर थी। अक्टूबर में जब पहली बार श्रीनगर में था, उसे बताया गया कि सभी राजनेता सुरक्षा बैठकों के सिलसिले में शिमला गए हुए हैं, वह वहाँ गया, और सरकारी दफ्तरों के चक्कर लगाता रहा। उसे वापस कश्मीर जाने को कहा गया। दो दिन पहले वह पठानकोट पहुँचा है, और किसी तरह ट्रांसपोर्ट डिपो तक जा पहुँचा। उसे नहीं मालूम था कि वह कहाँ है। और वह कोई नुकसान नहीं करना चाहता था। वह सिर्फ अपने पिता से मिलकर उन्हें तस्वीर दिखाना चाहता था।

मैं निरुत्तर था। कहानी इतनी विचित्र थी कि उसे सच ही होना चाहिए था। मैं इसकी सच्चाई उसकी आँखों में देख सकता था। उसे शारीरिक यातना दी गई थी। उसने बताया कि पुलिस उसे झूठा मानती है। उसे पाँवों के तले में पीटा गया था, और उसे असह्य दर्द हो रहा था। फिर उसने अपने कपड़ों के भीतर से तलाश कर एक श्वेत-श्याम पुरानी तस्वीर निकाली, जिसमें अधेड़ उम्र का एक पुरुष, एक बच्चे को गोद में लिये एक युवती थी। इसे प्रारम्भिक कोडक बॉक्स कैमरे से लिया गया होगा। पुरुष सफाचट सुन्दर चेहरे वाला लम्बा व्यक्ति था और युवती के मुँह पर मोहक मुस्कान थी, और हो सकता है कि वह एंग्लो-इंडियन हो। उसकी तलाशी लेनेवाले सिपाहियों की नजर से यह तस्वीर किसी तरह बच गई थी। मैं तस्वीर को देखकर उस आदमी को पहचानने की कोशिश कर रहा था, तभी लड़के ने अपनी निर्दोषता की बात कहते हुए याचना की—प्लीज सर, मुझे यहाँ से निकालिए, मैंने कुछ नहीं किया है। मैंने आश्वासन दिया। लगभग एक घंटे की पूछताछ के बाद मैं उठा। मैंने उसके कन्धे थपथपाए और वायदा किया, मैं देखता हूँ क्या किया जा सकता है। वहाँ से चलकर मैं गलियारे में आईबी अधिकारी के कक्ष में आया। उससे मैंने कहा

लड़का बेकसूर लगता है, बस गलत समय पर गलत जगह में भटकते हुए पाया गया। मुख्यालय लौटकर मैंने अपने आकलन की सूचना सेनाधिकारियों को दे दी।

इसके बाद व्यस्तताएँ बढ़ गईं। दिसम्बर की शुरुआत में युद्ध छिड़ गया और मेरी सारी शक्ति उसमें लग गई। हमने शकरगढ़ की टैंक लड़ाई में एक पाकिस्तानी सेकंड लेफ्टीनेंट को पकड़ा, जो सिकन्दर हयात खान का वंशज निकला। आप जानते हैं कि वह पंजाब का मशहूर राजनेता था। लेकिन वह एक अलग किस्सा है। युद्ध विराम के बाद जनरल ने मुझसे उस लड़के का पता लगाने को कहा। मैंने आईबी से सम्पर्क किया, और उस मामले के प्रभारी से बात करना चाहा। वह लकड़बग्घा टेलीफोन पर आया, उसने कहा–'हलो सर!' मैंने उस अंग्रेज कैदी के बारे में पूछा कि उसका क्या हुआ ? अच्छा वह, उसने कहा–भागने की कोशिश करते हुए उस व्यक्ति को युद्ध शुरू होने पर गोली मार दी गई थी। मैंने टेलीफोन पटक दिया। मैं तत्काल समझ गया था कि क्या हुआ होगा। आई.बी. को तस्वीर मिल गई होगी और कश्मीर के उस नेता को पहचान लिया गया होगा। वह अवश्य ही कोई महत्त्वपूर्ण व्यक्ति रहा होगा, और उसका एक अवैध पुत्र होना, नेता के लिए बहुत ज्यादा असुविधा-जनक रहा होगा। इसलिए उससे छुटकारा पा लिया गया। युद्ध की तमाम विभीषिकाओं के बीच में पूछताछ कक्ष में उस भयभीत चेहरे को कभी नहीं भूल पाया। जंजीरों में जकड़ा हुआ एक लड़का। पिता को खोजता हुआ। बच निकलने की कोशिश में गोली से मार दिया गया।

22

ओके टाटा

यहाँ सुबह से खेला करती है शाम,
हवाओं पे लिख दो हवाओं के नाम।

उत्तर कलकत्ता की एक बड़ी गन्दी बस्ती में स्थित एक झुग्गी में सूर्यास्त के कुछ बाद स्थानीय क्षेत्रीय समिति की बैठक हुई। मीटिंग के सामने चर्चा का विषय यह था कि पुलिस और सेना के तेज होते जा रहे तलाशी अभियान का सामना किस तरह किया जाए। मोहन की वहाँ उपस्थिति केवल संयोगजन्य ही थी। पिछली रात की कड़ुवाहट के बावजूद नन्दन ने समिति की परम्परा को लाँघकर मोहन को साथ लाने का निर्णय किया था। यह एक संकट की घड़ी थी। कॉमरेडों की पाँत में बिखराव था, और जो भी हो मोहन ने तर्क-वितर्क में भाग नहीं लिया था। वह अब भी पार्टी में था और पिस्तौल इसका सबूत थी। बस्ती की सघन और सँकरी गलियों को नन्दन ने बैठक की जगह तक पहुँचने के लिए तेजी से पार किया ताकि उन पर किसी का ध्यान न जाए, वे टीन की आड़े आनेवाली बाधा से झुककर बचते और कोनों पर तेजी से घूमते हुए वहाँ पहुँचे। जैसा कि सभी झुग्गी-झोंपड़ी बसाहटों में होता है, कलकत्ता के धनिकों और मध्यवर्गीय लोगों के घरों और बहुमंजिला इमारतों के बिपरीत इन झुग्गियों की ऊँचाई कम थी, कभी-कभी तो वे आदमी के कद से भी नीची होती थीं। वे लोगों के बीच से गुजरे। कुछ चारपाइयों पर बैठे थे, कुछ ताश खेल रहे थे, कुछ बीड़ियाँ पी रहे थे और इनके बीच चल रही जोरदार बातचीत के टुकड़ों को सुना जो एक और मशक्कत भरे आनेवाले दिन के बारे में थे। बातचीत ज्यादातर बिहारी लहजे में हो रही थी। रात का खाना तैयार करने के लिए यहाँ-वहाँ चूल्हे जल रहे थे और कंडों-कोयलों के धुएँ से वातावरण भारी था। बच्चे दौड़-भागकर रहे थे। कभी कहकहे सुनाई देते थे और कभी शिकायतों की कराह। बीच-बीच में नन्दन तिरछी निगाह से देख लेता कि मोहन आ रहा है या नहीं। कुछ मिनटों में वे एक साधारण से द्वार पर पहुँच गए, नन्दन ने जैसे ही उसे खटखटाकर अपने साथियों को आवाज दी, वह चरमराता हुआ खुल गया।

सिर झुकाकर वे एक अँधेरे कमरे में दाखिल हुए जहाँ से दूसरे कमरे का रास्ता था। जो छोटा था, लेकिन उसमें उजाला था। वहाँ चार कॉमरेड मौजूद थे जिनसे लाल सलामों का आदान-प्रदान हुआ। वे फर्श पर बिछी एक दरी पर बैठे जिसे एक चादर से ढक दिया गया था और जिस पर कुछ मसनदें रखी थीं। पानी के गिलास आए और जल्दी से पी लिए गए। वातावरण काम-से-काम रखने और तेजी से निबटाने का था। कॉमरेड अनुभवी लग रहे थे और उनके व्यक्तित्व में गम्भीरता थी। मुस्कराते हत्यारों की सोहबत में रहना कितना सुरक्षित लगता है! उनमें से एक का रंग दूसरों की तुलना में ज्यादा उजला था, जो डेविड के नाम से पुकारा जाता था। वह धारा प्रवाह बंगाली बोलता था। और मोहन को क्रान्तिकारियों के बीच एक एंग्लो-इंडियन की उपस्थिति पर आश्चर्य हो रहा था। नन्दन ने मोहन का परिचय दिया। कॉमरेड ने हमें एक आग्नेयास्त्र हासिल करने में सहायता दी है, तुम्हें दिल्ली में हमारे सम्पर्कों की जानकारी है? हाँ, निश्चित रूप से, कॉमरेड लाल सलाम! स्थानीय समिति कभी वरिष्ठ पुलिस अधिकारियों को निशाना नहीं बनाती और छोटे दर्जे के पुलिसवालों पर हमला करना पसन्द करती है। लेकिन पुलिस और फौज के तलाशी अभियान से हम कमजोर हो रहे हैं। बड़ानगर में अगस्त में हुआ नरसंहार अब तक की सबसे बड़ी दुर्घटना थी जिसमें हमारे इतने सारे कैडर और सिम्पेथाइजरों की हत्याएँ हुईं। इसका जवाब दिया जाना जरूरी है। राजकीय आतंक के व्यवस्थापकों को अत्यन्त निजी पाठ पढ़ाया जाना चाहिए। विचार-विमर्श इस पर केन्द्रित था कि वह सुनिश्चित स्थान कौन-सा हो सकता है जहाँ पुलिस के बदमाश एडीशनल कमिश्नर को घेरा जा सके। एसीपी की कार लाल बत्ती के साथ चलती है और बॉडीगार्ड उसके साथ होता है। इसके आगे एक काली गाड़ी होती है जिसमें चार सशस्त्र पुलिसवाले होते हैं। आत्महन्ता दस्ते को उसके पीछे भेजने के बावजूद इस पर बम गिराना मुश्किल है। केवल एक तरीका है कि उसे वहाँ घेरा जाए जहाँ वह रुका हुआ हो। मोहन को समझ में आ गया कि पिस्तौल वरिष्ठ कॉमरेडों की हिफाजत के लिए नहीं थी। स्थानीय समिति एक कार्रवाई की योजना बना रही थी। लेकिन यदि नन्दन ने योजना पहले से प्रकट कर दी होती तो यह खतरनाक होता। मोहन ने झिझकते हुए हस्तक्षेप किया—मैं एक ऑफिसर की कार को जानता हूँ जो हथियारबन्द रक्षकों के साथ नियमित रूप से सोनागाछी में आती है।'

उन्होंने उसे आश्चर्य से देखा। ऐसी जगहों पर इंस्पेक्टरों और जासूसों का आना-जाना आम तौर पर होता ही रहता है। लेकिन सशस्त्र रक्षक दल का साथ होना केवल एक उच्च अधिकारी के साथ ही सम्भव है—'सोनागाछी? कैसे कॉमरेड! तुमने यह कब देखा?'

'हर रोज तो नहीं, लेकिन अक्सर, मैं सोचता हूँ। मैं वहाँ इतने लम्बे अर्से तक तो रहा नहीं कि बता सकूँ कि वह कब-कब आता है। मैं जीटी रोड पर चलनेवाले एक

ट्रक पर काम करता हूँ। कभी-कभी हम चितरंजन एवेन्यू पर वेश्यालय के सामनेवाले पेट्रोल पम्प पर रुकते हैं। दरअसल मेरी गाड़ी आज रात भी वहीं खड़ी हुई है, और हो सकता है कि हमें दो दिन वहाँ ठहरना पड़े। हम जब भी वहाँ होते हैं, मैंने वहाँ एक लालबत्ती की कार और एक काली गाड़ी को प्रवेश के पास खड़ा देखा है। मैं नहीं जानता कि वह कौन हो सकता है, लेकिन उस इलाके के मुखबिरों से तुम उसका पता लगवा सकते हो। यदि वह इतना बड़ा वर्ग शत्रु है तो वह भी हो सकता है।'

प्रशंसात्मक दृष्टियों ने मोहन को पुरस्कृत किया। 'यह बिल्कुल सम्भव है कॉमरेड, शूरेर बाचा मुखर्जी! क्या तुम इसकी पुष्टि कर सकते हो? हम भी अपनी सूचनाएँ इकट्ठा करेंगे। क्या तुम पेट्रोल पम्प की चारदीवारी के भीतर कल शाम एक कॉमरेड को पहुँचाने में मदद करोगे?'

'मैं कोशिश करूँगा।'

'कोशिश का कोई मतलब नहीं है। यह बताओ कि यह हो सकेगा या नहीं।'

'ठीक है, पेट्रोल पम्प के उत्तर की तरफ एक मिठाई की दुकान है, उसे साढ़े पाँच बजे वहाँ भेज देना, उसके पास एक पासवर्ड होना चाहिए। हमारे पास ज्यादा वक्त नहीं होगा। लेकिन इस बात की भी गारंटी नहीं है कि वह पुलिसवाला वहाँ होगा ही।'

'सो तो है। हम नन्दन के माध्यम से तुमसे सम्पर्क में रहेंगे। हमें कार्रवाई की योजना भी बनानी है।'

काम के बँटवारे पर चर्चा हुई। डेविड सहित तीन कॉमरेड छोटे कमरे के कोने में जाकर धीमे-धीमे बात करते रहे। दूसरे दो और मोहन वहीं बैठे रहे और उस गोलीकांड की चर्चा करते रहे जो पिछली रात सियालदा में हुआ था जहाँ एक कॉमरेड मारा गया था। यद्यपि अपनी तरफ से कोशिश नहीं की थी, लेकिन मोहन को कोने में चल रही बातचीत सुनाई दे रही थी। वे तीनों किसी बात को लेकर उत्साहित थे। वह जान गया कि वह हथियारों की चर्चा कर रहे हैं, और उसने अनुमान लगाया कि दिल्ली की पिस्तौल का जल्दी ही उपयोग होनेवाला है।

जब मीटिंग खत्म हो गई तो मोहन ने नन्दन को बताया कि वह कोशिश करके भीतर की जानकारी जुटा लेगा। आखिरकार उसका परिचय हरदीप की सहेली लता से करवाया जा चुका था और उस इकलौती मुलाकात में वह जान गया था कि वह अपने आसपास की दुनिया से कितनी बाखबर है। शायद उसकी सहायता मिल सके, लेकिन क्या पता, यह भी तो हो सकता है कि वह पुलिस अधिकारी उसका ग्राहक हो। कुछ मूँगफलियों और भुनी दाल के साथ, जो उसने दिन में खरीद ली थी, चाय को गटकते हुए उसने बस-रूट की जानकारी ली और नौ बजे के कुछ बाद सोनागाछी पहुँच गया। व्यस्त सड़क पर कुछ दूर तक पैदल चलने के बाद वह अपने परिचित पेट्रोल पम्प तक आया। उसे छोड़कर वह वेश्यालय में घुस गया और उसने हरदीप के सम्बन्ध

में पूछताछ की कि क्या वह वहाँ है। दरवाजे के भीतर खड़ी उदास चेहरेवाली एक औरत ने बताया कि आज वह दिखाई नहीं दिया। मोहन ने अनुभव किया कि वह गौर से उसे देख रही है जैसे कि वह जानना चाहती हो कि वह वही खलासी है जिसने उसे हरदीप के साथ देखा था। गलियारे में आँखें मटकाती, और भारी कपड़े पहनी रँगी-पुती एक औरत से उसने पूछा कि क्या लता खाली है, और उसके कमरे की तरफ बढ़ गया। अँधियारे जीने की दो सीढ़ियाँ चढ़कर कमरों की कतार में कुछ चलने के बाद वह वहाँ था। उसने दरवाजा खोला और अचरज से मुस्कुराने से पहले एक बार आँख मारी।

'क्यों प्रताप? इस बार तुम अकेले ही आए हो?'

'नमस्ते लता जी। क्या थोड़ा-सा टाइम मुझे मिलेगा?'

उसके व्यवहार में कुछ ऐसा था, उत्तेजना और गोपनीयता का मिश्रण जिसने महिला को चौंकाया। इसके अतिरिक्त उससे कभी किसी ने इतनी विनम्रता से बात नहीं की थी। उसने एक क्षण के लिए भी यह नहीं सोचा कि वह भी दूसरे आनेवालों की तरह का इरादा लेकर आया है। 'तुम कैसे हो?'

उसने पूछा–'उस्ताद कल आए थे। तुम्हारा ट्रक यहाँ कब तक रहनेवाला है?'

वह सोचकर आया था कि वह यह जताएगा कि वहाँ सेक्स के लिए आया है, और मामले को इसी ढंग से उठाएगा। लेकिन जब उसने उसे देखा तो यह असम्भव हो गया, उसे उसकी कहानी याद आई और वह मामले को जल्दी से निपटाने के फेर में पड़ गया। उसे पता न था कि उसे क्या करना है, यदि वह उसके साथ सेक्स का प्रस्ताव रख दे। हरदीप ने उसे कुछ शिक्षा तो दी थी, लेकिन उस शिक्षा को काम में लाने का मोहन का कोई इरादा नहीं था। दोनों ने एक दूसरे को देखा और साफ हो गया कि वह सब अभी होने नहीं जा रहा। जब उसने बोलना शुरू किया तो वह तत्काल समझ गई कि वह कौन है और क्या करता है। पहली बार भी उसे वह कुछ विचित्र-सा लगा था। अब उसे यह बात निश्चित रूप से समझ में आ गई थी।

मोहन ने कहा–'क्या मैं आपसे कुछ पूछ सकता हूँ?'

'क्या?'

'क्या एसीपी तपन मुखर्जी आपके पास या यहाँ कहीं आते हैं?'

उसका दिल धड़का। उसने सोचा कि उसके कहे पर इसे विश्वास आ जाना चाहिए। ये लड़के साहसी मूर्ख होते हैं। वह बोली–'कृपा करके कुछ कर मत डालना। तुम हम सबको भयानक मुसीबत में डाल दोगे।'

'आप डरती क्यों हैं? मैं तो सिर्फ पूछ रहा हूँ।'

'तुम सरदारजी के मुंडे नहीं हो। तुम दूसरी तरह के मुंडे हो।'

'क्या हरदीप ने कुछ कहा?'

'नहीं, लेकिन मैं जानती हूँ।' उसके पसन्दीदा ड्राइवर का भी इसमें किंचित् योगदान

था जब वह अपने क्लीनर से उसका परिचय करवा रहा था–'यह आधा एम.ए. पास है, क्या तुम भरोसा कर सकती हो? यह एक पत्रकार का बेटा है।'

'तुम्हारे साथ वह कर क्या रहा है?'

'मैं तुम्हें बाद में बताऊँगा–वह एक विचित्र कहानी है।'

वह तभी समझ गई थी। अब तो उसे यकीन हो गया कि उसने ठीक ही समझा था। उसने भयभीत मुद्रा में कहा–'कुछ मत करना। हम सबको इसकी कीमत चुकानी पड़ेगी। मुझे यहीं रहना है।'

उसे और कुछ नहीं कहना था। उसने जिस तरह अनुरोध किया, वह काफी था। हरामी पुलिसवाला लता के साथ सोता रहा है। लता के चेहरे पर उभर आए डर को देखकर उसे दया आने लगी। अचानक सोनागाछी की औरतों के लिए, वास्तव में सभी महिलाओं के लिए जो अपनी आँखों में पुरुष की सुकुमारता सँजोए रहती है, उसका डर खत्म हो गया। शक्ति के अहसास ने उसे दुखी कर दिया।

'चिन्ता मत करो, कुछ भी बुरा नहीं होनेवाला।'

लेकिन मोहन जानता था कि वह झूठ बोल रहा है, और वह जानता था कि वह भी जानती थी कि वह झूठ बोल रहा है। उसे पता था कि यह उसके बारे में सच नहीं बताएगी। और उसे मोहन के भरोसे का पता था। उसने क्रूर पुलिसवाले के प्रति अपनी घृणा को याद किया और अपनी आशंकाओं को दबा लिया। उसने आखिरी बार उसका चेहरा देखा, सस्ते मेकअप की परतों के पार उसके चेहरे पर गरिमा और पतन को देखा।

'आपको परेशानी हुई मुझे इसका दुख है।' बड़बड़ाते हुए उसने विदा ली। वह जानती थी कि वह किसी और बात के लिए क्षमा-याचना कर रहा है। उसने उसकी बाँह पकड़ी केवल वही उनके बीच का शारीरिक स्पर्श था।

'बचकर रहना प्रताप। बहुत ज्यादा खतरा है।' वह सम्मान के साथ उसके सामने झुका और चल पड़ा। वेश्यालय के उस दुखभरे छोटे से कमरे की मद्धिम लाल रोशनी लम्बे समय तक उसके मानस में कौंधती रही।

उस रात उसने नन्दन को बताया–'मेरे बारे में किसी से कुछ मत कहना, वह वहाँ नियमित रूप से जाता है।'

उस रात नींद बार-बार उचटती रही। मोहन ने पिछले कुछ दिनों के, विशेष रूप से उस दिन के, जो अभी-अभी बीता था, बातचीत और कामों को याद किया। उसने लक्ष्य को लेकर महत्त्वपूर्ण निर्णय किए थे और अपने व्यक्तिगत रुझान और भावनाओं को परे हटाकर सौंपे गए दायित्वों को सावधानी तथा सतर्कता के साथ निबाहा था। पार्टी-कार्रवाई की योजना बनाने में उसकी एक भूमिका रही थी। पहली बार वह ऐसे काम में शामिल हुआ था। अपने साथी कॉमरेडों से भी उसका परिचय न के बराबर था। पर इस सबसे उसे कोई सांत्वना नहीं मिली थी। उसको झपकी लगी लेकिन जल्दी

ही नींद टूट गई, वह पसीने से तर-ब-तर था। उसने एक सपना देखा था जिसमें सोनागाछी की लाल बत्तियों की जगह भड़कती हुई आग की ज्वालाओं की गेरुआ रंगत ने ले ली थी, और चड्ढी पहने पुलिसवाले लता को बालों से पकड़ कर खींच ले जा रहे थे। वह ट्रक के केबिन में बैठा हुआ था, और वह पास से गुजरी, उसने उसे देखा। वह दृष्टि जैसे कह रही थी, 'हमारे पास बस इतना भर ही था, तुम्हें इसे नष्ट करने का अधिकार किसने दिया?'

अगली सुबह उसने नन्दन से अपनी संक्षिप्त भेंट में उसे अपनी बेचैनी बताई– 'वहाँ की गई किसी कार्रवाई से वहाँ की औरतें मुश्किल में पड़ जाएँगी, क्या हम यह कहीं और नहीं कर सकते?' नन्दन के चेहरे पर सिकुड़नें पैदा हो गईं और जल्दी ही साफ हो गईं–'चिन्ता मत करो। उनके साथ कुछ नहीं होगा। फिर व्यक्तिवाद के लिए अब कोई जगह नहीं बची है। हमारे चयन की कीमत तो सभी को चुकानी ही है।'

बारह घंटों के भीतर ही कॉमरेडों ने पता लगा लिया कि एक वरिष्ठ पुलिस अधिकारी सोनागाछी के नियमित ग्राहकों में से एक है। हर रोज नहीं, लेकिन अक्सर वहाँ आता है। मुखबिर निश्चय से यह तो नहीं बता पाया कि वह आतंकी एडीशनल कमिश्नर ही है लेकिन उसे उसके एक अधिकारी होने का यकीन था। कार्रवाई आगे बढ़ेगी। प्रतिशोध का यह एक अच्छा अवसर है जिसे छोड़ा नहीं जा सकता। फिर यह हरामी नहीं होगा तो कोई दूसरा होगा, और कलकत्ता के सबसे ज्यादा बदनाम वेश्यालय में उसकी हत्या के लिए इससे अच्छी जगह और कहाँ हो सकती है? उन्होंने एक्शन को लागू करने के लिए तीन दिनों का समय तय किया–इस बीच तो वह आएगा ही। यदि इस बीच यह नहीं हो पाया तो योजना में परिवर्तन किया जाएगा। स्थानीय समिति के दो कॉमरेड पाइपगन और पेटो से लैस होकर पेट्रोल पम्प के इलाके में टहलते रहेंगे ताकि गोली चलने के बाद पुलिस की सक्रियता में बाधा डाल सकें। मोहन निशानेबाज कॉमरेड से मिठाई की दुकान पर मिलेगा और उसे चार दीवारी के पीछेवाली जगह तक ले जाएगा जहाँ उसके छिपने के लिए एक बड़ा तेल का ड्रम है जिसका वह कवर के रूप में इस्तेमाल करेगा। वह उसकी तरफ ऐसे बढ़ेगा जैसे पेशाब करने जा रहा हो।

यह एक भीगी हुई शाम थी। भारत की दृष्टि से पूर्वी पाकिस्तान में युद्ध ठीक से चल रहा था। ढाका का पतन किसी भी दिन तेजी से आगे बढ़ रहे भारतीय टैंक डिवीजन और इन्फेंटरी डिवीजन के सामने हो सकता था। राष्ट्रपति निक्सन ने नौसेना का एक दस्ता बंगाल भेज दिया था जिसकी अगुवाई यूएसएस एंटरप्राइज कर रहा था जो परमाणु क्षमतावाले वायुयानों से सज्जित था। भारतीय नौसेना तत्सम्बन्धी तैयारियाँ कर रही थी। सोवियत नौसेना अमेरिकी टास्कफोर्स के पीछे अपने पोत और पनडुब्बियाँ ले आई थी।

पेकिंग रेडियो के प्रसारण गुस्सैल और तीखे होते जा रहे थे। चीनी सेनाएँ धमकाने के अंदाज में भारत की उत्तर-पूर्व सीमा पर हलचल कर रही थीं, तो इसके जवाब में चीन की उत्तरी सीमा पर सोवियत फौजों की गतिविधियाँ बढ़ गई थीं। दक्षिण एशिया से एक वैश्विक बवंडर उठ रहा था, कलकत्ता पर युद्ध की छाया थी और वहाँ भारी गतिविधियाँ चल रही थीं। पूर्वी क्षेत्र में गोला-बारूद भारी पैमाने पर ले जाया जा रहा था। शरणार्थियों का आना जारी था जो सड़कों और रेलवे स्टेशनों पर फैले हुए थे। सिटी बसों पर पुलिस सीमा सुरक्षा दल की सहायता से रोज ही रजाकारों की तलाश में छापे मारती थी जो तोड़-फोड़ के इरादे से आ रहे थे। घरों में, आफिस, दुकानों और चाय के ठेलों पर लोग अपने ट्रांजिस्टरों से ताजी खबरें सुनने के लिए चिपके रहते थे।

एडीशनल कमिश्नर तपन मुखर्जी का दिन, फोर्ट विलियम के सैन्य मुख्यालय से सम्पर्क, सीमा पार से आनेवाले आतंकवादियों के सम्बन्ध में सूचनाएँ एकत्र करने और हाल ही में पकड़े गए नक्सली सिम्पेथाइजरों से अपनी नाजुक जहरीली शैली में पूछताछ करते हुए कठिनाई से व्यतीत हुआ था। सैन्य अधिकारियों की अवहेलनात्मक टिप्पणियों से पुलिस का बचाव करते हुए उसका रक्तचाप खतरनाक हद तक बढ़ गया था। यद्यपि उसने थर्ड डिग्री की पूछताछ के काम को छोड़ दिया था जो अब उसके कनिष्ठों के जिम्मे था, फिर भी नए संदिग्धों को यदि वह गलत समय पर पकड़े जाते थे तो उसके क्रोध का शिकार बनना पड़ता था। खुफिया विभाग ने जिन तरीकों को अच्छी तरह साध लिया था, उनमें जलती हुई सिगरेटों, बिजली की छड़ों, सरसों का तेल पिलाई लाठियों, लाल मिर्च का चूरा और गन्दे पानी की लेजमों का इस्तेमाल शामिल था। मुखर्जी खुद अपने बेल्ट के बकलवाले सिरे के प्रयोग को प्राथमिकता देता था। लेकिन बन्दियों की कातर चीखों से उसके रोंये खड़े हो जाते थे, और वह कभी नहीं समझ पाया कि उसके भीतर की यह भावना कैदियों के प्रति सहानुभूति के कारण है या घृणा के कारण या फिर यह उन पुलिसवालों के लिए गहन प्रतिशोध को व्यक्त करती है जिन्हें सड़क पर चाकू या बम का शिकार बनाया गया था।

पुलिस कमिश्नर के कार्यालय में रणवीर बागची के दायित्व व्यवस्थात्मक और प्रशासनिक थे। उनका सम्बन्ध सामान्य पुलिय कार्य से था, न कि खुफिया सूचनाएँ जमा करने और आतंकरोधक कार्रवाइयों से जो उनके मित्र की जिम्मेदारी थी। उस तीसरे पहर मुखर्जी के दफ्तर में उनकी उपस्थिति संयोगजन्य थी, वे उन दो कैदियों के सम्बन्ध में जरूरी बात करने आए थे जो पुलिस की अभिरक्षा में थे और सेना भी उनकी माँग कर रही थी। दोनों मित्र कठिनाई भरे समय से गुजरे थे, लेकिन ये सबसे बुरे दिन थे। श्रेणीक्रम में बागची की पदोन्नति से मुखर्जी की रफ्तार मेल नहीं रख पाई। उनके पदों की समानता के बावजूद उसका कार्य उन कारणों से कम महत्त्वपूर्ण था जो स्पष्ट थे। वरिष्ठों की उससे सहानुभूति तो थी, लेकिन गोपनीय प्रतिवेदन लिखते समय वह उसके

व्यक्तिगत पक्ष की उपेक्षा नहीं कर सकते थे। मुखर्जी के अनगढ़–अक्खड़ तरीके उसकी मित्रता पर भी भारी पड़ रहे थे। बागची चरमतावादी बुद्धिजीवियों को ऐसे दिग्भ्रमित युवकों के रूप में देखते थे जो विवेकहीन नेताओं के प्रभाव में हैं, वे जानते थे कि उनसे निबटना होगा, लेकिन वे मुखर्जी की शैली का समर्थन नहीं कर पाते थे। वे उस व्यक्ति के बारे में कुछ अलग भावना रखने लगे जिसकी कठोर कुशलता शहर में भय उत्पन्न करनेवाली गाथा बन चुकी थी। और वे उस प्रतिष्ठान को, जिसका कि वे स्वयं एक अंग थे, एक नई रोशनी में देखने को बाध्य हो गए। कितनी आसानी से यह किसी व्यक्ति को अर्द्ध–कानूनी धुँधले क्षेत्रों में गन्दा काम करने के लिए भेज सकता था, और काम पूरा होने के बाद दोष और कटुता के लिए उसी व्यक्ति को आरोपी बना सकता था! पिछले कुछ समय से एक भयानक और बेचैन करनेवाला विचार उनके मस्तिष्क में गूँज रहा था, क्या व्यवस्था का लोकतांत्रिक चेहरा धोखा देने के लिए है? उस आतंक को छुपानेवाले मुखौटे के रूप में जो इसके नीचे हैं? क्या यही प्रणव ने अपने अवयस्क तरीके से समझ लिया था? अपने पुत्र की चिन्ता से वे एक क्षण के लिए भी मुक्त नहीं हो पाते थे। उनके मस्तिष्क और चेतना पर दुश्चिन्ता की मारक परछाईं पड़ी रहती थी।

इस तीसरे पहर वे खुफिया ब्यूरो के पृथक हिस्से में तपन के कार्यालय में बैठे हुए थे। उनकी सरकारी चर्चा पूरी हो चुकी थी और तपन खुफिया विभाग के पूछताछ कक्षों के लिए जा चुका था। जाते हुए उसने कहा था, एक फाइल लेने जा रहा हूँ, इन्तजार करना। रणवीर की कोशिश थी कि दो दीवारों की दूरी पर स्थित कमरों से आती हुई चीख–पुकार पर उनका ध्यान न जाए। वे समझ रहे थे कि तपन को दफ्तर के लिए दो कमरों की जरूरत क्यों है। पाँच मिनट बाद तपन वापस आया, उसके माथे पर पसीने की एक हल्की परत थी।

'*नेकाचोदा* ने कहा कि उसे सीएम कहाँ है इसकी कोई जानकारी नहीं है। हालाँकि हमने उसके घर से आक्सीजन का एक बेकार सिलेंडर बरामद किया है! बहरहाल वह हरामी अब बोल रहा है। डीडी उसके पीछे सक्रिय है। हर रोज हमें कॉमरेडों के बारे में ताजी और भीतर की जानकारियाँ मिल रही हैं। हमें देखना है कि उस भगौड़े महान नेता के फेफड़े में कितना दम है।'

बागची बोले–'सेना की तेजी से बढ़त के बाद क्रान्ति की ऊर्जा जल्दी ही खतम हो जाएगी।'

'शहर की पुलिस व्यवस्था के सम्बन्ध में सेना कुछ नहीं जानती, माओवादियों के साथ क्या किया जाए, इसे तो छोड़ ही दो। फिर भी मैं कहूँगा कि हमारे तलाशी अभियान में उनसे हमें मदद मिली है।'

'चारु मजुमदार और नेता एक चीज हैं और लड़के अलग चीज।'

'रणवीर तुम उनके प्रति नरम हो, यह मैं जानता हूँ। कुछ किया भी नहीं जा सकता।

प्रणव के कारनामों ने तुम्हारे लिए मुश्किलें खड़ी कर दी हैं। लेकिन कोई दूसरा रास्ता भी तो नहीं है। क्या तुम्हारा आज का काम खत्म हो गया?'

'हाँ, मैंने अतिरिक्त ड्राइवर बुलवाया है। रतनलाल ने दोपहर को बीमार होने की सूचना दी थी और आस मुहम्मद मंजु के साथ है।'

'मेरे साथ चलना चाहोगे? आज सुरक्षा व्यवस्था पर दबाव है। हम तुम्हें पहले छोड़ देंगे।'

'ओके, मुझे कोई एतराज नहीं है।'

'तो फिर चलें। मुझे रास्ते में कुछ देर के लिए रुकना है। किसी विशेष जानकारी की पुष्टि करनी है। मैं एक मिनट में आता हूँ।' वह आफिस से जुड़े बाथरूम में गया, जहाँ उसने वर्दी की कमीज उतारकर उसकी जगह एक सादी बुशर्ट पहनी।

बागची ने यह नहीं पूछा कि उसका मित्र रास्ते में कहाँ रुकना चाहता है। यही काफी था कि वे संयोग से उसके कार्यालय में थे, उन दोनों को एक ही दिशा में जाना था, और उनके साथ उनकी रक्षा के लिए अचूक निशानेबाज पुलिसवालों का एक दस्ता रहेगा। वे थके हुए थे और प्रश्न करने की उनकी मनःस्थिति नहीं थी। इधर जीवन तनावपूर्ण रहा है, लोग जब तनावग्रस्त होते हैं तो कुछ अलग ही हो जाते हैं, और छोटे-छोटे निर्णयों को भी विचित्र बना देते हैं। लाल बाजार की इमारत से निकलकर एम्बेसेडर में बैठते हुए बागची सोच रहे थे कि जब तपन अपनी जरूरी पुष्टि कर रहा होगा तब वे सिगरेट पीएँगे। वैसे वे कभी-कभार ही सिगरेट पीते हैं।

दोनों अधिकारी तब चुप थे जब ड्राइवर रवीन्द्र सरणी के व्यस्त सायंकालीन यातायात से निकल रहा था। बीस मिनट बाद सोनागाछी पेट्रोल पम्प के पास से इस काफिले ने बायाँ मोड़ लिया, फिर वे इसके पीछे एक सँकरी गली में दायाँ घूमे, और एक इमारत के दरवाजे के बाहर घिसटने की आवाज करते हुए पहिए रुक गए। बाहर निकलते हुए मुखर्जी बुदबुदाया–'मैं अभी आता हूँ।' और कार वापस मुख्य गली पर लौट आई। वह अपने पुराने मित्र को ज्यादा प्रतीक्षा नहीं करवाना चाहता था। उसने अपने आप से कहा उसे सिर्फ पन्द्रह मिनट उस औरत के साथ लगेंगे जिसका मालिश करने का कौशल उसके लिए एक आदत बन चुका है। फिर वह कभी-कभी उसे कलकत्ता की भूमिगत दुनिया के बारे में उपयोगी सूचनाएँ भी देती है। लालबत्ती इलाका अत्यन्त भिन्न हमबिस्तरों के मिलने की आम जगह थी, और संकट के समय में घटनाओं पर नजर रखना जरूरी होता है। अस्तु वह रणवीर के साथ छल नहीं कर रहा था। जैसे सबकुछ जाना-पहचाना है, इस अन्दाज में वह आगे बढ़ा। पुलिसवालों को ऐसी जगहों पर इन गतिविधियों को नियंत्रित करने के लिए जाना पड़ता है जिन्हें सरकारी हलकों में अनैतिक व्यापार कहा जाता है। अनैतिकता की प्राकृतिक सन्तानें यहाँ-वहाँ भागदौड़ कर रही थीं, जब वह सीढ़ियाँ चढ़कर ऊपर पहुँचा तो कुछ औरतों ने इस सुपरिचित

अधिकारी को देखकर अपनी खीसें निपोर दीं। वह दूसरी मंजिल पर लता के कोठे की ओर मुड़ा। वह उसकी दस्तक को पहचानती थी और उसने तत्काल दरवाजा खोल दिया।

'एसीपी साहब! आज आपको आने में देर हो गई। आप कैसे हैं, कुछ थके हुए लग रहे हैं।'

प्रवेश करते हुए मुखर्जी के चेहरे पर अपनी उपहासात्मक मुस्कान थी और वह सीधे उसकी चटाई पर औंधे मुँह गिर पड़ा, दिन में पहली बार वह चैन की साँस ले रहा था। यही उनके सम्बन्धों का स्वभाव था। यह उसका एक पड़ाव था, जहाँ वह अपने तनावग्रस्त शरीर और स्नायुओं को राहत दे पाता था, थोड़ी-सी शराब पीकर वह उन यौन-कल्पनाओं को जी पाता था जो उसके वैवाहिक जीवन में कहीं पीछे छूट गई थीं। वह उसकी जरूरतों को समझती थी, और उसकी बड़बड़ तथा बातचीत को ऐसे धीरज के साथ सहन करती थी जो सोनागाछी की दूसरी औरतों के पास नहीं था। बदले में वह उसे अच्छी रकम देता था, यदा-कदा स्कॉच की आधी बोतल वहाँ छोड़ जाता था, और उसके साथ दूसरे व्यवसायी ग्राहकों की तुलना में अधिक सम्मानजनक व्यवहार करता था। यदि वह कुछ कम थका हुआ होता, यदि इस धुँधले आरामगाह में वह अपनी पेशेवर धूर्तता को साथ लाया होता, तो उसने लता की आँखों में एक अलग झलक देख ली होती, एक अलग प्रतिक्रिया (क्योंकि अब तक उनके बीच एक तरह की बेमेल दोस्ती के सम्बन्ध बन चुके थे) जिसमें शायद भय और आशंका का आभास था। लेकिन यहाँ भीतर आकर वह अपनी निर्मम सतर्कता से मुक्त हो चुका था। इसलिए उसने कुछ नहीं देखा। अब वह व्हिस्की का पैग बना रही थी तब उसने उसके नितम्बों को सहलाने के लिए अपना हाथ बढ़ाने से पहले एक अँगड़ाई ली और आह छोड़ी।

बाहर वह छोटा-सा काफिला पम्प की दीवार के पास की गली में ठहरा हुआ था। इसे पुलिस के निशानेबाज घेरे हुए थे, और गली के छोर पर उस दरवाजे को देख रहे थे जहाँ से साहब आनेवाले थे। उनकी निगाह सड़क पर भी थी। बागची ड्राइवर के पीछे की सीट पर बैठे थे, उन्होंने अपनी गर्दन कोने की खिड़की पर टिका रखी थी। वे जानते थे कि उन्हें थोड़ा समय बिताना है, उन्होंने एक फिल्टर सिगरेट जला ली थी, और एक अखबार निकालकर जो वह अपने साथ लाया करते थे उसे निरुद्देश्य पढ़ना शुरू कर दिया था।

उसी समय गोली चलने की आवाज हुई। सिर्फ एक गोली चली थी, लेकिन इमारत की औरतें सहम गई थीं। मुखर्जी ने इस आवाज को नहीं सुना क्योंकि वह इमारत के बहुत भीतर के हिस्से में था। इस आवाज के बाद घरेलू बमों के विस्फोटों का शोर गूँजने लगा, जो शहरी क्रान्तिकारियों की उपस्थिति का द्योतक था। उसने गलियारों में चीख-चिल्लाहट और गुल-गपाड़े को सुना और वह कपड़े पहनकर बाहर निकला। अफरा-तफरी चल रही थी।

ओ माँ अपने बच्चों से कहना
वह न करें, जो मैंने किया था
उगते सूरज के घर में जीवन
पाप और प्रतारणा में बिताना।

10

आकाशवाणी की सुबह की खबरों से शिप्रा को इस गोलीकांड की सूचना मिली। कलकत्ता के अनाम इलाके में पुलिस कमिश्नर सचिवालय के एक वरिष्ठ अधिकारी रणवीर बागची को गोली मार दी गई और वे गम्भीर रूप से घायल हुए हैं। समझा जाता है यह कृत्य नक्सलियों द्वारा किया गया है। उन पर बहुत पास से हमला हुआ और गोली गर्दन के पार निकल गई है। उनका बहुत सारा खून बह चुका, लेकिन वे सांघातिक रूप से जीवित हैं। वह अपने बिस्तर पर गिर पड़ी, और कुछ समय तक बदहवास और खामोश दशा में मुश्किल से साँसें लेती हुई लेटी रही। फिर उसने अपनी सारी शक्ति सहेजकर प्रणव की माँ को फोन किया। कोई उत्तर नहीं मिला। दूसरी बार फोन करने पर एक सेवक ने ज़वाब दिया कि मेमसाहब घर पर नहीं हैं। उसने कुछ घंटे इन्तजार किया और आवेश और अधीर मनोदशा में उन कॉलेज के मित्रों को फोन करती रही जो प्रणव से परिचित थे। काकी माँ ने उसे फोन करके आने को कहा, लेकिन उसने बताया कि वह कुछ और सोच रही है। शाम को वह अलीपुर के पुलिस अस्पताल में गई, गार्डों से बहस की, सुरक्षा जाँचों का सामना किया और एंटीसेप्टिक गन्धों, दौड़ते-भागते चिकित्साकर्मियों और स्ट्रेचरों की भीड़ से भरे गलियारों से गुजरते हुए सघन चिकित्सा इकाई तक पहुँची। वह गम्भीर चेहरों वाले पुलिस अधिकारियों के एक जमघट के पास से निकली जो आपस में नवीनतम उग्रवादी हरकत के विषय में कर्कश, ऊँचे स्वर में बहस कर रहे थे। इकाई के बाहर मंजू बागची लकड़ी की एक बेंच पर बैठी हुई थी। कुछ दूरी पर शोकाकुल अवस्था में एक सेवक ससम्मान खड़ा था। वह श्लथ और विचलित प्रतीत होती थीं, लेकिन उन्होंने धैर्य बनाए रखा था। एक क्षण के लिए शिप्रा निर्वाक् रही, फिर उसने फुसफुसाहट के स्वर में कहा–'मंजू आंटी, मुझे बहुत दुख है। अंकल कैसे हैं?' वयोवृद्ध महिला ने उसे सहज बनाते हुए कहा–'मेरी बच्ची, यह सब इतना सीधा-सादा नहीं है, जितना लगता है, नहीं क्या?' बहुत कुछ कहा जा रहा था और शायद नहीं भी। उनकी आँखें सूजी हुई थीं, और स्वर में खरखराहट थी। वे शान्त दिखाई दे रही थीं पर उनका दायाँ हाथ सफेद रूमाल को भींच रहा था।

'हाँ आंटी।' चेहरे को सायास शान्त रखते हुए शिप्रा ने कहा, उसे कुछ भयानक आभास हो रहा था।

'तुम्हारे आने का शुक्रिया।'

'आंटी, प्लीज ऐसा मत कहो, मैं क्यों नहीं आती?' कहते हुए शिप्रा उनके पास बैठ गई।

'तपन जब खबर देने मेरे पास आया था तो उसने एक अजीब सी बात कही थी।'

'क्या कहा था उसने?'

'उसका कहना था कि गोली के निशाने पर वह था।'

'वह क्या कह रहा था? वह कैसे जानता है?'

'मुझे नहीं मालूम। जो भी हो। अंकल जीवित हैं। यह एक चमत्कार ही है कि गोली जबड़े पर नहीं लगी। लेकिन वे यह नहीं कह रहे कि वे खतरे से बाहर हैं। उनका खून बहुत बहा।' उनकी आवाज लड़खड़ाने लगी, सिर झुकाते हुए उन्होंने कहा–'बेटा, उनके लिए प्रार्थना करो। प्लीज उनके लिए प्रार्थना करो।'

शिप्रा देख सकती थी कि मंजू अपने बेटे के बारे में सोच रही है, और यह भी कि उसकी उपस्थिति की उन्हें बेहद जरूरत थी। वह जो कल थी आज नहीं थी, आज वह एक अलग व्यक्ति बन गई थी। प्रणव की माँ के पास बैठकर उसने उनके कन्धों के गिर्द अपनी बाँहें डाल दीं और उनका सिर टिका लिया। उनका हाथ लेकर वह उसे धीरे-धीरे सहलाने लगी।

अपने ड्राइवर के चोटीले स्नायुओं की सहानुभूति में कराहते हुए इंजिन के साथ हरदीप को कलकत्ता के उत्तरी उपनगरों से बाहर निकलने में लगभग एक घंटा लगा। और फिर चार घंटों के बाद वह रानीगंज की कोयला खदानों के क्षेत्र में आसनसोल पहुँचा, जो एक नियमित पड़ाव था। लेकिन ड्राइवर जल्दी-से-जल्दी बंगाल के बाहर आना चाहता था, इसलिए वह ट्रक को देर रात तक चलाता ही रहा। सच तो यह था कि ट्रक खाली था और इसलिए यात्रा में बहुत दचके लग रहे थे लेकिन इससे एक्सीलेटर को दबाना और उसे दौड़ाना भी अधिक आसान हो गया था। शुरू के फूहड़ मुँहवाद के बाद वे चुप हो गए थे और उनके बीच अब उतनी ही बात होती थी जितनी एक लम्बी यात्रा में ड्राइवर और क्लीनर के लिए जरूरी थी। आधी रात के बाद वह बंगाल-बिहार सीमा पार कर चुके थे और अब गोविन्दपुर जानेवाली सड़क पर थे। सबके पहले आनेवाले परिचित ढाबे पर हरदीप ने ट्रक खड़ा कर दिया और थकावट से चूर होकर एक चारपाई पर जा लेटा। आज उसने अपना पसन्दीदा ठर्रे का दुहरा पेग भी नहीं पीया था। मोहन को नींद नहीं आई। पिस्तौलधारी निशानेबाज से मिलने और उसे पेट्रोल पम्प की पूर्व निर्धारित जगह तक पहुँचाने के अलावा सोनागाछी की कार्रवाई में उसकी हिस्सेदारी के लिए और कुछ नहीं कहा गया था। अपने उस्ताद के प्रति चिन्ता के मारे उसने पेट्रोल पम्प के सामने सड़क पर दूसरी ओर ओट ले रखी थी। जब गोली की आवाज हुई तो

उसके पाँव आप से आप चलने लगे, वह हरदीप की सहायता के लिए पहुँचा और आसपास उड़ती हुई गोलियों को भूलकर ट्रक पर चढ़ गया। तभी से उसका दिमाग बेचैन था। उनके बच निकलने के बाद क्या हुआ होगा? क्या कॉमरेड बचकर निकल पाए? उन्होंने कार पर गोली क्यों चलाई जबकि वे जानते थे कि उनका लक्ष्य अभी भी इमारत के भीतर है। इस सफल अभियान पर उसके दिल में जीत की कोई खुशी नहीं थी। कोई गम्भीर और कभी न बदली जा सकनेवाली घटना घटी थी–एक व्यक्ति जो जीवित था शायद अब मर चुका है। इतना ही बस। और इसमें उसकी निर्णायक भूमिका रही है। इसका कोई मतलब नहीं है कि वह एक पुलिस अधिकारी था, और जनता के प्रति अपने किए हुए भयानक अपराधों के लिए मरने के सर्वथा लायक था। वह चाहता था कि किसी एक मित्र को अपनी आत्मा के बोझ के बारे में बता सके जो उसकी चेतना को आवृत्त किए हुए थी।

इसके अतिरिक्त अब कुछ और नहीं किया जा सकता कि ट्रक को छोड़कर वापस कलकत्ता जाकर पता लगाया जाए। अपने समय पर सुबह हुई–अँधेरी, गीली और गन्दी सुबह। शारीरिक और पेशागत रोजमर्रा के कामों में वे बँध गए। जब वे चलने को तैयार हुए तो सूरज अभी उगा न था। अचानक किसी भावावेश में, मोहन ने अपने थोड़े से सामान का थैला सँभाला, दरवाजा खोला और ऐसा लगा कि वह केबिन से बाहर कूदने की तैयारी कर रहा है। हरदीप गोया दूर तक देख पा रहा था, उसी तरह जैसे कि वह सीधी और खाली सड़क पर किसी दूर के बिन्दु को देखता था। वह जानता था, उसे बताने की कोई आवश्यकता नहीं थी।

'सम्हल के रहना काका, सम्हल के। बड़ा खूनी जमाना है।'

'मैं कोशिश करूँगा उस्ताद।'

'यह बहनचोद जमाना है...'

'मैं जानता हूँ।'

'मेरे लायक कुछ काम हो तो...'

'हाँ, उस्ताद।'

'ओके, टाटा!'

'ओके टाटा उस्ताद।' प्रताप ने हँसने की पुरजोर कोशिश की।

केबिन का दरवाजा अपने आप आवाज करता हुआ बन्द हो गया। पहले गीयर में आकर ट्रक रेंगने लगा, उसने डबल-क्लच गीयर को उठते-गिरते सुना और धीरे-धीरे उसकी आवाज दूर होती गई। वह उस चारपाई तक वापस आया जिस पर वह रात को सोया था और उसके किनारे पर बैठ गया, सामने कुहरे में डूबे हुए धान के खेत थे। धीरे-धीरे छँटते हुए अँधेरे से एक टिटहरी चीत्कार करती उड़ी— *तीरतीरी! तीरतीरी!* इस आवाज ने उसके संयम का अन्तिम धागा तोड़ दिया। उसने अपना सिर बाँहों और

कुहनियों के बीच नीचे झुकाया और सुबकना शुरू किया, किसी तरह वह शरीर के कम्पन पर काबू किए हुए था। उसके स्वभाव के विपरीत आँसू मुक्त गति से बह रहे थे। उसे लग रहा था कि एक इंजिन उसके भीतर बैठा उसके कलेजे को बाहर की तरफ धकेल रहा है, उसका कलेजा अभी मुँह से बाहर आ जाएगा। अपने रास्ते को चीरते हुए छह टायर चले आ रहे थे, वह धीमे हुए बिना ढाबे के पास से निकल गए।

शाम हो गई थी। कॉमरेड ट्रक की केबिन के ऊपर की खाली जगह में घुसा और वहाँ रखे सामान को व्यवस्थित करते हुए उसने अपने लायक सोने की जगह बनाई। सड़क के किनारे के ढाबे पर लिफ्ट पा लेना कठिन नहीं था। वह जानता था कि कुछेक घंटों में कोई जाना-पहचाना चेहरा वहाँ से गुजरेगा ही। उसने जो फैसला लिया था उससे उसका माथा हलका हो गया था। हाँ यह सही समय था जब उसे उस भावनात्मक दलदल से बाहर आ जाना चाहिए था, जिसमें प्रतीकों और प्रतिहिंसक विचारों, संशयग्रस्त व्यक्तियों और अतियथार्थवाद से रंजित जगहों की कीचड़ भरी हुई थी। इन सबके चलते उसमें जो समझ पैदा हुई थी उन सबको वह लिटिल रेड बुक कभी नहीं सिखा सकती थी—यह केवल बुर्जुआ ही नहीं हैं जो भारत की सड़कों पर शारीरिक रूप से धकेले जानेवाले वाहनों की सुस्त रफ्तार से घृणा करते हैं, यह भी कि मानवता के लिए भोले लोगों की क्रूरता, या फिर केवल अपने लिए ही सोचने की आजादी से भयानक कुछ और नहीं है। यह कि हत्या प्रसव-पीड़ा नहीं है। यह कि भारत के किसान अपनी नवजात कन्या शिशुओं को प्यार कर सकते हैं और भौतिक लाभ की तुलना में भावना अधिक प्रभावशाली ऐतिहासिक वेग हो सकता है। यह कि शोक का कोई वर्गचरित्र नहीं होता और परम सत्य मित्रता का शत्रु है। संगीत हमें शाश्वत से जोड़ता है, और क्रान्ति के गीत केवल जीवन के अन्तहीन प्यार, वियोग और अपूर्णता को दूर करने के साधन हैं। उसने पन्द्रह टन भारवाले ट्रक को नियंत्रित करना, जमीन पर गिरने से पहले बैल का गोबर बटोर लेना सीखा था, मनमाने कांस्टेबलों को वह सन्तुष्ट कर सकता था, और भारत की मानवता के महासमुद्र में अज्ञात और अनचीन्हे रूप से तैर सकता था। अब वह जान गया था कि पेट में भोजन की गर्माहट कितना सुकून देती है, एक ही जगह पर रोज सुबह जागना, एक गिलास चाय पीना और संसारी बातों पर सोचना कितना बहुमूल्य है। ऐसी चीजें हैं जिनके सामने सिद्धान्तों के विषय उसी तरह हवाई लगते हैं जैसे किसी जाड़े की भोर में कॉलेज के चौराहे पर धुएँ के वे छल्ले जो उसके कॉमरेड उड़ाया करते थे। इस महाद्वीप में आदमी का जीवन बहुत सस्ता है, उसने सोचा, अन्यथा हम खत्म की बातें इतनी आसानी से क्यों करते। योरोप के लोग जिसे महाध्वंस कहते हैं, उसके लिए यहाँ किसी संज्ञा की आवश्यकता नहीं है, हम हर रोज उसे कुछ-कुछ

करते हैं, यह हमारी आत्माओं पर छपा हुआ है।

लेकिन लाखों सैनिकों और शरणार्थियों की हलचल, अन्तर्राष्ट्रीय सीमा का पुनरांकन, उस समय के यूटोपिया में विराट रक्तपात, और विनाश ने उसके वर्तमान को धूसर परिप्रेक्ष्य दे दिया था। उसने अपने लेटे हुए शरीर के नीचे ट्रक की दोलायमान गति का अनुभव किया, जैसा कि अभी हाल ही में या शायद बहुत पहले एक दूसरे ट्रक की अनुभूति उसे होती थी। उसे झपकियाँ आ रही थीं, जैसे वह किसी पालने में लेटा हो। केबिन की छत से हवा टकरा रही थी जैसे कि जंगल में एक हल्का झंझावात उठ रहा हो। ऊपर का आकाश साफ था, और अपनी नित्य द्युति के साथ तारे चमक रहे थे। कुछ समय से उसका ध्यान तारों पर नहीं गया था। देश-काल में अपने विशिष्ट बिन्दु से उन्हें देखने पर उसे लगा कि जीवन की अत्यन्त मूल्यवान वस्तुएँ पूरी तरह निःशुल्क ही उपलब्ध हैं। या क्या वह बिना मूल्य चुकाए मिलती हैं? क्या उसे रात के आकाश का अनुभव इसी तरह हो पाता यदि वह किसी दूसरे रास्ते पर चला होता। एक बैलेड के कुछ टुकड़े उसके मानस में गूँजने लगे, जिसे सुनना उसे तब प्रिय लगता था जब गम्भीर मसले उसके सामने नहीं थे।

हर चीज के लिए एक मौसम होता है
और आकाश के नीचे हर मकसद के लिए एक समय।

वह सो गया। कुछ घंटों बाद जब वह जागा तो ताजादम था, और उसने जान लिया था कि अब रात बीत गई है। नीचे की धरती कहीं ऊँची कहीं नीची थी। वे छोटा नागपुर पठार के किनारे पर थे और कलकत्ता राजपथ पर आरामदेह रफ्तार से सीधे पूरब की ओर बढ़ रहे थे। इंजन से आश्वस्त करनेवाली सुपरिचित आवाजें आ रही थीं। उसने अपने धड़ को ऊपर उठाते हुए अपने अस्त-व्यस्त सिर से ठंडी हवा में झाँका ताकि केबिन की छत के तख्तों के उस पार देख सके। हवा से उसके आँसू निकले और हवा ने उन्हें सुखा भी दिया। उसने पलकें झपकाईं और फिर देखा। वहाँ सुदूर क्षितिज और उसे काटती सड़क की रेखा के बीच सुबह का दमकता हुआ सूरज एक विशाल रबर की गेंद जैसा टँका हुआ था। पूरब लाल था।

शमाँ बुझ जाने पर
महफिल में रंग आया
जिन्दगी बीत जाने पर
जीने का ढंग आया।

उपसंहार

16 दिसम्बर, 1971 को ढाका में एक औपचारिक समारोह हुआ जिसमें बंगाल स्थित पाकिस्तानी फौजों ने भारतीय सेना के सामने आत्मसमर्पण कर दिया। चार दिन बाद व्यापक जनप्रदर्शनों के बाद पाकिस्तान के राष्ट्रपति और मुख्य मार्शल लॉ प्रशासक याह्या खान ने दोनों पदों से इस्तीफा दे दिया। एक बार फिर पाकिस्तान इतिहास के उन दुर्लभ क्षणों में था जब सेना को राजनेताओं की सेवाओं की जरूरत थी। पीपुल्स पार्टी के नेता जुल्फिकार अली भुट्टो, जिन्होंने राष्ट्रीय असेम्बली का बहिष्कार और भारत के साथ हजार सालों के युद्ध की घोषणा करके संकट को गहराने में मुख्य भूमिका निबाही थी, अब याह्या द्वारा खाली किए गए दोनों पदों को हथिया लिया। 1972 में वह अपनी उन्नीस वर्षीय पुत्री बेनजीर के साथ प्रधानमंत्री इन्दिरा गांधी से मिलने शिमला आए, नब्बे हजार से ज्यादा पाकिस्तानी सैनिकों और भारत की हिरासत में बन्दी नागरिकों की रिहाई का सवाल था। भुट्टो ने एक नया संविधान बनाया, व्यापक राष्ट्रीयकरण के समादेश जारी किए और बलूचिस्तान में राजद्रोह को दबाने के लिए सैन्य कार्रवाई की शुरुआत की। 1976 में उन्होंने मुहम्मद जिया उल हक नामक व्यक्ति को सेना प्रमुख नियुक्त किया जो विभाजन से पहले दिल्ली के सेंट स्टीफन कॉलेज का भूतपूर्व छात्र रहा था। 1977 में जिया ने मार्शल लॉ लागू कर दिया और अपने राजनैतिक विरोधियों की हत्या करने के आरोप में भुट्टो को गिरफ्तार कर लिया। 1978 में उसने खुद को राष्ट्रपति घोषित कर दिया। भुट्टो को अपराधी पाया गया और 1979 में फाँसी पर लटका दिया गया। जिया के पुराने शिक्षकों को यह गर्व था कि उनका एक छात्र ऐसी शानदार ऊँचाइयों तक पहुँच पाया है। उनमें से कुछ पाकिस्तान भी गए जिनका स्वागत 'सदर के मास्टर जी' के नाते किया गया। जिया का अन्त अगस्त 1988 में हुआ जब अपने राष्ट्रपति के विमान में वह अमेरिकी राजदूत के साथ बहावलपुर के पास दुर्घटनाग्रस्त होकर मारा गया।

बांग्लादेश जन गणराज्य ने 26 मार्च, 1971 को अपनी स्वतंत्रता की घोषणा कर दी, दिसम्बर 16 को विजय दिवस घोषित किया गया। पश्चिमी पाकिस्तान की जेल से शेख मुजीबुर्रहमान को छोड़ दिया गया और वह नई दिल्ली होते हुए ढाका पहुँचे। दिल्ली में उन्होंने अपने सर्वोपरि मित्र के रूप में भारत की जनता का शुक्रिया अदा

किया। पाकिस्तान द्वारा विद्रोह को कुचलने की कोशिश में मारे गए नागरिकों की अनुमानित संख्या तीस लाख से छब्बीस हजार तक आकलित की गई थी। कलकत्ता की दीवारें नारों से पट गई थीं जिनमें इन्दिरा गांधी को एशियाई मुक्ति का लाल सूरज घोषित किया गया था। भारतीय जनसंघ के अटल बिहारी वाजपेयी ने उनकी तुलना देवी दुर्गा से की। समय बीतता गया, बांग्लादेश की सरकार ने 'आमार सोनार बांग्ला' को अपना राष्ट्रगीत, कुमुदनी को राष्ट्रीय पुष्प, बंगाल टाइगर को राष्ट्रीय पशु, मैग्पाइरोबिन को राष्ट्रीय पक्षी, और कटहल को अपना राष्ट्रीय फल घोषित किया। इन सूचनाओं की पुष्टि सम्भव नहीं है कि हिल्सा को राष्ट्रीय मछली बनाया गया था। अक्टूबर 1971 में चीन के जनतांत्रिक गणराज्य को वास्तविक चीन के रूप में संयुक्त राष्ट्र में प्रवेश दिया गया, उसने चीनी गणराज्य की जगह ली जिसे तायवान भी कहा जाता है। भारत ने इसके समर्थन में वोट दिया। चीन सुरक्षा परिषद का सदस्य भी बन गया। इसने अपने पहले वीटो का इस्तेमाल करते हुए बांग्लादेश का संयुक्त राष्ट्र संघ में प्रवेश रोक दिया।

सीपीआई (एमएल) के महासचिव चारु मजुमदार को जुलाई, 1971 में गिरफ्तार कर लिया गया, और बारह दिन बाद पुलिस हिरासत में उनकी मृत्यु हो गई। यह पता नहीं चल पाया कि क्या कभी उन्होंने किसी वर्गशत्रु के खून में अपने हाथ डुबाए थे। उनकी मृत्यु के तत्काल बाद उनके द्वारा संस्थापित पार्टी का लिन-समर्थकों और लिन-विरोधियों के बीच विभाजन हो गया। दोनों पक्ष यह मानते थे कि दूसरा धड़ा क्रान्ति के लिए सबसे ज्यादा खतरनाक है। कम्युनिस्ट आन्दोलन में दो फाड़ होने की घटनाएँ चलती रहीं, लेकिन वह किस्सा अलग है। 13 मई, 1997 को प्रेस ट्रस्ट आफ इंडिया ने सिलीगुड़ी से यह खबर दी कि चारु मजुमदार की मूर्ति का सर तोड़ दिया गया था, एक बन्द का आह्वान नक्सली नेताओं ने किया जिससे इस कायरतापूर्ण कृत्य का विरोध हो सके। दुकानदारों से जबरदस्ती शटर गिरवाए गए। घटना की निन्दा करते हुए शहर के मेयर ने बताया कि मूर्ति का सिर ऐसे उपद्रवी तत्त्वों ने उतारा है जिनकी कोई राजनैतिक पहचान नहीं है, वे आम गुंडे थे।

अप्रैल 1973 में कलकत्ता पुलिस से भागा हुआ एक तेईस वर्षीय बांग्ला भाषी एंग्लो-इंडियन दिल्ली पहुँचा, जहाँ दिल्ली की लोधी कॉलोनी की एक बरसाती में उसने बीयर में डूबे हुए दो सप्ताह गुजारे। उसके पास .22 की एक पिस्तौल थी जिसे वह बेचना चाहता था। शराब के नशे में डूबकर वह अश्रुपूरित अवस्था में रिपन रोड के फुटबाल मैचों और सोनागाछी की गलियों में होनेवाली मुठभेड़ों को याद करता। वह क्रान्ति के निशानेबाज के रूप में भूतपूर्व कॉमरेडों के लिए अपनी बहुमूल्य आवश्यकता भी याद करता। एक दिन तीसरे पहर जिगर के सिरोसिस ने उसके प्राण ले लिए। मेडिको-लीगल केस उसके खिलाफ दर्ज न हो, इसके लिए उसके दोस्तों

को तीन सौ रुपए का भुगतान पुलिस को करना पड़ा। जब सौदा हो गया तो दोस्त निजामुद्दीन पुल गए और उन्होंने उसकी पिस्तौल यमुना नदी में फेंक दी।

फरवरी, 1972 में राष्ट्रपति रिचर्ड निक्सन और उनके विदेश सचिव हेनरी किसिंगर ने चीन के जनवादी गणराज्य की यात्रा की। इस यात्रा को बाद में किसिंगर ने इतिहास से उनके मिलन के रूप में निरूपित किया। इस यात्रा के दौरान वियतनाम के लोकतांत्रिक गणराज्य पर बमबारी को विराम दे दिया गया था। हमें बताया गया कि निक्सन की साफगोई से चेयरमैन माओ बहुत प्रभावित हुए। जब वे पेकिंग में थे तभी सोवियत कम्युनिस्ट पार्टी के मुखपत्र प्रावदा ने अमेरिकी साम्राज्यवाद के विरुद्ध वियतनामी जनता के संघर्ष से विश्वासघात करने के लिए चीनियों की भर्त्सना की। उसी साल मई में निक्सन और किसिंगर ने मास्को की यात्रा की और सीपीएसयू के महासचिव लियोनिद ब्रेजनेव से हाथ मिलाए। जब वे वहाँ थे तो रेडियो पेकिंग ने सोवियत यूनियन के खिलाफ ओछी टिप्पणियाँ कीं जो वियतनाम पर अमेरिकी हमले के उत्कर्ष काल में अमेरिकी राष्ट्रपति का स्वागत कर रहा है।

पेकिंग और मास्को के साथ निक्सन की पींगें बढ़ाने के बावजूद अमेरिका अपमानजनक पराजय से बच नहीं पाया। जापान और फ्रांस के बाद अमेरिका तीसरी साम्राज्यवादी शक्ति थी जिसे वियतनाम से खदेड़ दिया गया। वियतनाम के राष्ट्रीय मुक्ति मोर्चे ने 30 अप्रैल, 1975 को सैगोन पर कब्जा कर लिया, वे एक टैंक पर सवार होकर मुख्यद्वार को तोड़ते हुए राष्ट्रपति के महल में घुस गए। उस दिन अमेरिकी दूतावास की छत पर बचे-खुचे अमेरिकी अधिकारियों और अनेक कम्युनिस्ट विरोधी वियतनामियों को लटकी हुई रस्सी से उस हेलीकाप्टर पर चढ़ते हुए देखा गया जो वहाँ आकाश में मँडरा रहा था। युद्ध में अनुमान के अनुसार पचास से साठ लाख तक वियतनामी, लाओसी और कम्बोडियाई मारे गए। वाशिंगटन के युद्ध स्मारक में अट्ठावन हजार अमेरिकी सैनिकों की स्मृति में काले संगमरमर का एक पत्थर लगाया गया है।

1975 में ख्मेर रूज़ नामक चीन समर्थक कम्युनिस्ट पार्टी ने कम्बोडिया में सत्ता ग्रहण की। इसका नेतृत्व फ्रांस में शिक्षित इंजीनियर पोल पोट कर रहा था। पार्टी ने एक नगर-विरोधी आन्दोलन शुरू किया, जिसके दौरान पाँच लाख लोग मारे गए जो देश की जनसंख्या के एक चौथाई होते थे। सैकड़ों हजार कम्बोडियाई गोली मारने की बजाय पीट-पीटकर मार डाले गए। इसका तर्क यह था कि वर्ग-शत्रुओं पर गोलियाँ बर्बाद करने की कोई जरूरत नहीं है। 1978 में पोल पोट शासन को उखाड़ फेंकने के लिए वियतनाम के लोक गणराज्य ने एक सैन्य अभियान चलाया। इसकी सेनाएँ वहाँ 1989 तक बनी रहीं। चीन और अमेरिका ने संयुक्त राष्ट्र संघ में ख्मेर रूज़ प्रशासन के लिए कम्बोडिया की सीट को खाली रखा।

फरवरी 1979 में चीन के जनवादी गणराज्य ने वियतनाम लोक गणराज्य को

पाठ पढ़ाने का फैसला किया। तीन सप्ताह चलनेवाले सैन्य आक्रमण को वियतनामी सीमा-रक्षकों ने पीछे धकेल दिया। वियतनाम के समर्थकों द्वारा इस ऐतिहासिक अभियान में चीन के साथ अमेरिकी सहयोग के शरारतपूर्ण आरोप लगाए गए। यद्यपि दोनों ही पक्षों ने जीत का दावा किया, लेकिन हमें यह मालूम नहीं है कि चीन के इतिहास की पाठ्य-पुस्तकों में यह उल्लेख भी है कि किसने कौन सी शिक्षा इससे ग्रहण की।

जून 1975 में प्रधानमंत्री इन्दिरा गांधी ने आपातकाल की घोषणा करते हुए अपने विरोधियों को गिरफ्तार कर लिया। उसके साथ ही उन्होंने अपने छोटे बेटे को देश पर छुट्टा छोड़ दिया, वह व्यक्ति जिसके प्रिय राजनीतिक साधन बुलडोजर और नसबन्दी आपरेशन थे। कई महीनों तक भारत के लाखों गरीब अपनी यौन क्षमता को लेकर चिन्तित रहे। भारतीय राज्य के अपराधीकरण में तेजी आ गई। शम्भू को उसकी फैक्ट्री से गिरफ्तार किया गया और जेल में डालकर उसे यातनाएँ दी गईं। लेकिन सब इंस्पेक्टर टोकस ने दर्ज किया कि उसकी राजनैतिक निष्ठाएँ एक प्रतिबन्धित संगठन राष्ट्रीय स्वयंसेवक संघ के सदस्य के रूप में थी। दस महीने बाद जब उसकी सुनवाई हुई तो न्यायाधीश ने पूछा कि क्या यह सही है। बकवास है, शम्भू ने कहा, आप रिकार्ड देखिए मैं पक्का कम्युनिस्ट हूँ। उसे छोड़ दिया गया और वह फिर फैक्ट्री में काम करने लगा। गोधूली को इससे खुशी हुई। उसका बड़ा बेटा राजिन्दर एक पोशाक बनानेवाले कारखाने में डिजाइनर हो गया था। टूसी की मँगनी हो गई थी। छोटी कान्ता स्कूल जाने लगी थी, और दोपहर में वहाँ से आकर चाय की दुकान में अपनी माँ और बड़ी बहन का हाथ बँटाती थी।

जनवरी 1975 में शेख मुजीबुर्रहमान ने बांग्लादेश में आपातकाल की घोषणा कर दी। खुद को आजीवन राष्ट्रपति नियुक्त किया और संविधान में ऐसे बदलाव किए कि वह एक पार्टी का देश बन गया। 15 अगस्त 1975 को सेना अधिकारियों के एक दल ने उनकी, उनके परिवार और कर्मचारियों की हत्या कर दी। उनके शरीर को गोलियों से छलनी कर दिया गया। दो पुत्रियाँ वहाँ मौजूद न होने की वजह से बच गईं। एक मुखर अमेरिकी संवाददाता ने दावा किया कि इस हत्याकांड में सी.आई.ए. की भूमिका थी।

सितम्बर 1976 में चेयरमैन माओ का देहान्त हो गया। पीपुल्स डेली ने एक तस्वीर छापी जिसमें उनके शव के आसपास शोकग्रस्त पोलित ब्यूरो के सदस्य खड़े हुए थे। एक महीने बाद यह तस्वीर फिर से छपी। इससे माओ की विधवा जियांग किंग और चार के गिरोह में उसके तीन सहयोगी गायब हो गए थे और उनकी खाली जगहों पर पौधों के गमले रखे हुए थे। डेट्राइट के एक अराजक मसखरे, फिफ्थ एस्टेट ने दोनों ही तस्वीरें फिर से छापीं और उन्हें शीर्षक दिया–'माओवादी पौधा बन गए।' इसके

साथ दुनिया भर के माओवादियों से झाड़ी बन जाने की अपील की गई।

अपनी गिरफ्तारी और रिहाई के बाद कॉमरेड प्यारेलाल कश्मीरी क्रान्तिकारी पुस्तकें लिखने लगे। *वैज्ञानिक क्रान्तिकारी द्वन्द्वात्मकता* लिखने के बाद उन्होंने *आदि युग से आज तक के भारत का इतिहास* का लेखन प्रारम्भ किया। उसमें आदिम साम्यवाद का दासता में संक्रमण, दासता से सामन्तवाद, सामन्तवाद से उपनिवेशवाद, उपनिवेशवाद से अर्द्ध उपनिवेशवाद, अर्द्ध उपनिवेशवाद से नए लोकतंत्र और लोकतंत्र से समाजवाद में परिवर्तन का विवेचन किया जाना था। उसे आखिरी बार तब देखा गया जब वह कुछ वामपन्थी शिक्षकों से उसके लिए उदाहरण जुटा रहा था। समाजवाद से साम्यवाद में अन्तिम संक्रमण उसे अपरिपक्व लगता था। चोपड़ा कुनबे के ज्यादातर लोग छोटे-मोटे धन्धों में चले गए थे, इनमें एक ट्रकों की एजेंसी भी थी। चाचा के मरने के बाद जितेन्दर को कॉमरेड दी हट्टी विरासत में मिली, लेकिन वह इसे बेचकर अमेरिका चला गया। प्रोफेसर ओरुण दा की क्रान्ति में आस्था कुछ वर्षों तक बनी रही और वह वामदृष्टि के छात्रों को जनसमस्याओं के प्रति प्रेरित करते रहे। लेकिन जैसा कि हम सब जानते हैं, वैज्ञानिक विश्वास भी समय के साथ बिखरने लगता है। इसका प्रभाव नशीला भी हो सकता है और इसलिए वह अन्ततः आत्मपराजय का कारण बन सकता है। दूरगामी अर्थ में।

कॉमरेड अरुण 'टक्कर' त्यागी अपनी खोपड़ी से तमाम वर्गशत्रुओं को धूल चटाता रहा। आखिर में उनमें से किसी एक ने शैतानी कल्पना का सहारा लेकर एक टिफिन अपने और आते हुए ब्रह्मास्त्र के बीच में रख लिया, इससे क्रान्तिकारी छात्र संघ के अध्यक्ष को सघन आन्तरिक रक्तस्राव का परिणाम भुगतना पड़ा और वह शान्तिपूर्ण जीवनयापन की दशा में चला गया। जैसा कि वह अंग्रेजी में कहते हैं—लीश्ट एक्षपेक्ट। कॉमरेड तुलसीराम और उसकी पत्नी बिन्दिया का जीवन वहीं बल्लभगढ़ में व्यतीत हो रहा था। उसकी मुर्गियों का बाड़ा और दर्जी की दुकान चल रही थी। समय पूरा होने पर निक्सन और केनेडी जा चुके थे। और उनकी जगह एक पिल्ले ने ले ली थी जिसे हेनरी नाम मिला था। पहले के बाशिन्दों के बिल्कुल विपरीत शान्त स्वभाव ने तुलसीराम के बच्चों को प्रेरित किया कि वह उस पिल्ले को स्वामी कुत्तानन्द के नाम से पुकारने लगें। कॉमरेड हरिओम ने अति वाम कार्यकर्ताओं को प्रोत्साहित करना अब छोड़ दिया था और हरियाणा के हिसार के पास अपने गाँव जा बसा था। हम सोच सकते हैं कि अपने रिटायरमेंट के बाद उसने कितना मुर्गमुसल्लम खाया होगा।

रणवीर बागची को कुछ महीने दो अस्पतालों में गुजारने पड़े। उन्हें तीन सर्जरी और कई बार खून चढ़ाने की जरूरत पड़ी। लेकिन अपनी कहानी सुनाने के लिए वे जीवित रहे। उनके बेटे उन्हें देखने के लिए आए। बड़ा बेटा जो विदेश में था पहले पहुँचा। घटनाओं की खबर छनती हुई उनके घटित होने के एक सप्ताह बाद प्रणव तक पहुँच

पाई। वह अलीपुर पुलिस अस्पताल में जाकर मिला, मिलन के वे दृश्य गहन, किन्तु संयमित भावुकता के थे। स्वयं को शान्त करने के बाद वह पिता को देखने गया, उसके साथ सादा कपड़ों में एक स्वस्थ पुलिसवाला था। इसके बाद उसे गिरफ्तार कर लिया गया। उस पर राजद्रोह के आरोप थे। उसे जमानत पर छोड़ दिया गया। उसकी योजना दिल्ली जाकर दिव्या से भेंट करने की थी, किन्तु घटनाक्रम के दबाव में वह भुला दी गई, लेकिन दिव्या कलकत्ता आकर उससे मिली। सबूतों के अभाव में उस पर से सशस्त्र तरीकों से सत्ता पलटने का आरोप वापस ले लिया गया। तत्पश्चात उसने विज्ञान की डिग्री हासिल की और उस महिला से विवाह कर लिया जिसने उसके शब्दों में उसकी समझदारी को वापस लाने में मदद की थी। वे दिल्ली आकर रहने लगे। उसने वाम रुझानवाले एक समाचार पत्र में नौकरी कर ली और पत्रकारिता का पेशा चुना। और दिव्या एक स्कूल में अध्यापिका हो गई। वे प्राय: अपने अभिन्न मित्रों की गप्प गोष्ठियों का आयोजन करते थे, जिनमें संस्मरण दुहराए जाते थे, कुछ तो बेहद दुखद और अधिकांश अत्यन्त हास्यास्पद। वरिष्ठ बागची का स्थानान्तर इन्टेलीजेन्स ब्यूरो में कर दिया गया। जहाँ अपने शासकीय कर्तव्यों को पूरा करने के बाद वे अपना खाली समय बंगाल के आतंकवाद के सम्बन्ध में संग्रहालयों की खोजबीन करने के अपने प्रिय शगल में लगाते थे। निजी बातचीत में वह इन्टेलीजेन्स ब्यूरो में इन्टेलीजेन्स के अभाव पर टिप्पणियाँ करते। मंजू बागची मदर टेरेसा के मिशनरीज आफ चेरिटी के काम में पूरी तरह समर्पित हो गईं। इन दिनों उनके पास बहुतेरा काम था।

हमने जिन घटनाओं का ब्यौरा दिया है, उनके एक साल बाद तपन मुखर्जी ने स्वैच्छिक सेवानिवृत्ति ले ली। उसकी शराबखोरी और ड्रगों पर निर्भरता की नई आदत के अफसाने हवाओं में थे, लेकिन किसे पता इनमें कितनी सच्चाई थी? लोगों को तो अफवाहें फैलाने में मजा आता है। शुरू में कुछ इन्क्वायरियों में यह जानने की कोशिश की गई कि किन परिस्थितियों में वह उस शाम सोनागाछी में मौजूद था, फिर इनमें खुफिया महकमे की दिलचस्पी नहीं रही। वेश्यालय की आबादी से कड़ी पूछताछ की गई, लेकिन ज्यादा समय तक नहीं। तपन उस हैसियत में अच्छी तरह से था कि जाँच की दिशा को झुका सके, और निष्फल कर सके। फिर निश्चित रूप से देश पर युद्ध का संकट था, और इससे भी ज्यादा संजीदा मामले सामने थे। अपने कर्जों की भरपाई करने के बाद लता ने वह काम छोड़ दिया। लेकिन सोनागाछी की औरतें अब भी वही धन्धा करती हैं। दशकों बाद अब उन्होंने अपनी यूनियन बना ली है जिसका एक दफ्तर है। उन्होंने अपने बच्चों की शिक्षा की सुविधा प्राप्त कर ली है। अब उन्हें सेक्सकर्मी के नाम से जाना जाता है। आखिर ऐतिहासिक प्रगति तो हुई ही है।

जब मोहन कलकत्ता वापस पहुँचा तो उसने शिप्रा, जिसके साथ वह अबनि और माया के घर में एक शाम रहा था, से सोनागाछी कांड के सम्बन्ध में जानकारियाँ जमा

कीं। जब उसने उसका स्वागत एक मुस्कुराहट के साथ किया तो उसे एक अलग तरह की धूप का अनुभव हुआ। जब जीवन कुछ अधिक सरल हो गया तब उन्होंने उसे फिर आने का न्योता दिया। कलकत्ता की आतंकी पुलिस के सामने से बचने के लिए वह पूर्णिया में रथिन से मुलाकात करने के लिए निकल गया, जो वहाँ से एक दिन पहले ही निकल गया था। उसके मित्र ने वह इलाका छोड़ने का फैसला कर लिया था। जब अन्ततः उनकी भेंट हुई तो उसे पता चला कि रथिन जमशेदपुर के किसी कब्रिस्तान में गया था, जहाँ उसने एक मामूली-सी कब्र पर गुलाब के फूलों का एक गुलदस्ता रखा था। मोहन दिल्ली गया, वहाँ से फरीदाबाद अपने पैतृक घर पर वापस पहुँचा। कृतज्ञता-ज्ञापन के लिए उसकी माँ करुणा ने कुमायूँ के पवित्र नगर बागेश्वर की तीर्थयात्रा की। उसके विरुद्ध कोई मामला नहीं था। यद्यपि हरीश सहाय को जान-पहचान के एक सीआईडी अफसर ने यह चेतावनी दे रखी थी कि वह अपने पुत्र को नियंत्रण में रखे। पिछले अठारह महीनों के भावनात्मक तनाव, पाकिस्तान के विभाजन और बांग्लादेश के द्वारा धर्म निरपेक्षता का चुनाव, और इसके साथ पिता-पुत्र के बीच होनेवाली गहन वार्ताओं और अपनी पत्नी के उपेक्षापूर्ण हाव-भावों के परिणामस्वरूप अब हरीश संसार की समस्याओं के लिए मुसलमानों को दोषी ठहराने से बाज आ गए थे। सालेक भर बाद मोहन को दिल्ली के एक कॉलेज में अध्यापक के रूप में नियुक्ति मिल गई, जहाँ एक मुसीबत से दूसरी मुसीबत में फँसने की उसकी आदत से उसे 'रामभरोसे' का नाम मिला। उस दौरान उसका सम्पर्क रथिन से एक पल के लिए भी नहीं टूटा, जो क्रान्ति के बाद की अपनी गतिविधि को जुगाली करना कहता था। रथिन अब विज्ञान कथाओं का लेखक बन गया था, वह हाइकू भी लिखता था। उसने एक संगीत-संग्रहालय भी बनाया था जो दि डोर्स, जिमी हेनड्रिक्स और ग्रेटफुल डेड के प्रति समर्पित था। जब वाम रुझानवाले छात्र उससे क्रान्ति पर परामर्श करना चाहते तो वह उन्हें सर्कुलर ज्यामिति का अध्ययन करने की सलाह देता।

2004 में कालरेडो में आर्चर केंट ब्लड की मृत्यु हो गई। वह पूर्वी पाकिस्तान के ढाका में संयुक्त राज्य का आखिरी काउंसलेट जनरल था, जिसने अपनी सरकार को नरसंहार पर चुप्पी साधने के विरोध में तार भेजा था। वह निश्चित रूप से एक अमेरिकी हीरो की हैसियत रखता था, लेकिन अमेरिका के लिए नहीं। उसकी मृत्यु की अपने देश में कोई खबर नहीं बनी, लेकिन उसके अन्तिम संस्कार में बांग्लादेश का एक प्रतिनिधिमंडल शामिल हुआ।

मौलिक अहोमी पगला सिन टॉ असम में जीविका कमाने के लिए तरह-तरह की ठेकेदारी करने लगा। तब तक जब तक इससे उकता नहीं गया। फिर उसने ब्रह्मपुत्र के दक्षिणी किनारे पर गैंडों, कौओं और तीखे डंकवाले मच्छरों के बीच अपना खेमा गाड़ दिया। इन दिनों वह सभी महाद्वीपों के मुसाफिरों को आमंत्रित करता है—आओ

और खो जाओ। अन्ततः उसने अपने को पा लिया।

मिशन कॉलेज के कॉमरेडों के छोटे से ग्रुप में सभी बच गए थे। कुछ ऐसे थे जिन्हें बिहार की जेलों में थोड़ा समय बिताना पड़ा, जहाँ के शौचालय सुविधाओं के लिहाज से चौकी नम्बर 3 के मैदान से भी बदतर थे। वे भाग्यशाली थे। आदमी जेबी चाकू से भी मारा जा सकता है। या फिर टूटे हुए दिल से। तब वे यह नहीं जानते थे।

□□□